Reise-Taschenbuch

budapest

Matthias Eickhoff

Senkrechtstarter

Einfach mal ausruhen und entspannen – bei bis zu 37 °C ist das im Széchenyi-Heilbad im Stadtwäldchen kein Problem! Hier nehmen sich auch die Schachspieler alle Ruhe der Welt, um über den nächsten Zug nachzudenken. In dem palastartigen Innenhof lässt sich das hektische Treiben der Metropole einfach für ein paar Stunden ausblenden. Wer auf ungewöhnliche Thermalbäder steht, wird in Budapest an vielen Orten fündig: Wie wäre es mit original osmanischen Bädern oder herrlichem Jugendstil? Budapest macht's möglich.

Überflieger

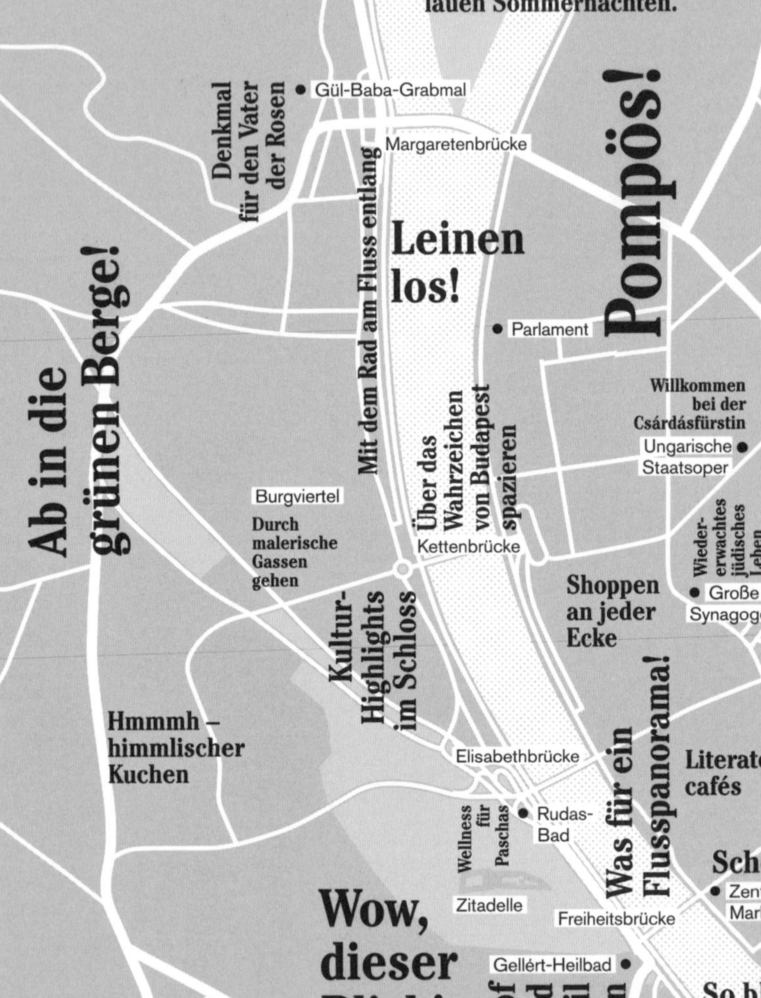

Budapest — mal eben drüberfliegen über die Perle an der Donau. Kulturelle Vielfalt, tolle Architektur und herrliche Thermalbäder beiderseits eines majestätischen Flusses.

Kreuz und quer

Fundstücke — zwischen der malerischen Donau, quirligen Gassen, pulsierenden Cafés und ruhigen Parks. In Budapest können Sie sich vom Tempo der Großstadt anstecken lassen oder auch mal einfach abschalten.

Die blaue Donau

Budapest lebt am Strom – besteigen Sie also eines der Schiffe und lassen Sie sich gemächlich auf der Donau zu den Highlights der Stadt schippern. Ob das mächtige Burgschloss oder das pompöse Parlament, ohne die Donau kämen diese Prunkbauten überhaupt nicht richtig zur Geltung. Abends wandelt sich die Atmosphäre, wenn alles angestrahlt wird – dann ist sofort klar, warum das Donaupanorama zum UNESCO-Welterbe ernannt wurde.

Malerische Gassen

Das sind echte Kontraste: Imposant und klotzig ragt das Budaer Burgschloss über der Donau empor. Große Touristenscharen schlendern hinüber zur grazilen Matthiaskirche und zur verspielten Fischerbastei – doch dann ist man auf einmal fast für sich allein und ungestört in den barocken Gassen des Burgviertels. In Budapest ist es noch sehr leicht, den großen Touristenströmen zu entkommen.

Auferstanden aus Ruinen

Budapests Nightlife ist ohne schräge Ruinenkneipen heute nicht mehr denkbar. In leerstehende Häuser im ehemaligen jüdischen Viertel sind zunächst alternative Kneipen eingezogen. Inzwischen sind viele zwar im Mainstream angekommen, doch eine Besonderheit sind sie immer noch.

Lassen Sie sich das nicht entgehen und tauchen Sie in ein original osmanisches Thermalbad ein oder relaxen Sie in einem Jugendstil-Tempel. Budapest ist für Wellnessfans ein Paradies – nur an wenigen Orten gibt es derart viele und völlig unterschiedliche Heilbäder mit extrem viel Flair. Ganz günstig ist das Vergnügen nicht mehr, aber ein Erlebnis auf alle Fälle!

Perlen des Jugendstils

Ein kompaktes Jugendstil-Viertel gibt es nicht, aber quer durch die Stadt verteilt finden sich entzückende Bauten mit kunstvoll verzierten Elementen. Budapest hatte mit Ödön Lechner einen echten Meister des Jugendstils, während die Keramikfirma Zsolnay für die glanzvollen Verzierungen sorgte.

Festivalstadt

International hochkarätige Festivals locken jedes Jahr Zehntausende nach Budapest: Das Sziget Festival ist ein echter Open-Air-Magnet, das Frühlingsfestival ein exquisiter und vielseitiger Klassiker. Dazu kommen viele erstklassige kleinere Events.

Alles auf Design
Ob hippe Mode oder attraktives Kunsthandwerk – Budapests junge Designer-Szene ist sehr kreativ und vielseitig. Eine ganze Reihe von Concept-Stores bietet Präsentations- und Verkaufsflächen, sodass ein Bummel durch die Läden immer wieder kleine Überraschungen mit sich bringt.

Klezmer: Die alte jüdische Musik ist in Budapest wieder quicklebendig – genießen Sie die stimmungsvollen Melodien auf Konzerten, Festivals oder Klezmer-Abenden.

Was fürs Wochenende

Ausflüge in die Budaer Berge gehören zu den festen Wochenendritualen der Budapester. Besonders im Sommer ist es an heißen Tagen oben im Mittelgebirge einen Tick kühler als unten in der Stadt. Mit der Zahnradbahn oder dem Sessellift geht es hinauf ins Grüne. Und oben ist der wunderbare Ausblick vom Elisabeth-Turm im wahrsten Sinne des Wortes wirklich ein Höhepunkt.

Atemberaubend: der Blick von der Fischerbastei über die Donau auf das Parlament

Inhalt

Vor Ort

Burgberg und Budaer Berge 34

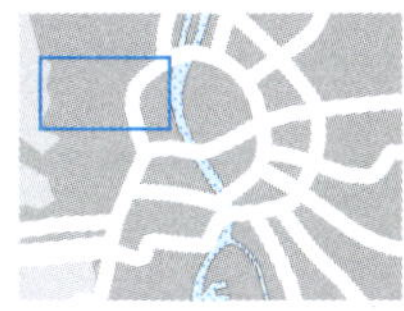

Budaer Donauufer 66

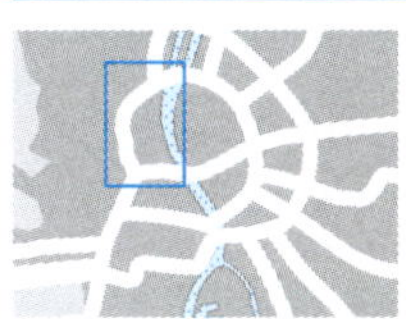

Die Pester Innenstadt 92

Kleiner Ring und altes Jüdisches Viertel 118

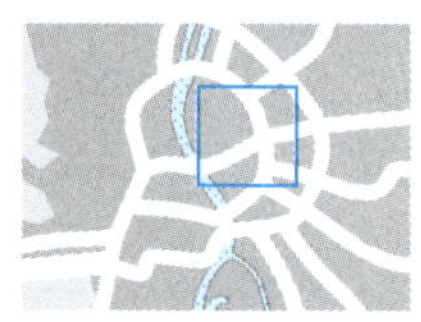

Leopoldstadt 144

Andrássy út und Stadtwäldchen 164

Großer Ring und Margareteninsel 188

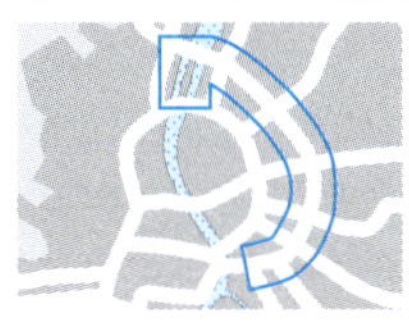

Ausflüge in die Umgebung 218

Das Kleingedruckte

Das Magazin

Stadtlandschaften

Urbanes Leben an der Donau — Budapest ist eine sehr abwechslungsreiche Metropole mit zwei völlig unterschiedlichen Stadtteilen am Fluss und sehr individuellen Vierteln.

Burgviertel und Buda

Alle Wege führen letztlich ins Burgviertel, das historische Residenz- und Präsentationsviertel. Seine malerischen Gassen sind die gute Stube der Hauptstadt, viele barocke Gebäude haben mittelalterliche Grundmauern– das perfekte Viertel zum Bummeln und Genießen. Touristische Highlights sind die königliche **Matthiaskirche** und die **Fischerbastei** mit Panoramablick hinüber nach Pest. Alle Blicke auf sich zieht das riesige **Burgschloss** mit der hochkarätigen Ungarischen Nationalgalerie. In den letzten Jahren ist auch die Regierungs- und Staatsspitze zurückgekehrt, Ministerpräsident Orbán hat sich einen neuen Amtssitz ausbauen lassen.

Im Hinterland lohnt sich ein Abstecher in die **Budaer Berge**. Südlich des Burgbergs ragt der **Gellértberg** mit der Freiheitsstatue steil empor. Die hügelige Struktur fördert auch das heiße Thermalwasser für die berühmten Thermalbäder leichter an die Oberfläche, und es gibt einige **Höhlen** – Buda ist vielseitiger, als es auf den ersten Blick scheint.

Pester Innenstadt und Umgebung

Das Zentrum der Hauptstadt erstreckt sich auf der Pester Donauseite rund um die Einkaufsstraße **Váci utca** und den **Kleinen Ring** mit dem **Ungarischen Nationalmuseum** und der **Zentralen Markthalle.** Gemütliche Kaffeehäuser, adrette kleine Boutiquen und Fachgeschäfte sowie inzwischen auch verkehrsberuhigtes Flair sind sehr einladend.

Besondere Highlights sind der **Donaukorso** mit seinem fantastischen Welterbeblick sowie die Prachtbauten der Gründerzeit in der **Leopoldstadt:** Das imposante **Parlament** und die wuchtige **St.-Stephans-Basilika** sind markante Bauwerke.

Abseits der Donau hat sich das alte Jüdische Viertel jenseits der wunderbaren **Großen Synagoge** zu einem angesagten Ausgehviertel entwickelt. Zwischen coolen **Ruinenkneipen,** schicken Bars und sympathischen Cafés ist aus dem fast schon aufgegebenen Stadtviertel ein echter Hotspot für Einheimische wie Touristen geworden.

Kunst- und Antiquitätenfreunde wissen die Galerienmeile **Falk Miksa utca** in der Leopoldstadt zu schätzen.

Großer Ring und Stadtwäldchen

Pulsierendes Großstadtleben erwartet Besucher des Großen Rings. Am südlichen Donauufer verleiht das postmoderne Millenniumsviertel mit dem **Palast der Künste** und dem **Nationaltheater** der Kulturszene frische Impulse.

Aus der Innenstadt führt der Prachtboulevard **Andrássy út** an der großartigen Staatsoper vorbei und über den Großen Ring hinaus zum **Heldenplatz** und ins **Stadtwäldchen.** Dort bieten das exzellente **Museum der Bildenden Künste,** das palastartige **Széchenyi-Heilbad** und der **Zoo** Unterhaltung für die gesamte Familie. In den letzten Jahren neu entstanden sind das **Haus der Ungarischen Musik** sowie das **Ethnografische Museum.** Unterwegs ist der **Liszt Ferenc tér** der schönste Café-Platz der Stadt.

Lohnend ist auch der parkartige **Kerepesi-Friedhof,** ein nationales Pantheon bedeutender Politiker und Künstler.

Margareteninsel und Óbuda

Mitten in der Donau liegt ein herrlicher Inselpark, der viel Ruhe und Erholung vom Stress der Großstadt bietet. Die **Margareteninsel** ist schlicht eine perfekte Oase im Trubel der Großstadt. Nordwestlich davon erstreckt sich der moderne Stadtteil **Óbuda,** der auf eine lange Geschichte zurückblicken kann. Einen Besuch lohnt die Römerstadt **Aquincum.**

Ausflüge in die Umgebung

Im Norden der Hauptstadt ist schnell das landschaftlich schöne Donauknie erreicht, wo sich die Donau durch ein Mittelgebirge hindurch einen schmalen Weg bahnen muss. Barock sind die kleinen Städtchen **Szentendre** und **Vác,** Ersteres ist auch als Künsterkolonie und für abwechslungsreiche Museen bekannt. Die schönste Landschaft bietet das einst königliche **Visegrád** mit den imposanten Resten der Hochburg, die über der Donau thronen.

Ein Abstecher nach Osten führt zum **Schloss Gödöllő,** dem Landsitz von Kaiserin Sisi.

Essen ist mehr

Lange vorbei sind die Zeiten, — als am Donauufer ungarische Hausmannskost im Mittelpunkt stand. Neben günstigen Traditionslokalen mit deftiger ungarischer Küche tummeln sich lebendige Szene-Treffs, elegante Sternerestaurants sowie hervorragende Lokale mit internationaler Küche. Damit einher geht die Wiederentdeckung gehobener ungarischer Weine, die im Ausland (noch) kaum bekannt sind. Auch in Budapest gibt es eine immer größere Nachfrage nach vegetarischen und veganen Speisen sowie Produkten aus Bio-Anbau.

Ein guter Tag startet mit einer Tasse Kaffee.

Frühstück muss sein

Das Essen ist in Ungarn der Mittelpunkt des Lebens und es darf sehr gerne fleischhaltig sein. Das fängt schon beim Frühstück *(reggeli)* an. Zum Brot werden Aufschnitt, Salami und Speck gereicht, dazu auch Käse, Tomaten und Paprika. Eine ungarische Spezialität ist die schmackhafte Wintersalami *(téliszalámi)*. Unter den Würsten *(kolbász)* werden vor allem *gyulai* und *csabai kolbász* sehr geschätzt. Da immer mehr Ferienwohnungen ohne Frühstück vermietet werden, ist die Zahl der Cafés, die Frühstück anbieten, im Zentrum enorm gewachsen. Omelettes, Würste, Croissants, Müsli, Orangensaft, Kaffee etc. sind hierbei die Favoriten. Doch Achtung: Brunch bedeutet in Budapest nicht unbedingt ein Büfett, sondern steht zumeist schlicht für eine eigene Frühstückskarte.

Mittags: schnell und günstig

Wer gerne mittags isst, kommt in Budapest voll auf seine Kosten, denn viele Restaurants bieten unter der Woche preisgünstige Lunch-Menüs an. Zumeist muss man dann auch nicht einen Tisch bestellen. Die heimischen Angestellten gehen zum Mittagessen *(ebéd)* auch gerne in Garküchen oder öffentliche Kantinen, die für wenig Geld primär einfache Hausmannskost auf den Tisch bringen. An Wochenenden fallen diese beiden Möglichkeiten zumeist weg und man genießt mit mehr Zeit ein ausführlicheres Essen.

als satt werden

Wer als Snack mal etwas echt Ungarisches probieren möchte, hat die Auswahl zwischen dem Fladenbrot Lángos (sprich: langosch) sowie den Baumstriezeln Lürtőskalács. Ersteres wird traditionell in siedendem Fett zubereitet und dann mit Knoblauch und/oder Sauerrahm bestrichen. Es gibt inzwischen aber auch umfangreichere Kreationen, beispielsweise mit Paprika und Zwiebeln. Ein guter Ort, um Lángos zu probieren, ist die Zentrale Markthalle. Die Baumstriezel (sprich: kürtöschkolahtsch) sind süß und werden oft noch mit Kakao, Vanille oder Zimt verfeinert.

Abends gern mehr

Die Hauptessenszeit ist das Abendessen. Viele Ungarn treffen sich gerne schon um 18 Uhr, aber richtig voll wird es auch hier erst zwischen 19 und 20 Uhr. Als Vorspeise kommt traditionell eine Suppe *(leves)* auf den Tisch. Landestypisch sind die *gulyásleves* (Gulaschsuppe) sowie *halászlé* (Fischsuppe), die mit Karpfen oder Wels zubereitet wird. Als Beigabe gibt es (oft selbst gemachte) Suppennudeln. Dazu wird in den Restaurants heutzutage standardmäßig qualitätvoller ungarischer Wein *(bor)* oder auch ein ungarisches (Craft-)Bier *(sör)* angeboten. Wer abends essengeht, sollte einen Tisch bestellen, vor allem am Wochenende. Gerade in den Ausgehvierteln können Restaurants abends schnell ausgebucht sein.

In Budapest isst man gerne gut und deftig …

Kaffeehäuser

Ein kulinarischer Ausflug nach Budapest wäre nicht komplett ohne den Besuch eines Kaffeehauses *(kávéház)*. Vor 125 Jahren gab es deren stolze 500 in Budapest, und nach 1989 erfuhren sie eine kleine Renaissance. Wo sich früher Literaten und Künstler trafen, um über Gott und die Welt zu plaudern oder schnell ein neues Gedicht zu Papier zu bringen, schlürfen heute natürlich eher Touristen ihren *presszó kávé*. Ein Muss ist der Besuch eines traditionsreichen Konditorei-Cafés *(cukrászda)*, deren üppige Kuchentheken extrem verlockend sind. Typisch Budapest sind z. B. die mit Aprikosenmarmelade, Walnüssen und Apfelstücken gefüllte **Zserbó-szelet** sowie das jüdische **Flódni** mit Äpfeln, Mohn und Nüssen.

Eine relativ neue Bereicherung des kulinarischen Angebots sind die Teehäuser *(teaház)*.

Bio und fleischlos

Auch in Budapest haben vegetarische und vegane Essfreuden Einzug gehalten – und das wenn möglich in Bio-Qualität. Vor allem ein jüngeres Publikum sucht deshalb nach veganen Burgern, fleischlosen Falafel oder auch Smoothies mit Bio-Säften. Für die ungarische Küche ist das eine Revolution. Allerdings handelt es sich oft um Schnellimbisse, die diesen Sektor bedienen. Aber auch einige fleischlose Restaurants konnten sich etablieren. Die Markthallen sorgen auch für gute Möglichkeiten, sich selbst gesund zu versorgen. Hier gibt es reichlich frisches Obst und Gemüse. Sehr beliebt sind im Sommer z. B. die heimischen Melonen.

…, aber auch Veganer kommen auf ihre Kosten.

Der Magen knurrt – aber wohin zum Essen?*

Die meisten Restaurants konzentrieren sich in Pest auf den Bereich zwischen Donau und Großem Ring sowie auf die donaunahen Bereiche in Buda. Das Angebot ist in den Vierteln jedoch recht unterschiedlich verteilt:

Burgviertel Karte 3 bzw. 1, **B–D 7–9:** Wer es lieber etwas schicker mag, wird im ruhigen Teil des Burgviertels durchaus fündig. Die Auswahl ist in diesem Viertel jedoch eher eingeschränkt. Weitere Adressen finden sich entlang der Donau bis hinunter nach Újbuda.

Pester Innenstadt/Leopoldstadt Karte 3 bzw. 1, **D–F 6–11:** Die eigentliche Innenstadt ist für rein touristische Lokale bekannt, aber auch für traditionsreiche Kaffeehäuser sowie gemütliche Cafés und Bistros. In der südlichen Leopoldstadt hat sich die Gastroszene rasant erweitert – von internationaler bis Sterne-Gastronomie.

Jüdisches Viertel Karte 3 bzw. 1, **F/G 8/9:** Das ehemalige jüdische Viertel in der Elisabethstadt hat sich zwischen Kleinem und Großem Ring zum angesagtesten Ausgehviertel entwickelt. Dank der schicken Bistros und Weinlokale sowie der schrägen Ruinenkneipen ist es im Trend. Zentrale Anlaufpunkte sind der sehr belebte Gozsdu-Hof mit Cafés und Bistros sowie die vielseitig aufgestellte Kazinczy utca.

Liszt Ferenc tér/Andrássy út Karte 3 bzw. 1, **F/G 7/8:** Rund um den Szeneplatz Liszt Ferenc tér und im angrenzenden Bereich der Andrássy út liegen die Restaurants und Cafés dicht beieinander – die Auswahl ist vielfältig.

* Wo Sie in den verschiedenen Stadtgegenden gut essen können, steht an Ort und Stelle im Buch.

UNGARISCHE SPEZIALITÄTEN

In der ungarischen Küche herrscht die klassische fleischlastige Hausmannskost vor. Es gibt aber auch lecker zubereitete Fischgerichte.
Sehr beliebt sind Suppen, darunter die traditionelle Fischsuppe *halászlé,* die es vor allem mit Karpfen *(ponty)* und Wels *(harcsa)* gibt, sowie die Gulaschsuppe *gulyásleves.* Das international als ›Gulasch‹ bekannte Gericht heißt im Ungarischen *pörkölt* und wird aus Rindfleisch hergestellt *(marhapörkölt).* Unter den Fleischgerichten zählen das Wiener Schnitzel *(Bécsi szelet),* gefüllte Paprika *(töltött paprika)* und gefüllte Krautrouladen *(töltött káposzta)* genauso zu den Klassikern wie die sehr fette Gänseleber *(libamáj).* Beim Fisch ist der Welspaprikasch mit Quarknudeln *(harcsa paprikás túrós csuszával)* sehr beliebt. Sehr ungarisch ist das Eintopfgericht *lecsó,* das in der Grundvariante aus Zwiebeln, Tomaten und Paprikaschoten zubereitet wird. Oft wird *lecsó* mit Wurst, Eiern, Reis oder *nokedli* (Nudeln, Spätzle) angereichert. Dazu wird Weißbrot gereicht.
Wer dann noch Platz für Süßes hat, sollte unbedingt einen Palatschinken *(palacsinta),* Schomlauer Nockerln *(Somlói galuska)* oder Quarkknödel *(túró gombóc)* probieren. Süßes auf die Hand sind die beliebten Strudel *(rétes),* vor allem mit Quark *(túrós),* Mohn *(mákos)* oder Apfel *(almás).*

Ausgewählt

Hochgelobt

Seite 159
Essência: Schickes Sterrerestaurant mit ungarisch-portugiesischem Einschlag bei den angebotenen Speisen. Karte 3, **E8**

Seite 211
Tati: Modernes Konzept nach dem Prinzip ›von der Farm auf den Tisch‹. Kreative Küche! **G8**

Seite 159
Borkonyha: Die mit einem Michelin-Stern preisgekrönte ›Weinküche‹ ist dennoch erstaunlich entspannt und eine trendige Adresse in der Leopoldstadt. Karte 3, **E8**

Seite 185
Robinson Étterem: Am Stadtwäldchen-See serviert die Küche von Árpád László seit nun bereits über 30 Jahren verlässlich hochwertige Genüsse. **H5**

Klassiker

Seite 63
Ezüstponty Vendéglő: Am Hang der Budaer Berge liefert der ›Silberne Karpfen‹ verlässliche Traditionsküche – mit Biergarten. Karte 4, **E7**

Seite 160
Hungarikum Bisztró: Traditionelle ungarische Küche für ein modernes Publikum ist oft ein Wagnis – in diesem Bistro funktioniert's. Karte 3, **E7**

Seite 227
Csalánosi Csárda: Klassische ungarische Spezialitäten im Vorort Óbuda – der Weg lohnt sich. Karte 2, **D1**

Seite 136
Carmel: Authentische jüdische Speisen genießen Sie direkt neben der Orthodoxen Synagoge im alten jüdischen Viertel. Karte 3, **F8**

Im Trend

Seite 104
Gerlóczy: Das ›Pariser‹ Café im Herzen der Pester Innenstadt liefert gute ungarische Küche; attraktive Terrasse. Karte 3, **F9**

Seite 136
Kőleves: Bistroküche mit frischen Ideen im jüdischen Viertel, Biergarten. Karte 3, **F8**

Seite 136
Könyv Bár és Restaurant: Hier wird alles nach einem Buch komponiert – ungewöhnliche Idee. Karte 3, **G8**

Seite 185
Szék: Leckere transsylvanische Küche in modernem Ambiente an der Andrássy út.
Karte 3, **F 7**

Seite 136
Mazel Tov: Angesagtes, nettes Ruinenbistro mit jüdisch-arabischer Fusionküche. **G8**

Seite 185
Menza: Zeitgenössische Küche am Ausgehplatz Liszt Ferenc tér.
Karte 3, **F7**

Fleischlos/Bio

Seite 185
Ecocafé: Helles Lokal mit Bio-Sandwiches und frischen Säften. **G 7**

Seite 108
Napfényes Étterem és Cukrászda: Alles vegan ist das Motto im ›Sonnenstrahl‹ – ein fleischloser Lichtblick
Karte 3, **E9**

Zum Snacken

Seite 212
Tökmag: Veganes Streetfood nah am Großen Ring entfernt. **E6**

Seite 160
Artizán: Hervorragender Bäcker/Konditor in der Leopoldstadt mit kleinem Café.
Karte 3, **E7**

Seite 136
Karaván: Mitten im Jüdischen Viertel öffnete in einer Baulücke ein cooler Streetfood-Markt.
Karte 3, **F9**

Kaffeehäuser/ Cafés

Seite 103, 135
Auguszt Cukrászda: Konditorendynastie mit drei ›süßen‹Cafés, am Nationalmuseum unter dem Namen **Geraldine.**
B6; Karte 3, **F9, G10**

Seite 103
Café Centrál: Das einstige berühmte Literatencafé ist eine Erinnerung an frühere Tage.
Karte 3, **F10**

Seite 89
Kelet: Entspanntes und freundliches Café in Buda – modernes Kulturcafé mit Stil.
E12

Seite 184
Müvész Kávéház: Traditionsreiches Künstlercafé schräg gegenüber vom Opernhaus.
Karte 3, **F8**

Seite 89, 137
Franziska: Modernes gemütliches Café in der Budaer Wasserstadt, mit einer Filiale im jüdischen Viertel.
Karte 3, **C7, F9**

Seite 211
Teaház a Vörös Oroszlánhoz: Exquisite Teesorten – eine Alternative zum vorherrschenden Kaffee.
Karte 3, **F7**

Flanieren

An Schaufenstern entlanglaufen — durch Märkte und Designer-Läden stöbern, das Besondere entdecken ...

Schaufenstermeilen

Váci utca Karte 3, **E/F 9/10**
Pests zentrale Flaniermeile ist heute sehr touristisch, doch in den Seitengassen finden sich viele kleine Fachgeschäfte. S. 95, Tour S. 110

Falk Miksa utca **E 6**
Zwischen Parlament und Großem Ring erstreckt sich Ungarns bedeutendste Galerien- und Antiquitätenmeile. S. 154

Großer Ring **E–G 6–9**
Vor allem zwischen Rákóczi tér und Jászai Mari tér wird der Große Ring von vielen kleinen Geschäften gesäumt, die sich teils in den Innenhöfen befinden – Shopping ganz untouristisch. S. 198

Jung und alt vereint auf der Suche nach nettem Krimskrams: Der Gozsdu Markt bietet genau das.

H

HUNGARIKA

Typisch ungarisch ist das kunstfertige **Porzellan** aus Herend und von Zsolnay. **Glaskristall** aus Ajka steht ebenfalls hoch im Kurs.
Natürlich sind **Paprikapulver** und **Salami** erstklassige Landesprodukte. Hochprozentig ist der *pálinka* (**Schnaps**), der vor allem in den Sorten Aprikose *(barack)* und Pflaume *(szliva)* zu erhalten ist. Direkt in Budapest wird der Magenbitter **Unicum** der Firma Zwack produziert. Ein weiteres beliebtes Mitbringsel ist eine gute Flasche **Wein** aus Ungarn. Eine Besonderheit sind die Tokajer-Weine, die einst als »Nektar der Götter« gehandelt wurden.

Wochenendmärkte

Gozsdu Weekend Market
Karte 3, **F 8**
Viel Kunsthandwerk und allerlei Nippes gibt es an jedem Wochenende im hippen Durchgang des Gozsdu-Hofs. S. 132

Bauernmarkt im Szimpla Kert
Karte 3, **F 9**
Sonntags findet ein sehr schöner kleiner Gourmet-Markt in der Flaggschiff-Ruinenkneipe im jüdischen Viertel statt. S. 124

Fundstücke

Seite 111
Paloma Artspace: Kreative Designläden haben sich in einem netten Hinterhof zusammengefunden. Karte 3, **F 9**

Seite 110
Rózsavölgyi Csokoládé: Exquisite Schokoladen aus Budapest. Karte 3, **E 9**

Seite 186
Dárius Music: Streichinstrumente sind in Ungarns Hauptstadt sehr gefragt, vor allem in Hörweite der Musikakademie. Karte 3, **F7**

Seite 112
Herend: Kaiserliches Porzellan aus dem westungarischen Herend – schon Sisi kaufte hier. Karte 3, **E8**

Seite 112
Zsolnay: Noch mehr weißes Gold, diesmal von der berühmten Jugendstil-Manufaktur aus dem südungarischen Pécs. Karte 3, **E8**

Seite 90
Bortársaság: Großer Weinladen mit den wichtigsten ungarischen Weinregionen und Spitzenwinzern im Sortiment. Karte 3, **D9** und **E7**

Märkte in Markthallen

Seite 121
Zentrale Markthalle: Seit mehr als 120 Jahren versorgt die herrliche Markthalle die Budapester Bevölkerung mit frischem Gemüse, Obst, Fleisch und Fisch. Karte 3, **F10/11**

Seite 216
Rákóczi-tér-Markthalle: Ursprünglicher Marktcharme fernab des Touristenrummels. **H9**

Von Kopf bis Fuß

Seite 111
Ékes Kesztyű: Traditionsreiches Fachgeschäft für Handschuhe. Karte 3, **E9**

Seite 111
Vass: Berühmter Schuhmacher für ein exquisites Paar Budapester. Karte 3, **E9**

Seite 110
V50: Valéria Fazekas kreiert avantgardistische Hüte. Karte 3, **E10, F10**

Seite 139
Retrock: Coole Designer-Klamotten und Accessoires für junge Leute. Karte 3, **F8**

Seite 186
The Garden Studio: Mode und Accessoires von ungarischen Designern. Karte 3, **F8**

stöbern

Diese Museen …

Viele Museen besitzt Budapest — aber welche lohnen sich wirklich? Hier ein paar Vorschläge.

Haus der Ungarischen Fotografie

Viele Fotopioniere stammen aus Budapest. Kein Wunder also, dass es hervorragende Fotoausstellungen gibt. Das sehr engagierte Haus am ›Pester Broadway‹ ist dabei ein hervorragender Ankerpunkt. S. 177, Karte 3, **F 7**

Ludwig-Museum

Zeitgenössische Kunst aus ›Ost‹ und ›West‹ machen das Ludwig-Museum im Palast der Künste zu einer äußerst spannenden Plattform für Kunstprojekte über die nationalen Grenzen hinweg. S. 195, **G 14**

Ungarische Nationalgalerie

Ein Großteil des Budaer Burgschlosses ist seit Ende 2018 der ungarischen und europäischen Kunst nach 1800 gewidmet. Highlight ist die sehr gute Präsentation der ungarischen Malerei im Goldenen Zeitalter an der Wende zum 20. Jh. Neu sind nun erstklassige Werke z. B. von Cézanne, Monet, Gauguin und Rodin. S. 57, Karte 3, **D 9**

Museum der Bildenden Künste

Am Heldenplatz werden seit dem Jahr 2018 Highlights der ungarischen und internationalen Kunst vor 1800 gezeigt, darunter die Ägyptische und Antike Sammlung sowie die Sammlung Alter Meister mit Raffael und Goya und eine niederländisch-flämische Abteilung. S. 175, 182, **H 5**

Ungarisches Nationalmuseum

Wer siedelte zuerst im Karpatenbecken? Was hinterließen Kelten, Römer, Awaren und die ersten Magyaren? Wie entwickelte sich das Land bis zur demokratischen Wende 1989/90? Diese und viele andere Fragen beantwortet das Museum am Kleinen Ring. Zu sehen ist auch der kostbare Krönungsmantel. S. 125, Karte 3, **F 10**

Jüdisches Museum

Direkt neben der prächtigen Großen Synagoge führt das Jüdische Museum durch das vielseitige religiöse und kulturelle Leben der jüdischen Gemeinde in Budapest. Natürlich wird auch an das Ghetto 1944/45 und den Terror der Nazis erinnert. S. 131, Karte 3, **F9**

Holocaust-Gedenkzentrum

Der lange und schmerzhafte Weg nach Auschwitz wird in dieser bewegenden Ausstellung detailreich nachgezeichnet. Angeschlossen ist eine umgebaute Synagoge. Leider etwas abseits vom Stadtzentrum. S. 191, **H 11**

Vasarely-Museum

Der Meister der Op-Art stiftete schon zu Lebzeiten eine große Sammlung für das frisch eröffnete Museum in Óbuda. Vasarely spielte gerne mit optischen Eindrücken. S. 223, Karte 2, **D 1**

Aquincum

Unmittelbar an der Grenze des römischen Imperiums entstand am Donauufer eine große Zivil- und Militärstadt. Dem römischen Museum in Óbuda ist ein Archäologischer Park angeschlossen. S. 224, Karte 2, **nördl. D 1**

Haus der Ungarischen Musik

Im Stadtwäldchen führt dieses postmoderne Museum in die Geschichte der ungarischen Musik. Der Bogen reicht dabei von archaisch klingender ›Ur‹-Musik aus dem ländlichen Raum über klassische Musik, Franz Liszt und Béla Bartók bis zur modernen Popmusik. S. 183, **J 6**

MUSEUMSBESUCHE PLANEN

M

Öffnungszeiten: Die meisten Museen sind von 10–18 Uhr geöffnet, im Winter auch bis 16 Uhr. Viele Museen sind am Montag, einige wenige am Dienstag geschlossen.

Ermäßigungen: Jugendliche, Studierende und Rentner erhalten oft Ermäßigungen. Für kleine Kinder (unterschiedliche Altersgrenzen) ist der Eintritt meist frei. Besitzer einer Budapest Card (s. S. 257) genießen bei mehreren Museen freien oder ermäßigten Eintritt.

… lieben wir!

Nachtschw

Abends wird Budapest besonders stimmungsvoll, wie hier im Akvárium.

Ungarns Hauptstadt verfügt über eine lebendige Kultur- und Nightlifeszene. Ob Livemusik, Oper, Theater, ruhige Bistros, adrette Weinbars oder quirlige Szene-Treffpunkte – Besucher haben die Qual der Wahl. Aber keine Sorge: Die Budapester sind auch abends ziemlich entspannt, ein Gehetze von einer Bar zur nächsten gibt es kaum. Warum auch, wenn es gerade in der Ruinenkneipe X oder in der Café-Bar Y auf der Margareteninsel so angenehm ist? Und nach dem Konzertbesuch oder dem Abendessen findet sich immer irgendwo noch ein nettes Plätzchen für einen Drink.

Wer nicht lange suchen möchte, wird im ehemaligen jüdischen Viertel zwischen Kleinem Ring, Király utca und Großem Ring schnell fündig. Vor allem am Wochenende ist in der Elisabethstadt sehr viel los. Eine typische Besonderheit hier sind die sogenannten Ruinenkneipen *(romkocsmák)*, die ursprünglich aus reiner Not heraus baufällige Hinterhöfe in Partyzonen verwandelten, um den Abriss zu verhindern.

Ein Wermutstropfen für Nachtschwärmer: In den Innenstadtbereichen müssen die Außenterrassen der Cafés spätestens um 24 Uhr schließen. Dann hilft nur der Umzug in die Ruinenkneipen, in einen Klub oder zu den Nightlife-Hotspots an der Donau.

* Wohin am Abend? Bei jedem Viertel sind ausgewählte Adressen und Tipps aufgelistet.

ärmereien

Da ist nachts was los …

Ehemaliges Jüdisches Viertel 📍 **F/G 8/9** (plus Karte 3)
Zwischen Deák Ferenc tér, Großer Synagoge und Großem Ring verdichtet sich das Nightlife enorm. Hier sind auch viele der schrägen Ruinenkneipen zu finden. S. 128

Liszt Ferenc tér
📍 Karte 3, **F7**
Auf dem lauschigen Ausgehplatz an der Andrássy út reiht sich unter hohen Bäumen Café an Café. S. 173

Leopoldstadt 📍 **D/E 6–8** (plus Karte 3)
Zwischen Erzsébet tér und Szabadság tér haben sich die Gassen mit unzähligen Cafés, Bistros und Restaurants gefüllt. S. 157

Pester Innenstadt
📍 Karte 3, **D–F 8–10**
An lauen Sommerabenden bestaunen viele Gäste das fantastische Donaupanorama vom Donaukorso aus. Genießen Sie den Welterbeblick. S. 99

Cocktail, Wein & Bier

Seite 186
360 Bar: Ein relaxter Drink mit Blick über die Dächer von Budapest - ein ›High‹-Light!
📍 Karte 3, **F7**

Seite 161
Intermezzo Roof Terrace: Cocktail und Wein passen perfekt zum grandiosen Stadtblick vom Dach.
📍 Karte 3, **E7**

Seite 140
Dobló: Ungarische Qualitätsweine können Sie in der stimmungsvollen Weinbar im jüdischen Viertel gleich neben dem Gozsdu-Hof genießen.
📍 Karte 3, **F8**

In vino veritas: Dobló im Jüdischen Viertel

Seite 215
Gasztró sétány: Schlichte, aber angesagte Kneipen- (›Gastro‹-)meile auf der Margareteninsel.
📍 Karte 2, **D5**

Seite 90
Szatyor Bár és Galéria/Hadik: Die Café-Kneipe in Újbuda wirkt funkig, bunt und lebendig. 📍 **E12**

VERKEHR FÜR NACHTSCHWÄRMER

Ab 23.30 Uhr versorgt ein dichtes Netz an Nachtbussen im 15- bis 60-minütigen Takt die wichtigsten Routen die gesamte Nacht hindurch. Tram 6 über den Großen Ring verkehrt ebenfalls die ganze Nacht (s. S. 248). Ansonsten sind natürlich Taxis im Einsatz (s. S. 254).

Ruinenkneipen

Seite 124
Szimpla Kert: Der Oldie unter den Ruinenkneipen ist immer noch am kreativsten; Konzerte und Bauernmarkt. Karte 3, **F 9**

Seite 215
Pótkulcs: Etwas abgelegener, dafür etwas urwüchsiger; mit Konzerten. **F 6**

Seite 140
Instant/Fogas: Doppelt hält besser – angesagte Ruinenkneipe neben dem Mazel Tov. **F 6**

Seite 214
Élesztőház: Angenehme Ruinenkneipe in der Franzensstadt neben dem Trafó. Sonntags Bauernmarkt. **H 11**

Musik hören

Seite 194
Palast der Künste: Klassische Musik und Festivalkonzerte in Ungarns größtem Konzertsaal. **G 14**

Seite 140
iF Kávézó: Vor allem ›easy listening‹ im freundlichen Ambiente. Karte 3, **F/G 11**

Seite 141
Spinoza: Schwungvolle Klezmer-Konzerte freitags. Karte 3, **F 9**

Seite 90
A38: Das Konzert- und Partyschiff liegt südlich der Petőfi-Brücke. **F 12**

Seite 214
Budapest Park: Open-Air rocken ungarische Bands hier den ganzen Sommer. **H 14**

Jazz

Seite 215
Budapest Jazz Club: Unweit des Großen Rings in einem ehemaligen Kino. **E 6**

Seite 140
Jedermann: Live-Jazz unterhalb des Goethe Instituts. **G 11**

Folklore

Seite 90
Budaer Redoute: Bühne für das Staatl. Folkloreensemble. **C 8**

Seite 90
Fonó Budai Zeneház: Interessantes Kulturzentrum in Buda mit Schwerpunkt auf Folk, Tanz, Jazz und Weltmusik. **D 14**

Discos und Klubs

Seite 113
Akvárium: Attraktive Mischung aus Konzertbühne, Music Club, Bistro und Caféterrasse. Karte 3, **E 8**

Seite 215
Morrison's 2: Am Großen Ring wird abends durchgefeiert. **E 6**

Seite 186
Sparty: Keine Disco, aber nächtliche Partys im Széchenyi-Heilbad im Stadtwäldchen. **J 5**

Theater, Oper, Tanz

Seite 170
Ungarische Staatsoper: Flaggschiff der Budapester Kulturszene mit europaweitem Renommee. Angeschlossen sind zwei weitere Häuser. Karte 3, **F 8**

Farbenfroh und temperamentvoll: Klassische Tänze sind keineswegs out, sondern weiterhin sehr populär.

Seite 186
Budapester Operettentheater: Glanzvolle Bühne für Operetten und Musicals.
Karte 3, **F7**

Seite 195
Nationaltheater: Modernes Haus am Donauufer neben dem Palast der Künster. **G 13**

Seite 64
Nationales Tanztheater: Moderner Tanz im Millenáris Park.
B 6

Seite 214
Trafó: Alternative Bühne für anspruchsvollen zeitgenössischen Tanz sowie Theater und Konzerte. **H 11**

Kino

Seite 113
Puskin Artmozi: Ein Lichtspielhaus aus den guten alten Tagen, mit viel Stil eingerichtet.
Karte 3, **F 9**

Seite 140
Uránia Nemzeti Filmszínház: Das ›Nationale Filmtheater‹ wurde in den 1890er-Jahren liebevoll im orientalisch-maurischen Prachtstil erbaut. **G 9**

AKTUELLE PROGRAMMINFOS

Allgemeine Tipps finden sich auf der offiziellen Tourismus-Website www.budapestinfo.hu sowie auf www.funzine.hu.
Theater: Monatlich informiert **Papageno** (www.papageno.hu) über das Programm.
Kino: In Budapest werden Filme teilweise auf Englisch gezeigt. Cineplexkette Cinema City: www.cinemacity.hu. Programmkinos Art Mozi: www.artmozi.hu.
Tickets: www.kulturinfo.hu; www.eventim.hu, oder beim jeweiligen Veranstalter buchen.

Wo du schläfst,

Und dafür bietet Budapest viele Optionen – ob solide Pension, wunderbare Lage oder auch luxuriös Wohnen.

Das Übernachtungsangebot in Budapest ist gerade im Bereich Ferienwohnungen und Viersternehotels stark gestiegen – und das alles zumeist in ziemlich zentraler Lage. Darüber hinaus gibt es natürlich Luxushotels, komfortable Mittelklassehotels sowie preisgünstige Hostels.
Angenehme Wohnlagen im Innenstadtbereich sind die donaunahen Bezirke in Pest bis zum Großen Ring. Gerade im Partyviertel Elisabethstadt hat der Unterkunftsboom aber für alle Beteiligten nicht nur Vorteile (s. Magazin S. 300). In Buda ist die Gegend rund um die Burg und den Gellértberg sehr zentral.

Preisangaben: Apartments kosten je nach Ausstattung und Jahreszeit zwischen 40 und 100 €; DZ mit Frühstück in Mittelklassehotels 80–160 €, in Fünfsternehotels ab ca. 150 €.
Von November bis März gibt es oft sehr günstige Deals. Für Silvester und die Formel 1 werden spürbare Zuschläge erhoben und die Unterkunftssuche kann schwer werden. Hotelpreise schwanken auch in Budapest je nach Auslastung erheblich, sodass sich ein Preisvergleich unbedingt lohnt. Frühstück ist oftmals nur optional.

Steuern und Touristenabgabe: Vor allem gehobene Hotels in der Innenstadt rechnen auf die (zunächst) angegebenen Preise noch die Mehrwertsteuer (ÁFA, für Unterkünfte Ende 2023 5 %) hinzu, auch das Frühstück fehlt oft bei den ersten Angaben. Je nach Stadtbezirk kommt für alle dann noch eine unterschiedlich hohe Tourismusabgabe (IFA, bis zu 4 %) hinzu, die vor Ort bezahlt werden muss. Vor der Buchung sollte man deshalb nach dem tatsächlichen Endpreis schauen, um unliebsame Überraschungen zu vermeiden.

P

PREISE

€ = bis 80 Euro
€€ = 80 bis 160 Euro
€€€ = über 160 Euro
für ein Doppelzimmer mit Frühstück

Die Lage macht's

Eleganz der Gründerzeit

Corinthia Grand Hotel Royal, G8: Am Großen Ring ist das Royal eine luxuriöse Oase der Gründerzeit. Das Fünfsternehotel aus dem Jahr 1896 versprüht den Glanz der Belle Époque, modern sind die

B

BEHINDERTENGERECHTE UNTERKÜNFTE

Größere Hotels verfügen oftmals auch über barrierefreie und behindertengerechte Zimmer, anders als kleine Pensionen und Privatzimmer. Nützliche Tipps gibt der Ungarische Behindertenverband MEOSZ, www.meosz.hu.

beiden überdachten Innenhöfe. Ein besonderes Highlight stellt das Bad Royal Spa dar, das Hotelgäste kostenlos nutzen können. (Fotos s. u. und S. 29)

Erzsébet körút 43–49, T 1 479 40 00, corinthia.com/budapest, Tram 4, 6 Király utca, €€€

Im Palastviertel

Brody House, Karte 3, **F 9:** Sehr stilvolle Zimmer in einem großbürgerlichen Haus direkt neben dem früheren Parlamentsgebäude (heute Sitz des Italienisches Instituts) am Nationalmuseum. Die Fassade des Hotels mag noch nicht renoviert sein, drinnen ist jedoch alles top. Mit hauseigener Bar.

Bródy Sándor utca 10, T 1 323 75 83, www.brody.house, Metro/Tram/Bus Astoria, Kálvin tér, €€€

Nobles Bauhaus

Mamaison Hotel Andrássy, H 6: Einst stiegen in dem noblen Bauhaus-Hotel sowjetische Parteigrößen ab. Entworfen hatte es 1937 der Architekt Alfréd Hajós, der in seiner ersten Karriere 1896 ungarischer Olympiasieger im Freistil-Schwimmen war. 61 stilvolle und geräumige Zimmer sowie sieben elegante Suiten warten auf die Gäste. Ein weiteres Plus ist die Lage unweit des Heldenplatzes.

Andrássy út 111, T 1 462 21 00, www.mamaisonandrassy.com, Metro 1, Bus 105 Bajza utca, €€–€€€

Stilvoll im Burgviertel

Pest-Buda Design Hotel, C 7: In dem schicken Haus mitten im Burgviertel öffnete schon 1696 das – angeblich älteste – Hotel in Ungarn. Die heutige elegante Boutique-Herberge mit zehn gehobenen Zimmern und Suiten ist jedenfalls ganz modern und befindet sich oberhalb des gleichnamigen anspruchsvollen Bistro-Restaurants. Mit dem Baltazár befindet sich ein Schwesterhotel im Burgviertel.

Fortuna utca 3, T 1 800 92 13, https://pest-buda.com, Bus 16/16A, 116, 216 Bécsi kapu tér/Szentháromság tér, €€–€€€

Zentral, aber ruhig

Three Corners Hotel Anna, G 9: In den innenstadtnahen Bereichen ist es nicht immer ganz leicht, ein ruhiges, aber doch zentrales Hotel zu finden. Das komfortable Anna in den ruhigen Seitengas-

bist du zu Hause

sen des Palastviertels bietet genau das. An das klassizistische Fronthaus wurde ein modernes Bettenhaus angebaut. Bis Dezember 2024 wegen Renovierung geschlossen. Mit dem Hotel Art unweit des Egyetem tér gibt es nicht nur für diesen Zeitraum eine nette Filiale.

Gyulai Pál utca 14, T 1 610 46 80, www.threecorners.com, Metro 4, Tram 4, 6 Rákóczi tér, Bus Uránia, €–€€

Ungewöhnlich & schick

Exklusiver Jugendstil

Four Seasons Hotel Gresham Palace, Karte 3, **E8:** Die noble Jugendstilperle in der Fluchtlinie der Kettenbrücke verspricht hohen Komfort und perfekten Service in dekorativem Ambiente des frühen 20. Jh. Eines der Tophotels der Stadt.

Széchenyi István tér 5/6, T 1 268 60 00, fourseasons.com/budapest, Tram 2, 2B, 23, Bus 16, 105, 178, 216 Széchenyi István tér, €€€

Designer-Schick mit Donaublick

Park Plaza Budapest, Karte 3, **C/D8:** Die hervorragende Lage am Budaer Donauufer, der tolle Panoramablick und die kreative Ausstattung sind die Markenzeichen des feschen Viersternehotels. Interieur und Gemälde des früheren Art'otels stammen von dem amerikanischen Künstler Donald Sultan. Vier großzügig renovierte Barockgebäude auf der Rückseite gehören zum Hotel.

Bem rakpart 16–19, T 1 487 94 87, www.radissonhotels.com Metro 2 Batthyány tér, Tram 19, 41 Halász utca, €€–€€€

Wellness-Oase

Ensana Thermal Margaret Island, Karte 2, **E2:** Auf der fast autofreien Margareteninsel verfügt das große Wellnesshotel über eine eigene Thermalquelle. In der Parklandschaft lassen sich ungestört Kuranwendungen genießen, der Besuch des Thermalbads ist inklusive – und die pulsierende Innenstadt ist per Bus schnell zu erreichen. (Foto s. links)

Margitsziget, T 1 889 47 00, www.ensanahotels.com, Bus 26, 226 Szállodák (Hotels), €€–€€€

Mit Dachterrasse

President, Karte 3, **E7:** In der Leopoldstadt bietet das Viersternehaus gegenüber der Nationalbank stilvolle Unterkunft. Zudem garantiert die Intermezzo-Dachterrasse den besten Blick auf das fantastische Jugendstildach der ehem. Postsparkasse.

Hold utca 3–5, T 1 510 34 04, www.hotelpresident.hu, Metro 3, Bus 9, 109 Arany János utca, €€–€€€

Ein Hauch Paris

Gerlóczy, Karte 3, **F9:** Oberhalb des gleichnamigen Cafés in der Pester Innenstadt befinden sich stilvolle Nichtraucher-Zimmer. Die Mittelzimmer in der 1. und 2. Etage haben einen kleinen Balkon. Frühstück wird unten im Café serviert.

Gerlóczy utca 1, T 1 501 40 00, www.gerloczy.com, Metro 1, 2, 3 Deák Ferenc tér, Metro 2 Astoria, €€

Modernes Design

Soho Boutique Hotel, **G8:** Von außen sieht das Hotel in direkter Nähe des

Großen Rings recht klein aus, doch im Inneren werden 68 komfortable Zimmer im Designerschick angeboten. Der Service ist sehr freundlich.

Dohány utca 64, T 1 872 82 92, www.soho boutiquehotel.com, Metro 2, Tram 4, 6 Blaha Lujza tér, €€

Solide und günstig

Zentral und frisch renoviert

Medos Hotel, Karte 3, **F7:** Der markante realsozialistische Hotelbau mit Blick zur Andrássy út liegt superzentral im Theater- und Nightlife-Viertel. Die Zimmer wurden in den letzten Jahren umfassend renoviert, inzwischen gibt es Superior-Suiten mit Balkon und tollem Stadtblick. Der Liszt Ferenc tér liegt nur einen Steinwurf entfernt. Auch günstigere Economy-Zimmer.

Jókai tér 9, T 1 374 30 01, www.medoshotel.hu, Metro 1, Tram 4, 6 Oktogon, €–€€

Stattlicher Gründerzeitbau

City Hotel Mátyás, Karte 3, **E10:** Das Dreisternehotel liegt zwischen Elisabethbrücke und der Fußgängerzone Váci utca. Es verfügt über 80 nette Zimmer und einen guten Service. Unbedingt versuchen, ein höher liegendes Zimmer mit Blick auf die Donau zu bekommen.

Március 15. tér 8, T 1 338 47 11, www.city hotel-matyas.hu, Metro 3 Ferenciek tere, Tram/Bus Március 15. tér, €–€€

Auf der Donau

Fortuna, **E5:** Wer gerne auf der Donau übernachten möchte, für den bietet das Hotelschiff nördlich der Margaretenbrücke (ca. 10 Min. zu Fuß) eine solide und preisgünstige Alternative. Die Kabinen sind gut renoviert, den Zuschlag für Zimmer mit Blick über den Fluss zur Margareteninsel sollte man unbedingt einplanen.

Carl Lutz rakpart (unterhalb Szent István park), T 70 770 04 02, https://fortunaboat.com, Tram 2, 2B, 4, 6, 23 Jászai Mari tér, Bus 75, 76 Szent István park, €–€€

S

DAS PASSENDE BETT SELBST SUCHEN

Apartments
https://budapestapartmentservice.com

www.budapest-hotel.net
Online-Buchungen, auch Buchungen von Stadtrundfahrten und Flughafentransfers.

www.wg-gesucht.de
Portal für Zimmersuche (auch längerfristige); nicht nur in Wohngemeinschaften.

www.hostelworld.com
Portal für Hostels, auch in Budapest, mit Infos und Bewertungen.

Unterhalb der Fischerbastei

Budavár B & B, Karte 3, **C7:** Die Lage ist super: Von der freundlichen Pension sind es nur wenige Schritte zur Fischerbastei und zur Matthiaskirche. Viele Zimmer in dem modernen Haus verfügen über einen Balkon. Oft sind zwei Nächte Minimum.

Szabó Ilonka utca 15/A, T 30 922 08 01, www.budavar-pension.com, Bus 16, 216 Donáti utca (ab Deák Ferenc tér), €–€€

Hostel mit Kirchenblick

Pál's Hostel, Karte 3, **E8:** Pál's bietet rund um den Szent István tér direkt an der St.-Stephans-Basilika bis zu 100 hostelmäßige Betten auf mehrere Apartments verteilt. Es gibt Apartments für bis zu zwölf Personen (teils mit Küche), Schlafsäle (bis zu vier Pers.) sowie DZ mit/ohne eigenes Bad. Die Rezeption befindet sich im Haupthaus im 2. Stock.

Szent István tér 3, T 30 524 24 66, https://palshostel.com, Metro/Tram/Bus Deák Ferenc tér, €–€€

Vor

Romantik pur – Die geschichtsträchtige Matthiaskirche im Burgviertel bietet den passenden Kontrapunkt zur verspielten Fischerbastei.

Ort

Burgberg und Budaer Berge

Malerische Altstadt — Hoch über der Donau thront das historische Burgviertel mit Blick auf Stadt und Berge.

Seite 37

Burgschloss

Majestätisch nimmt das Schloss mit der Ungarischen Nationalgalerie und dem Burgmuseum das gesamte südliche Burgviertel ein. Rund um den riesigen Komplex gibt es mehrere hervorragende Aussichtspunkte.

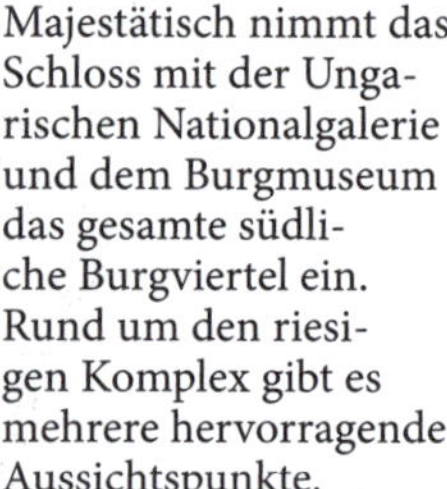

Seite 39

Ungarische Nationalgalerie

Das Burgschloss beheimatet Meisterwerke der ungarischen und europäischen Kunst aus dem 19. und 20. Jh. – spannend ist ein Rundgang durch die ungarische Kunstwelt des Goldenen Zeitalters (Umzug geplant).

Kaffee ohne Kuchen ist wie Buda ohne Pest.

Eintauchen

Seite 48

Matthiaskirche

Die königliche Kirche war Zeugin von royalen Hochzeiten und festlichen Krönungen. Auch Kaiser Franz Joseph und seine Gattin Elisabeth (Sisi) erhielten hier die ungarische Krone. Innen ist sie ein künstlerisches Meisterwerk.

Seite 50

Fischerbastei

Die romantische Fischerbastei hat etwas Operettenhaftes. Geradezu traumhaft ist der Panoramablick über die Donau zum Parlament. Und abends wird alles festlich angestrahlt!

Seite 50

Barockes Burgviertel

Die wunderschönen Gassen des Burgviertels versetzen in die Zeit des barocken Wiederaufbaus im 18. Jh. Besonders die Táncsics Mihály utca und die Úri utca bieten noch eine etwas verträumte Stimmung. Nirgendwo in Budapest findet sich ein derart geschlossenes historisches Viertel – und wenn dann abends die sanfte Beleuchtung angeht, gibt es für Romantiker kein Halten mehr.

Seite 54

Pasarét

Der Vorort Pasarét am Fuß der Budaer Berge bietet eine Reihe schöner Häuser im Bauhaus-Stil und interessante Museen. Im Béla-Bartók-Gedenkhaus wird an den Komponisten, der hier in den 1930er-Jahren lebte, erinnert.

Seite 58

Budaer Berge

Die Budaer Berge sind ein sehr erholsames Ausflugsziel. Von hier lässt sich die Aussicht genießen! Höhepunkt ist im wahrsten Sinne des Wortes der Elisabeth-Aussichtsturm auf dem 527 m hohen Johannes-Berg, dem höchsten der Stadt.

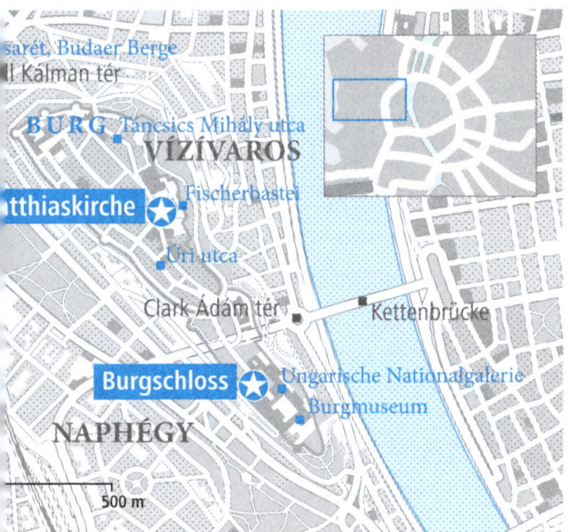

Buda ist die »ungarische Akropolis«. Hans-Christian Andersen

e Budapester sind phantastisch. Als am Donauufer entlangfuhren, haben uns zugelacht und gewunken. Bei Matthiaskirche spürten wir, wie klein sind.« Freddie Mercury, 1986

erleben

Das historische Herz

N

Niemand kann das Budaer Burgviertel übersehen – es dominiert 50 bis 60 m über der Donau die Skyline mit seinem imposanten Schloss und der filigranen Matthiaskirche. Schon der Anblick vom Fluss oder von der Pester Donauseite ist magisch. Und es ist absolut kein Wunder, dass die UNESCO das Burgviertel bereits 1987 auf die Welterbeliste setzte.

Oben angekommen, nimmt das monumentale Schloss die gesamte Südspitze ein. Hier sind u. a. die international hochkarätige Ungarische Nationalgalerie sowie das Budapester Historische Museum untergebracht. Die rechtsnationale Regierung unter Viktor Orbán hat zudem historisierende Bauten rund um das Schloss wiederaufgebaut. Der Ministerpräsident selbst zog 2018 ins benachbarte ehemalige Karmeliterkloster. Weitere Ministerien sollen folgen. All das bringt seit mehreren Jahren erheblichen Wandel ins Viertel.

Der nördliche Teil war historisch die Bürgerstadt und ist im Wesentlichen noch immer vom barocken 18. Jh. geprägt. Groß sind die Unterschiede zwischen den touristischen Hotspots an der prächtigen Matthiaskirche und der romantisch-verspielten Fischerbastei sowie den eher ruhigen Gassen im restlichen Viertel.

Wer nach dem Burgviertel mehr Luft braucht: Fahren Sie doch einfach mal in die Budaer Berge und atmen auf dem bewaldeten Höhenzug durch. Besonders attraktiv sind der Sessellift und die Kindereisenbahn, während der Elisabethturm für eine tolle Aussicht sorgt. Und danach ein Abstecher ins Bauhaus-Viertel?

O

ORIENTIERUNG

Reisekarte: B–D 6–9 und Karte 4
Cityplan: S. 41
Ausgangspunkt: Startpunkt ist der Burggarten vor der Ungarischen Nationalgalerie. Die Standseilbahn Sikló verkehrt bis Szent György tér, die Busse 16, 16A, 116, 216 von den Metrostationen Széll Kálmán tér (Buda) bzw. Deák Ferenc tér (Pest) bis zum Dísz tér.
Das Viertel entdecken: Am stimmungsvollsten ist der Aufstieg zu Fuß vom Donauufer (s. Tour S. 38). Einmal im Burgviertel, geht es zu Fuß weiter. Der reine Rundgang dauert ca. 1,5–2 Std., mit Besichtigungen ist man schnell einen halben oder auch einen ganzen Tag unterwegs. Für die Fahrt in die Budaer Berge s. Tour S. 58.

Burgschloss 

Burggarten

Karte 3, C/D 9

Welterbe-Panorama

Das **Burgschloss (Budavári palota)** ❶ ist das sichtbarste Wahrzeichen der Stadt. Es thront hoch über der Donau und gilt als ein wichtiges Symbol des ungarischen Nationalstolzes. Bevor Sie sich jedoch dem Schloss zuwenden, genießen Sie aus dem **Burggarten** ❷ am schwungvollen **Reiterdenkmal** für Prinz Eugen von Savoyen (József Róna, 1900) zunächst den grandiosen Blick über die Donau. Weit schweift der Blick über den Strom hinüber nach Pest, die Stadt liegt Ihnen förmlich zu Füßen – und wenn abends die Lichter angehen, kann es geradezu romantisch werden!

Schnell erkennen Sie auch, was den Reiz von Budapest ausmacht: Die Stadtsilhouette ist noch erstaunlich geschlossen, wie zu Beginn des 20. Jh. Auf der anderen Flussseite ragen keine modernen Hochhäuser aus den Gründerzeitvierteln empor, sichtbare Bausünden wie die Hotels am Pester Donauufer halten sich (noch) in Grenzen. Die Skyline macht also sehr deutlich, warum die UNESCO auch das Donaupanorama als solches zum Welterbe ernannt hat.

Prinz Eugen war als österreichischer Heerführer Ende des 17. Jh. maßgeblich an der Befreiung Ungarns von der osmanischen Herrschaft beteiligt. Mit seinem Erfolg in der Schlacht bei Zenta sicherte der Prinz 1697 gleichzeitig den Habsburger Anspruch auf die Herrschaft in Ungarn.

Was für ein Panorama! Kein Wunder, dass die UNESCO genau diesen Anblick zum Weltkulturerbe ernannt hat. Im Abendlicht erstrahlen Burgschloss und Kettenbrücke noch prächtiger.

TOUR
Durch Gärten und Wehranlagen

Stimmungsvoller Aufstieg zur Burg

Infos

Start: Várkert Bazár, Anfahrt s. S. 36; D9
Ziel: Burggarten / Burgschloss

Burganlagen: tgl. 6–24 Uhr, Eintritt frei
Burgschloss 1, Burggarten 2: s. S. 37
Burggarten-Basar 3: s. S. 39, 77
Burgmuseum 33: s. S. 61
Ungarische Nationalgalerie 32: s. Tour S. 44, 57

Das Burgviertel sollte man zu Fuß erkunden. Der schönste Weg zum **Burgschloss 1** hinauf führt auf teils verschlungenen Pfaden vom Ybl Miklós tér am Donauufer durch den prächtig restaurierten **Burggarten-Basar (Várkert Bazár) 3** bis zum Eingang der beiden großen Schlossmuseen.

Zunächst gelangt man dabei in die wiederhergestellten Renaissance-Gärten, dann per Rolltreppe oder Lift entlang von nachempfundenen Wehrmauern zur alten Schlossauffahrt, die an der Talstation des Sikló beginnt. Der Schlossauffahrt folgen Sie links zum malerischen **Großen Rondell (Nagy rondella)**, einem sehr stimmungsvollen Bereich mit einem alten Wehrgang, der gerne für historische Filme in Szene gesetzt wird. Am Ende der Kehre geht es über einen breiten Weg links ab durch die teils nachgebauten Wallanlagen zu einer kleinen Parkfläche an der Südseite der Schlossfassade. Anstatt geradeaus in der Unterwelt der Nationalbibliothek zu verschwinden, gelangen Sie rechts durch ein kleines Tor zu einem der beiden Hintereingänge des **Burgmuseums 33**.

Gehen Sie hier durch die kleinen Gärten, die ruhig und versteckt innerhalb der Burgmauern liegen, weiter an den mittelalterlichen Bauresten vorbei zu einer Treppe, die Sie an einem Lift hinaufführt zu einem weiteren nachempfundenen Wehrgang. Oben ist die recht schlichte, moderne **Marienskulptur** heute ein Ort für Selfies mit fantastischem Donaublick. Der großartige Panorama-Wehrgang führt vorbei am Gotischen Saal und der mittelalterlichen Königskapelle (s. Burgmuseum) und endet am Reiterdenkmal von Prinz Eugen im **Burggarten 2** direkt vor der **Ungarischen Nationalgalerie 32.**

Damit steht vor dem Schloss ausgerechnet eine historische Figur, die mehr an die austro-ungarische Zeit erinnert als an die ungarische Unabhängigkeit.

Museumsschloss

Karte 3, C/D9

Nationales Monument

Wenn Sie sich vom Donaupanorama lossagen können, drehen Sie sich um – und Sie werden zunächst vielleicht von der schieren Größe der mehrflügeligen Schlossanlage erschlagen sein. Dazu sollte man wissen, dass in dem jetzigen Schloss erstaunlicherweise niemals ein Monarch residiert hat. Warum also der ganze Aufwand und für wen?

Nach dem Ausgleich zwischen Österreich und Ungarn 1867 hatten die Ungarn intensiv auf eine königliche Residenz gepocht, die ihrer neu gewonnenen politischen Stellung Rechnung tragen sollte. Man beauftragte also 1875 Miklós Ybl und nach seinem Tod 1891 Alajos Hauszmann mit einer massiven neobarocken Erweiterung des Schlosses, das unter Maria Theresia im 18. Jh. errichtet worden war. Mehr als 800 Räume besaß der neue Palast. Der Augenschein war (nicht nur) in der Doppelmonarchie alles.

Der Standort ging auf eine mittelalterliche Königsresidenz zurück, die von König Béla IV. Mitte des 13. Jh. begonnen und dann im Laufe der nächsten 250 Jahre im Baustil der Gotik und der Renaissance erweitert worden war. Mit der Eroberung Budas durch die Türken 1541 endete die Glanzzeit des unabhängigen Ungarns. Die Türken nutzten den Palast für militärische Zwecke, und bei ihrer Vertreibung 1686 wurde er nahezu vollständig zerstört. Einige Überreste der mittelalterlichen Gebäude sind noch im Burgmuseum (s. rechts) zu besichtigen.

Unter den Habsburgern hat nur ihr Statthalter in dem neuen Schloss residiert und später dann zwischen 1920 und 1944 nach der erneuten Unabhängigkeit der rechtsautoritäre Reichsverweser Miklós Horthy. Die Situation war skurril: Offiziell war Ungarn ein Königreich, doch einen Monarchen gab es nach der Entthronung der Habsburger nicht. Der letzte Habsburger-König, Karl IV., scheiterte 1921 mit einem Putschversuch.

Wiederaufbau und große Pläne

Am Ende des Zweiten Weltkriegs wurde das Budapester Schloss während der deutschen Besatzung in Schutt und Asche gelegt. Die Kommunisten renovierten die Anlage in einem vereinfachten Stil mit relativ schlichter Fassade. Neue Nutzer wurden die **Ungarische Nationalgalerie** 32, das **Burgmuseum** 33 des Budapester Historischen Museums sowie die **Széchényi-Nationalbibliothek** (s. S. 43).

Derzeit stehen große Änderungen an: Nachdem 2013/14 der halbverfallene **Burggarten-Basar** 3 (s. S. 77) wieder renoviert wurde, ist die Orbán-Regierung seit einigen Jahren dabei, mit dem ehrgeizigen Hauszmann-Plan das Areal des Burgschlosses grundlegend zu verändern. So wurden einige im Zweiten Weltkrieg zerstörte Gebäude wiederaufgebaut. Auch der St.-Stephans-Saal im **Burgmuseum** 33 (s. S. 61) wurde wiederhergestellt. Derzeit wird Flügel A des Burgschlosses restauriert. Hier soll u. a. ein Ballsaal entstehen. Weitere Maßnahmen sind geplant, darunter die Wiederherrichtung des Thronsaals in der heutigen **Ungarischen Nationalgalerie** 32 (s. S. 57). Doch deren schon für 2018 anvisierter Umzug in einen Neubau im Stadtwäldchen ist aufgrund der Kosten auf unbestimmte Zeit verschoben. Zudem gibt es seitens der UNESCO und von manchen ungarischen Historikern Kritik an der

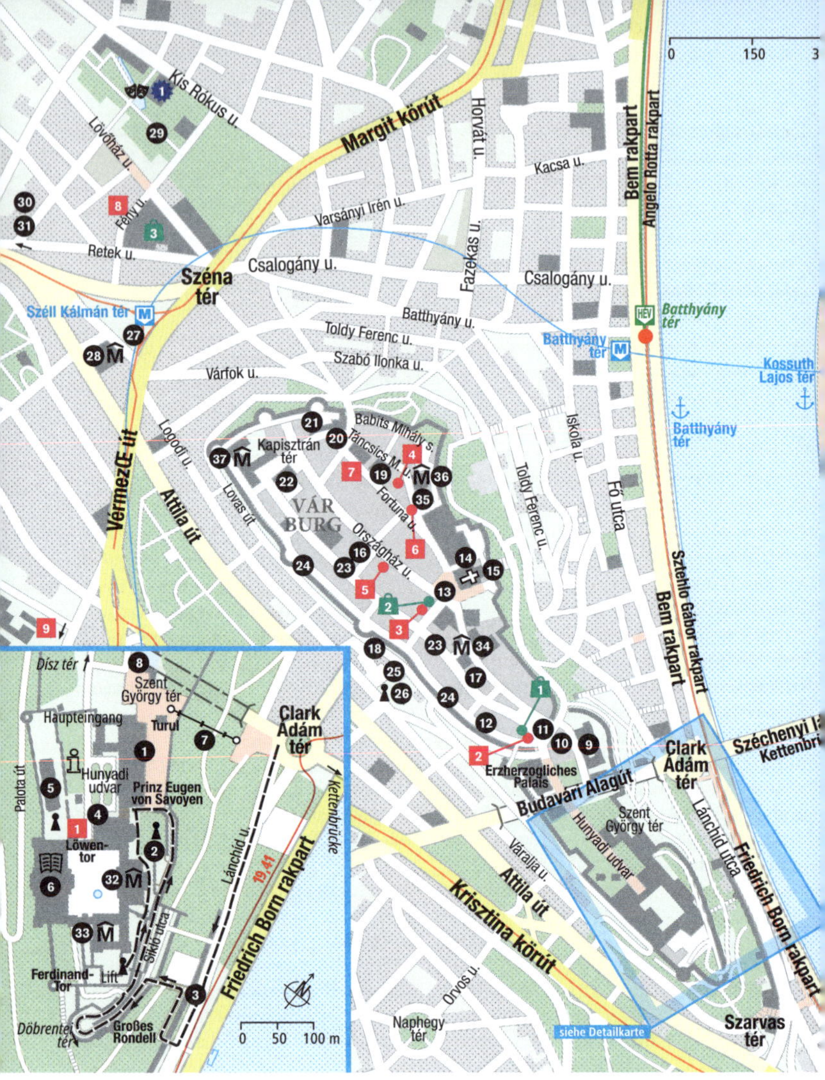

einseitig auf den zur Wende vom 19. auf das 20. Jh. typischen neobarocken Baustil fokussierten Bautätigkeit. Die Orbán-Regierung spricht hingegen von der Wahrung der »nationalen Identität«. Und viele Budapester glauben, dass Viktor Orbán eines Tages selbst gerne ins Schloss ziehen möchte.

Königlicher Jäger

Neben dem Haupteingang der Nationalgalerie führt ein Durchgang zum **Hunyadi-Hof (Hunyadi udvar)** mit dem **Matthias-Brunnen (Mátyás kútja)** ❹ von Alajos Stróbl (1904). Dargestellt sind der berühmte König als Jäger und rechts unten die »Schöne Ilona«, eine Figur,

Budaer Burgviertel

Ansehen
1 Burgschloss
2 Burggarten
3 Burggarten-Basar
4 Matthias-Brunnen
5 Reithalle
6 Széchényi-Nationalbibliothek
7 Budavári Sikló
8 Sándor-Palais
9 ehem. Karmeliterkloster
10 ehem. Verteidigungsministerium
11 Dísz tér (Paradeplatz)
12 House of Houdini
13 Szentháromság tér
14 Matthiaskirche
15 Fischerbastei
16 Nationalpark Duna-Ipoly (Burghöhle/Eingang Dárda utca ins unterirdische Burgviertel)
17 Labyrinth
18 Felsenkrankenhaus
19 Mittelalterliches Jüdisches Gebetshaus
20 Bécsi kapu tér
21 Ungarisches Staatsarchiv
22 Buda Tower
23 Úri utca
24 Tóth Árpád sétány
25 Granittreppe
26 Brunszvik-Gedenkbüste
27 Széll Kálmán tér
28 Geldmuseum/Panoramaterrasse
29 Millenáris Park
30 Pasarét/Bisztró
31 Budaer Berge, Hűvösvölgy; s. Tour S. 58
32 Ungarische Nationalgalerie
33 Burgmuseum
34 Apothekenmuseum
35 Galerie Koller
36 Musikhistorisches Museum
37 Kriegsgeschichtliches Museum

Essen
1 Föőrség
2 Korona Kávéház
3 Ruszwurm Cukrászda
4 Walzer Café
5 Fekete Holló
6 Pest-Buda
7 Pierrot
8 Auguszt 1870
9 Ezüstponty

Einkaufen
1 Biró Éva
2 Herend
3 Fény utcai piac

Ausgehen
1 Nationales Tanztheater

---

die auf ein gleichnamiges Gedicht von Mihály Vörösmarty (1833) zurückgeht. In der zeittypischen Geschichte verliebt sich die einfache Ilona aus dem Volk in den fremden Jäger. Als sie schließlich erkennt, dass dies in Wirklichkeit der König ist, stirbt sie vor Gram, weil sie keine Chance für ihre Liebe sieht.

Direkt vor Ihnen ragen seit 2020 die wiederaufgebaute ehemalige **Hauptwache (Főőrség)** 1 sowie etwas unterhalb die einstige **Reithalle (Lovarda)** 5 wieder auf. Ersteres Gebäude beherbergt nun ein Café, die Reithalle wird für Events genutzt.

Zur Rechten befindet sich ein kleines **Infocenter** für den Schlossbereich, von dem aus auch Führungen (https://budacastlewalks.com, 1 Std., auf Englisch, inkl. St.-Stephans-Saal, 6000 HUF) über das Areal starten.

Wo alles anfing
Zur Linken gelangt man durch das **Löwentor** in den Innenhof des Schlosses. Die vier Löwen wurden 1901/02 von János Fadrusz gefertigt. Auf diesen wesentlich kleineren Bereich beschränkte sich das Barockschloss des 18. Jh. Einige wenige Fassadenreste aus

Lieblingsort

Mittelalterliche Burgromantik

Die schöne Route durch den Burggarten-Basar nehme ich immer wieder gerne hinauf zum Burgschloss. Das **Große Rondell** (s. Tour S. 38) mit Wehrgang und der wehrhafte Streitkolbenturm am Ferdinand-Tor gehören zu den mittelalterlichen Resten der einstigen Burgbefestigung. Sie markieren das südliche Ende des Burgviertels und heben sich deutlich vom pompösen Baustil des Burgschlosses ab, das direkt oberhalb beginnt. Hier können Sie beim Bummel noch etwas vom historischen Flair spüren – kein Wunder, dass hier immer wieder auch ›mittelalterliche‹ Filme gedreht werden. Genießen Sie die romantische Stimmung.

dieser Zeit sind im **Burgmuseum** ㉝ (s. S. 61) noch genauso zu sehen wie die letzten mittelalterlichen Bauteile des ersten Palastes.

Lesende Raben

Im Westflügel des Innenhofs befindet sich die **Széchényi-Nationalbibliothek (Országos Széchényi Könyvtár)** ❻. Sie wurde 1802 von Graf Ferenc Széchényi gegründet. Zu den wichtigsten Beständen gehören 36 Corvinen. Die prachtvoll gefertigten Kodizes waren Bestandteil der *Bibliotheca Corviniana* von König Matthias im 15. Jh. Das Wappentier des Königs war der Rabe (lat. *corvus),* daher ist der Herrscher auch als Matthias Corvinus bekannt. Damals war nur die Vatikan-Bibliothek größer. Viele Corvinen gingen im Laufe der Jahrhunderte verloren. Zu weiteren Schätzen unter den mehreren Millionen Büchern, Manuskripten, Drucken und Tondokumenten zählen wertvolle mittelalterliche Handschriften sowie 1800 Inkunabeln aus der Frühzeit des Buchdrucks. Gelegentlich gibt es auch Ausstellungen.

Szent György tér 4–6, Di–Do 9–18, Fr/Sa 9–19 Uhr, Zutritt nur mit Leserausweis, www.oszk.hu

PROBLEMATISCHER MYTHENVOGEL

Gleich neben der Bergstation des **Sikló** ❼ bewacht ein mythischer **Turul-Vogel** den oberen Eingang zum **Burggarten** ❷. Die dramatische Plastik (1905) stammt von Gyula Donáth und sollte die lange und glorreiche ungarische Geschichte demonstrieren. Unter seinen riesigen Fittichen umklammert der Totemvogel der frühen Magyaren entschlossen das Schwert Fürst Árpáds. Einer Legende nach geleitete der Turul Árpád Ende des 9. Jh. mit den magyarischen Stämmen ins ›gelobte Land‹ nach Ungarn. Einer anderen Legende nach schwängerte der Turul Emese, die Urmutter der Árpáden. Einer dritten Variante zufolge erschien der Turul Emese, um ihren Sohn Álmos zu beschützen. Wie dem auch sei, dem vorchristlichen Turul wurde als Stammesvater der Árpáden gottähnliche Verehrung entgegengebracht. Seit dem 20. Jh. dient er allerdings auch völkisch-rechten Gruppierungen als Symbol.

Szent György tér ♀ Karte 3, C 9

Jahrzehntelang tat sich auf dem großen **Szent György tér (Sankt-Georgs-Platz)** zwischen Burgschloss und Dísz tér nicht viel: Im Zweiten Weltkrieg zerstörte Gebäude blieben nur als Grundmauern erhalten, an manchen Gebäuden waren noch die Einschusslöcher aus den letzten Tagen der heftigen Kämpfe Anfang 1945 zu sehen. Manch einer fühlte sich auf diesem Areal an römische Ruinen erinnert. Doch die ruhigen Zeiten sind inzwischen vorbei.

Steile Fahrt

Renoviert wurde jedoch die historische Standseilbahn **Budavári Sikló** ❼, die seit 1870 den **Clark Ádám tér** an der **Kettenbrücke** (s. S. 69) mit dem damaligen Regierungsviertel in der Burg verbindet. Die nur knapp 100 m lange Strecke weist einen Steigungswinkel von immerhin 48 Grad auf. Die Auffahrt mit der Standseilbahn ist bis heute eine stilechte Alternative für den Weg ins Burgviertel.

Clark Ádám tér / Szent György tér, tgl. 8–22 Uhr, www.bkv.hu, hin und zurück 4000 HUF, ermäßigt 2000 HUF

TOUR
Ungarische Malerei im ›Goldenen Zeitalter‹

Rundgang durch die Nationalgalerie

Infos

D 9

Start/Ziel: Haupteingang der Ungarischen Nationalgalerie (Burgschloss, Flügel C)

Dauer: ca. 1–2 Std.

Ungarische Nationalgalerie ㉜: s. S. 57

Essen: Stärken können Sie sich im **Föörség** 1 (s. S. 62) in der alten Hauptwache.

Im ›Goldenen Zeitalter‹ Budapests zwischen 1867 und dem Ersten Weltkrieg entwickelte sich die ungarische Malerei überaus dynamisch, weg von der akademisch geprägten Historienmalerei hin zu neuen Kunstformen. Die ungarischen Künstler standen in regem Austausch mit ihren europäischen Kollegen, doch heute sind sie im Ausland zu Unrecht nahezu unbekannt.

Künstlerischer Aufbruch

Zwei Werke veranschaulichen in der **Ungarischen Nationalgalerie** ㉜ exemplarisch die künstlerische Dynamik des ›Goldenen Zeitalters‹: Im Aufgang zum 1. Stock werden Besucher von dem patriotischen Großgemälde »Die Wiedereroberung der Budaer Burg« (1896) von **Gyula Benczúr** (1844–1920) empfangen. Das pathetische Historiengemälde versucht dabei einen politischen Spagat: Zum einen wird die Befreiung von der osmanischen Herrschaft 1686 gefeiert, zum anderen wird den neuen Habsburger-Herrscher gehuldigt, die seither Ungarn regierten (s. auch Ungarische Nationalgalerie S. 57). Im Aufgang zum 2. Stock repräsentiert das farbenfrohe Gemälde »Die Ruinen des griechischen Theaters von Taormina« (1904/05) von **Tivadar Csontváry Kosztka**

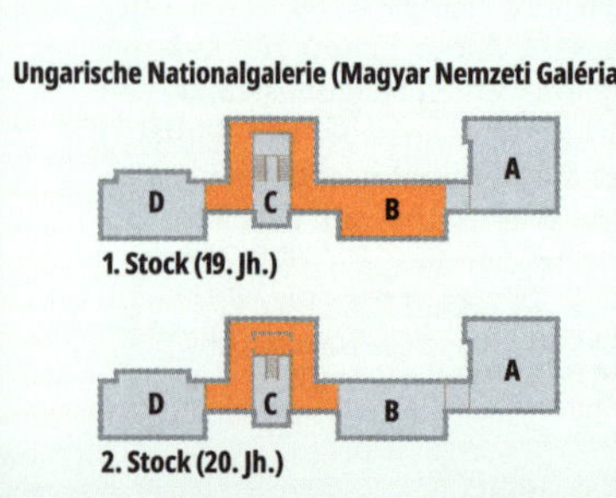

(1853–1919) hingegen den Aufbruch zu neuen Ufern – stilistisch, geografisch wie thematisch.

Vagabunden und eine Frau in Lila

Der vielleicht bedeutendste ungarische Maler, **Mihály Munkácsy** (1844–1900), war in seinem Frühwerk weit von Glorifizierung und Pathos entfernt. Im Ausstellungsbereich »Variationen des Realismus – von Munkácsy bis Mednyánszky« im 1. Stock links werden düster gehaltene Bilder wie »Der letzte Tag des Verurteilten I.« (1869/70) oder »Vagabunden der Nacht I.« (1872/73) präsentiert, mit denen er soziale Themen aufgriff. Munkácsy stammte selbst aus ärmlichen Verhältnissen, wurde später in Paris jedoch zu einem gefeierten Salonmaler. Seine Werke zählen heute zu den teuersten der ungarischen Malerei. Auch die anderen Werke mit Themen aus der ungarischen Tiefebene stellen typische Szenen aus der Region dar. Zeitgleich zu Munkácsys Frühphase brachte **Pál Szinyei Merse** (1845–1920) als einer der ersten den Impressionismus nach Ungarn. Im 1. Stock sind u. a. sein »Frühstück im Freien« (1873) und das Bild »Frau in Lila« (1874) ausgestellt, das seine junge Ehefrau vor einer Landschaft zeigt.

Bedeutende Künstlerkolonien

Das Jahr 1896 markiert eine Wasserscheide in der ungarischen Kunst: Eine Gruppe junger ungarischer Maler gründete unter Leitung von Simon Hollósy und Károly Ferenczy (s. S. 229) die Künstlerkolonie in Nagybánya (heute Baia Mare, Rumänien), die bis zum Ersten Weltkrieg das Zentrum der ungarischen Freilichtmalerei bildete. Mehrere Jahre wurde die Kolonie von **Károly Ferenczy** (1862–1917) geleitet, dessen Werk im 1. und 2. Obergeschoss intensiv vorgestellt wird. Beispielhaft für sein späteres Schaffen ist »Oktober« (1903). Nicht der große Landschaftseindruck, sondern eine kleine Gartenszene interessierte den Maler. Aus demselben Jahr stammt auch Ferenczys »Malende Frau«. Eine weitere Künstlerkolonie entstand 1901 auf Initiative von **Aladár Körösfői-Kriesch** (1863–1920) in Gödöllő (s. S. 241). Seine religiös-mystisch angehauchten Bilder sind intensiv vom Jugendstil geprägt. Eines seiner Hauptwerke ist in der Franz-Liszt-Musikakademie zu bewundern (s. S. 172). In der Nationalgalerie ist er mit »Klára Zách I und II« (1911) vertreten.

Ein visionärer Autodidakt

Eine Sonderstellung nehmen die Bilder von **Tivadar Csontváry Kosztka** (1853–1919) ein. Der exzentrische Künstler finanzierte sich durch den Betrieb einer Apotheke. Als Autodidakt ließ er sich u. a. durch Studienaufenthalte in Paris und München sowie Studienreisen ans Mittelmeer und auf den Balkan inspirieren. Angetrieben wurde er von einer göttlichen Vision, die ihm angeblich prophezeit hatte, seine Werke würden berühmter als die von Raffael. Außer seinem Taormina-Bild (s. S. 69) hängt im Treppenaufgang zum 2. Stock u. a. auch die »Wallfahrt zu den Zedern des Libanon« (1907). Der psychisch labile Maler starb jedoch völlig verkannt und verarmt. Heute sind Csontvárys visionäre Werke heiß begehrt: Eines seiner Gemälde erzielte bei einer Auktion 2021 mit ca. 1,2 Mio. € den bisherigen Rekordpreis in Ungarn.

Zwischen Paris und Donauknie

Wie viele Künstler der Zeit lebte **József Rippl-Rónai** (1861–1927) lange Jahre in Paris und ließ sich von der dortigen Kunstentwicklung inspirieren. In der Nationalgalerie ist im 2. Stock seine »Frau mit Vogelbauer« (1892) zu sehen. Als Vertreter der nächsten Generation stand **Béla Czóbel** (1883–1976) u. a. mit Henri Matisse und den Fauves in Verbindung. In Ungarn regte der kreative Maler 1907/08 die Gründung der Gruppe »Nyolcak« (Acht) an, um die Pariser Erfahrungen umzusetzen. Der »Sitzende Mann« (1906) zählt zu Czóbels Frühwerken.

Die Ungarische Nationalgalerie nimmt gleich drei Flügel des Budaer Burgschlosses ein.

Der Erste Weltkrieg bedeutete auch für die ungarische Kunst einen schweren Einschnitt. Manche Künstler, wie Czóbel, emigrierten ganz oder zeitweise, andere gründeten in Szentendre eine Künstlerkolonie (s. S. 229). Die Kunst versuchte sich nun erneut zu modernisieren. Sehr markant sind z. B. Robert Berénys »Frau mit Cello« (1928) und die Skulpturen von Béni Ferenczy. Wie ein Nachruf auf das Goldene Zeitalter wirkt **István Szőnyis** (1894–1960) »Beerdigung in Zebegény« (1928). Der Künstler lebte in dem Donaudorf.

Neuer Regierungssitz

Kaum war Viktor Orbán 1998 zum ersten Mal als Ministerpräsident gewählt, begann er auch schon, den Szent György tér für sich als Regierungssitz ins Visier zu nehmen. Zunächst wählte er direkt neben der Bergstation der Standseilbahn das 1806 von Mihály Pollack entworfene **Sándor-Palais** ❽ aus. Schon von 1867 bis 1944 hatten hier die Ministerpräsidenten residiert. Doch Orbáns erster Umzugsversuch ins Burgviertel scheiterte durch seine Abwahl 2002. Stattdessen zog hier der Staatspräsident ein. Tagsüber findet stündlich ein Wachwechsel vor dem Palais statt. Die Soldaten in historischen Uniformen wirken bei der Zeremonie fast wie die Figuren eines Glockenspiels.

In seiner dritten Amtszeit nahm Orbán nach 2014 einen neuen Anlauf – und schaffte 2018 den symbolischen Sprung hinauf ins Burgviertel: Ausgewählt wurde diesmal das ehemalige, barocke **Karmeliterkloster** ❾, auf dessen Gelände im 16. und 17. Jh. der osmanische Pascha residiert hatte. Kaiser Joseph II. hatte das Kloster Ende des 18. Jh. als Theater und Kasino säkularisiert und so fand 1790 im neuen Burgtheater die erste Theateraufführung in ungarischer Sprache statt. Zehn Jahre später gab Ludwig van Beethoven ein viel beachtetes Gastkonzert.

Nun patrouillieren Polizisten vor dem Amtssitz des Ministerpräsidenten. Bei Dunkelheit ist das repräsentative Gebäude auch von der Pester Donauseite deutlich auszumachen. Mit dem Umzug will Orbán bewusst an die Zeiten vor dem Zweiten Weltkrieg anknüpfen, als der Budaer Burgberg zugleich das Regierungsviertel war.

Dieser historisierende Drang dokumentiert sich auch nebenan an der Südseite des Dísz tér, wo das 1945 zerstörte **ehemalige Verteidigungsministerium** ❿ wieder aufgebaut wurde. Die auffällige Kuppel ist eine neue Landmarke in diesem Teil des Burgviertels. Bis vor wenigen Jahren waren die Gebäudereste noch von Einschusslöchern übersät. Am Schlosszugang entsteht zudem völlig neu das einstige **Erzherzogliche Palais.**

Bürgerstadt

Die Bürgerstadt im Norden des Burgviertels unterscheidet sich sehr stark vom Bereich rund um das Schloss. Statt pompöser Repräsentationsarchitektur gibt es hier malerische Gassen, geprägt vom barocken 18. Jh. Damals wurde die ungarische Hauptstadt nach den Verwüstungen der Türkenkriege auf den mittelalterlichen Ruinen neu aufgebaut. Vielerorts sind deshalb etwas versteckt noch gotische Fundamente oder Baureste anzutreffen. Alles hat in der Bürgerstadt eine menschliche Dimension, und in den kopfsteingepflasterten Gassen finden sich erstaunlich ruhige Ecken abseits der touristischen Hauptpfade. Bis 1873 war Buda selbstständig, seither bildet der Burgberg und seine direkte Umgebung den I. Stadtbezirk der Donaumetropole. Wichtigste Sehenswürdigkeiten sind die Matthiaskirche und die Fischerbastei.

Für Unruhe in dem idyllischen Burgviertel sorgen die Pläne, im verkehrsberuhigten Bezirk wieder Ministerien anzusiedeln. Die dafür nötigen Bauarbeiten belasten schon jetzt das Viertel. Mag es auch tagsüber an den Hotspots recht belebt sein, abends wird es im Burgviertel ziemlich ruhig.

Zum Szentháromság tér

C8

Zauber statt Paraden

Am **Dísz tér (Paradeplatz)** ⓫ befindet sich ein zentraler Zugangspunkt zum

Burgviertel. Durch die Bauarbeiten (s. o.) ändert sich das Ambiente des Platzes gerade vollständig. Da hilft vielleicht ein kleiner Abstecher in die Welt der Magie: Das **House of Houdini** ⓬ widmet sich dem Leben und Wirken des weltberühmten Entfesselungskünstlers Houdini, der als Erik Weisz 1874 in Budapest geboren, aber in den USA bekannt wurde. Die Mischung aus musealer Führung und Zaubershow ist sehr ansprechend.

Dísz tér 11, T 1 951 80 66, www.houseofhoudinibudapest.com, tgl. 10–19 Uhr, 3600 HUF, ermäßigt 2400 HUF

Heilige Dreifaltigkeit

Vom Dísz tér sind es durch die Tárnok utca nur wenige Meter zur Hauptattraktion des Viertels. Dabei passieren Sie das kleine **Apothekenmuseum** ㉞ (s. S. 61). Zentraler Platz in der Bürgerstadt ist der **Szentháromság tér (Dreifaltigkeitsplatz)** ⓭. Hier bündelt sich auch das touristische Leben. In der Mitte des Platzes erinnert die **Dreifaltigkeitssäule** von Philipp Ungleich (1713) an die Überwindung der Pest in Buda. Zur Linken versah das ehemalige Rathaus Budas von 1710 bis zur Vereinigung mit Pest 1873 seinen Dienst. Dem Hauszmann-Plan zufolge soll der stattliche Neorenaissance-Palast von Sándor Fellner (1901–04) in Nr. 6 wieder vom Finanzministerium bezogen werden. Derzeit läuft eine umfassende Sanierung samt Umbau. Wenige Schritte links wartet in der Szentháromság utca 5 Ungarns ältestes Konditorei-Kaffeehaus, die **Ruszwurm Cukrászda** 3. Bei Redaktionsschluss drohte jedoch die Schließung.

Matthiaskirche

Karte 3, C8

Royaler Krönungsglanz

Die Hauptattraktion des Burgviertels ist zweifelsohne die königliche **Matthiaskirche (Mátyás-templom)** ⓮. Als Krönungs- und royale Hochzeitskirche, aber auch als Moschee und schlichte Pfarrkirche hat das Gotteshaus eine bewegte Vergangenheit hinter sich.

Schon das Äußere mit dem beeindruckenden **Kirchendach** aus bunten Majolika-Ziegeln der Pécser Firma Zsolnay zeugt von seinem prächtigen Glanz. Besucher betreten die Kirche heute durch das **Braut-Tor** auf der Südseite, gegenüber dem Kassenhäuschen. Gleich zur Rechten befindet sich der prunkvolle **Hochaltar,** vor dem am 30. Dezember 1916 Kaiser Karl I. als letzter ungarischer König gekrönt wurde. Zwei Jahre später war die Doppelmonarchie bereits zerfallen.

50 Jahre zuvor war am 8. Juni 1867 just hier der sogenannte Ausgleich zwischen Österreich und Ungarn feierlich besiegelt worden: Kaiser Franz Joseph und Kaiserin Elisabeth wurden in der Matthiaskirche mit der Stephanskrone zum König und zur Königin von Ungarn gekrönt. Franz Liszt hatte für die Zeremonie eigens die »Ungarische Krönungsmesse« komponiert. Eine zeitgenössische Anekdote besagt, dass die lauten »Vivat-Ferenc«-Rufe vor der Kirche dem beliebten Komponisten galten und nicht dem seit der blutigen Niederschlagung des Freiheitskampfes 1848/49 eher unpopulären Kaiser. Seine ungarnfreundliche Frau Sisi war hingegen schon damals sehr populär.

Filigranes Meisterwerk

Der Ausgleich 1867 führte zu einem nationalen Hochgefühl. So wurde Frigyes Schulek 1874 damit beauftragt, die Kirche im neogotischen Stil komplett neu zu gestalten. Die Bauarbeiten dauerten ganze 22 Jahre und mischten auf recht freie Weise historische mit neuen Elementen.

Sehr markant ist die üppige Bemalung der Wände, für die Bertalan Székely und Károly Lotz verantwortlich zeichneten. Ganz im Sinne der nationalen Renaissance am Ausgang des 19. Jh. werden in der Matthiaskirche ungarische Geschichte und Heilige zelebriert. So ist zur Linken unter Glas am **Marien-Tor,** dem einzig erhaltenen gotischen Eingangsportal (1370), das Wappen von König Matthias an der Wand zu erkennen. Typisch ist der Rabe mit Ring im Schnabel, der übrigens auch auf dem Kirchendach zu sehen ist. Matthias hatte sich in der Kirche im 15. Jh. gleich zweimal vermählen lassen.

Am Westportal, dem einstigen Hauptzugang, fallen an einer **Säule** von 1260 zwei ungewöhnliche Figuren auf, die ein Buch halten. Es handelt sich bei den beiden Mönchen um die älteste erhaltene Steinmetzarbeit in Budapest, die sich noch an ihrem Originalort befindet. Die jetzige Kirche war um 1250 von der damals einflussreichen deutschen Bürgergemeinde errichtet worden, als Buda von König Béla IV. zu einem befestigten Königssitz ausgebaut wurde. Der gotische Umbau zur Hallenkirche erfolgte im 14. Jh., nachdem die Krönung von König Karl Robert I. 1309 erstmals royalen Glanz gebracht hatte.

Wem die Glocke schlägt

Eine berühmte Geschichte greift wenige Schritte weiter, hinter dem Taufbecken, das dreiteilige **Fresko** zur Einführung des noch heute üblichen Mittagsläutens auf. Es zeigt, wie Papst Calixtus III. 1456 das Läuten anordnete, um einen Sieg ungarischer Truppen gegen die vorrückenden Osmanen zu erflehen – das Läuten half offensichtlich, denn Reichsverweser János Hunyadi gewann die Schlacht bei Belgrad.

Im **Obergeschoss** der Kirche fällt im **Malteser-Rittersaal** ein großes Fresko auf, das Kaiser Franz Josef und Sisi kniend vor der Jungfrau Maria zeigt. Die Museumsgalerie ermöglicht zudem den besten Blick in die Kirche. Wieder im Erdgeschoss, blickt man in die **Stephanskapelle,** die sich ganz dem Staatsgründer und den ungarischen Heiligen widmet. Eine interessante Ergänzung zum Rundgang durch das ›nationale Heiligtum‹ ist die Möglichkeit, in kleinen Gruppen den neogotischen **Turm** zu besteigen. Dazu muss man 197 Stufen erklimmen.

Szentháromság tér 2, Mo–Fr 9–17, Sa 9–12, So 13–17 Uhr, www.matyas-templom.hu, **Kirche:** 2500 HUF, ermäßigt 1900 HUF, **Turm:** 2900 HUF, ermäßigt 2400 HUF

Fischerbastei

Karte 3, C8

Verspielter Panoramablick

Walt Disney hätte wahrscheinlich nichts anderes bevorzugt: Verspielte

Melancholische Klänge: Roma-Musiker in der Fischerbastei

Türmchen und Bögen, märchenhafte Verzierungen und ein geradezu atemberaubender Ausblick über die Donau Richtung Pest machen die **Fischerbastei (Halászbástya)** ⓯ seit mehr als 100 Jahren zu einem Besuchermagneten. Von der Margareteninsel im Norden schweift der Blick am riesigen Parlament und der Basilika vorbei über die Kettenbrücke nach Süden Richtung Gellértberg. Abends wird die Bastei angestrahlt und dadurch in ein fast schon surreales Licht getaucht. Neoromanik und Romantik fließen perfekt ineinander.

Die sieben Türmchen symbolisieren die landnehmenden magyarischen Stämme im 9. Jh. Der große Turm zur Linken ist übrigens kostenfrei zugänglich, die obere Galerie im rechten Bereich ist während der Saison tagsüber kostenpflichtig. Unten wurden Cafés und Restaurants angesiedelt. Sehr imposant ist die große Freitreppe hinab in die Wasserstadt Richtung Donau (s. S. 125).

Nach dem erfolgreichen Abschluss der Bauarbeiten an der Matthiaskirche beauftragte man Frigyes Schulek im Jahr 1899 auch, die Fischerbastei neu zu gestalten. Dieser Teil der ehemaligen Festungsmauer war früher von den Fischern der unterhalb gelegenen Víziváros, der Wasserstadt (s. S. 68), verteidigt worden.

Szentháromság tér, https://budavar.hu/halaszbastya, **obere Galerie/rechte Seite:** Mitte März–Mai, Okt.–Dez. tgl. 9–19, Juni–Dez. 9–21 Uhr, 1200 HUF, ermäßigt 600 HUF

Optische Kontraste

In diese ›historische‹ Umgebung passt selbstverständlich auch das **Reiterdenkmal König Stephans I.** (Alajos Stróbl, 1906). Der 1083 heiliggesprochene Staatsgründer verkörpert wie kein anderer ungarischer König den Gleichklang von Thron und Kirche. Das apostolische Doppelkreuz in seiner Rechten und der feste Blick auf die Kirche sind deutliche Indizien für diese enge Verbindung.

Die spannenden Glasspiegelungen in der Fensterfront des 1976 erbauten **Hilton-Hotels** machen diese recht unpassende Ergänzung des Ensembles erträglich. Immerhin wurden einige historische Relikte in die Anlage integriert, darunter im **Dominikaner-Hof** die gotischen Reste eines mittelalterlichen Klosters.

Burgviertel

B/C7/8

Barocke Pracht

Nun hinein in die kleinen, malerischen Gassen des **Burgviertels.** Hier scheint die Zeit teilweise noch etwas stehen geblieben zu sein. Farbenfrohe alte Häuser und kunstvolle Toreingänge prägen hier das Bild. Von der Vorderseite des Hilton Hotels zweigt vom **Hess András tér** geradeaus die Fortuna utca ab, während halbrechts die **Táncsics Mihály utca** beginnt. Hier ist das barocke 18. Jh. noch besonders gut zu erkennen. Ein sehr schönes Beispiel ist in Haus Nr. 7 das herrschaftliche **Erdödy-Palais** mit einem Innenhof. Heute ist hier das **Musikhistorische Museum** ㊱ (s. S. 61) untergebracht.

Mittelalterliches Judenviertel

Ab Mitte des 14. Jh. hatte sich in dieser Gasse das Judenviertel von Buda befunden. Auf der linken Seite befinden sich in Haus Nr. 26 Reste eines **Mittelalterlichen Jüdischen Gebetshauses (Középkori Zsidó Imaház)** ⓳. Im Durchgang zum schönen Innenhof sind alte jüdische Grabplatten ausgestellt und in dem kleinen Museumsraum sind Reste hebräischer Deckeninschriften zu erkennen.

IM UNTERGRUND

Das komplette Burgviertel ist untertunnelt. Das weit verzweigte Kellersystem geht auf natürliche Hohlräume im Karstgestein zurück. Diese dienten z. B. als Weinkeller und wurden ab dem Mittelalter nach und nach miteinander verbunden. Im Zweiten Weltkrieg nutzte man die rund 10 km langen Gänge dann zu militärischen Zwecken. 1944/45 verschanzten sich hier die deutschen Besatzungstruppen. Heute steht das Gangsystem größtenteils unter Natur- und Denkmalschutz. Sehr interessant und unterhaltsam sind die 90- bzw. 45-minütigen Führungen (auf Englisch) des **Nationalparks Duna-Ipoly** ⓰ (www.dunaipoly.hu, 17 € bzw. 10 €, Buchungen nur online). Hier, im zentralen Bereich rund um den Szentháromság tér, ist der Treffpunkt für die Führungen. Der Höhleneingang befindet sich dann in der kleinen Dárda utca.
Ein weiterer Eingang ins unterirdische Burgviertel befindet sich in der Úri utca 9. Dort präsentiert das **Labyrinth (Labirintus)** ⓱ (https://labirintus.eu, tgl. 10–19 Uhr, 4000 HUF, ermäßigt 3500/1000 HUF) in den dunklen Gängen u. a. Wachsfiguren ungarischer Könige. Ein dritter Zugang führt in der Lovas út 4/c ins einstige, streng geheime militärische **Felsenkrankenhaus (Sziklakórház)** ⓲ (www.sziklakorhaz.eu, mit Führung, 7620 HUF, ermäßigt 5715/3810 HUF).

Nach einer ersten Vertreibung zwischen 1360 und 1364 siedelten sich die jüdischen Bewohner in dieser Gasse an, die damit zum neuen Judenviertel wurde. Folgerichtig hieß die Gasse damals Judengasse. Die ›kleine‹ Synagoge wurde noch unter den Türken genutzt. Eine größere Synagoge hatte sich bis 1686 gegenüber in Haus Nr. 23 (Zichy-Palais) befunden.

Passend zur wechselvollen Geschichte der Budapester Juden residierte in Haus Nr. 1 von 1942 bis 1945 in der ehemaligen britischen Gesandtschaft der Schweizer Vizekonsul Carl Lutz, der viele Juden vor dem Tod rettete (s. Magazin S. 290).

Gebetshaus: Táncsics Mihály utca 26, www.varmuzeum.hu, Di–Do, So 10–18, Fr 10–17 Uhr, 800 HUF, ermäßigt 400 HUF

Thomas Mann zu Gast

Wenige Meter weiter erreichen Sie den **Bécsi kapu tér (Platz am Wiener Tor)** ⓴. Das Tor hieß ursprünglich Samstagstor, weil auf dem Platz im Mittelalter die Samstagsmärkte abgehalten wurden. Im Jahr 1936 wurde es zum Andenken an die Rückeroberung Budas von den Osmanen neu aufgebaut. Von hier fahren die Busse hinab zum Verkehrsknotenpunkt Széll Kálmán tér. In der Evangelischen Kirche an der Ecke zur Táncsics Mihály utca werden regelmäßig sonntags um 10 Uhr Gottesdienste auf Deutsch abgehalten.

Ein besonderes Schmuckstück ist das sehr schön renovierte Häuserensemble Nr. 5–8 aus dem 18. Jh. Nr. 7 gehörte zu Beginn des 20. Jh. Baron Lajos Hatvany (1880–1961), ein bekannter Literaturförderer und Schriftsteller, dessen Vater mit einer Zuckerfabrik reich geworden war. In der Zeit zwischen 1935 und 1937 beherbergte er u. a. den bereits im Exil lebenden Literatur-Nobelpreisträger Thomas Mann dreimal als Gast (s. Zugabe S. 65) und unterhielt hier einen berühmten literarischen Salon. Doch als gebürtiger Jude (der 1908 zum Katholizismus konvertiert war) und Gegner von Reichsverweser Miklós Horthy hatte er in Ungarn keine

Zukunft und musste 1938 bereits zum zweiten Mal emigrieren. Schon 1919 war er ins Ausland gegangen, weil er die erste demokratische Regierung von Mihály Károlyi unterstützt hatte. In Nr. 2–4 ermöglicht das 1911–23 nach Entwürfen von Samu Pecz wuchtig erbaute **Ungarische Staatsarchiv (Magyar Nemzeti Levéltár)** ㉑ in einer Ausstellung einen interessanten Blick auf wichtige historische Dokumente. Der Stiftungsbrief für das Kloster im westungarischen Veszprémvölgy stammt schon aus dem Jahr 1109. Die Hausführungen können hingegen etwas langatmig sein.

Staatsarchiv: Bécsi kapu tér 2–4, T 1 255 28 43, https://mnl.gov.hu, Mo–Fr 10–18 Uhr, Ausstellung Eintritt frei, Hausführung Mo/Do (auch auf Englisch) 1200 HUF

Zum Buda Tower

Der weitere Weg führt durch die kleine Kard utca (Schwertgasse) zur **Országház utca (Landtagsgasse).** Der Name stammt vom ständischen Landtag, der in dem großen Palais in Nr. 28 von 1785 bis 1806 tagte. Zur Rechten bilden die Häuser Nr. 21–25 ein schönes Ensemble. Nr. 25 ist das kleinste Haus im Burgviertel.

Direkt gegenüber steht auf dem **Kapisztrán tér** einsam der **Maria-Magdalenen-Turm (Mária Magdolna torony),** der inzwischen als **Buda Tower** ㉒ als Touristenattraktion beworben wird. Die einstige Kirche war im Mittelalter für die ungarische Bürgerschaft zuständig. Unter den Türken war sie lange Zeit die einzige christliche Kirche in Buda. Die unterschiedlichen Konfessionen mussten sich das Gebäude also teilen. Zerstört wurde die Kirche erst im Zweiten Weltkrieg. Der Turm blieb allerdings erhalten, er kann bestiegen werden.

Kapisztrán tér 6, www.budatower.hu, März–Dez. tgl. 11–16 Uhr, 1500 HUF, ermäßigt 900/300 HUF

Schmucke Herrengasse

Vom Kapisztrán tér zweigt die vielleicht schönste Gasse des Burgviertels ab, die **Úri utca (Herrengasse)** ㉓. Historische Stadtpaläste und mittelalterliche Baureste sorgen für ein malerisches Flair, vor allem abends, wenn die sanft-gelbe Straßenbeleuchtung angeht. Architektonisch besonders reizvoll sind die gotischen Sitznischen in den Tordurchgängen (z. B. Nr. 32, 40 und 64–66), bei Nr. 36 sind sie zum Teil sogar noch romanischen Ursprungs. Ob diese Nischen den Kutschern zum Ausruhen dienten oder eine andere Funktion erfüllten, lässt sich heute nicht mehr eindeutig klären. Leider stehen nur wenige historische Innenhöfe offen.

In dieser schmucken Gasse ist in Nr. 64–66 die **Deutsche Botschaft** angesiedelt. Im Eingangsbereich hat man einige gotische Sitznischen schön renoviert. Unmittelbarer Nachbar ist in Nr. 62 der katholische Erzbischof von Esztergom-Budapest, zugleich Primas des Landes. Besonders abends ist die kleine Verbindungsgasse **Dárda utca** hinüber zur Országház utca besonders stimmungsvoll. Hier geht es in den **Höhlenbereich des Nationalparks Duna-Ipoly** ⑯ (s. Kasten S. 51) hinab.

An der Ecke Szentháromság utca ragt links erneut die Matthiaskirche auf.

Promenade mit Ausblick

Was für ein Unterschied: Eben noch in den schmalen Gassen des Burgviertels, jetzt auf einmal auf der wunderschönen Fußgängerpromenade **Tóth Árpád sétány** ㉔, die einen herrlichen Blick nach Westen über die Christinenstadt in die Budaer Berge bis zum Elisabeth-Turm auf dem János-hegy freigibt. Abends sorgen die Lichter der Stadt an der früheren Bastei-Promenade für ein entsprechendes Flair und viele Sitzbänke laden unter schattigen Bäumen zu einer erholsamen Pause ein.

Fast wie zu Kaisers Zeiten … In den Gassen des Burgviertels vergisst man allzu leicht die moderne Zeit und ihre Hektik. Bis vor einigen Jahren waren hier noch Pferdekutschen für Touristen unterwegs.

Geliebte im Mondschein?

Von der Promenade führt auf halber Strecke die überdachte **Granittreppe (Gránit lépcső)** 25 (mit Lift) hinab in die Christinenstadt. Am Fuße der Treppe erinnert in der Mikó utca eine Gedenkbüste an **Teréz Brunszvik** 26. Brunszvik (1775–1861) war mit dem Pädagogen Pestalozzi bekannt und eröffnete an der Ecke Mikó utca/Attila utca 1828 den ersten Kindergarten im Habsburgerreich. Legendär war auch ihre Bekanntschaft mit Ludwig van Beethoven, der ihr seine »Mondscheinsonate« widmete. Der Maestro besuchte die Brunszviks mehrfach in Ungarn. Thereses Schwester Josephine soll die mysteriöse »unsterbliche Geliebte« des berühmten Komponisten gewesen sein. Auch der Schriftsteller Sándor Marai hat in der Mikó utca gelebt (s. Zugabe S. 65).

Rund um den Széll Kálmán tér

A/B 6/7

Etwas nördlich des Burgviertels liegt der große Verkehrsknotenpunkt **Széll Kálmán tér** 27, der lange Zeit, von 1951 bis 2011, Moskauer Platz (Moszkva tér) hieß. Aus ideologischen Gründen wurde er jedoch in der Orbán-Zeit 2011 umbenannt, weil man die Erinnerung

Namenssuche aus politischen Vorgaben: Aus dem alten Moskauer Platz wurde Széll Kálmán tér.

an die moskauhörigen Zeiten von den Straßenschildern tilgen wollte. Die Umbenennung geschah allerdings, bevor Regierungschef Viktor Orbán und der russische Staatschef Wladimir Putin ihre Freundschaft entdeckten. Seit 2017 gibt es am Donauufer in der Neu-Leopoldstadt (Újlipótváros) sogar eine völlig neue Moskau-Promenade (Moszkva sétány) …

Der Platz ist als Verkehrsdrehscheibe für das nördliche und westliche Buda von überaus großer Bedeutung, da hier die Metro 2, mehrere Straßenbahnlinien (u. a. die Linien 4 und 6 zum Großen Ring in Pest) sowie zahlreiche Buslinien ins Burgviertel und in die Budaer Berge aufeinandertreffen. Im umfassend renovierten Gebäude der Ungarischen Nationalbank ist ein **Geldmuseum (Pénzmúzeum)** 28 untergebracht. An der Bushaltestelle zum Burgviertel geht es in der Várfok utca jedoch kostenlos und ohne Voranmeldung durch einen zweiten Eingang hinauf zu einem Café mit **Panoramaterrasse.**

Geldmuseum/Panoramaterrasse: Sándy Gyula köz / Várfok utca, www.penzmuzeum.hu, Mo, Mi–Fr 10–19, Sa/So 10–20 Uhr, Besichtigung des Museums nur nach Voranmeldung ca. 1 Woche vor dem gewünschten Termin

Millenáris Park

B6

Tanz statt Eisen

Einst produzierte die Gusseisen- und Elektrofirma Ganz hier, seit 2001 setzt das Gelände zwischen Lövőház utca und Kis Rókus utca jedoch als **Millenáris Park** 29 kulturelle Farbtupfer mit Ausstellungen und Konzerten in zum Teil alten Industriegebäuden. Außerdem war die Parkfläche ein willkommener grüner Tupfer in diesem Teil von Buda. Für die gelungene Umwandlung gab es sogar den Europa-Nostra-Preis.

Im Jahr 2019 startete das renommierte **Nationale Tanztheater (Nemzeti Táncszínház)** 1 in einem umgestalteten Gebäude im Millenáris Park in eine neue Ära.

Pasarét

Karte 4, D 2–E 4

Bauhaus im Grünen

Vom **Széll Kálmán tér** 27 (s. o.) lässt sich mit der Tramlinie 56 ein kleiner Abstecher in das Stadtviertel **Pasarét** 30 (Haltestelle Zuhatag sor) machen. Das Viertel ›Pascha-Wiese‹ (so die wörtliche Übersetzung, im Deutschen aber bekannt als: Sauwiesen) wurde zwischen den Kriegen ausgebaut und war ein beliebtes Wohnviertel für Künstler wie Béla Bartók, Ernő Dohnányi und Antal Szerb.

Im Jahr 1929 kam die Idee zum Bau einer modernen Siedlung nach den Ideen des Bauhauses auf. So entstand in der **Napraforgó utca** (3 Min. Fußweg von der Tram die Stiege Napraforgó köz hinab) eine Schausiedlung mit individuellen Häusern unterschiedlichster Architekten. In Zeiten der Weltwirtschaftskrise war die ›Sonnenstrahl-Gasse‹ auch eine Art Arbeitsbeschaffungsprogramm für angesehene, aber unterbeschäftigte Meister ihres Faches: László Vágó (Nr. 11) hatte u. a. am Gresham-Palast (s. S. 150) mitgearbeitet, Alfréd Hajós (Nr. 17) am Hotel Andrássy (s. S. 29), Ármin Hegedűs (Nr. 14) am Gellért-Hotel (s. S. 79 und Lajos Kozma (Nr. 5, 6 und 8) am Glashaus (s. S. 158).

Die Bauhaus-Gasse wirkt heute durch ihre Gesamtheit und ihre Ruhe. Wenig Sympathie hatte 1935 jedoch der Schriftsteller Antal Szerb für die Siedlung: »Ein Riese mit sehr modernen Gefühlen hat kleine Boxen entlang der Tram-Linie aufgestellt. Dann sammelte er einige reiche Liliputaner ein und sagte ihnen: Lebt dort.« (http://napraforgoutca.hu/lakotelep-letrehozasa/?lang=en)

Einen ganz anderen Eindruck hinterlässt die im Bauhaus-Stil 1933/34 errichtete markante **Pasaréti-Franziskaner-Kirche** mit angeschlossenem Kloster am zentralen Pasaréti tér. Gyula Rimanóczy hatte die Pläne entworfen und zugleich auch den Platz und die Bushaltestelle (s. u.) mitgestaltet. In diesem halbrunden Kirchenbau lädt das **Pasarét Bisztró** (s. S. 63) zu einer netten Pause ein.

Komponist und Ministerpräsident

Die bekanntesten Bewohner von Pasarét waren der Komponist Béla Bartók und der später hingerichtete Ministerpräsident von 1956, Imre Nagy. Bartók hatte 1932 ein Haus in der **Csalán út 29** erworben. Hier lebte und arbeitete er bis ins Jahr 1940. Damals entschied er sich, aus Ablehnung des Hitler-freundlichen Horthy-Regimes in die USA zu emigrieren. Im **Béla-Bartók-Gedenkhaus (Bartók Béla Emlékház)** wurde bei Redaktionsschluss eine neue Ausstellung vorbereitet. Gelegentlich werden hier auch Konzertabende veranstaltet. Die Bartók-Skulptur (1981) im Garten des Hauses stammt von Imre Varga (s. S. 222).

In der **Orsó utca 43** – ebenfalls von Lajos Kozma 1932/33 im Bauhaus-Stil erbaut – wohnte ab 1949 Imre Nagy, der nach dem Tod Stalins 1953 in Ungarn als führender Reformkommunist galt. Als Ministerpräsident ließ er politische Gefangene frei und liberalisierte das Leben, bevor er von seinem Gegenspieler Mátyás Rákosi wieder entmachtet wurde. Doch der revolutionäre Aufstand im Herbst 1956 änderte alles: Von seinem Wohnhaus brach Nagy am Abend des 23. Oktober auf, um am Parlament zu den revolutionären Massen zu sprechen. Wiedereingesetzt als Ministerpräsident versuchte er in den folgenden Tagen verzweifelt, die Unabhängigkeit Ungarns von der Sowjetunion zu sichern und den Übergang in die Mehrparteien-Demokratie einzuleiten. Doch der Aufstand wurde bekanntlich von sowjetischen Truppen blutig niedergeschlagen und Nagy 1958 unter seinem Nachfolger János Kádár in einem Geheimprozess verurteilt und hingerichtet. Nagys ehemaliges Wohnhaus beherbergt heute als **Imre-Nagy-Gedenkhaus (Nagy Imre Emlékház)** eine interessante Ausstellung zum Leben dieser erstaunlichen Persönlichkeit.

Beide Gedenkhäuser: Bus 5, 29 ab/bis Pasaréti tér; **Béla-Bartók-Gedenkhaus:** Karte 4, D 2, Csalán út 29, www.bartokemlekhaz.hu, neue Ausstellung und Veranstaltungen s. Website; **Imre-Nagy-Gedenkhaus:** Karte 4, D 3, Orsó utca 43, www.nagyimreemlekhaz.hu, Mo–Fr 10–16 Uhr, Eintritt frei

Lieblingsort

Blick auf die Stadt herab

Einmal über der Stadt schweben – der **Elisabeth-Aussichtsturm (Erzsébet kilátó)** auf dem 527 m hohen János-hegy in den **Budaer Bergen** ㉛ (s. Tour S. 58, Karte 4, B3) macht es möglich. Über 101 Stufen geht es die 23,5 m bis zur obersten Plattform hinauf – höher geht es in Budapest nun wirklich nicht. Bei schönem Wetter komme ich gerne hierhin, um richtig durchzuatmen und den wunderbaren Panoramablick zu genießen: Nach Westen schweift der Blick über die waldreiche Gegend vor den Toren der Hauptstadt, nach Osten hinab in die Metropole Richtung Donau. An wirklich klaren Tagen ist ganz im Osten sogar der höchste Berg des Landes zu erkennen, der Kékes (1014 m). Errichtet wurde der Turm 1910 zu Ehren Kaiserin Elisabeths, Sisi war 1882 sogar mal hier gewesen. Im Sommer öffnet bei gutem Wetter ein kleines Café, der steile Aufstieg von der Bergstation des Sessellifts ist dann schnell vergessen.

Budaer Berge

Karte 4

Vom **Széll Kálmán tér** 27 gelangt man auch bequem in die **Budaer Berge** 31 (s. Tour S. 58). Die Tramlinie 56 passiert schon an der zweiten Haltestelle (Városmajor) die Talstation der **Zahnradbahn** (**Fogaskerekű**). Von der Haltestelle Budagyöngye geht es links hinauf nach **Zugliget** und zum **Sessellift Zugligeti Libegö.** Die Endhaltestelle der Linie 56 liegt jenseits von Pasarét 30 (s. S. 54) weit draußen im Vorort **Hűvösvölgy,** ›Kaltes Tal‹, an einer der beiden Endstationen der **Kindereisenbahn** befindet.

Museen

Kunstschätze im Kulturschloss

32 Ungarische Nationalgalerie (Magyar Nemzeti Galéria, MNG): Die Nationalgalerie ist eines der bedeutendsten Museen Ungarns mit einer international beachtenswerten Sammlung. Durch die Neuordnung dieser Sammlung gemeinsam mit dem Museum der Bildenden Künste (s. S. 182) wird dies noch unterstrichen: Denn neben den ungarischen Kunstschätzen aus dem 19. und 20. Jh. gelangten nunmehr auch die europäischen Kunstwerke aus dieser Zeit ins Burgschloss. Dafür verließen alle mittelalterlichen und barocken Kunstwerke die Nationalgalerie, um am Heldenplatz eine neue Heimat zu finden. Nur die prächtigen spätgotischen Flügelaltäre verblieben im ehemaligen Thronsaal des Schlosses. Wunderbar ist vor allem der großartige Flügelaltar aus Kisszeben (1496, heute Sabinov/Slowakei).

Fraglich ist jedoch, wie lange die Nationalgalerie im Schloss bleibt, da die Regierung einen Neubau im Stadtwäldchen plant. Dagegen regt sich aber seit Jahren starker Widerstand (s. Zugabe S. 187), sodass ein Umzug in naher Zukunft unrealistisch ist.

Neben den Flügelaltären locken also weiterhin die künstlerischen Highlights der ungarischen Malerei aus dem 19. und 20. Jh. (s. Tour S. 44). Zu sehen sind auch patriotische Großgemälde aus dem späten 19. Jh., wie Gyula Benczúrs »Die Wiedereroberung der Budaer Burg« (s. Tour S. 44). Sein Werk »Die Taufe des Vajk« (1875) thematisiert die Christianisierung Ungarns. Aus Vajk wurde 1000/01 unter dem Namen István (Stephan) der erste König Ungarns. Eindringlich ist das Werk »Die Frauen von Eger« (1867) von Bertalan Székely (1835–1910), das die Verteidigung der Burg Eger gegen eine übermächtige türkische Streitmacht 1553 eindrucksvoll in Szene setzt. Hier wird die ungarische Geschichte und der Kampf gegen die Fremdherrschaft glorifiziert. Derartige Töne finden auch im heutigen Ungarn wieder Anklang.

International wird es mit der kleinen Sammlung französischer (Post-) Impressionisten im 1. Stock. Dort sind u. a. die »Drei Fischerboote« (1886) und die »Blühenden Pflaumenbäume« (1879) von Monet zu sehen, aber auch »Die Schwarzen Schweine« (1891) von Gauguin sowie Werke von Cézanne und Rodin. Zeitgenössischer sind Werke von Vasarely, Beuys und Chillida. Im 3. Stock sind weitere Kunstwerke aus der Zeit nach 1945 ausgestellt. Darüber bietet die mächtige Kuppel einen wunderbaren Blick über die Donau hinüber nach Pest.

Im Keller des Museums überstand übrigens die sogenannte Habsburg-Krypta (zzt. nicht geöffnet) als einzige die Zerstörungen des Zweiten Weltkriegs. Seit dem Tod des Palatins Joseph 1847 werden seine Nachfahren hier beigesetzt.

Szent György tér 2 (Flügel B–D), T 1 201 90 82, www.mng.hu, Bus 16, 16A, 116, 216 Dísz

TOUR
Frische Luft im Mittelgebirge

Auf die Höhen der Budaer Berge

Die bis zu 527 m hohen **Budaer Berge (Budai hegység)** ㉛ sind die grüne Lunge der ungarischen Hauptstadt. Der bewaldete Höhenzug ist ein abwechslungsreiches Naherholungsgebiet, gerade auch für Kinder. Hier oben kann man richtig durchatmen und die Großstadt vergessen. Eine Besonderheit sind die Verkehrsmittel: Der Sessellift Libegő und die Kindereisenbahn zeigen Budapest aus ungewöhnlicher Perspektive. Im Sommer sind die Temperaturen in den Kammlagen nicht so drückend wie in der Innenstadt. Im Winter liegt oben etwas öfter Schnee als im Tal.

Hinauf mit der Zahnradbahn

Wer in die Budaer Berge möchte, fährt am besten zunächst vom Széll Kálmán tér per Tram zum **Városmajor-Park.** Von dort befördert die **Zahnradbahn (Fogaskerekü)** seit 1874 ihre Fahrgäste durch die schicken Villenviertel bergan. Die hiesigen Wohnlagen gelten als die besten der Stadt und gehören dementsprechend zu den teuersten und angesagtesten. Die Endstation Széchenyi-hegy/Gyermekvasút befindet sich auf dem 482 m hohen **Széchenyi-Berg (Széchenyi-hegy).**

Kinder an die Macht

Oben angelangt, sind es nur wenige Schritte bis zum Bahnhof der **Kindereisenbahn (Gyermekvasút).** Die ca. 12 km lange Schmalspurbahn wurde nach dem Zweiten Weltkrieg erbaut und von jugendlichen ›Pionieren‹ betrieben. Noch immer werden die Schaffnerdienste von Jugendlichen erledigt. Mit

Infos

Karte 4

Start: Talstation der Zahnradbahn (Fogaskerekű; BKK-Linie 60) in Buda; Anfahrt mit Tram 56, 61 ab Metrostation Széll Kálmán tér bis Haltestelle Városmajor

Ziel: Zugliget, Talstation des Sessellifts Zugligeti Libegö; mit Buslinie 291 zum Westbahnhof in Pest

Dauer: etwa ein halber Tag

Zahnrad- und Kindereisenbahn, Sessellift: ganzjährig, weitere Infos s. S. 255
Zahnradbahn, normales BKK-Ticket, www.bkk.hu; **Kindereisenbahn,** www.gyermekvasut.hu, 1000/500 HUF einfach; **Sessellift,** www.bkv.hu, 3000/1000 HUF hin und zurück

großem Ernst geben sie das Abfahrtssignal und kontrollieren die Tickets. Die Nachwuchsbahner beherrschen ihren Job perfekt. Die Züge schlängeln sich nach festem Fahrplan gemütlich über die kurvenreiche Strecke durch die waldreichen Berge Richtung Hűvösvölgy. Um Budapests höchsten Gipfel zu erklimmen, verlässt man an der **Haltestelle János-hegy** den Zug. In gut 20 Minuten erreicht man über einen Wanderweg zu Fuß (recht steil) die Bergstation des Sessellifts (s. u.).

Opernarien in luftiger Höhe

Wer die Budaer Berge lieber ganz zu Fuß erkunden möchte, folgt den Gleisen vom Széchenyi-Berg durch die Hegyhát út zum nächsten Haltepunkt **Normafa.** Hier beginnt das eigentliche Naherholungsgebiet. Wenige Schritte weiter bietet sich ein schöner Blick über die Budaer Berge. Der Name Normafa (Baum der Norma) leitet sich von einer früheren Buche ab, unter der 1840 die Opernsängerin Rozália Schodel eine Arie aus Bellinis Oper »Norma« sang.

Über die Jánoshegyi út gelangt man durch die Wälder zur **Bergstation des Sessellifts** (Libegö, ca. 1 Std. Gehzeit). Jogger können dabei eine eigene Laufpiste nutzen.

Auf Budapests höchsten Gipfel

Ein letzter steiler Anstieg führt auf Budapests höchsten Berg, den 527 m hohen János-hegy (Johannesberg), mit dem **Elisabeth-Aussichtsturm.**

Zurück an der Bergstation des Sessellifts geht es auch schon in die Lüfte. In gemächlichem Tempo schwebt man in 15 Min. die östlichen Hänge der Budaer Berge mit Blickrichtung Donau hinab – von 490 m Höhe auf 228 m. Noch einmal kann man das Mittelgebirge vor der Haustür der Hauptstadt in Ruhe genießen, bis man an der **Talstation Zugliget** landet.

Hier bröckelte die Mauer

Unterhalb der Talstation erinnert der **1989-Gedenkpark** im Garten der ungarischen Malteser an der Ecke zur Szarvas Gábor út an ein deutsch-deutsches Drama im Sommer 1989, das sich mit ungarischer Beteiligung just hier und auf dem Gelände der benachbarten

Kirche abspielte – hier begann der Fall der Berliner Mauer.

Über Ungarn in den Westen

Rückblende: Im Mai 1989 beginnt die ungarische Regierung damit, nach mehr als 40 Jahren den Eisernen Vorhang in Form des Grenzzaunes abzubauen. Ende Juni durchschneiden die ungarischen und österreichischen Außenminister Horn und Mock äußerst medienwirksam Reste des Stacheldrahts am Neusiedler See. Das bleibt auch den DDR-Bürgern nicht verborgen. Immer mehr entschließen sich im Laufe des Sommers, nach Ungarn zu fahren und dort zu bleiben, um von hier die Ausreise in den Westen zu erzwingen. Manche versuchen selbst über die Grenze zu kommen, andere suchen den Weg zur westdeutschen Botschaft.

Dort wird die Lage im August schließlich unhaltbar. Verzweifelt sucht man Unterkünfte für die Flüchtlinge. Pfarrer Imre Kozma, Leiter der frisch gegründeten Maltesersektion, zögert nicht: Auf dem Gelände seiner Kirche an der Szarvas Gábor út entsteht Mitte August über Nacht ein riesiges Zeltlager für den ständig wachsenden Flüchtlingsstrom. Unterstützung bekommt Kozma von Maltesern aus Paderborn, Essen und anderen Städten, die spontan die Organisation unterstützen.

Der Anfang vom Ende der DDR

Doch die Lage bleibt angespannt. Das politische Tauziehen um die Flüchtlinge zerrt an den Nerven aller, Tausende sind inzwischen eingetroffen. Erst als die ungarische Regierung am Abend des 10. September die allgemeine Ausreise erlaubt, kennt der Jubel in Zugliget keine Grenzen, und der Weg zum Fall der Berliner Mauer ist vorgezeichnet.

Kozma erhält später das Bundesverdienstkreuz und seine Kirche von der Bundesregierung zum Dank eine neue Orgel. Heute erinnern im Garten des Malteserzentrums das **»Denkmal der Aufnahme«**, ein Trabi und ein Stück der Berliner Mauer sowie an der Kirche eine Gedenktafel an die dramatischen Ereignisse von damals.

tér, Sikló Szent György tér, Di–So 10–18 Uhr, Dauerausstellung 4200 HUF, ermäßigt 2100 HUF, Audioguide (auch in Deutsch) 1200 HUF

Geschichte der Donaumetropole

33 Burgmuseum/Budapester Historisches Museum (Vármúzeum/ Budapesti Történeti Múzeum, BTM): Im Südflügel des Schlosses führt das Burgmuseum des Budapester Historischen Museums sehr anschaulich durch die lange Geschichte der ungarischen Hauptstadt. Der Bogen reicht von den ersten, 50000 Jahre alten Funden menschlicher Besiedlung bis in die Neuzeit. Dabei geht es auch um die Geschichte der drei historischen Städte Pest, Buda und Óbuda, die 1873 zur Hauptstadt Budapest vereinigt wurden. Besonders interessant ist der barocke Innenhof, der ein wenig das Aussehen des Palastes zu Zeiten von Maria Theresia widerspiegelt. Im Keller sind die Reste gotischer Skulpturen und die wiederhergestellten Teile des mittelalterlichen Palastes ein weiteres Highlight. Der Gotische Saal mit seiner gewölbten Decke stammt aus dem frühen 15. Jh., die königliche Kapelle aus der zweiten Hälfte des 14. Jh. Eine Besonderheit ist auch der erstaunlich gut erhaltene seidene Wandteppich mit dem Wappen der ungarischen Anjou-Könige aus dem 14. Jh. Wiederhergestellt wurde vor einigen Jahren der St.-Stephans-Saal (Szent István terem) von 1902. Der reich dekorierte Prunksaal zu Ehren des ersten ungarischen Königs war ein Schaustück des früheren Palastes. Heute kann er nur mit einem Extraticket mit Zeitfenster besichtigt werden (besser vorab online reservieren). Angeschlossen ist eine kleine Ausstellung zum Saal und seiner Geschichte.

Burgmuseum: Szent György tér 2 (Flügel E), T 1 487 88 00, www.btm.hu, Bus Dísz tér, Sikló Szent György tér, Di–So 10–18 Uhr, 3800 HUF, ermäßigt 1900 HUF;
St.-Stephans-Saal: https://szentistvanterem.hu/en (Ticketreservierung), ab 3900 HUF, ermäßigt ab 1950 HUF, mit Burgmuseum ab 4500 HUF, ermäßigt ab 2250 HUF

Zum Goldenen Adler

34 Apothekenmuseum (Arany Sas Patikamúzeum): Mitten im Burgviertel befindet sich das kleine, sympathische Apothekenmuseum zum Goldenen Adler. In diesem Haus war ab dem 18. Jh. die erste Apotheke von Buda untergebracht.

Tárnok utca 18, T 1 375 97 72, www.semmelweismuseum.hu, Bus Szentháromság tér, Mai–Okt. Di–So 10–18, sonst Di–Fr 10–16, Sa/So 10–18Uhr, 1000 HUF, ermäßigt 500 HUF

Künstleratelier

35 Galerie Koller (Koller Galéria): Das Haus der Galerie Koller in einem Hinterhof ist zwar modern, doch der Besuch lohnt sich wegen der kleinen, aber feinen Ausstellung im Atelier des Bauhaus-Schülers, Bildhauers und Schauspielers Amerigo Tot (1909–84) sowie wegen des wunderbaren Skulpturengartens auf der Rückseite.

Táncsics Mihály utca 5, T 1 356 92 08, www.kollergallery.com, Bus Szentháromság tér, Fr–Mo 10–18 Uhr, Eintritt frei

Auf den Spuren der Volksmusik

36 Musikhistorisches Museum (Zenetörténeti Múzeum): Im herrschaftlichen Erdődy-Palais bietet das Museum eine sehenswerte Ausstellung zur Geschichte der Volksmusik und zum Schaffen von Béla Bartók und Zoltán Kodály, die zu Beginn des 20. Jh. die ungarischen Volkslieder für die Nachwelt aufzeichneten (s. S. 281). Interessant sind die historischen Musikinstrumente, die hier ausgestellt sind. An einem Computer kann man sogar mehrere Stücke abspielen, die auf diesen Instrumenten eingespielt wurden – eine sehr gute

Idee, um eine klangliche Vorstellung zu bekommen.

Táncsics Mihály utca 7, T 1 214 67 70, www.zti.hu/museum, Bus Szentháromság tér, Di–So 10–16 Uhr, 2000 HUF, ermäßigt 1000 HUF

Für Militärfans

37 Kriegsgeschichtliches Museum (Hadtörténeti Múzeum): Vor allem die Ausstellungen zum Freiheitskampf gegen die Habsburger 1848/49 sowie zur Revolution 1956 sind interessant. Die Ausstellung zur Horthy-Zeit ist leider in Teilen ziemlich verharmlosend – schließlich führte Horthys Teilnahme am Zweiten Weltkrieg das Land direkt in den Ruin. Der Museumseingang befindet sich auf der schönen Wallpromenade Tóth Árpád sétány (s. S. 52).

Kapisztrán tér 2–4, T 1 325 16 00, www.militaria.hu, Bus Kapisztrán tér/Bécsi kapu tér, Di–So 9–17 Uhr, 2000 HUF, ermäßigt 1000 HUF

Schon seit 1827 an dieser Stelle: Die Ruszwurm Cukrászda war Anfang 2024 leider von Schließung bedroht.

Essen

Das Burgviertel ist gastronomisch eher ein ruhiges Viertel, das zugleich stark auf Tagestouristen eingestellt ist. Dementsprechend verfügen die beiden großen Schlossmuseen über eigene kleine Cafés. Andere Adressen leben von der großartigen Lage. Im Sommer öffnen einige zusätzliche Café-Terrassen. Eine nette Alternative sind ein, zwei Adressen am Rande der Budaer Berge.

Kaffee am Burgschloss

1 Főőrség: In der wiederaufgebauten Hauptwache lässt sich direkt am Burgschloss vor oder nach einem Museumsbesuch gut ein Kaffee trinken. Auch einige Hauptgerichte.

Hunyadi udvar, T 30 553 61 26, www.foorseg.hu, Bus Dísz tér, So–Do 10.30–17.30, Fr/Sa 10.30–21.30 Uhr, €–€€

Strudel mit Schlossblick

2 Korona Kávéház: Unter den Cafés im Burgviertel ist das Korona am zentralen Dísz tér eine sehr unkomplizierte Angelegenheit mit guter Kuchentheke. Genau wie das Ruszwurm (s. u.) war das Korona bei Redaktionsschluss leider akut von Schließung bedroht.

Dísz tér 16, T 1 375 61 39, Bus Dísz tér, April–Okt. tgl. 10–19, sonst 10–18 Uhr

Hereinspaziert ins Wohnzimmer

3 Ruszwurm Cukrászda: In Sichtweite der Matthiaskirche stoßen Sie auf ein Kleinod der Kaffeehausszene. Seit 1827 wird hier die Ruszwurm Cukrászda betrieben. Das gemütliche Biedermeier-Wohnzimmer ist eine winzige Welt für sich. Im Sommer werden auch draußen einige Tische aufgestellt, dennoch benötigen Sie etwas Glück, um einen der heiß begehrten Sitzplätze zu ergattern, da das Café leider oft überlaufen ist. Die herrlichen Leckereien des ältesten Kaffeehauses in

Ungarn stammen inzwischen aus der Szamos-Konditorei. Bei Redaktionsschluss waren die historische Konditorei und das angeschlossene Korona Kávéház wegen undurchsichtiger Rechtsstreitigkeiten mit der Bezirksverwaltung leider akut von Schließung bedroht.

Szentháromság utca 7, T 375 52 84, www.ruszwurm.hu, Bus Szentháromság tér, tgl. 10–19, Winter 10–18 Uhr

Kaffee mit Ambiente

4 **Walzer Café:** In einem historischen Durchgang im ruhigen Teil des Burgviertels lädt das kleine, adrette Café zu einer kurzen Pause ein.

Táncsics Mihály utca 12, T 30 250 59 71, Bus Szentháromság tér / Bécsi kapu tér, Mi–So 10–18 Uhr, €

Schwarzer Rabe

5 **Fekete Holló:** Modernes Bistro, aber im klassischen Stil und mit ungarischer Hausmannskost wie dem Eintopf Letscho und Sztrapacska (einer Art Spätzle).

Országház utca 10, T 1 800 92 14, www.fekete-hollo.hu, Bus Szentháromság tér, tgl. 10–23 Uhr, €–€€

Ungarische Küche im Bistrostil

6 **Pest-Buda:** Zwei gewölbte Räume im gemütlichen Bistroambiente mit Holztischen und gepolsterten Sitzbänken. Auf den Tisch kommen ungarische Klassiker. Die Preise sind der Lage angemessen – im Sommer mit schöner Terrasse am benachbarten Hess András tér. Angeschlossen ist auch ein Boutiquehotel (s. S. 29).

Fortuna utca 3, T 1 225 03 77, www.pest-buda.com, Bus Szentháromság tér, tgl. 11.30–23 Uhr, €€–€€€

Gastronomischer Klassiker

7 **Pierrot:** Das schicke Restaurant ist seit Jahren eine verlässliche gastronomische Oase im gehobenen Bereich. Zu den anspruchsvollen Gerichten werden ungarische Spitzenweine serviert. Im Sommer werden im langen Durchgang und im Garten hinter dem Haus Tische aufgestellt.

Fortuna utca 14, T 1 375 69 71, www.pierrot.hu, Bus Bécsi kapu tér, Mi–So 11.30–23 Uhr, €€–€€€

Traditionsreicher Konditor

8 **Auguszt 1870:** Seit 1870 betreiben die Auguszts in Budapest gleich mehrere Cafés und Konditoreien. Im stilvollen Stammhaus in der Fény utca zwischen Széll Kálmán tér und Millenáris Park genießt man sehr leckere Kuchenspezialitäten; s. auch Pester Innenstadt, S. 104.

Fény utca 8, T 1 316 38 17, https://auguszt.hu, Metro 2, Tram/Bus Széll Kálmán tér, Di–Fr 10–18, Sa 9–18 Uhr, €

Silberner Karpfen im Kochtopf

9 **Ezüstponty:** Das stimmungsvolle und rustikale Restaurant ›Silberner Karpfen‹ am Hang der Budaer Berge Richtung Farkasrét ist eine sehr gute Adresse für klassische Fischgerichte, darunter leckere Fischsuppen – natürlich auch mit Karpfen. Dazu kommen aber auch feine Fleischspezialitäten wie gedünsteter Hirsch oder Gänsekeule. Im Sommer gibt es einen netten Biergarten und abends gelegentlich Livemusik. Das authentische Ezüstponty lohnt die weite Anfahrt.

Németvölgyi út 96, T 1 319 16 32, www.ezustpontyvendeglo.hu, Tram 59/59A Vas Gereben utca (ab Széll Kálmán tér), tgl. 12–23 Uhr, €–€€

Genuss à la Bauhaus

30 **Pasarét Bisztró:** In der Bauhaus-Bushaltestelle an der Kirche von Pasarét gibt es hinter der großen Glasfront morgens Frühstück und danach Kaffee sowie größere Speisen – stilecht für eine Besichtigung des Bauhaus-Viertels.

Pasaréti út 100, T 1 200 06 72, www.pasaretbisztro.hu, Bus 5, 29 Pasaréti tér, Mo–Fr 8–23, Sa/So 9–23 Uhr, €–€€

Einkaufen

Qualitätsleder

1 **Bíró Éva:** In einem schönen stimmungsvollen Hof am Dísz tér werden größtenteils ungarische und einige italienische Lederwaren verkauft.

Dísz tér 16, kein Telefon, Bus Dísz tér, tgl. 10–18 Uhr

Weißes Gold

2 **Herend:** Das hochwertige und dementsprechend teure Herender Porzellan ist für Ungarn, was Meißener Porzellan für Deutschland ist. In Pest gibt es weitere Filialen (s. Tour S. 112).

Szentháromság utca 5, www.herend.com, Bus Szentháromság tér, Mo–Fr 10–18, Sa 10–14 Uhr

Moderne Markthalle

3 **Fény utcai piac:** Auf vier Ebenen werden direkt neben dem Mammut-Einkaufszentrum vor allem Gemüse, Obst und Fleisch verkauft. Leider wirkt der lieblose Baustil nicht sehr stimmungsvoll.

Fény utca 1, www.fenyutcaipiac.hu, Metro/Tram/Bus Széll Kálmán tér, Mo–Fr 6–18, Sa 6–14 Uhr

Bewegen

Ein Ausflug in die **Budaer Berge** kann ordentlich Bewegung und viel frische Luft verschaffen (s. Tour S. 58). Und wer das Burgviertel komplett zu Fuß erkundet, ist rund um das Schloss und in den malerischen Gassen auch gut unterwegs.

Ausgehen

Im Burgviertel wird es abends vergleichsweise schnell ruhig, obwohl die Terrasse vor dem Burgschloss sowie die Fischerbastei auch bei Dunkelheit gerne wegen des abendlichen Panoramas angesteuert werden. Der Ausblick von hier ist grandios. Sehr romantisch sind abends auch Spaziergänge durch die malerischen Gassen und über die Tóth-Árpád-Wallpromenade.

Im Sommer gibt es einige Terrassencafés, die besonders abends sehr stimmungsvoll sein können. Gelegentlich finden abends in der Matthiaskirche Konzerte statt.

Hier wird getanzt

1 **Nationales Tanztheater (Nemzeti Táncszínház):** 2019 fand das renommierte Tanztheater im Millenáris Park unweit des zentralen Széll Kálmán tér eine neue Heimstätte. Die erstklassigen Produktionen sind sehr sehenswert. Auf der Bühne stehen unterschiedliche Ensembles aus Ungarn, aber auch aus dem Ausland. Ein Besuch lohnt sich.

Kis Rókus utca 16–20, T 1 434 59 00, www.nemzetitancszinhaz.hu, Tram 4, 6 Széna tér

Infos

- **Infocenter Burgschloss:** Hunyadi udvar, tgl. 10–18 Uhr. Infos zum Burgschloss, zu den diversen Renovierungsprojekten sowie Startpunkt für Führungen über das Areal.
- **Internet:** https://budacastlebudapest.com
- **Budapest Castle Bus:** Wer nicht vom Donauufer zu Fuß ins Burgviertel kommen möchte, trifft am Clark Ádám tér auf die Minibusse des Official Budapest Castle Bus, die tgl. 9–17 Uhr ca. alle 10 Min. ins Burgviertel fahren. Mit 5600 HUF (ermäßigt 4000 HUF) für eine Runde mit drei Stopps sind sie allerdings recht teuer und zum Burgschloss muss man dann ohnehin laufen. Lohnenswert scheint das Angebot eigentlich nur für Besitzer der Budapest Card, die ein Ticket umsonst bekommen. Ansonsten ist der öffentliche Busverkehr günstiger. Aktuelle Infos zum Castle Bus: https://budapestcastlebus.com.

Zugabe

Weltliteratur zwischen den Weltkriegen

Das Burgviertel als literarisches Zentrum

Die ungarische Literatur lief zwischen den beiden Weltkriegen zu einer auch international beachteten Hochform auf. Wichtige Schriftsteller wie Sándor Márai (1900–89) oder Dezső Kosztolányi (1885–1936) wohnten dabei im direkten Umfeld der Burg. Zudem ergab sich über den Literaturförderer Lajos Hatvany eine Verbindung nach Deutschland, weil er in den 1930er-Jahren mehrfach Thomas Mann zu sich ins Burgviertel einlud. Mann zollte Budapest hohes Lob, man spüre überall »echte Kultur«. Mit einzelnen ungarischen Autoren pflegte Mann, der schon 1913 das erste Mal nach Budapest kam, engere Beziehungen. So schrieb er 1923 für Kosztolányis Buch »Nero« ein Vorwort. Er rühmte die »persönliche Gewagtheit«, die seine Hoffnungen übertroffen habe.

Doch die Zeiten änderten sich: Bei Manns letztem Besuch 1937 untersagte die Hitler-freundliche Regierung etwaige politische Äußerungen des hohen Gastes – die Schatten der faschistischen Repression wurden auch in Budapest länger, ›echte Kultur‹ war nicht mehr gefragt. So verbot die Polizei den Vortrag

> Thomas Mann zollte Budapest hohes Lob.

Zu Unrecht vergessen: Sándor Márai. Eines seiner Originalmanuskripte

eines an Mann gerichteten politischen Gedichts von Attila József (1905–37), einem der größten ungarischen Lyriker aus dem 20. Jh. József nannte Thomas Mann »einen Europäer unter Weißen« und prophezeite, die Menschheit werde bald »von Monsterstaaten zugeschüttet«.

In der Christinenstadt unterhalb der Burg lebte zu der Zeit auch der noch junge Sándor Márai am Fuße der Granittreppe. Márai legte bereits 1934 die autobiografischen »Bekenntnisse eines Bürgers« vor, 1972 folgte »Land, Land«, das vom Einmarsch der deutschen Truppen im März 1944 bis zu seiner Ausreise 1948 einen guten Einblick in das Leben in Budapest gibt.

Die sehr eindrücklichen Werke der drei großen ungarischen Autoren wurden in Deutschland erst zur Jahrtausendwende neu entdeckt, drohen aber bereits erneut in Vergessenheit zu geraten. ■

Budaer Donauufer

Auf der hügeligen Flussseite — Das Donauufer in Buda bietet viel Abwechslung: von osmanischen Badetempeln, spannenden Höhlen und der weithin sichtbaren Freiheitsstatue bis zu einer aufstrebenden Cafészene.

Seite 69

Kettenbrücke

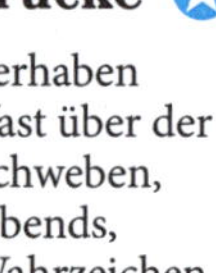

Leicht und erhaben scheint sie fast über der Donau zu schweben, besonders abends, wenn das Wahrzeichen der Hauptstadt festlich angestrahlt wird. Als erste feste Brücke zwischen Pest und Buda ermöglichte sie auch ihr Zusammenwachsen.

Seite 76

Gül-Baba-Grabmal

Das türkische Mausoleum aus dem 16. Jh. am Hang des Rosenhügels ehrt den osmanischen ›Vater der Rosen‹ und ist bis heute eine beliebte Pilgerstätte für muslimische Besucher.

Gärten, Höhlen oder Baden? Mit der Tram geht's überall hin.

Eintauchen

Seite 74

Budapest von unten

In der Karstlandschaft der Budaer Berge entstanden im Laufe der Zeit zahlreiche Höhlen. Die Pálvölgyi- und die Szemlőhegyi-Höhle ermöglichen einen faszinierenden Blick in die Unterwelt der Hauptstadt.

Seite 77

Burggarten-Basar

Unterhalb des Burgschlosses ist der prachtvoll renovierte Várkert Bazár, eine Gartenanlage, der ideale Startpunkt für eine Burgbesichtigung.

Seite 79

Heilbäder am Géllertberg ✪

Unter einer 450 Jahre alten Kuppel im Dampf schwitzen und entspannen – im Rudas-Heilbad fühlen Sie sich fast wie zu Zeiten des osmanischen Paschas. Die wussten auch weitab vom Bosporus das Leben an der Donau zu genießen. Und nur wenige Schritte weiter liegt am Fuße des Gellértberges das berühmte Gellért-Heilbad, eine prächtige Jugendstil-Ikone mit hohem Glasdach!

Seite 83

Zitadelle und Freiheitstatue

Vom Ufer geht es steil hinauf zur Zitadelle und zur Freiheitsstatue auf dem 235 m hohen Gellértberg. Als Belohnung wartet ein herrlicher Panoramablick auf den Burgberg und das Pester Donauufer.

Seite 91

Memento Park

Am südlichen Stadtrand werden rund 40 Skulpturen des Sozialistischen Realismus in dem ungewöhnlichen Memento Park erhalten. Marx, Lenin und Stalins Stiefel lassen grüßen.

Der Freiheit eine Stimme! Und ein Denkmal.

...ngeblich wurde der Tunnel unter ...em Burgberg nur gebaut, damit man ...e teure Kettenbrücke bei schlech...m Wetter hineinschieben könne.

erleben

Leben zwischen Fluss und Berg

B

Buda hatte es nicht immer leicht – während sich das flache Pest gleichmäßig bis zum Horizont ausdehnen konnte, wird Buda von steil aufragenden Hügeln durchschnitten, die eine einheitliche Besiedlung nicht erlaubten. Aber gerade das macht heute den Reiz aus: Buda zerfällt in viele einzelne Bereiche, die allerdings über die Uferpromenade per Tram bestens miteinander verbunden werden.

Und die vielen Zerklüftungen haben Buda zudem zwei echte Schätze beschert: spannende Höhlen und heißes Thermalwasser! Schon die Römer waren Badefreunde, doch die Osmanen hinterließen vor 450 Jahren wahre Badetempel, die noch heute echte Highlights sind.

Die Stadtteile sind in Buda sehr unterschiedlich: Die Wasserstadt unterhalb des Burgviertels ist nur ein sehr enger Streifen, der aber über die grazile Kettenbrücke sehr gut an die Pester Innenstadt angebunden ist. Im Norden gehen die ufernahen Wohnviertel schnell in die Hanglagen der Budaer Berge über. Nur südlich des markanten Gellértberges mit der mächtigen Zitadelle wird es flach. Die Zitadelle wird bis 2026 renoviert. Über die dynamische Bartók Béla út geht es vom berühmten Gellért-Heilbad nach Újbuda (Neu-Buda) und in die dicht besiedelten Außenbezirke. Dort liegt auch der sozialistische Memento Park. Ganz neu ist das Viertel Buda Part am ehemaligen Winterhafen der Donau, südlich von Újbuda.

ORIENTIERUNG O

Reisekarte: B–G5–14
Citypläne: S. 71 u. S. 80
Anfahrt: Startpunkt ist der Clark Ádám tér an der Kettenbrücke. Hier verkehren Tram 19 und 41 sowie die Busse 16, 105, 116, 178 und 216 ab Deák Ferenc tér in Pest.
Das Viertel entdecken: Entlang der Donau erschließen sich die wichtigsten Erkundungsrouten sehr leicht, weil der Uferstreifen unterhalb von Gellértberg, Burgberg und Rosenhügel sehr schmal ist.
Wer nicht zu Fuß oder mit dem Fahrrad unterwegs ist, kann vor allem auf die Tram-Linien 19 und 41 setzen, die den gesamten Bereich von Nord-Buda bis Újbuda im Süden entlang der Donau abfahren und zudem ein perfektes Panorama bieten.

Von der Kettenbrücke zum Rosenhügel

C/D8/9–C5

Ausgangspunkt für die Erkundung sollte die Kettenbrücke sein, die Buda in eine nördliche und eine südliche Hälfte teilt. Zunächst geht es von dort nach Norden.

Kettenbrücke 

Karte 3, D8

Tränen in den Augen

Nur mit Tränen in den Augen konnte der Literat Antal Szerb über die **Kettenbrücke (Széchenyi lánchíd)** 1 berichten. Und in der Tat, dieses Budapester Wahrzeichen leuchtet majestätisch, wenn abends die festliche Beleuchtung angeht. Gerade dann entfaltet die Brücke eine nahezu magische Anziehungskraft. Seit 175 Jahren überspannt sie die Donau, und als erste Steinbrücke verband sie Pest und Buda. Zuvor gab es nur hölzerne Pontonbrücken, doch diese konnten im Winter nicht genutzt werden – Pest und Buda waren dann voneinander abgeschnitten.

Jahrelang stritten sich die beiden damals noch selbstständigen Städte über die Kosten einer richtigen Brücke. Zum großen Förderer der Brücke wurde Graf István Széchenyi, genannt der »größte Ungar«. Széchenyi setzte sich für Reformen in Ungarn ein. Für den Brückenbau hatte der Graf ein sehr persönliches Motiv: Beim Tod seines Vaters 1820 musste er tagelang wegen widrigen Winterwetters auf eine Donaupassage warten, um zur Beerdigung zu gelangen. 1832

Hach, ist das romantisch! Am Abend lässt die Kettenbrücke ihre ganzen Reize spielen.

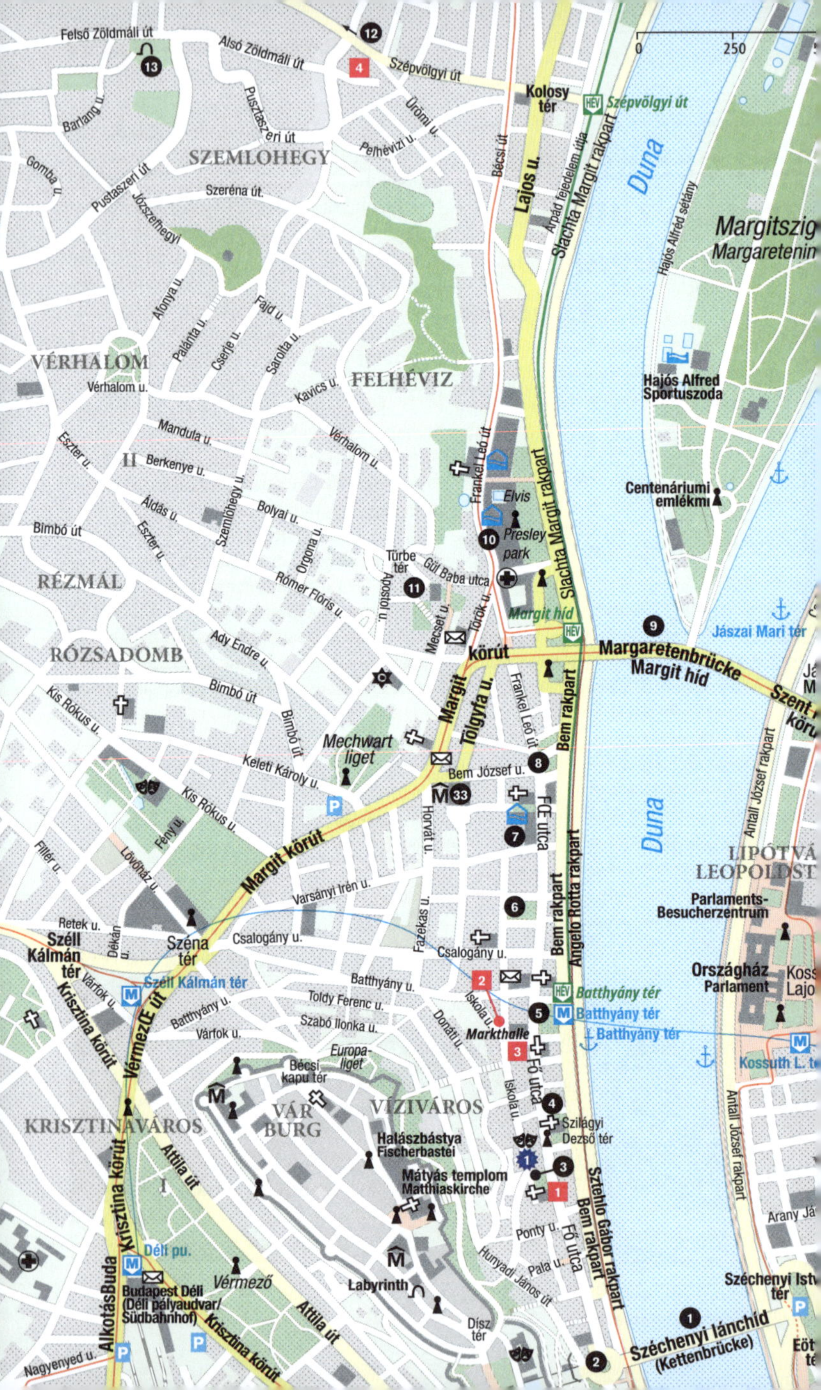

Felső Zöldmáli út
Alsó Zöldmáli út
Szépvölgyi út
Kolosy tér
Szépvölgyi út
0
250
Barlang u.
Pusztaszeri út
Ürömi u.
Pelhévizi u.
SZEMLOHEGY
Gomba u.
Pustaszeri út
Szeréna út
Bécsi út
Lajos u.
Árpád fejedelem útja
Slachta Margit rakpart
Duna
Józsefhegyi
Margitsziget
Margaretenin
Hajós Alfréd sétány
Afonya u.
Fajd u.
Palánta u.
Cserje u.
Sarolta u.
VÉRHALOM
Vérhalom u.
Kavics u.
FELHÉVIZ
Hajós Alfred Sportuszoda
Mandula u.
Vérhalom u.
Frankel Leó út
Eszter u.
II
Berkenye u.
Slachta Margit rakpart
Áldás u.
Szemlőhegy u.
Bolyai u.
Elvis
Centenáriumi emlékmű
Bimbó út
Eszter u.
Orgona u.
10
Presley park
Türbe tér
Gül Baba utca
RÉZMÁL
Apostol u.
11
Rómer Flóris u.
Török u.
Margit híd
9
Jászai Mari tér
Mecset u.
Ady Endre u.
RÓZSADOMB
körút
Margaretenbrücke
Margit híd
Szent
körút
Kis Rókus u.
Bimbó út
Frankel Leó út
Tölgyfa u.
Margit
Bem rakpart
Mechwart liget
Bimbó út
Keleti Károly u.
Bem József u.
8
Antall József rakpart
33
Kis Rókus u.
Fény u.
Horvát u.
Fő utca
Duna
7
Fillér u.
Lövőház u.
Margit körút
LIPÓTVÁ
LEOPOLDST
Varsányi Irén u.
Angelo Rotta rakpart
Retek u.
6
Fazekas u.
Parlaments-Besucherzentrum
Széll Kálmán tér
Dékán u.
Széna tér
Csalogány u.
Bem rakpart
Csalogány u.
Várfok u.
Batthyány u.
2
Országház Parlament
Kossuth Lajos
Krisztina körút
Széll Kálmán tér
Vérmező út
Batthyány u.
Toldy Ferenc u.
Iskola u.
Batthyány tér
Szabó Ilonka u.
Donáti u.
5
Batthyány tér
Várfok u.
Markthalle
Batthyány tér
Europa-liget
3
Fő utca
Kossuth L. tér
Bécsi kapu tér
Iskola u.
4
VÁR BURG
VÍZIVÁROS
Antall József rakpart
KRISZTINAVÁROS
Szilágyi Dezső tér
Halászbástya Fischerbastei
Attila út
I
Mátyás templom Matthiaskirche
3
1
Krisztina körút
Ponty u.
Fő utca
Arany Já
Szthelo Gábor rakpart
Bem rakpart
Déli pu.
Pala u.
Hunyadi János út
Vérmező
Labyrinth
Széchenyi Istv tér
Budapest Déli (Déli pályaudvar/ Südbahnhof)
AlkotásBuda
Attila út
Dísz tér
1
Széchenyi lánchíd (Kettenbrücke)
Nagyenyed u.
Krisztina körút
2
Eöt

Wasserstadt und Rosenhügel

gründete er einen Brückenverein, doch erst 1842 erfolgte die Grundsteinlegung für das 375 m lange Bauwerk.

Gefahr für die Brücke

Gebaut wurde nach Plänen des englischen Ingenieurs Tierney William Clark. Die Arbeiten leitete sein Namensvetter Adam Clark aus Schottland. 1848 stand das Bauwerk fast vor seiner Vollendung, als die Revolution in Ungarn ausbrach. Zum Glück sprengten weder die österreichischen noch die ungarischen Truppen die fast fertige Brücke.

Als sie dann am 21. November 1849 offiziell eingeweiht wurde, war dies trotzdem nicht der erhoffte Freudentag. Die Habsburger hatten das Land wieder besetzt und marschierten als Erste über die Brücke. Graf Széchenyi war mittlerweile in eine Nervenheilanstalt bei Wien eingeliefert worden, wo er den Rest seines Lebens verbrachte. Zu seinen Ehren heißt die Brücke eigentlich mit vollständigem Namen Széchenyi-Kettenbrücke.

Pest und Buda werden eine Stadt

Langfristig erfüllte die Brücke aber alle Erwartungen: Die beiden Städte Pest und Buda wuchsen langsam zusammen und vereinigten sich 1873 mit Óbuda zur Hauptstadt Budapest.

Im Januar 1945 erlebte die Kettenbrücke ihre schwerste Stunde, als deutsche Besatzungstruppen sie in die Luft sprengten. Nach dem Krieg wurde sie rasch wieder aufgebaut und zu ihrem 100. Jahrestag 1949 konnte sie neu eingeweiht werden. Bis 2023 wurde sie erneut renoviert und danach vom privaten Autoverkehr befreit.

Besonders markant sind die steinernen Löwen, welche die Zufahrten zur Brücke bewachen. Der verantwortliche Bildhauer hatte geäußert, dass er sich umbringen würde, sollte jemand einen Fehler an den Löwen bemerken. Schließlich entdeckte man, dass die Löwen keine Zunge hatten. János Marschalkó beteuerte jedoch, die Zunge sei sehr weit nach hinten eingerollt. Man müsse den Löwen nur tief genug in den Mund gucken.

Wasserstadt Karte 3, C7–D8/9

Am Punkt Null

Auf der Budaer Seite der Kettenbrücke ehrt der **Clark Ádám tér** 2 den schottischen Ingenieur, der auch für den Bau des **Burgtunnels (Alagút)** verantwortlich zeichnete.

Links vom Tunneleingang gleitet die historische **Standseilbahn Sikló** den Burgberg hinauf. Davor markiert der Nullkilometerstein den Ausgangspunkt für alle Entfernungsmessungen in Ungarn.

Wir befinden uns hier im Stadtteil **Wasserstadt (Víziváros),** einem sehr schmalen Landstreifen zwischen Burgberg und Donauufer, wo im Mittelalter die Fischer wohnten. Die Donaupromenade lädt zum Bummeln ein, während sich die kleinen Gassen hoch zur Burg winden.

Tradition und Urgeschichte

Vom Clark Ádám tér geht es in nördlicher Richtung durch die zentrale Fő utca (Hauptstraße) zum schmucken kleinen **Corvin tér** ❸. Dort beherbergt die **Budaer Redoute (Budai Vigadó)** ① das Haus der Traditionen (Hagyományok Háza), in dem z. B. das Staatliche Folkloreensemble auftritt. Das 1897–99 errichtete Gebäude wurde 2017/18 grundlegend saniert. Hier werden auch Ausstellungen gezeigt.

Der Platz selbst ist sehr geschichtsträchtig: Bei Ausgrabungen entdeckte man u. a. Reste einer keltischen Siedlung, und ganz in der Nähe ließ der römische Kaiser Claudius um 50 n. Chr. das erste Kastell auf dem heutigen Stadtgebiet errichten. Aber schon Neanderthaler haben hier vor rund 50 000 Jahren ihre Spuren hinterlassen, die heute im Burgmuseum im Schloss zu sehen sind (s. S. 61).

Ein paar Schritte weiter wurde die **Reformierte Kirche** ❹ am Szilágyi Dezső tér nach Entwürfen von Samu Pecz (1896) errichtet, der auch für die Zentrale Markthalle (s. S. 121) verantwortlich gezeichnet hatte. Besonders markant sind

Steil rauf geht es mit der historischen Standseilbahn Sikló vom Clark Ádám tér auf den Burgberg – schon seit mehr als 150 Jahren, eine stattliche Leistung!

die bunten Dachziegel und der ungewöhnliche Grundriss der Kirche.

Den Strom im Blick

Nun geht es über die Donaupromenade weiter zum Verkehrsknotenpunkt **Batthyány tér** ❺. Von dort bietet sich der beste Blick über die Donau hinüber zum Parlament. Unter dem Platz rauscht die Metro 2 durch und die Vorortbahn HÉV fährt von hier nach Óbuda, Aquincum und Szentendre.

Eine Straßenbahn verbindet den Batthyány tér und die südlichen Stadtteile mit Óbuda im Norden, was auch auf dieser Donauseite Panoramafahrten zwischen Margaretenbrücke und Freiheitsbrücke ermöglicht.

Wichtigste Bauwerke am Platz sind zweifellos die umgebaute **Markthalle** sowie die barocke **St.-Anna-Kirche (Szent Anna templom),** die zwischen 1740 und 1762 von Kristóf Hamon und Matthias Nepauer erbaut wurde. Nachdem ein Erdbeben die Kirche 1763 schwer zerstört hatte, konnte sie erst 1805 geweiht werden. Gelegentlich gibt es Orgelkonzerte.

Hinter der Markthalle befinden sich in der **Iskola utca** einige nette Gastroadressen.

Zur Margaretenbrücke

C5–C7

Kurzer Prozess für Revolutionäre

Geradeaus führt die Fő utca weiter nach Norden bis zum **Nagy Imre tér** ❻. Der grobschlächtige Klotz auf der linken Seite ist das Militärgericht. Der Name des Platzes, ein schwarzer Block sowie einige kleine Gedenktafeln erinnern daran, dass hier Imre Nagy (s. auch S. 55), Ministerpräsident der Revolution von 1956, am 15. Juni 1958 mit mehreren Mitstreitern zum Tode verurteilt wurde. Der Geheimprozess hatte sich monatelang verzögert, weil das Urteil im Politbüro und mit den sowjetischen Genossen abgestimmt werden musste. Große Probleme bereitete den neuen Machthabern unter János Kádár die standhafte Weigerung von Nagy, nach dem Muster stalinistischer Schauprozesse Selbstkritik zu üben und sich im Sinne der Anklage schuldig zu bekennen. Nagy war bis zur Revolution selbst Kommunist gewesen, hatte sich aber unter dem Eindruck sowjetischer Panzer auf den Straßen vom ›großen Bruder‹ abgewandt – das galt natürlich als Hochverrat. Einen Tag nach dem Urteil wurden die Inhaftierten hingerichtet.

Osmanischer Dampf

Das **Király-Heilbad (Király Gyógyfürdő)** ❼ ist ein weiteres osmanisches Highlight der Wasserstadt. Das Bad wurde bereits von den Türken ab 1565 erbaut, weil der damalige Pascha auch innerhalb der Stadtmauern ein standesgemäßes Bad benötigte. Im Falle einer Belagerung wollte er nicht auf ein Dampfbad verzichten. Seinen Namen hat das Bad jedoch von der Familie König (ungar. Király) erhalten, die den Komplex Ende des 18. Jh. erwarb und bis 1827 neoklassizistisch erweitern ließ. Bei Redaktionsschluss war das Bad wegen einer mehrjährigen Grundsanierung geschlossen.

Fő utca 84, www.spasbudapest.com, zzt. geschlossen

Industrie unter Dampf

Neben dem Bad steht noch die **St.-Florian-Kirche,** die 1759/60 von Matthias Nepauer erbaut wurde. Seit 1920 dient sie der griechisch-katholischen Gemeinde. Drumherum verdecken recht unattraktive Wohnblöcke zwischen der Ganz utca und der Bem József utca das denkmalgeschützte, industriegeschichtliche **Abraham-Ganz-Gießereimuseum** ㉝ (s. S. 86). Hier befand sich ein Herzstück des Ganz-Eisenguss-Imperiums. Abraham Ganz (1814–67) stammte aus

TOUR
Budapest von unten

Besuch der beiden Höhlen Pálvölgyi und Szemlőhegyi

Es gibt nicht viele Hauptstädte, die auch unter Tage über derart viele natürliche Sehenswürdigkeiten verfügen wie die Donaumetropole. Doch unter den Budaer Hügeln verbergen sich mehr als 100 Höhlen! In zwei Höhlen möchte ich Sie gerne mitnehmen: in die wunderbare Pálvölgyi-Höhle und in die 800 m entfernte Szemlőhegyi-Höhle, beide nordwestlich des Lukács-Heilbades.

Der Irrweg eines Schafs

Die schönste der öffentlich zugänglichen Höhlen ist die **Pálvölgyi-Höhle (Pálvölgyi-barlang) ⓬**. Sie wurde 1904 entdeckt, als ein Schaf in einen Schacht fiel. Der Eingang liegt romantisch in den Budaer Bergen in einem überwachsenen Steinbruch. Die Höhle ist Teil des Szépvölgyi-Systems, von dem durch fortlaufende Erkundungen immer neue Verzweigungen und Verbindungen bekannt werden. Derzeit sind knapp 32 km erforscht und es handelt sich damit um das längste in Ungarn. Für Touristen ausgebaut sind vor Ort rund 500 m.

Eine der schönsten ihrer Art in ganz Europa: die Szemlőhegyi-Höhle

Treppauf und treppab geht es nun – inklusive einer steilen Leiter – vorbei an eindrucksvollen Tropfsteinformationen, darunter so fantasievollen Gebilden wie der ›Orgel‹, dem ›Tropfsteinzoo‹ (mit ›Krokodil‹ und ›Elefant‹) und der ›Märchensaal‹ (mit ›Schneewittchen und den sieben Zwergen‹). Auch eine ›Pagode‹ mit Buddha sowie eine verwunschene ›Hexenküche‹ ist zu sehen.

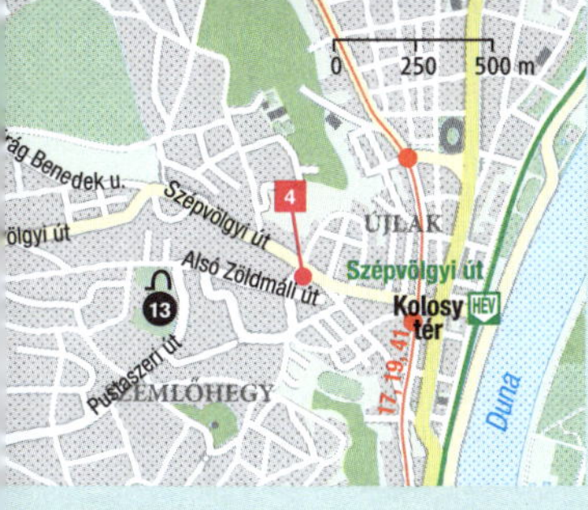

Im touristisch erschlossenen Teil sind außerdem fossile Reste des einstigen Meeres zu bewundern. Bei konstant 10–11 °C fällt es allerdings schwer, sich die tropischen Zeiten vorzustellen.

Ein wenig Abenteuergeist und Gelenkigkeit muss besitzen, wer ein besonderes Angebot wahrnehmen möchte: eine Kletter-Kriech-Tour jenseits des Touristenpfads mit Helm, Overall und Lampe. Diese englischsprachigen Sonderführungen dauern ca. 2,5–3 Std. (Informationen und Buchung: https://caving.hu, 21 000/15 000 HUF).

Mit der Macht des Wassers
Die Budaer Naturhöhlen haben eine lange Geschichte hinter sich: Als das Karpatenbecken vor 40 Mio. Jahren von einem tropischen Meer bedeckt war, lagerten sich Kalksteinschichten ab. Doch erst der langsame Anstieg des Geländes ließ vor rund 2 Mio. Jahren die Höhlen entstehen; die Szemlőhegyi-Höhle ist sogar noch jünger datiert. Kaltes Regenwasser traf auf heißes Thermalwasser und diese aggressive Mischung schuf die Hohlräume. Als sich die Budaer Berge vor ca. 500 000 Jahren weiter hoben, fielen die Höhlen schließlich trocken.

Unterirdischer Luftkurort
Wesentlich kleiner ist die 2,2 km lange **Szemlőhegyi-Höhle (Szemlőhegyi-barlang) 13**, von der 250 m – ohne Treppen – frei zugänglich sind. Sie hatte keinen natürlichen Eingang und wurde erst im Jahr 1930 bei Bauarbeiten gefunden. Tropfsteine gibt es hier nicht, dafür aber blumenkohlartige Strukturen, in denen man mit etwas Fantasie einen Eisbären und die ›Zunge der Schwiegermutter‹ erkennt. Aufgrund der außergewöhnlichen Luftreinheit ist die Höhle medizinisch bei der Behandlung von Atemwegserkrankungen nutzbar.

Tipp: Wer nach so viel Dunkelheit eine süße Pause braucht, sollte die Kuchentheke der **Daubner Cukrászda** 4 (s. S. 89) zwischen dem Kolosy tér und den Höhlen nicht versäumen. Allerdings gibt es nur Stehtische in dieser Konditorei.

Infos

Karte 4, F2

Dauer: ohne Anfahrt ca. 3 Std.

Beide Höhlen: www.dunaipoly.hu (»Tourism«), Kombiticket 4700 HUF, ermäßigt 3700 HUF (Führungen teils auch auf Englisch)

Pálvölgyi-Höhle 12: Szépvölgyi út 162, T 1 325 95 05, Führungen Di–So 10–16 Uhr
Szemlőhegyi-Höhle 13: Pusztaszeri út 35, T 1 325 60 01, Führungen Mi–Mo 10–16 Uhr;

Anfahrt: Bus 9 (aus Pest) oder Tram 17, 19, 41 (aus Buda) bis Kolosy tér, dann Bus 65 bis Halt Pálvölgyi cseppkőbarlang oder Bus 29 (ab Òbuda) bis Szemlőhegyi-barlang

der Schweiz und kurbelte in Buda die ungarische Produktion von Eisenbahnrädern und Weichen an. Sein Nachfolger, Andreas Mechwart (1834–1907), stammte aus Schweinfurt und baute die Ganz-Werke zu einem weit verzweigten Industrieunternehmen aus, das bis heute existiert. Ganz und Mechwart sind zwei sehr gute Beispiele, wie Mitte des 19. Jh. Ungarn mühelos Einwanderer aufnahm und diese sich begeistert magyarisierten. Ganz produzierte 1848/49 sogar für die Revolutionäre.

Symbol des Freiheitskampfes

Apropos Revolution: Auf dem **Bem József tér** ❽ steht das Denkmal des polnischen Generals József Bem, der im Befreiungskrieg 1848/49 erfolgreich für die ungarische Sache gegen die Österreicher gekämpft hatte. Aber nach dem Eingreifen des Zaren konnte auch er die Niederlage letztlich nicht verhindern. Er wurde zu

D

SPAZIERGANG AUF DER DONAUPROMENADE

Nördlich des **Batthyány tér** ❺ führt ein schöner Promenadenweg Richtung **Margaretenbrücke** ❾. Vor allem abends, wenn es dunkel wird und der Straßenverkehr auf der Uferstraße nachlässt, lohnt sich ein Spaziergang, weil er dann einen tollen Blick auf das beleuchtete Parlament ermöglicht. Im Süden ist auch die Kettenbrücke angestrahlt – und wer zum Abschluss die Margaretenbrücke bis zum Zugang zur Margareteninsel (s. S. 206) überquert, kommt zu einem der schönsten Panorama-Aussichtspunkte von Budapest am Abend. Von dort öffnet sich zu beiden Seiten der Donau das gesamte Welterbe-Panorama – mit eigener Straßenbahnhaltestelle!

einem Symbol des ungarischen Freiheitswillens. Am 23. Oktober 1956 war das Denkmal einer der ersten Anlaufpunkte der immer größer werdenden Studentendemonstration, die im Laufe des Abends dann zur allgemeinen Revolution führte.

Nördlich des Bem-Platzes beginnt die Vorstadt Felhévíz, die sich über die Zufahrt zur **Margaretenbrücke** ❾ hinweg nach Norden erstreckt.

Am Rosenhügel C5

Traditionsreiches Heilbad

Die Römer mochten es, die Osmanen liebten es und an den Außenwänden zeugen Dankestafeln von der Zufriedenheit späterer Kurgäste – das **Lukács-Heilbad (Lukács Gyógyfürdő)** ❿ am Fuße des Rosenhügels bietet erneut die Gelegenheit, sich in heißes Thermalwasser zurückzuziehen. Im Mittelalter nannten die Ungarn diese Gegend folgerichtig Felhévíz (Oberes Warmwasser). Schon im 12. Jh. befand sich hier eine eigene Siedlung. Nebenan steht ein modernes Sportbad. Von hier aus erreicht man übrigens mit der Straßenbahn bequem den Startpunkt der Höhlentour (s. S. 74). Noch weiter nördlich beginnt Óbuda (s. S. 221).

Frankel Leó utca 25–29, T 1 326 16 95, www.spasbudapest.com, Tram 17, 19, 41 Szent Lukács Gyógyfürdő, tgl. 7–19 Uhr, Tageskarte 4400–4800 HUF (günstiger ab 17 Uhr; Ermäßigung für Studierende/Rentner; mit Budapest Card Eintritt 1 x frei)

Vater der Rosen

Wieder etwas zurück Richtung Ringstraße führt rechts die steil ansteigende Gasse **Gül Baba utca** hinauf zu einer besonderen Sehenswürdigkeit. Eine Treppe zur Linken endet direkt an der 2018 grundsanierten und erneuerten Anlage des **Gül-Baba-Grabmal (Gül Baba türbe)** ⓫. Der hier Aufgebahrte war ein türkischer

Derwisch und wurde nach der Schlacht von Mohács 1526 mit der Missionierung Budas beauftragt. Er starb kurz nach der endgültigen Eroberung der Stadt 1541.

Sultan Süleiman der Prächtige erhob den ›Vater der Rosen‹ umgehend zum Schutzheiligen der Stadt. Zwischen 1543 und 1548 errichtete man zu seinen Ehren das Mausoleum. Dieses kleine, achteckige Gebäude mit dem Halbmond auf der Kuppel gehört zu den heiligen Stätten des Islam in Europa. Deshalb wird die Anlage mit dem arabisierten Säulengang von der türkischen Regierung gepflegt. In der gut aufgemachten Ausstellung werden u. a. das Leben und Wirken von Gül Baba sowie der Derwisch-Orden erläutert und ganz allgemein wird die ungarisch-türkische Freundschaft gepriesen.

Türbe tér 1 / Mecset utca 14, www.gulbabaalapitvany.hu, Di–So 10–18 Uhr, Eintritt frei

Fesches Wohnviertel

Geblieben ist die Namensgebung für den **Rosenhügel (Rózsadomb)**, an dessen östlichen Abhängen das Grabmal liegt. Bis ins 19. Jh. wurde hier Wein angebaut, doch dann wuchs die Stadt und auf den Hügel zog es an der Wende zum 20. Jh. die reicheren Bürger der Stadt. Die schicken Villen entlang der Bolyai utca, der Szemlőhegyi utca und der Rómer Flóris utca zeugen noch vom Glanz damaliger Zeiten.

Gellértberg und südliches Buda

Südlich des Burgbergs beherrscht der 235 m hohe Gellértberg mit der Zitadelle und der Freiheitsstatue das Donauufer – ein exzellenter Aussichtspunkt. Am Fuße des Gellértbergs liegt der XI. Stadtbezirk Újbuda (Neu-Buda), der seit Jahren immer stärker im Kommen ist.

Betonen gerne ihre politische Freundschaft: Orbán und Erdogan weihen 2018 das grundsanierte Gül-Baba-Grabmal ein.

Burggarten-Basar und Tabán

D9

Prächtige Neorenaissance

Die weitläufige Palast- und Gartenanlage des **Burggarten-Basars (Várkert Bazár)** 14 ist nach einer umfassenden Renovierung wieder ein glänzendes Bindeglied zwischen Donauufer und Burgschloss, ganz so, wie es sich der damalige Stararchitekt Miklós Ybl beim Bau 1875–83 vorgestellt hatte.

Von der Kettenbrücke führt ein kurzer Bummel über die Donaupromenade zum Ybl Miklós tér, wo eine fast 200 m lange Sitzbank einen hervorragenden Eindruck vom Burggarten-Basar verschafft.

Ihn kann man schon vom Donaukorso aus gut sehen: Der hl. Gellért (Gerhard) grüßt vom gleichnamigen Berg und scheint mit dem Missionieren der Ungarn gar nicht aufgehört zu haben.

Durch die Neorenaissance-Gärten gelangt man zu Fuß, mit einer Rolltreppe oder mit Fahrstühlen hinauf zur Schlossauffahrt. Im nördlichen und südlichen Palast, welche die Anlage einrahmen, werden immer wieder Wechselausstellungen gezeigt, während im unterirdischen Inneren sowie im Garten Veranstaltungen und Konzerte stattfinden. Der Burggarten-Basar hat in jeder Hinsicht Stil und ist ein echter Hingucker!

Ybl Miklós tér 2–6, www.varkertbazar.hu, Tram 19, 41, **Außengelände:** tgl. 6–24 Uhr, Eintritt frei; **Ausstellungen:** Di–So 10–18 Uhr, wechselnde Preise

Fast verschwundener Stadtteil

Manchmal müssen ganze Viertel der Stadtentwicklung weichen. So ging es bis auf einige Reste auch dem Tabán. Ein Großteil der Häuser fiel in den 1930er-Jahren der Abrissbirne zum Opfer. Mit seinen engen Gassen und stimmungsvollen Weinlokalen besaß der **Tabán** viel Flair. Ab dem 18. Jh. hatten sich hier viele serbische Einwanderer niedergelassen. Heute erstrecken sich hier ein kleiner Park sowie die weit verzweigte Auffahrt zur Elisabethbrücke – und just in den Betonkehren steht ein Denkmal für Kaiserin Sisi.

Erhalten blieben neben dem Burggarten-Basar in der Apród utca das **Semmelweis-Museum für Medizingeschichte** 34, das zugleich das Geburtshaus des »Retters der Mütter« war. Vor 1990 war hier der spätere Nachwende-Ministerpräsident József Antall als Museumsdirektor tätig. Etwas weiter zur Linken stehen noch das

Benedek-Virág-Haus sowie die **Tabáner Pfarrkirche.**

Heilbäder am Gellértberg

★ D10–E11

Kommt es zurück oder nicht?

Nicht bei allen Heilbädern läuft es in Budapest rund: So existierte das **Rácz-Heilbad** ⓯ sogar schon im Mittelalter. Es war im 16. Jh. von den Türken sowie im 19. Jh. von Miklós Ybl erweitert worden. Zu Beginn des 21. Jh. erfolgte dann ein Ausbau zum Wellnessbad und Thermalhotel, doch die Neueröffnung scheiterte 2010 abrupt in letzter Minute. Seither verzögert sich die Wiedereröffnung immer wieder – eine sehr traurige Geschichte.

Badegenuss am Berg

Der markante **Gellértberg** (s. Tour S. 82) ist der Fixpunkt, auf den sich alle Blicke auf dem Weg nach Süden richten. Gleich an der weißen Elisabethbrücke beginnt auch der Aufstieg zum Gellértberg.

Zu seinen Füßen sprudelt das heiße Gold der Budaer Berge am Flussufer in gleich zwei grandiose Thermalbäder: Das mehr als 450 Jahre alte **Rudas-Heilbad** ⓰ verspricht Badegenuss wie zu Zeiten der osmanischen Paschas (s. Lieblingsort S. 88).

Rudas-Heilbad: Döbrentei tér 9, T 1 356 13 22, www.spasbudapest.com, Tram 19, 41, Bus 7, 107 Rudas gyógyfürdő, Thermalbad ab 14 Jahren, Mo, Mi 6–20, Do 6–12.45, Fr 6–10.45 Uhr (Männer), Di 6–20 Uhr (Frauen), Do 13–20, Fr 11–20, Sa/So 6–20, Fr/Sa auch 22–3 Uhr (gemischt, mit Badekleidung), Tageskarte 5900–13 200 HUF, Tickets für Nachtbaden (12 600 HUF) nur online

Wasserpalast im Jugendstil

Und auf der südlichen Seite wartet ein weiteres Highlight der Thermalbadszene: das einzigartige **Gellért-Heilbad (Gellért Gyógyfürdő)** ⓴. Ein wahrer Genuss ist der Aufenthalt in der prächtigen Schwimmhalle unter dem hohen Glasdach, das im Sommer geöffnet werden kann. Die zwei herrlichen, vollständig im Jugendstil gehaltenen Thermalbad-Abteilungen sind nach Geschlechtern getrennt. In den Sommermonaten steht auf der Rückseite der Anlage auch ein Freibad Badegästen offen. Bereits im Mittelalter nutzte man die hiesigen heißen Quellen, doch in der jetzigen Form wurde das Bad erst bis 1934 an das gleichnamige Gellért-Hotel angebaut. Ein Besuch des Bades gehört zu den Highlights eines Budapest-Aufenthalts. Der Eingang liegt in der Kelenhegyi út.

Das markante **Gellért-Hotel** öffnete 1918 seine Pforten. Das letzte große

Schwimmen mit Stil: Wenigstens eine Runde sollte man im Gellért-Heilbad drehen, schon des Anblicks wegen.

Gellértberg und südliches Buda

Ansehen

1 Kettenbrücke
2 Clark Ádám tér
3–13 s. Cityplan S. 71
14 Burggarten-Basar
15 Rácz-Heilbad
16 Rudas-Heilbad
17 Géllert-Denkmal
18 Zitadelle
19 Freiheitsstatue
20 Géllert-Heilbad
21 Felsenkapelle
22 Freiheitsbrücke
23 Technische Universität
24 Gárdonyi tér
25 Móricz Zsigmond körtér
26 Újbuda-központ
27 St.-Emmerich-Kirche
28 Feneketlen-See
29 Kosztolányi Dezső tér
30 Petőfi-Brücke
31 Rákóczi-Brücke
32 MOL Campus
33 s. Cityplan S. 71
34 Semmelweis-Museum für Medizingeschichte

Essen

1–4 s. Cityplan S. 71
5 Béla
6 Kelet
7 Gastromeile Kopaszi-gát

Einkaufen

1 Bortársaság
2 Fehérvári-úti-Markthalle

Ausgehen

1 s. Cityplan S. 71
2 Szatyor Bár és Galéria/ Hadik
3 A38
4 Fonó Budai Zeneház

Jugendstil-Bauwerk der Stadt beruht auf Plänen von Ármin Hegedűs, Izidor Stark und Artúr Sebestyén. In der Zwischenkriegszeit wurde das Gellért zu einem der bedeutendsten Hotels der Stadt. Der berühmte Koch Károly Gundel führte das kulinarische Zepter, Fürsten stiegen hier ab und ließen sich standesgemäß verwöhnen, ein eigenes Wasserflugzeug steuerte sogar Wien und den Balaton an. Seit Ende des Jahres 2021 ist das Gellért-Hotel für eine dringend notwendige Grundsanierung geschlossen. Pikant dabei: 2022 gelangte das Haus in die Hand der Immobilienfirma BDPST – die mehrheitlich Viktor Orbáns Schwiegersohn István Tiborcz gehört. Tiborcz ist seit 2013 mit Orbáns ältester Tochter Ráhel verheiratet und hat seither einen kometenhaften, aber durchaus umstrittenen Aufstieg vorzuweisen (s. auch Magazin S. 275).

Gellért-Heilbad: Kelenhegyi út 4, T 1 466 61 66, www.spasbudapest.com, Metro 4, Tram 19, 41, 47, 48, 49, 56, Bus 7, 107 Szent Gellért tér, tgl. 6–19 Uhr, Tageskarte 9400–11 900 HUF

Kapelle im Felsen

Direkt gegenüber dem Eingang zum Gellért-Heilbad befindet sich am Hang die ungewöhnliche **Felsenkapelle (Sziklatemplom)** 21. Vorbei an einem modernen Denkmal für Staatsgründer König Stephan I. aus der Dynastie der Árpáden (1000–38 König von Ungarn) gelangt man zunächst in eine Naturhöhle. Die hinteren Teile der Kapelle liegen etwas tiefer und wurden 1931 aus dem Dolomitfelsen gesprengt. Sie sind für die Gottesdienste vorgesehen.

1926 fand in der Höhle der erste Gottesdienst statt, 1934 wurde ein kleines Kloster errichtet. Während des Zweiten Weltkriegs beteten hier auch polnische Flüchtlinge, daraus resultierte eine kleine polnische Kapelle im hinteren Teil der Kirche. Unter den Kommunisten war die Felsenkirche lange Zeit versiegelt, doch seit 1991 dient sie wieder als Gotteshaus.

Kelenhegyi út, Metro/Tram/Bus Szent Gellért tér, Mo–Sa 9.30–19.30 Uhr, 1000 HUF, ermäßigt 800 HUF (mit Audioguide auf Deutsch)

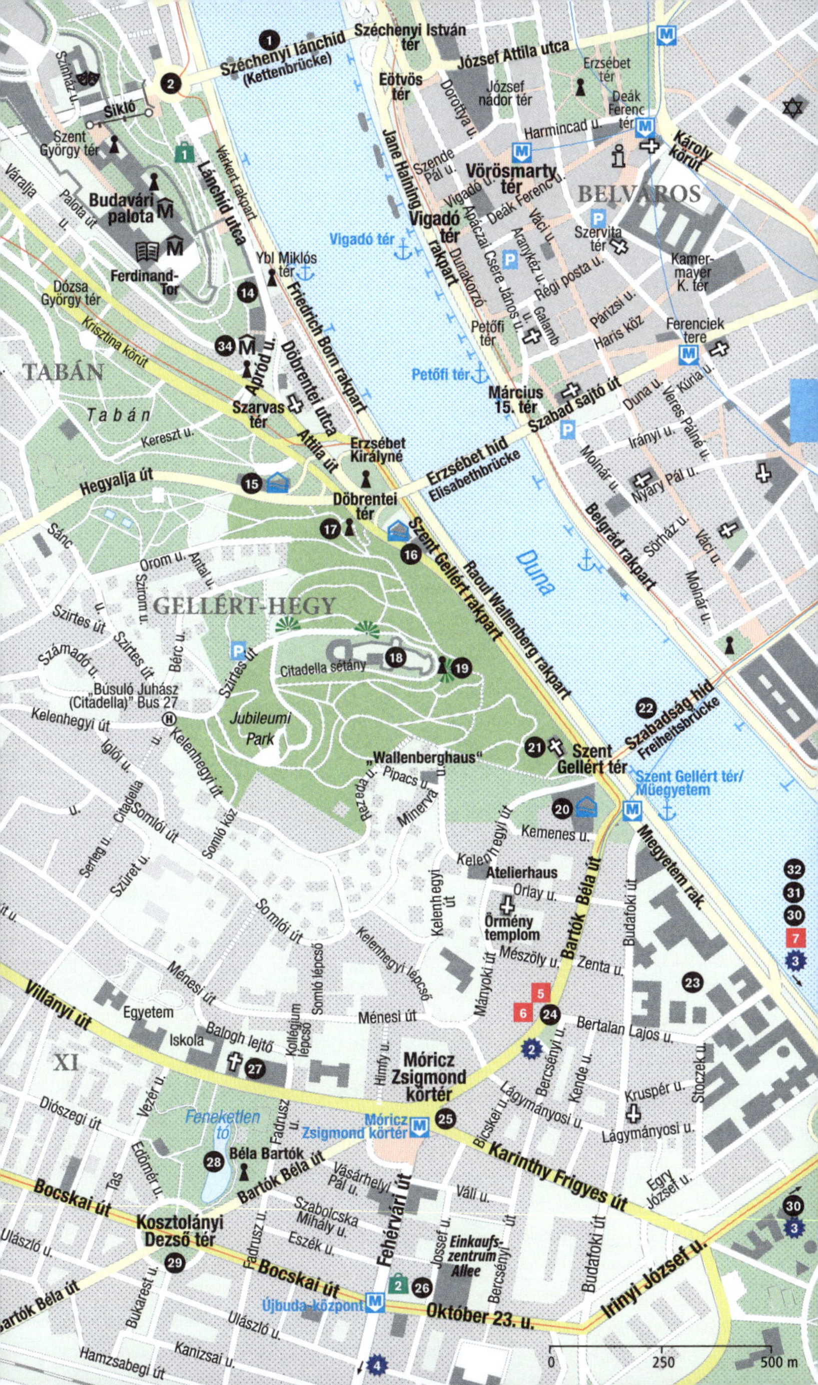

Széchenyi lánchíd
(Kettenbrücke)
Széchenyi István tér
József Attila utca
Erzsébet tér
Deák Ferenc tér
Eötvös tér
József nádor tér
Dorottya u.
Harmincad u.
Károly körút
Színház u.
Sikló
Szent György tér
Várkert rakpart
Lánchíd utca
Jane Haining rakpart
Szende Pál u.
Vörösmarty tér
Vigadó u.
Deák Ferenc u.
BELVÁROS
Váralja
Palota út
Budavári palota
Vigadó tér
Vigadó tér
Apáczai Csere János u.
Váci u.
Szervita tér
Ybl Miklós tér
Dunakorzó
Aranykéz u.
Régi posta u.
Kamermayer K. tér
Ferdinand-Tor
Dózsa György tér
Friedrich Born rakpart
Petőfi tér
Galamb u.
Párizsi u.
Haris köz
Ferenciek tere
Krisztina körút
Apród u.
Döbrentei utca
TABÁN
Petőfi tér
Március 15. tér
Szabad sajtó út
Duna u.
Kúria u.
Veres Pálné u.
Tabán
Szarvas tér
Kereszt u.
Attila út
Erzsébet Királyné
Erzsébet híd
Elisabethbrücke
Irányi u.
Molnár u.
Nyáry Pál u.
Hegyalja út
Döbrentei tér
Belgrád rakpart
Sörház u.
Váci u.
Sánc
Orom u.
Antal u.
Szent Gellért rakpart
Raoul Wallenberg rakpart
Duna
Sziróm u.
GELLÉRT-HEGY
Molnár u.
Szirtes út
Számadó u.
Szirtes út
Bérc u.
Citadella sétány
„Búsuló Juhász (Citadella)" Bus 27
Kelenhegyi út
Jubileumi Park
Szabadság híd
Freiheitsbrücke
Iglói u.
Kelenhegyi út
„Wallenberghaus"
Szent Gellért tér
Szent Gellért tér/ Műegyetem
Pipacs u.
Citadella u.
Somlói út
Somló köz
Rezeda u.
Minerva u.
Kemenes u.
Kelenhegyi út
Atelierhaus
Serleg u.
Szüret u.
Orlay u.
Műegyetem rak.
Somlói út
Kelenhegyi út
Bartók Béla út
Budafoki út
Örmény templom
Kelenhegyi lépcső
Somló lépcső
Mészöly u.
Zenta u.
Ménesi út
Mányoki út
Villányi út
Egyetem
Ménesi út
Kollégium lépcső
Bertalan Lajos u.
Iskola
Balogh lejtő
XI
Himfy u.
Móricz Zsigmond körtér
Bercsényi u.
Kende u.
Stoczek u.
Vezér u.
Lágymányosi u.
Kruspér u.
Diószegi út
Feneketlen tó
Fadrusz u.
Móricz Zsigmond körtér
Bicskei u.
Lágymányosi u.
Edömér u.
Béla Bartók
Karinthy Frigyes út
Bartók Béla út
Vásárhelyi Pál u.
Váli u.
Tas
Egry József u.
Bocskai út
Kosztolányi Dezső tér
Szabolcska Mihály u.
Fehérvári út
József u.
Bercsényi u.
Budafoki út
Ulászló u.
Fadrusz u.
Eszék u.
Einkaufszentrum Allee
Irinyi József u.
Bocskai út
Bartók Béla út
Bukarest u.
Újbuda-központ
Október 23. u.
Ulászló u.
Kanizsai u.
Hamzsabegi út
0
250
500 m

TOUR
Heilige, Hexen und eine freiheitsliebende Dame

Der Gellértberg – Spaziergang mit Ausblick

Am Budaer Donauufer sind die weißen Dolomitfelsen des steil aufragenden **Gellértbergs (Gellért-hegy)** ein markanter Hingucker. Die Flanken des 235 m hohen Bergs sind bewaldet und zahlreiche Wanderpfade führen nach oben – ein bisschen Puste muss man dafür allerdings mitbringen.

Aktueller Hinweis: Durch den derzeitigen kompletten Umbau der Zitadelle war das gesamte Hochplateau inklusive der Freiheitsstatue bei Redaktionsschluss gesperrt. Geplant ist u. a. ein Museum der Ungarischen Freiheitskämpfe und eventuell auch eine Standseilbahn. Die Wiedereröffnung der Gesamtanlage ist nicht vor Anfang 2026 veranschlagt. Ob der Zugang zu Teilen der Zitadelle/Freiheitsstatue bereits früher wiederhergestellt wird, war unklar.

Chefmissionar des Königs

Ein guter Startpunkt für den Aufstieg ist das **Rudas-Heilbad** 16 an der Elisabethbrücke. Über der Zufahrt grüßt Bischof Gellért mit seinem Kreuz schwungvoll über die Donau hinweg. Der Namensgeber des Berges war vor 1000 Jahren der Chefmissionar des ersten ungarischen Königs Stephan I. (ungar. István) gewesen. Der Kirchenmann stammte aus Venedig, erhielt seine Ausbildung in Burgund und wurde in Venedig zum Abt von San Giorgio Maggiore. Als Stephan ihn nach Ungarn holte, übernahm er die Erziehung des Thronfolgers Emmerich (Imre) und wurde als Dank zum Bischof von Csanád befördert. Doch sein Ende war dramatisch: 1046 soll er bei einem

Infos

D 10–E 11

Start: Rudas-Heilbad
Ziel: Gellért-Heilbad

Dauer: 1–2 Std.

Anfahrt: Tram 19, 41 ab Metrostation Batthyány tér (M 2) bzw. Metrostation Szent Gellért tér (M 4) bis Haltestelle Rudas gyógyfürdő, dann zu Fuß

Alternative: Wer sich den Aufstieg zu Fuß sparen möchte, kann mit Bus 27 ab Metrostation Móricz Zsigmond körtér (M 4) bis zur Haltestelle Búsuló Juhász (Citadella) direkt auf den Gellértberg fahren. Von der Haltestelle sind es wenige Schritte bis zur Zitadelle. Während des Umbaus fährt indes kein Sightseeing-Bus hinauf zur Zitadelle.

antichristlichen Aufstand just hier vom Berg in die Donau gestürzt worden sein. Bereits 1083 wurde er zusammen mit König Stephan und Prinz Emmerich zu Ungarns erstem Heiligen erhoben. Der Legende nach errichtete man über Gellérts Grab den Vorläuferbau der Innerstädtischen Pfarrkirche.

Das heutige **Gellért-Denkmal** ⓱ (Gyula Jankovits, 1904) wirkt so, als wolle der Kirchenmann die Ungarn immer noch missionieren.

Zwingburg der Habsburger

Nun aber bergan: Der schöne Aufstieg führt quer durch den Wald zur mächtigen **Zitadelle (Citadella)** ⓲.

Die Habsburger hatten die dominante Zwingburg nach der gescheiterten Revolution 1848/49 erbaut, um das ›unbotmäßige‹ Pest-Buda militärisch besser kontrollieren zu können. Ende des 19. Jh. kaufte dann die Stadt das überflüssig gewordene Wahrzeichen der österreichischen Repression.

Anfang 1945 war die Zitadelle als zentraler deutscher Stützpunkt heftig umkämpft. Noch immer sind Einschusslöcher an der Außenwand zu sehen. Später wurde die Zitadelle nach und nach Besuchern geöffnet. Jährlich am 20. August wird hier ein großes Feuerwerk als Höhepunkt des Nationalfeiertags zum Gedenken an König Stephan abgehalten, das Zehntausende Schaulustige auf die Donaupromenade in Pest lockt.

Von Kelten und Hexen

Die Habsburger waren aber nicht die ersten Nutzer des Gipfelplateaus. Es wurden bislang Siedlungsspuren über einen Zeitraum von 6000 Jahren nachgewiesen. Hier oben legten die keltischen Erawisker die erste dauerhafte Siedlung auf Budapester Stadtgebiet an. Auch die Römer nutzten den Berg zur Verteidigung. Im Mittelalter galt der Hügel als berüchtigter Hexentreffpunkt – bis ins 18. Jh. gab es vor Ort sogar Hexenprozesse. Damals hieß der Hügel auf Deutsch Blocksberg. Bis in die zweite Hälfte des 19. Jh. wurde dann an den Hängen des Berges Wein angebaut, doch fiel der gesamte Weinanbau bis ins Donauknie der Reblausseuche zum Opfer.

Der Freiheit ein Denkmal

Die kleine Straße rund um die Zitadelle führt zum weithin sichtbaren Wahrzeichen des Gellértbergs: Zur Donau hin wurde 1947 die 14 m hohe **Freiheitsstatue (Szabadság szobor)** ⓳ zum Gedenken an die Befreiung von Faschismus und Krieg errichtet.

Doch die Geschichte des Denkmals ist skurril: Noch während des Zweiten Weltkriegs war Zsigmond Kisfaludi Strobl beauftragt worden, ein Denkmal für den verstorbenen Sohn des hitlertreuen ›Reichsverwesers‹ Miklós Horthy zu schaffen. Nach der Kriegsniederlage wurde die Statue dann umgewidmet und als Freiheitsstatue den neuen politischen Erfordernissen angepasst. Doch die Skulptur eines schwer bewaffneten sowjetischen Soldaten unterhalb von Lady Liberty verdeutlichte unmissverständlich, dass auch die neue Freiheit nur relativ war. Wie andere sozialistische Skulpturen wurde der Rotarmist nach 1990 in den Memento Park umgesiedelt (s. S. 91).

Gedenken an die Retter

Von der Freiheitsstatue geht es im Zickzack auf der Südseite den Berg hinunter. Ein kleiner Abstecher führt in das schöne **Villenviertel** oberhalb des Gellért-Heilbads. In der Minerva utca 3a/b residierte 1944 u. a. Raoul Wallenberg, der schwedische Diplomat, der sich um die Rettung vieler Juden in Budapest verdient gemacht hat (s. S. 290). Eine Gedenktafel erinnert auch an seine Mitstreiter Per Anger und Carl-Ivan Danielsson.

Wo Künstler arbeiteten und wohnten

Geht man die Straße weiter bergab, passiert man rechts in der Kelenhegyi út 12–14 das imposante **Atelierhaus** (Műteremház, 1903) im Jugendstil. Hier konnten Künstler nicht nur arbeiten, sondern auch wohnen. Der Maler Béla Czóbel (s. Szentendre, S. 229 verbrachte die letzten Jahre seines Lebens hier.

Beim **Gellért-Heilbad** ⓴ und an der **Felsenkapelle** ㉑ ist dann wieder das Donauufer am Szent Gellért tér erreicht. Von hier aus kann man bequem das Stadtviertel Újbuda (Neu-Buda) erkunden oder aber über die Freiheitsbrücke zurück in die Pester Innenstadt spazieren.

Nach dem Sohn des ersten ungarischen Königs Stephan wurde die St.-Emmerich-Kirche benannt.

Neu-Buda E11–D–G14

Ein Stadtteil entsteht

Südlich des Gellértbergs erstreckt sich der XI. Stadtbezirk, der sich seit einigen Jahren Újbuda (Neu-Buda) nennt. Dieses sehr urbane Stadtviertel wurde Anfang des 20. Jh. vom Szent Gellért tér her intensiv erschlossen und ist heute sowohl bei Studierenden wie auch bei der Szene ziemlich beliebt. Der wichtigste Impuls zur Entwicklung von Újbuda ging 1896 vom Bau der **Freiheitsbrücke (Szabadság híd)** 22 aus.

Revolutionäre Studenten

An der Südseite des Szent Gellért tér residiert die 1782 gegründete **Technische Universität (Műegyetem)** 23**,** die heute offiziell Budapester Technische und Wirtschaftswissenschaftliche Universität heißt. Das Hauptgebäude mit Blick zur Donau erlangte am 23. Oktober 1956 große Bedeutung, weil hier die Studentendemo begann, die dann im Laufe des Abends zur Revolution führte.

Urbanes Leben

Vom Szent Gellért tér führt die Bartók Béla út als Hauptverkehrsader des Stadtviertels im Bogen weg von der Donau. Gesäumt wird die Straße von stattlichen Wohnhäusern aus der Zeit der vorletzten Jahrhundertwende. So fällt der Blick auf tolle Hausfassaden, die mit schönen Reliefs und Verzierungen geschmückt sind, oft muss man dafür den Kopf ein wenig in den Nacken legen. In den Erdgeschossen befinden sich zahlreiche kleine Geschäfte und in letzter Zeit auch immer mehr nette Cafés, was die Bartók Béla út zu einem Szenetreffpunkt im südlichen Buda gemacht hat.

Besonders markant ist der **Gárdonyi tér** 24 mit der Skulptur desLiteraten Géza Gárdonyi. Die Straße läuft auf das prächtige Haus Nr. 36/38 zu. Mit den Säulen an der Fassade wirkt es fast wie ein Palast. Eine Gedenktafel erinnert daran, dass der Maler **Csontváry Kosztka** seine letzten Lebensmonate hier verbrachte. Die Café-Bar **Szatyor Bár és Galéria/Hadik** 2 (s. S. 90) mit kleiner Terrasse greift den Namen eines in der Zwischenkriegszeit angesagten Literaten-Kaffeehauses auf.

Die moderne Variante eines Kulturcafés ist das relaxte und sympathische **Kelet** 6 schräg gegenüber auf der anderen Straßenseite. Von dort hat man übrigens auch den besten Blick auf das Dach der **Bartók Béla út 40,** das vom Lechner im Obergeschoss mit einem hellen Künstleratelier versehen wurde.

Zentraler Verkehrsknoten

Der zentrale Platz **Móricz Zsigmond körtér** 25 ist die wichtigste Verkehrsdrehscheibe im Herzen von Újbuda. Hier kreuzt sich die Metro 4 mit zahlreichen Tram- und Buslinien. Geehrt wird der sozialkritische Schriftsteller Zsigmond Móricz (1879–1942), der zu den wichtigsten ungarischen Autoren der Zwischenkriegszeit zählte. Sein Roman »Verwandte« ist eine zeitlose Parabel auf die Korruption der herrschenden Klasse unter Admiral Horthy. Während der Revolution von 1956 war der Platz eines der am härtesten umkämpften Widerstandsnester. Daran erinnern diverse Gedenktafeln und eine kleine Skulptur zudem an Móricz.

Richtung Süden befindet sich an der Fehérvári út das neu gestylte Stadtteilzentrum **Újbuda-központ** 26, das ebenfalls ein Verkehrsknoten ist (Metro 4). Gleich links liegt die nette **Fehérvári-úti-Markthalle (Fehérvári úti vásárcsarnok)** 2 und dahinter das moderne **Einkaufszentrum Allee.**

Bodenloser See

Zurück am Móricz Zsigmond körtér, geht es durch die Villányi út weiter ins Szent-Imre-Viertel. Von hier fährt Bus 27 hinauf zur **Zitadelle** (s. Tour S. 83). Vorbei am palastartigen Domizil des Szent Margit Gimnázium geht es zur 1938 geweihten **St.-Emmerich-Kirche (Szent Imre templom)** 27. Mit ihren zwei Türmen ist sie vor den Abhängen des Gellértbergs ein beliebtes Fotomotiv.

Links erstreckt sich in einem kleinen Park der ›bodenlose‹ **Feneketlen-See (Feneketlen-tó)** 28 bis zur Bartók Béla út. Dort fällt eine dem Komponisten Béla Bartók gewidmete Skulptur von József Somogyi (1981) auf. Bartók steht unter einem Glockenstuhl, was seine Verbundenheit mit der ungarischen Volksmusik symbolisieren soll.

Als Bartók 1940 ins Exil ging, konnte er nicht ahnen, dass ausgerechnet sein Name den reaktionären Admiral Horthy vom Straßenschild verdrängen würde. Der Komponist war dessen erklärter Gegner.

Wenige Schritte weiter beginnt der **Kosztolányi Dezső tér** 29, der nach einem weiteren bedeutenden Autor der Zwischenkriegszeit benannt ist (s. Zugabe S. 65).

Tower am Winterhafen

Der Süden von Újbuda wird von postmodernen Büro- und Wohnvierteln geprägt, die in den letzten Jahren errichtet wurden. Südlich der **Petőfi-Brücke** 30 entstand zunächst die **Egyetemváros (Unistadt).** Südlich der **Rákóczi-Brücke** 31 wurde dann am alten Winterhafen das neue Viertel **Buda Part** hochgezogen – mit Büros und ca. 3000 Wohnungen. Parallel entstand zwischen Donau und Winterhafen auf der Landzunge **Kopászi gát** eine adrette **Gastromeile** 7.

Markanteste Landmarke in dem ambitionierten Großprojekt ist seit Ende 2022 Ungarns nunmehr höchstes Gebäude, der stiefelförmige **MOL Campus** 32. MOL ist Ungarns führender Mineralölkonzern, der sich mit diesem Hochhaus, auch als MOL Tower bekannt, eine neue Zentrale geschaffen hat (mit Café und Parkterrasse). Mit 143 m überragt der Turm alle anderen Gebäude in der Hauptstadt. Auf 120 m Höhe wurde für Touristen eine **Aussichtsplattform** eingerichtet. Der Besuch muss vorab online gebucht werden.

MOL Campus: Dombovári út 28, www.molcampus.hu, Tram 1 Infopark, Bus 107 Buda Part, tgl. 10–22 Uhr, **Aussichtsplattform:** 2900 HUF, ermäßigt 1900 HUF

Museen

Seltenes Industriedenkmal

33 **Abraham-Ganz-Gießereimuseum (Ganz Ábrahám Öntödei Gyűjtemény):** In einer sehr hohen, noch von Holzbalken getragenen Werkshalle aus der Mitte des 19. Jh. wird die Gründungs-

Einfach mal Enten gucken: Klein und fein erstreckt sich der Feneketlen-See in der Nähe des Kosztolányi Dezső tér und bietet ein wenig Ruhe vom Hauptstadttrubel.

geschichte der Ganz-Gusseisen-Fabrik beschrieben (auch auf Deutsch). Die Produktion wurde hier 1964 eingestellt. Überall stehen typische Produkte aus der Gießerei herum: Zugräder, Glocken, Öfen und auch Arbeitskräne – ein authentisches Industriedenkmal, im Winter aber sehr kalt.

Bem József utca 20, www.mmkm.hu, Tram 19, 41 Bem József tér, bei Redaktionsschluss »aus technischen Gründen« geschlossen

Retter der Mütter

34 Semmelweis-Museum für Medizingeschichte (Semmelweis Orvostörténeti Múzeum): Er galt als »Retter der Mütter« – Ignác Semmelweis (1818–65) erkannte 1847 während seiner Arbeit an einem Wiener Krankenhaus den Zusammenhang zwischen mangelnden Hygienevorschriften für das medizinische Personal und der Todesrate für Neugeborene. Er führte das Händewaschen für Ärzte und Krankenschwestern ein, um das Kindbettfieber zu bekämpfen. Damals nahm man Semmelweis leider nicht ernst, und er starb schließlich in einer Wiener Irrenanstalt. Heute ist sein Geburtshaus ein medizinisches Museum.

Apród utca 1–3, T 1 375 35 33, www.semmelweismuseum.hu, Tram 19, 41 Várkert Bazár, Mitte März–Okt. Di–So 10–18, sonst Di–So 10–16 Uhr, 1400 HUF, ermäßigt 700 HUF

Essen

In der Fischerhütte

1 Horgásztanya Vendéglő: Im ehemaligen Fischerviertel stehen in sehr rustikalem Ambiente unter den rund 30 deftigen Fischgerichten allein sieben unterschiedliche Suppen zur Auswahl, darunter die leckere sogenannte

Lieblingsort

Orientalische Badefreuden

Unter einer hohen Sternenkuppel, die von acht Säulen getragen wird, vergeht die Zeit im stimmungsvollen Halbdunkel des über 450 Jahre alten **Rudas-Heilbades** ⓰ wie im Fluge. Gerade wenn es draußen ungemütlich kalt oder regnerisch ist, gehe ich gerne in das sehr ungewöhnliche osmanische Bad – ein kleiner, aber dennoch großartiger Bau aus der Zeit von Pascha Mustafa Sokollu im 16. Jh. Mein besonderes Highlight ist die nächtliche Öffnung an Wochenenden. Dann dürfen Frauen und Männer das Bad gemeinsam nutzen. Unter der Kuppel sind auch kleine Becken mit Wassertemperaturen zwischen 16 und 42 °C angeordnet; Sauna, Massagen und Ruheräume ergänzen das Angebot. Seit einigen Jahren gibt es zudem einen Wellnessbereich mit einem Pool auf dem Dach (Öffnungszeiten und Preise s. S. 79).

Theiß-Fischsuppe mit Karpfen, Wels und Hecht. Serviert werden unter den Fischernetzen jedoch auch Wildgulasch, Rind und Geflügel. Und zum Nachtisch gibt es z. B. stilecht *túró gombóc* (Topfenknödel).

Fő utca 27, T 1 212 37 80, www.horgasztanyavendeglo.hu, Tram 19, 41 Halász utca, tgl. 12–23 Uhr, €€–€€€

Fleischlose Insel

2 Édeni Vegán Étterem: In einem sehr schön erhaltenen Haus hinter der Markthalle am Batthyány tér kommen aus der Gartheke rein fleischlose Speisen auf den Teller. Gute Ergänzungen sind der Kuchen sowie der Bio-Kaffee. Auch auf Laktose und Gluten wird achtgegeben.

Iskola utca 31, T 20 921 52 76, www.edenivegan.hu, Metro 2, Tram 19, 41 Batthyány tér, tgl. 11–19 Uhr, €

Sympathisches Wohnzimmer

3 Franziska: »Gemütlich und zwanglos« wird im Netz versprochen – und genauso hat Franziska Horváth ihr Café hinter der Markthalle 2018 auch eingerichtet. Alles ist ganz in Weiß, die Kissen auf der langen Bank sind sehr bequem und serviert werden einige wenige Gerichte, die teils bio und/oder vegan sind, auch Kuchen. Das Publikum ist eher jung und das freundliche Café ist ein Lichtblick in der Wasserstadt. An der Ecke Rumbach Sebestyén utca / Dob utca gibt es im Jüdischen Viertel in Pest mittlerweile eine Filiale.

Iskola utca 29, T 70 332 37 45, www.franziska.hu, Metro 2, Tram 19, 41 Batthyány tér, tgl. 7.30–17 Uhr, €–€€

Kuchenparadies

4 Daubner Cukrászda: Die Kultkonditorei liegt im Norden von Buda auf dem Weg zu den Höhlen. Es gibt keine Sitzplätze, dafür aber am Wochenende oft lange Schlangen vor der riesigen Kuchentheke.

Szépvölgyi út 50, T 1 335 22 53, www.daubnercukraszda.hu, Bus 29, 65 Ürömi utca, Di–So 9–19 Uhr, €

Bunter Vogel

5 Béla: Charmantes Szenecafé mit bunten Vogelmotiven an den Wänden – das Béla an der Hauptstraße in Újbuda ist eine sehr willkommene Ergänzung für das aufstrebende Viertel. Auch Namensgeber Béla Bartók hängt als Fotografie an der Wand. Auf den Teller kommen hier saisonale ungarische und internationale Gerichte. Es gibt eine Kinderspielecke, abends ist die Atmosphäre eher wie in einer Kneipe.

Bartók Béla út 23, T 70 590 79 74, www.belabudapest.com, Tram 19, 41, 47, 48, 49, 56 Gárdonyi tér, So–Mi 11.30–23, Do–Sa 11.30–1 Uhr, €–€€

Relaxtes Szenecafé

6 Kelet: Hinter den hohen Fenstern ist die Stimmung im Kelet (Osten) angenehm locker. Auf den Tischen vor den zahlreichen Bücherregalen (auch einige englische Titel lassen sich hier finden) sind oft Laptops aufgeklappt – auf der Halbetage oben bieten die Wände zudem Platz für kleine Ausstellungen. Neben Frühstück und Snacks gibt es in dem freundlichen Szenetreffpunkt auch Kuchen.

Bartók Béla út 29, T 20 456 55 07, https://keletkavezo.hu, Tram Gárdonyi tér, Mo–Fr 7.30–23, Sa/So 9–23 Uhr, €

Cafémeile am Winterhafen

7 Gastromeile Kopaszi-gát: Auf dem Damm Kopaszi-gát, der den alten Winterhafen abgrenzte, wurde eine angenehme Café- und Bistromeile angelegt, die heute in direkter Nachbarschaft zum MOL Campus 32 und zum neuen Viertel Buda Part liegt. Hier finden sich mehrere nette Adressen mit großen Terrassen, darunter z. B. das **Ponyvaregény** oder im Sommer das **VakVarjú Beach Bistro.** Die Gastromeile bietet sich auch als gutes Ziel für kleine Radtouren am Donauufer an.

südlich der Rákóczi-Brücke

Einkaufen

Wein an der Kettenbrücke

1 **Bortársaság:** Filiale der Weinhandelskette Budapest Wine Society mit einer ziemlich guten Auswahl ungarischer Weine.

Lánchíd utca 5, T 1 225 17 03, www.bortarsasag.hu, Tram 19, 41, Bus 16, 105, 178, 216 Clark Ádám tér, Mo–Fr 10–20, Sa 10–19 Uhr

Moderne Markthalle

2 **Fehérvári úti vásárcsarnok:** Die moderne Markthalle – neben dem noch moderneren Einkaufszentrum Allee – versorgt den XI. Bezirk (Újbuda) mit Obst, Gemüse und vielen anderen Lebensmitteln.

Kőrösy József utca 7–9 (Fehérvári út/Újbuda központ), www.piaconline.hu, Metro 4, Tram 4, 18, 41, 47 Újbuda-központ, Mo 6.30–17, Di–Fr 6.30–18, Sa 6.30–15 Uhr

Was essen, Musik hören oder einfach chillen? Das Konzertschiff A38 ist eine feste Größe im Budapester Kulturleben.

Ausgehen

Folklore und Tradition

1 **Budaer Redoute/Hagyományok Háza:** In der frisch renovierten Redoute (Budai Vigadó) finden viele Aufführungen des renommierten **Staatlichen Ungarischen Folkloreensembles** (Magyar Állami Népi Együttes) statt. Hier kommen traditionelle Tänze und Musik sehr professionell auf die Bühne.

Corvin tér 8, www.hagyomanoykhaza.hu, Tram 19, 41 Halász utca

Umgewandeltes Kaffeehaus

2 **Szatyor Bár és Galéria/Hadik:** Diese doppelte Adresse ist eine poppige Bar, die auch ein kleines Kaffeehaus mit Terrasse auf dem Gardonyi tér übernommen hat. Das Ganze präsentiert sich bunt und lebendig – nur Literaten wie einst wird man hier nicht mehr sehr oft antreffen.

Bartók Béla út 36/38, T 20 502 25 97, www.fb.com/szatyorbar, Tram 19, 41, 47, 48, 49, 56 Gárdonyi tér, So–Mi 12–23, Do–Sa 12–24 Uhr

Hippes Konzertschiff

3 **A38:** Das einstige ukrainische Lastenschiff unterhalb der Petőfibrücke ist ein fester Bestandteil der Budapester Musikszene. Im Bauch des Kahns finden Konzerte statt und ein Bistro sorgt für das leibliche Wohl.

Petőfi híd (Budaer Seite), T 1 464 39 40, www.a38.hu, Tram 4, 6 Petőfi híd, Budai hídfő, Mo–Sa 10–22 Uhr

Weltmusik statt Werkstatt

4 **Fonó Budai Zeneház:** Früher war das Fonó Teil eines Werksgeländes, heute ist es ein interessantes Kultur- und Musikzentrum mit Schwerpunkt auf Folk, Tanz, Jazz und Weltmusik.

Sztregova utca, T 1 206 53 00, www.fono.hu, Tram 1, 17, 41, 47 Etele út / Fehérvári út

Zugabe

Kommunistischer Skulpturenpark

Erinnerungen an die ›brüderliche Freundschaft‹ mit dem ›großen Bruder‹

Vorwärts immer, rückwärts nimmer: sozialistischer Größenwahn von einst

Woanders wurden sie einfach aus dem Straßenbild entfernt, doch in Budapest hat man rund 40 große öffentliche Skulpturen aus der sozialistischen Zeit bewahrt und zu einer der ausgefallensten Sehenswürdigkeiten der Stadt zusammengestellt: Der **Memento Park** führt direkt zurück in den Realsozialismus. Schon der Standort im Niemandsland an einer Ausfallstraße am südwestlichen Stadtrand macht klar, dass hier nichts glorifiziert werden soll. Und dennoch setzt der skurrile Park natürlich zur Begrüßung auf schmissige Pionierlieder, während die überlebensgroßen Ausgaben der Herren Marx, Engels und Lenin am Eingang quasi Salut stehen.

Die Skulpturenschau zeigt deutlich, dass die kommunistischen Herrscher zwischen 1948 und 1989 die »brüderliche Freundschaft mit den Völkern der Sowjetunion« priesen, dargestellt etwa durch den bewaffneten Soldaten, einst Teil der Freiheitsstatue auf dem Gellértberg. Das am wenigsten propagandistische Werk ist das recht vielschichtige Béla-Kun-Denkmal von Imre Varga (1986). Hier geht es um die Revolution und Räterepublik von 1919, der sich auch viele Bürger anschlossen, hier mit Schirm etwas hinterhertaumelnd. Im zweiten Parkbereich erinnern Stiefel auf einem Podest an eine berüchtigte Stalin-Statue. Sie waren das einzige gewesen, was die Revolutionäre 1956 übrig gelassen hatten. In einer Baracke geht es um diese Revolution, aber auch die Wendezeit von 1989/90. Der Schwarz-Weiß-Film »Das Leben eines Agenten« zeigt Originallehrmaterial der ungarischen Stasi für Beschattungsmaßnahmen (Ecke Balatoni út/Szabadkai utca, www.mementopark.hu, Karte 5, B 3, Bus 101E, 150 ab Bahnhof Kelenföld (Metro 4) bis Haltestelle Memento Park, ; tgl. 10 Uhr bis Sonnenuntergang, 3000 HUF, ermäßigt 1800/1200 HUF). ■

Der Park führt direkt zurück in den Realsozialismus.

Die Pester Innenstadt

Geschäftiges Zentrum — Die Stadtverwaltung strengt sich an, um das historische Zentrum attraktiver zu machen. Das ist an vielen Stellen zwischen Donaupromenade, Einkaufsmeile Váci utca und dem Kleinen Ring gut gelungen.

Den Pestern fällt kein Zacken aus der Krone.

Eintauchen

Seite 95

Erzsébet tér

Grünflächen in Pest sind rar und deshalb ist der kleine Park am Verkehrsknotenpunkt Deák Ferenc tér eine kleine Oase – zwischen Biergarten und Riesenrad.

Seite 97

Vörösmarty tér

Die urbane Platzfläche am Nordende der Váci utca ist seit Langem ein beliebter Treffpunkt und zugleich Eventfläche für Konzerte und den größten Weihnachtsmarkt. Hier startet auch die älteste U-Bahn des Kontinents und gleich um die Ecke glänzt die Pester Redoute.

Seite 99

Donaukorso

Der Ausblick über die Donau hinüber nach Buda ist atemberaubend – vor allem abends, wenn alles angestrahlt wird. Am Ufer starten die Donaurundfahrten.

Seite 100

Innerstädtische Pfarrkirche

Auf den Ruinen eines Römerlagers entstand die wichtigste Kirche der Altstadt – mit gotischen, barocken und sogar osmanischen Bauresten – eine erstaunliche und sehr bemerkenswerte Stilvielfalt, die heute noch zu sehen ist.

Seite 102

Budapester Kaffeehauskultur

Die Donaumetropole ist berühmt für ihre zahlreichen Literatencafés. Zu Beginn des 20. Jh. gab es in Budapest sage und schreibe rund 500 Kaffeehäuser. Hier trafen sich Literaten, Musiker und Schauspieler – viele vergnügten sich nicht nur, sondern arbeiteten hier auch gleich. Ein kleiner Rundgang führt zu den Erben dieser großen künstlerischen Tradition.

Seite 107

Universitätsplatz

Auf dem verkehrsberuhigten und schmucken Egyetem tér lockt im Sommer italienische Stimmung, wenn u. a. mehrere Cafés ihre Tische rausstellen. Nicht weit davon lässt es sich ganz wunderbar im Károlyi-Kert entspannen.

Seite 114

Auf die blaue Donau

Diese Stadt muss man vom Wasser aus erleben. Ob per Linienschiff oder mit einem Ausflugsboot – der Anblick der vorbeigleitenden Sehenswürdigkeiten lässt die Smartphones rechts und links klicken.

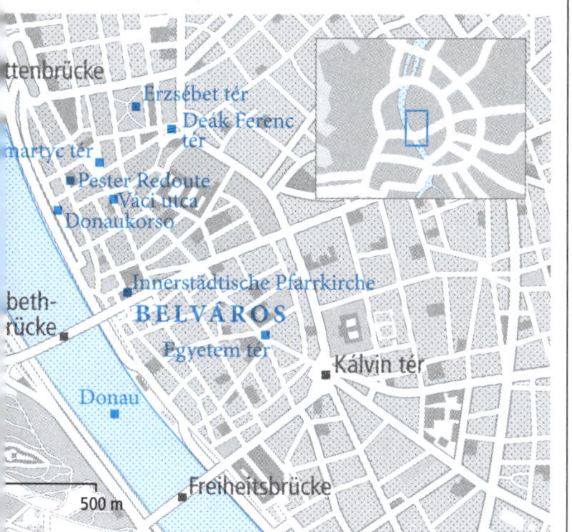

Kaffee gilt in Ungarn auch als ›schwarze Suppe‹«.

ein Kaffeehaus ist meine Burg.«
zső Kosztolányi

erleben

Zentrum der Kaufmannsstadt

D

Die Pester Innenstadt (Belváros) ist das geschäftige Zentrum von Budapest, aber auch ein reizvolles Viertel zum Bummeln und Verweilen. Sie hat weit mehr zu bieten als die zentrale Einkaufsmeile Váci utca, die vor allem ein großer Touristenmagnet ist. Doch schon in den Seitengassen wird es ruhig und es finden sich auch kleine Fachgeschäfte.

Besonders einladend sind die kleinen, fesch renovierten Plätze der Innenstadt, wie z. B. der Egyetem tér, an denen sympathische Cafés zu einer Pause einladen. Darüber hinaus touristisch interessant sind natürlich auch die traditionsreichen Kaffeehäuser und Konditorei-Cafés. Ein Bummel über die Donaupromenade sowie eine Schiffstour über die Donau dürfen ebenfalls nicht fehlen.

Große Sorgen bereiten den Bewohnern die hohen Immobilienpreise, die aufgrund der starken gewerblichen Nachfrage zu den höchsten in Ungarn zählen. Immerhin hat die umfangreiche Verkehrsberuhigung im Viertel einen positiven Effekt auf die Wohn- und Lebensqualität.

Pest geht bereits auf die Römer zurück. Diese legten Ende des 3. Jh. das Kastell Contra Aquincum an, das zur Keimzelle der Stadt wurde. Heute bildet die Innenstadt aufgrund der geringen Bevölkerungszahl nicht mal einen eigenen Stadtbezirk, sondern teilt sich den V. Bezirk mit der benachbarten Leopoldstadt.

ORIENTIERUNG

O

Reisekarte: Karte 3, E/F8–10
Cityplan: S. 97
Anfahrt: Am Verkehrsknotenpunkt Deák Ferenc tér laufen gleich drei Metrolinien (M 1–3), die Tram 47 und 49 sowie mehrere Buslinien zusammen, darunter die 16 über die Kettenbrücke ins Burgviertel. Am südlichen Ende kann man mit Tram 47 und 49 über den Kleinen Ring wieder zurück zum Deák F. tér fahren.
Das Viertel entdecken: Gerade in der Innenstadt ist man am besten zu Fuß unterwegs. Der reine Rundgang dauert ca. 1,5–2 Std. Zwischen Erzsébet tér und Egyetem tér gibt es jedoch auch eine sehr gute Radverbindung, weil die kleinen Gassen verkehrsberuhigt sind.
Touristeninformation: Városháza park (am Deák Ferenc tér), www.budapestinfo.hu, tgl. 9–19 Uhr

Nördliche Innenstadt

Karte 3, E 8–E 10

Die Pester Innenstadt unterteilt sich in eine nördliche und eine südliche Hälfte, die auf der Höhe der Elisabeth-Brücke und des Ferenciek tere durch die verkehrsreiche Kossuth Lajos utca / Szabad sajtó út klar voneinander getrennt sind. In der nördlichen Hälfte befinden sich mehr touristische Sights, die größeren Plätze und auch die kommunale Selbstverwaltung, die südliche Hälfte ist etwas ruhiger, aber auch universitär geprägt.

Deák Ferenc tér und Erzsébet tér

Karte 3, E/F8/9

Unsichtbarer Verkehrsknoten

Drei von vier Metrolinien laufen in Budapest auf den **Deák Ferenc tér** ❶ zu, der bei den Budapestern nur kurz Deák tér heißt. Eine weitläufige urbane Fläche treffen Sie jedoch nicht an – der kleine Platz wirkt eher wie ein Anhängsel des wesentlich größeren parkartigen **Erzsébet tér** (s. u.) nebenan. Zwischen Metroeingang, Fast Food, Luxushotel, **Evangelischem Landesmuseum** ㉗, Touristeninformation und dem Autoverkehr auf dem Kleinen Ring wirkt der Deák-Platz ein wenig verloren und sehr gedrängt.

Aber aufgrund der verkehrsgünstigen Lage kommt fast jeder Besucher hier vorbei. Er ist auch ein guter Ausgangspunkt für die Erkundung des ehemaligen Jüdischen Viertels sowie der Leopoldstadt.

Tief im Bauch der Metrostation ist in einem ehemaligen Schacht der gelben Metro 1 sogar ein kleines **U-Bahn-Museum** ㉖ eingerichtet. Diese Linie verbindet den Vörösmarty tér mit der Andrássy út und dem Stadtwäldchen (s. S. 291).

Tiefgarage oder Riesenrad?

Auf dem **Erzsébet tér** ❷ sollte Mitte der 1990er-Jahre das neue Nationaltheater entstehen, bevor es dann im Süden an der Donau errichtet wurde. Zurück blieben eine Tiefgarage, die beliebte Café-, Konzert- und Party-Location **Akvárium** ✱1 sowie ein kleiner Park. Der einstige Internationale Busbahnhof ist nunmehr vor allem ein Biergarten, während im Mittelpunkt der eigentlichen Parkfläche der wunderbare **Danubiusbrunnen (Danubius kút)** steht, der 1880 bis 1883 von Miklós Ybl entworfen und mit Figuren von Leo Feszler versehen wurde.

Unentschieden sind die Budapester, ob das ca. 65 m hohe Riesenrad **Ferris Wheel of Budapest (Budapest Óriáskereke)** eine Bereicherung oder eine Beeinträchtigung des Parks ist. Trotz massiver Kritik der UNESCO, weil das Rad so gar nicht in das Welterbe-Ambiente passt,

Die größte Parkanlage der Innenstadt und ein beliebter Treffpunkt: der nach Kaiserin Elisabeth benannte Erzsébet tér

Szent István Bazilika
Szent István tér
Vigyázó Ferenc u.
Zrínyi u.
Október 6. u.
Széchenyi István tér
LIPÓTVÁROS
Sas u.
Bajcsy-Zsilinszky út
Andrássy út
Révay
Paulay Ede u.
Székely Mihály u.
Király u.
Kazinczy u.
Kálóy Gyula u.
Bajcsy-Zsilinszky út
Mérleg
Nádor u.
Hild tér
József Attila utca
Erzsébet tér
Madách Kamara Színház
Gozsdu-Hof
Holló u.
Eötvös tér
József nádor tér
Deák Ferenc tér
Anker köz
Király u.
Madách Imre út
Rumbach Sebestyén u.
Dob u.
Síp u.
Dorottya u.
Harmincad u.
Deák F. tér
Asbóth u.
Madách Imre tér
Szende Pál u.
Vörösmarty tér
Bécsi u.
Deák Ferenc u.
Károly körút
Wesselényi
Jane Haining rakpart
Szomory Dezső tér
Bárczy István u.
Városháza park
Vigadó u.
Vörösmarty tér
Fehér Hajó u.
BELVÁROS
Deák Ferenc u.
Váci u.
Kristóf tér
Gerlóczy u.
Dohány u.
Vigadó tér
Türr István u.
Városház u.
Semmelweis u.
Vitkovics Mihály u.
Apáczai Csere János u.
Aranykéz u.
Pesti Színház
Kamermayer K. tér
Vigadó tér
Régi posta u.
Petőfi Sándor u.
Vármegye u.
Rákóczi
Astoria
Pilvax köz
Galamb u.
Párizsi u.
Kossuth Lajos utca
Magyar u.
Múzeum körút
Petőfi tér
Petőfi tér
Haris köz
Piarista u.
Ferenciek tere
Szép utca
Kígyó u.
Ferenciek tere
Piarista köz
Reáltanoda u.
Duna
Szabad sajtó út
Duna u.
Kúria u.
Iskola
Ferenczy István u.
Március 15. tér
Váci u.
Veres Pálné u.
Károlyi u.
Cukor u.
Friedrich Born rakpart
Erzsébet híd
Elisabethbrücke
Irányi u.
Henszlmann I. u.
Magyar u.
Iskola
Sisi-Denkmal
Molnár u.
Szent Mihály templom
Papnövelde u.
Egyetem tér
Egyetemi templom
Kecskeméti u.
Döbrentei tér
Nyáry Pál u.
Rudas-Heilbad
Belgrád rakpart
Szerb u.
Fejér György u.
Király Pál u.
Képíró u.
Kálvin tér
Sörház u.
Iskola
Pintér u.
Váci u.
Veres Pálné u.
Bástya u.
GELLÉRT-HEGY
Havas u.
Molnár u.
Szarka u.
Lónyay u.
Só u.
Vámház körút
Citadella
Szent Gellért rakpart
Raoul Wallenberg rakpart
Gönczy Pál u.
Pipa u.
Freiheitsstatue
Fővám tér
Csarnok tér
Erkel u.
Budapesti Corvinus Egyetem
Sóház u.
Szabadság híd
Freiheitsbrücke
Imre u.
Felsenkapelle
Budapesti Corvinus Egyetem
Szent Gellért tér
Duna
Közraktár utca
Bálna
Kelenhegyi út
Gellért-Heilbad
Szent Gellért tér/ Műegyetem
0
125
250 m

Pester Innenstadt

Ansehen

1 Deák Ferenc tér
2 Erzsébet tér
3 Vörösmarty tér
4 Gerbeaud
5 József nádor tér
6 Pester Redoute, (Restaurant) Vig Varjú
7 Donaukorso
8 Sándor-Petőfi-Denkmal/ Petőfi tér
9 Március 15. tér
10 Innerstädt. Pfarrkirche
11 Elisabethbrücke
12 Szervita tér
13 Servitenkirche
14 Rathaus
15 Komitatshaus
16 Pariser Hof, Cinema Mystica, Rózsavölgyi Csokoládé
17 Franziskanerkirche
18 Károlyi-kert
19 Egyetem tér
20 Stadtmauer
21 Serbisch-orthodoxe Kirche
22 Fővám tér
23 Ehemaliges Hauptzollamt
24 Zentrale Martkhalle
25 Freiheitsbrücke
26 U-Bahn-Museum
27 Evangelisches Landesmuseum
28 Petőfi-Literaturmuseum

Essen

1 Szamos Gourmet Ház
2 Mokka's Bagel & Coffee
3 Anna Café (2 x)
4 Molnár's Kürtőskalács
5 Gerlóczy
6 Auguszt Cukrászda
7 Napfényes Étterem és Cukrászda
8 Café Centrál
9 Govinda vega sarok
10 Zoska

Einkaufen

1 V50
2 Eventuell Galéria
3 Kamchatka
4 Ajka (2 x)
5 Mono art & design
6 Paloma Artspace
7 Vass
8 Ékes Kesztyű
9 Kaczián
10 Népművészeti Bolt
11 Herend
12 Zsolnay
13 Rózsavölgyi

Bewegen

1 Made by you
2 Best Bike Tours Budapest
3 Yellow Zebra Budapest

Ausgehen

1 Akvárium
2 Fröccsterasz
3 Puskin Artmozi

drehte es sich bei Redaktionsschluss weiterhin.

Ferris Wheel of Budapest: Erzsébet tér, T 70 636 06 29, https://oriaskerek.com, So–Do 11–23, Fr/Sa 11–24 Uhr, 4300/5300 HUF, ermäßigt 2300 HUF

Vörösmarty tér und Vigadó

Karte 3, E9

Dichter auf dem Weihnachtsmarkt

An der schwer bewachten britischen Botschaft vorbei geht es zum **Vörösmarty tér** 3. Hier tummeln sich Touristen, treffen sich junge Paare, Porträtmaler warten auf Kundschaft und immer wieder gibt es abwechslungsreiche Veranstaltungen, Märkte und Konzerte.

Dieser zentrale Platz entstand an der Wende zum 19. Jh. als eines der ersten Stadterweiterungsprojekte. Und so wurde die Platzfläche an das nördliche Ende der Váci utca angebaut, um dieser Shoppingmeile einen neuen stilvollen Abschluss zu geben.

Weil hier das Deutsche Theater stand, hieß der Platz einige Jahre lang Theaterplatz. Der jetzige Name geht auf

Budapest besitzt viele Plätze zum Entspannen, der Vörösmarty tér ist einer der beliebtesten. Wer genug vom Chillen hat, kann ja ins Szamos-Café gehen und sich einen leckeren Kuchen gönnen.

den Dichter Mihály Vörösmarty (1800–1855) zurück, dessen Denkmal aus Carrara-Marmor in der Mitte des Platzes steht. Im Winter wird das von Ede Kallós und Ede Telcs im Jahr 1908 entworfene Denkmal allerdings mit einer Plane verhüllt. Dafür verwandelt sich der Vörösmarty tér im Dezember in einen großen, bunten Weihnachtsmarkt. Dann duftet es nach Maronen und Palatschinken.

Noble Kaffee-Adresse

Dominiert wird der Vörösmarty-Platz auf der Nordseite von der sehr stattlichen Fassade des traditionsreichen Nobelcafés **Gerbeaud** ❹. Bereits 1858 eröffnete Henrik Kugler den Vorläufer. 1870 zog er in das jetzige Gebäude ein, bevor 1884 der Genfer Konditormeister Emile Gerbeaud das Café übernahm. Das Gerbeaud, wie es bald hieß, wurde zu einem der vornehmsten Kaffeehäuser der Stadt und erlangte weltweiten Ruhm durch seine süßen Kreationen. Die Kuchenpreise sind auch heute wieder extrem hoch und leider ist die Auswahl nicht mehr so groß wie vor 25 Jahren. Doch zumindest die Inneneinrichtung lohnt einen Blick.

Vörösmarty tér 7–8, T 1 429 90 00, www.gerbeaud.hu, So–Do 9–20, Fr/Sa 9–21 Uhr

Porzellan als Kunstwerk

Auf der Rückseite des Gerbeaud erstreckt sich der **József nádor tér** ❺. Der verkehrsberuhigte Platz ehrt den habsburgischen Statthalter Erzherzog Joseph (1776–1847), der in Ungarn vergleichsweise populär war und dessen Statue 1860 errichtet wurde. Der Erzherzog begleitete wohlwollend die Reformbestrebungen seiner Zeit und verwandelte die Margareteninsel in einen Park.

Erst vor wenigen Jahren kreierten die beiden berühmten Porzellanmanufakturen Herend und Zsolnay zwei kunstvolle **Brunnen,** wobei der sehr filigrane Zsolnay-Brunnen mit mythischen Figuren verziert wurde. Passenderweise haben beide Manufakturen elegante Geschäfte am Platz.

Konzert mit Liszt und Brahms

Zurück am Vörösmarty tér geht es zur prachtvollen **Pester Redoute (Pesti Vigadó)** 6 am Vigadó tér. Dieses großartige Bauwerk wurde 1859–65 nach Plänen von Frigyes Feszl errichtet. Feszl hatte eigentlich die Große Synagoge erbauen wollen und konnte an der Redoute nun seine Vorstellungen von einer Architektur des romantischen Historismus voll entfalten. Die Fresken im Inneren stammen von Károly Lotz und Mór Than. Schon Franz Liszt, Johannes Brahms und Béla Bartók traten in dem Konzertsaal auf. In dem Prachtbau finden heute Wechselausstellungen statt. Bereits die mit Fresken verzierte Prunktreppe ist atemberaubend, genau wie der Festsaal. Im sechsten Stock gewährt eine Panoramaterrasse einen wunderbaren Blick über die Donau Richtung Burgschloss. Im Erdgeschoss ist das stilvolle Restaurant **Vig Várju** (s. S. 108).

Vigadó tér 2, T 1 329 33 00, https://vigado.hu, Metro 1 Vörösmarty tér, Tram 2, 2B, 23 Vigadó tér, Mi–So 10–17 Uhr, wechselnde Eintrittspreise

Donaukorso

Karte 3, E8/9

Atemberaubendes Panorama

Wow – das kommt nach dem Gang durch die Häuserschluchten recht unvermittelt: Auf dem **Donaukorso (Dunakorzó)** 7 öffnet sich ein fantastisches Panorama über die Donau hinweg zum Burgschloss und zur Matthiaskirche sowie zum Gellértberg. Hier wird sofort klar, warum das Donaupanorama zum Welterbe erhoben wurde. Budapest lebt am Fluss und hat sich wirkungsvoll zu beiden Seiten in Szene gesetzt. Unterhalb des Donaukorsos starten die beliebten **Donaurundfahrten** (s. Tour S. 234).

Der gesamte Abschnitt der Flusspromenade zwischen der weißen Elisabethbrücke im Süden und der Kettenbrücke im Norden war bis zum Zweiten Weltkrieg von teuren Hotels gesäumt. Hier flanierte Budapest am Sonntagnachmittag. Leider entstanden nach dem Krieg recht hässliche Hotelneubauten. Am Geländer vor der Straßenbahn hat László Marton 1989 die Skulptur der »Kleinen Königin« platziert. Seither rätseln Betrachter, ob sie nicht doch eher einen Jungen wiedergibt.

Ein politischer Dichter

Wir wenden uns nach links zum **Petőfi tér** am südlichen Ende des Donaukorsos. Zur Linken macht der Nationaldichter **Sándor Petőfi** 8 mit schwungvoller Geste auf sich aufmerksam. Der Platz des von Miklós Izsó und Adolf Huszár 1882 geschaffenen Denkmals ist seit jeher ein wichtiger Demonstrationsort. 1942 fand hier die größte Antikriegsdemonstration statt, 1956 wurde gegen

DONAUKORSO AM ABEND

Wenn über den Budaer Bergen die Sonne versinkt, werden das Burgschloss, die Kettenbrücke und die Freiheitsstatue auf dem Gellértberg festlich angestrahlt. Dann wird ein Spaziergang auf dem Pester **Donaukorso** 7 zu einem romantischen Erlebnis. An lauen Sommerabenden füllt sich der Korso mit einer bunten Menschenmenge – von der märchenhaften Aussicht werden Einheimische ebenso wie Touristen magisch angezogen.

das stalinistische Regime protestiert und Ende der 1980er-Jahre signalisierten Kundgebungen zum 15. März das Ende der Einparteienherrschaft. Am 15. März 1848 hatte Petőfi ein patriotisches Werk vorgetragen und so zum Ausbruch der Revolution beigetragen.

Von Rom in die Kirche

Hinter dem Dichterdenkmal endet die Promenade. Nach rechts führt eine Ampel zu den Schiffsanlegestellen ›Petőfi tér‹, während zur Linken der sehr ansprechend renovierte **Március 15. tér** ❾ die mageren Überreste des Römerlagers Contra Aquincum bedeckt, das gegen Ende des 3. Jh. zum Schutz der Donaugrenze errichtet wurde.

Wichtigstes Gebäude am Platz ist die **Innerstädtische Pfarrkirche (Belvárosi plébániatemplom)** ❿. Die kontrastreiche Gegenüberstellung von Gotik und Barock macht den Reiz der Kirche aus. Außergewöhnlich sind auch die Funde der jüngsten Ausgrabungen: In der Unterkirche befinden sich Reste der mittelalterlichen Vorgängerkirche, während die römischen Baureste des Lagers Contra Aquincum unter Glas ebenfalls sichtbar gemacht wurden.

Die Geschichte der Kirche geht bis in das 11. Jh. zurück, als genau an der Stelle eine romanische Basilika erbaut wurde, wo angeblich der Chefmissionar von Staatsgründer Stephan I., Bischof Gellért, 1046 begraben worden sein soll.

Nach den Zerstörungen durch die Tataren 1241/42 wurde die Kirche im gotischen Stil neu errichtet. Aus dieser Zeit ist u. a. der Chor erhalten. Hier findet sich auch ein seltenes Relikt der türkischen Besatzungszeit – im 16./17. Jh. war die Kirche eine Moschee: Im rechten Chorbereich kann man eine Gebetsnische (Mihrab) erkennen, die nach Mekka ausgerichtet ist.

Beinahe wäre die Kirche übrigens dem Bau der **Elisabethbrücke (Erzsébet híd)** ⓫ zum Opfer gefallen, doch schließlich baute man die ziemlich raumgreifende Brückenauffahrt um

Als ausgesprochene Schönheit kann man sie wahrlich nicht mehr bezeichnen, aber die Váci utca ist Budapests wohl bekannteste Flanier- und Shoppingmeile – Hier kommt jeder Stadtbesucher mal durch.

die Kirche herum. Die heutige Brücke stammt aus dem Jahr 1964.

Március 15. tér 2, www.belvarosiplebania.hu, Tram 2, 2B, 23, Bus 5, 7, 8E Március 15. tér, tgl. 9–17 Uhr, 3000 HUF, ermäßigt 2000 HUF)

Nördliche Váci utca

Karte 3, E9

»Schönste Straße Ungarns«

Nein, diese Zeiten sind wohl vorbei, als der Schriftsteller Gyula Krúdy (1878–1933) die Váci utca schlicht »die schönste Straße Ungarns« nannte. Heute ist das Angebot zu stark auf Touristen ausgerichtet und manche Bausünde lässt sich auch nicht wiedergutmachen. Aber in den Seitengassen finden sich noch immer traditionsreiche kleine Fachgeschäfte und Galerien. Das gilt vor allem für den **Haris köz** und die **Régi posta utca.** Das macht den Bummel weiterhin abwechslungsreich.

Jugendstil meets Barock

Nach rechts führt der **Kristóf tér** mit dem Fischermädchen-Brunnen zum **Szervita tér** 12. Der Name des Platzes bezieht sich auf die barocke **Servitenkirche (Szervita templom)** 13 (1725–32). Beachtenswert sind zudem zwei schöne Jugendstil-Gebäude: An Nr. 3 fällt beim ehemaligen Bankhaus Török vor allem das bunte Glas-Giebelmosaik mit der Patrona Hungariae ins Auge. Diese Arbeit stammt von Miksa Róth, entworfen hatten das Haus Heinrich Böhm und Ármin Hegedűs (1906). Haus Nr. 5, das Rózsavölgyi-Haus, wiederum ist ein Werk des Lechner-Schülers Béla Lajta (1912). Das Musikgeschäft **Rózsavölgyi** 13 im Erdgeschoss gehört zu den besten der Stadt.

Gastronomische Insel

Die Városház utca führt nun am großen Block des im 18. Jh. erbauten **Rathauses (Városház)** 14 vorbei zu einem kleinen malerischen Platz mit dem französisch angehauchten Restaurant-Café **Gerlóczy** 5. Das Ensemble am **Kamermayer Károly tér** liegt etwas versteckt, ist aber eine willkommene gastronomische Oase in diesem Teil der Innenstadt.

Es folgt in direkter Nachbarschaft das klassizistische **Komitatshaus (Vármegyeháza)** 15. Hier residiert der Rat des Komitats Pest, eine Art Bezirksregierung. Das massive Bauwerk entstand zwischen 1804 und 1841 in drei Abschnitten. Bemerkenswert ist der von Matthias Zitterbarth jun. entworfene vordere Teil mit einem überraschenden Innenhof: Weiß und gelb umschließen Säulengänge auf drei Etagen den baumbewachsenen Hof. Die eher schlichten Straßenfassaden verbergen oft mehr vom Charakter der Häuser, als dass sie diesen zu erkennen geben.

Südliche Innenstadt

Ferenciek tere

Karte 3, E/F8/9

Rushhour am Pariser Hof

Kaum ein Platz der Innenstadt wurde durch eine Hauptverkehrsstraße derart zerschnitten wie der **Ferenciek tere (Franziskaner-Platz).** Die wichtige Ost-West-Achse zwischen Ostbahnhof und Elisabethbrücke/Buda hat dem Platz den früheren Charme genommen. Immerhin hat man durch eine Verkehrsberuhigung wenigstens die umliegenden Gassen neu beleben können. Unter dem Platz rauscht die Metro 3 hindurch.

Die beiden umfassend sanierten Klothilden-Paläste markieren den schmalen Durchlass zur Elisabethbrü-

TOUR
Literaten, Koffein und viel Süßes

Von einem Kaffeehaus ins Nächste spazieren

Ohne Kaffeehäuser gäbe es keine Literatur, befand der Schriftsteller Sándor Márai, und für viele seiner Kollegen waren die Pester Kaffeehäuser zu Beginn des 20. Jh. Lebensmittelpunkt und Zentrum ihres Schaffens. Rund 100 Jahre lang spielten sie im literarischen Leben der Stadt eine herausragende Rolle. Ein Rundgang führt zu den Nachfolgern der großen Kaffeehäuser.

Revolution am Café-Tisch

»Auf, Magyaren, die Heimat ruft!« – Dramatisch beginnt das Nationallied von Sándor Petőfi. In den aufgeheizten Zeiten nationalistischen Hochgefühls gärte Mitte des 19. Jh. in den Pester Kaffeehäusern die revolutionäre Stimmung. Legendär war das Café Pilvax an der Ecke Pilvax köz/Kamermayer Károlyi tér. Hier soll Petőfi im März 1848 seine aufrüttelnde Botschaft zum ersten Mal vorgetragen haben, mit der er die Massen für die Revolution gegen die Habsburger begeisterte.

Wohnzimmer der Literaten

Ab Mitte des 19. Jh. verloren die Kaffeehäuser in Budapest an politischer Bedeutung. Nun trafen sich Schriftsteller, Journalisten und die Bohème hier, um über Gott und die Welt zu reden oder an einem neuen Werk zu arbeiten. Für manche Literaten waren die Cafés Arbeits- und Wohnzimmer zugleich. Sie ließen sich sogar die Post in ihr Stammcafé liefern, da sie ohnehin nur selten zu Hause anzutreffen waren. Dementsprechend prägte Dezső Kosztolányi 1914 in der Zeitschrift A Hét das Credo für eine ganze Generation: »Mein Kaffeehaus ist meine Burg« *(Az én kávéházam az én váram)*.

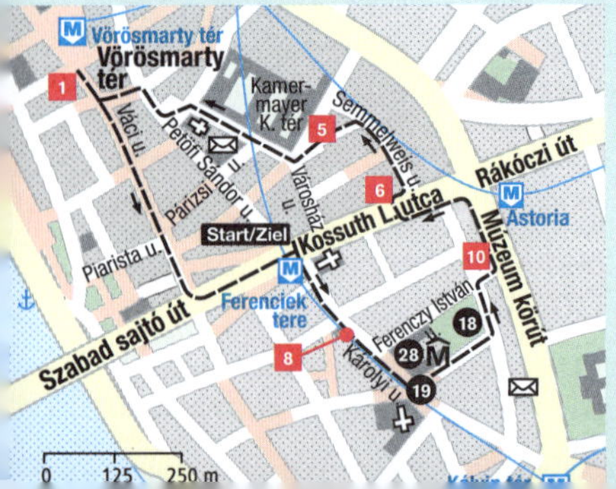

Infos

Karte 3, E 9

Start/Ziel:
Ferenciek tere
(Metro 3, Bus 5, 7, 8E, 108E, 110, 112)

Szamos Gourmet Ház 1: Váci utca 1 / Deák Ferenc utca 5, T 30 570 59 73, www.szamos.hu, tgl. 10–20 Uhr
Gerlóczy 5: Gerlóczy utca 1, T 1 501 40 00, www.gerloczy.hu, tgl. 7.30–23 Uhr, €€
Auguszt Cukrászda 6: Kossuth Lajos utca 14–16, T 1 337 63 79, www.auguszt.hu, Di–Sa 10–18 Uhr
Café Centrál 8: Károlyi utca 9, T 30 945 80 58, www.centralgrandcafe.hu, So–Di 9–20, Mi–Sa 9–24 Uhr
Zoska 10: Ferenczy István utca 28, T 70 623 99 99, www.zoska.hu, Mo–Sa 7–16 Uhr

Anfang des 20. Jh. boten die rund 500 Kaffeehäuser einen idealen Nährboden für die schreibende Elite des Landes. Zweiter Weltkrieg und Faschismus sowie schließlich die Kommunisten sorgten für das Ende der literarischen Kaffeehäuser. Spätestens 1948/49 mussten die meisten schließen. Viele Intellektuelle, die zu den Gästen gezählt hatten, waren ohnehin emigriert, gestorben oder mit Publikationsverbot belegt.

Berühmte Adressen
Zu den berühmten Literatencafés der vorletzten Jahrhundertwende gehörte neben dem **New York Café** (s. S. 203) das **Café Centrál** 8, das nach seiner Gründung 1887 rasch zu einer Institution wurde. Hier wurde z. B. die einflussreiche Literaturzeitschrift Nyugat (Abendland bzw. Westen) ins Leben gerufen. Nach seiner Wiedereröffnung 2000 war das Centrál schnell wieder ein Besuchermagnet. Die hohen Decken und Fenster sowie das Kaffeehaus-Ambiente vermitteln weiterhin ein wenig vom alten Flair. Doch natürlich handelt es sich um ein modernes Café und Schriftsteller tummeln sich hier auch nicht öfter als anderswo.

Literaturmuseum und Studentencafés
Wo Kaffeehäuser und Literatur so eng miteinander verbunden sind, ist ein entsprechendes Museum nicht weit. Das **Petőfi-Literaturmuseum (Petőfi Irodalmi Múzeum)** 28 (s. S. 108) liegt nur einen Steinwurf entfernt im ehemaligen Károlyi-Palais. Die Familie ist für Mihály Károlyi bekannt, 1918/19 der erste Ministerpräsident der Republik Ungarn, der für kurze Zeit die Geschicke des Landes beim chaotischen Zerfall der Donaumonarchie leitete.

Gleich nebenan lädt der schön gestaltete **Egyetem tér** 19 (s. S. 105) zu einer Kaffeepause ein, obwohl die Studis heute allerdings eher die Filiale einer modernen amerikanischen Café-Kette aufsuchen. Statt nächtelang diskutierender Literaten dominieren Laptops das Bild – und rauchen ist verpönt. Ein weiteres modernes Studicafé ist auf der anderen Seite des entspannenden Mini-Parks **Károlyi-kert** 18 (s. Kasten S. 105) in einer Seitengasse zum Kleinen Ring das helle **Zoska** 10.

Auch wenn die Dichte an Literaten nicht mehr so hoch ist wie im 19. Jh., bleibt das Café Central eine Budapester Institution.

Konditorendynastien

An der belebten Kossuth Lajos utca liegt die einladende **Auguszt Cukrászda** 6. Die Konditorenfamilie Auguszt ist bereits seit 1870 in der nunmehr fünften Generation im Geschäft und besitzt damit einen der traditionsreichsten Betriebe der Stadt. Hinter der großen Fensterfront kann man auf zwei Etagen sitzen und die süßen Leckereien der Konditorei probieren. Neben der sehr kalorienhaltigen Auguszt Krémes gibt es auch leichtere Varianten wie den leckeren Kirsch-Mohn-Kuchen. Am Nationalmuseum (unter dem Namen Geraldine) und unweit des Széll Kálmán tér in Buda gibt es nette Filialen.

Zwei weitere Tipps: Im **Pariser Hof** ⓰ (s. S. 105) gibt es das elegante **Café Párisi Passage.** Und am Vörösmarty tér unterhält die ebenfalls alteingesessene Konditorendynastie Szamos mit dem **Szamos Gourmet Ház** 1 eine schöne Filiale in einer früheren Bank – Sie sollten unbedingt auch einen Blick in die prächtige ehemalige Eingangshalle werfen!

Ein Hauch von Paris

Der Kamermayer Károly tér ist einer der beschaulichsten Plätze der Innenstadt (s. S. 107). Hier lädt das **Gerlóczy** 5 zu einer Pause ein. In dem 1892 errichteten Haus wird ansprechende Bistroküche serviert. Die schicken Zimmer über dem Café ermöglichen zudem eine stilvolle Übernachtung.

cke. Eigentlicher Blickfang ist aber der luxussanierte **Pariser Hof (Párizsi udvar)** ⓰. Das 1909 von Henrik Schmal entworfene Prachtgebäude dient heute als elegantes Hotel (https://parisiudvarhotel.hu) sowie in der zentralen Passage als schicke Café-Bar. In den Eckkomplex ist 2023 zudem eine sehr zeitgemäße Attraktion eingezogen: Das **Cinema Mystica** bietet auf zwei Etagen anspruchsvolle fluide Lichtinstallationen, die trotz der Eintrittspreise ein eher junges Publikum anlocken – hier trifft man auf visuelle Kunst des 21. Jh.

Cinema Mystica: Ferenciek tere 10, www.cinemamystica.net, Metro/Bus Ferenciek tere, tgl. 10–22 Uhr, 5800 HUF, ermäßigt 4400/3500 HUF

Liszt im Kloster

Jenseits der Verkehrsachse erhebt sich zur Linken die **Franziskanerkirche (Ferenciek templom)** ⓱, die zwar auf das 13. Jh. zurückgeht, aber wie fast alle Kirchen der Innenstadt Mitte des 18. Jh. als Barockkirche neu gestaltet wurde. Im angrenzenden Kloster quartierte sich sogar Franz Liszt eine Zeit lang ein.

An der Ecke zur Reáltanoda utca liegt links die schöne **Universitätsbibliothek.** Allein schon das Gewölbe in der Eingangshalle ist einen Blick wert.

Der Uni ein Platz

Der **Egyetem tér (Universitätsplatz)** ⓳ ist dank der vor einigen Jahren erfolgten Verkehrsberuhigung förmlich aufgeblüht. Neben dem heutigen Hauptgebäude (Rektorat und Jura-Fakultät) der **Loránd-Eötvös-Universität (ELTE)** errichtete der Paulinerorden ab 1725 nach Plänen von Andreas Mayerhoffer die heutige **Universitätskirche (Egyetemi templom).** Die Pauliner sind der einzige katholische Orden, der in Ungarn gegründet wurde. Ihnen gehört auch die Felsenkapelle am Fuße des Gellértberges (s. S. 80). Oberhalb des Tympanons ist über dem Eingang das Wappen der Pauliner zu erkennen. Besonders beachtenswert in der Kirche sind die 1746 von József Hebenstreit vollendeten Skulpturen des Hauptaltars sowie die von Johann Bergl gestalteten herrlichen Fresken.

PAUSE IM PARK

Grünanlagen sind in der Innenstadt von Pest Mangelware. Deshalb sollten Sie jede Gelegenheit nutzen, die sich unterwegs bietet. Ich möchte Ihnen hier neben dem **Erzsébet tér** ❷ drei weitere kleine Parkanlagen vorstellen:
Március 15. tér ❾: Auf den Ruinen eines Römerlagers (s. S. 100) laden einige Sitzbänke mit Blick auf die Innerstädtische Pfarrkirche und den Gellértberg zur Pause ein.
Károlyi-kert ⓲: Wer vom Pflastertreten Entspannung braucht, sollte unbedingt dem kleinen **Károlyi-Garten** einen Besuch abstatten. Früher war dies der Privatgarten der Károlyis, heute genießt die Nachbarschaft das satte Grün.
Szabadság tér: Im Herzen der Leopoldstadt ist der prächtige **Freiheitsplatz** (s. S. 157) eine weitere Oase der Ruhe.

Durch die Gassen

Das südlich des Universitätsplatzes gelegene, von vielen Gassen durchzogene Stadtviertel lässt noch etwas von der mittelalterlichen Straßenstruktur erkennen, und so verwundert es kaum, auf ein größeres Stück der alten **Stadtmauer** ⓴ zu stoßen, das in der Bástya utca freigelegt wurde. Bei der Stadterweiterung im 19. Jh. waren die Mauerreste in die neuen Wohnhäuser integriert worden.

An der Straßenecke Veres Pálné utca / Szerb utca ist auf einem Kachelbild an einer Mauer zu sehen, wie der hl. Georg mit dem Drachen kämpft. Hinter der Mauer erhebt sich idyllisch in einem Garten die **Serbisch-orthodoxe Kirche** ㉑. Die einstmals bedeutende serbische Gemeinde hatte sich schon gegen Ende des 17. Jh. eine kleine Kirche errichtet, die 1731–52 erweitert wurde. Gelegentlich ist die Kirche von innen zu besichtigen.

Die Szerb utca endet an der Váci utca. In diesem Abschnitt der Fußgängermeile befinden sich zahlreiche Touristenrestaurants und Souvenirläden.

Die Markthalle im Blick

Nach links schließt die Fußgängerzone am **Fővám tér** ㉒ ab. Der alte ›Haupt-zoll-Platz‹ gehört bereits zum Kleinen Ring. Dominierende Gebäude am Platz sind das **ehemalige Hauptzollamt** ㉓ sowie vor allem die **Zentrale Markthalle** ㉔. Unter dem Platz verkehrt die Metro 4, oben verkehren Tram 47, 48 und 49 zurück zum Ausgangspunkt am Deák Ferenc tér.

Zur Donau hin fällt ein graziles Brückenwerk ins Auge: die **Freiheitsbrücke (Szabadság-híd)** ㉕. Grazil ragt das Brückengeländer in die Höhe, oben auf den Pfeilern thronen die mythischen Turul-Vögel, während unten gemächlich die gelben Straßenbahnen über die Brücke rumpeln. Die 1896 erbaute Brücke schuf eine direkte Anbindung aus der Pester Innenstadt und dem Kleinen Ring hinüber zum heutigen Szent Gellért tér. Dort dominiert heute das wuchtige Gellért-Hotel und -Heilbad die Sichtachse. Von der Budaer Brückenseite wurde dann zu Beginn des 20. Jh. der Stadtteil Újbuda erschlossen.

Ursprünglich trug die Brücke den Namen des Habsburger Monarchen Franz Joseph. Seine Majestät hatte die Donauquerung im Rahmen der Millenniumsfeierlichkeiten 1896 persönlich eingeweiht. Dabei schlug er einen Silbernagel ein, der jedoch genauso verloren ging wie seine Namenspatenschaft für die Brücke. Auf der Pester Donauseite ist aber immer noch sein Name gültig.

Museen

Im Untergrund

㉖ **U-Bahn-Museum:** In den U-Bahn-Schächten des Deák Ferenc tér verbirgt sich ein kleines Museum zur ältesten U-Bahn auf dem europäischen Kontinent. In dem stillgelegten Schacht ist u. a. ein historischer Waggon zu besichtigen.

Deák Ferenc tér (Fußgängerunterführung), www.bkv.hu, Metro/Tram/Bus Deák Ferenc tér, Di–So 10–17 Uhr, 350 HUF, ermäßigt 280 HUF

Reformation auf Ungarisch

㉗ **Evangelisches Landesmuseum (Evangélikus Országos Múzeum):** Im 16. Jh. erreichte die Reformation auch Ungarn. Während der größere Teil der Protestanten den strikteren, eher kalvinistisch-reformierten Glauben annahm, wurde ein kleinerer Teil evangelisch-lutherisch. Und genau dieser Glaubenszweig präsentiert sich mit diesem modern gestalteten Museum in einem ehemaligen Schulgebäude neben der 1811 im klassizistischen Stil erbauten **Evangelischen Kirche (Evangélikus templom).** Zu den Highlights der Ausstellung zählen ein digitalisiertes originales Luther-Testament, der Nachdruck des ersten in Ungarn auf Ungarisch gedruckten Neuen Testaments sowie die Taufschale von Revolutionsführer Lajos Kossuth. Der Kirche angeschlossen war auch ein konfessionelles Gymnasium. Berühmtester Schüler war der Nationaldichter Sándor Petőfi.

Deák Ferenc tér 4, T 20 824 38 64, https://eom.lutheran.hu, Metro/Tram/Bus Deák

Lieblingsort

Fast wie in Italien

Bis vor einigen Jahren war der **Universitätsplatz (Egyetem tér)** 19 im Herzen der südlichen Innenstadt vom Autoverkehr dominiert und die Fassaden waren entsprechend verrußt. Doch eine lang ersehnte Verkehrsberuhigung und die gründliche Sanierung der Fassade des prächtigen Unigebäudes mit der zweigeschossigen Prunkloggia haben die Szene komplett gewandelt. Auch der Károlyi-Palast gehört zum schicken Ambiente. Heute fühlt man sich eher in Italien als in Budapest: Mehrere Cafés laden zum Verweilen ein, Studenten beleben den Platz und ein Stück Lebensqualität ist in das Stadtviertel zurückgekehrt. Gleich um die Ecke kann man im Palastgarten **Károlyi-kert** 18 eine der seltenen Grünanlagen der Innenstadt genießen – Entspannung pur im Stadtzentrum.

Ferenc tér, Di–So 10–18 Uhr, 1800 HUF, ermäßigt 1200 HUF

Ungarische Literatur

㉘ Petőfi-Literaturmuseum (Petőfi Irodalmi Múzeum): In dem historischen Palais am Egyetem tér wird vor allem das Leben und Werk des Namensgebers Sándor Petőfi (1823–49) thematisiert, der in seinem kurzen Leben ein beachtliches Werk hinterlassen hat und 1848 als einer der Aufrüttler auf dem Weg zur Revolution galt. Daneben gibt es jeweils zwei bis drei Wechselausstellungen mit teils auch englischen Erläuterungen.

Károlyi utca 16, T 1 317 36 11, www.pim.hu, Metro/Bus Ferenciek tere, Di–So 10–18 Uhr, 1600 HUF, ermäßigt 800 HUF

Essen

Die Pester Innenstadt ist gastronomisch primär auf Touristen ausgelegt. Insbesondere entlang der Váci utca und am Donaukorso finden sich entsprechende Restaurants. Versteckte Adressen, wo sich nur Einheimische treffen, sind eher nicht typisch für das Viertel. Aber es gibt eine ganze Reihe von netten Lokalen, die zu kleineren oder längeren Pausen einladen. Für gute Kaffeehausadressen s. Tour S. 102.

Süße Verlockungen

1 Szamos Gourmet Ház: s. Tour S. 104.

Speisen in der Redoute

❻ Víg Varjú: Sehr stilvolles Restaurant im Erdgeschoss des Pesti Vigadó. Unter der hohen Gewölbedecke wird moderne Küche serviert, abends gibt es auch Klavierbegleitung. Unter dem Label Vak Varjú gibt es einige weitere Filialen in Budapest.

Vigadó tér 2, T 1 426 11 32, www.vakvarju.com, Metro 1 Vörösmarty tér, Tram 2 Vigadó tér, tgl. 11.30–23.30 Uhr, €€

Kaffee am Porzellanplatz

2 Mokka's Bagel & Coffee: Nettes kleines Café mit Bagels, Kaffee, Shakes und griechischem Joghurt. Gleich nebenan lässt sich kostbares Porzellan shoppen.

József nádor tér 9, T 20 382 60 05, https://mokkasbagel.hu, Metro 1 Vörösmarty tér, Bus 16, 105, 178, 216 Hild tér / József nádor tér, Mo–Fr 9–18, Sa/So 9–17 Uhr, €

Dem Treiben zuschauen

3 Anna Café: Am nördlichen und am südlichen Ende der Váci utca sind die beiden Café-Filialen ideal, um dem Treiben der Menschenmenge zuzuschauen.

https://annacafe.hu, €; Váci utca 5: Metro 1 Vörösmarty tér, tgl. 9–23 Uhr; Fővám tér 6: Metro/Tram Fővám tér, tgl. 9–19 Uhr

Ungarische Spezialität

4 Molnár's Kürtőskalács: Die innen hohlen ›Baumstriezel‹ sind in Ungarn äußerst populär. Hier werden sie gleich in mehreren Sorten angeboten, beispielsweise mit Mohn, Zimt, Mandeln oder Walnuss. Das dazugehörige Café wirkt etwas steril.

Váci utca 31, kein Telefon, www.kurtoskalacs.com, Metro/Bus Ferenciek tere, tgl. 9–22 Uhr

Ein Hauch Paris

5 Gerlóczy: s. Tour S. 104.

Konditorendynastie

6 Auguszt Cukrászda: s. Tour S. 104.

Veganer Sonnenschein

7 Napfényes Étterem és Cukrászda: Dass gute vegane Küche auch in Budapest in den Mainstream vordringt, beweist dieses moderne Restaurant mit angeschlossener Konditorei – sehr verlockend. Neben der rein veganen Hauptkarte gibt es wechselnde Tagesgerichte, die auch ungarische Klassiker nachahmen. Mittwochs ab 19 Uhr eher seichte Begleitmusik.

Ferenciek tere 2 (Ecke Veres Pálné utca / Cúria utca), T 20 311 03 13, www.napfenyesetterem.hu, Metro/Bus Ferenciek tere, tgl. 12–22.30 Uhr, €–€€

Literatentempel

8 **Café Centrál:** s. Tour S. 102.

Vegetarische Krishna-Jünger

9 **Govinda vega sarok:** In ihrem hellen Café bieten die Krishna-Jünger u. a. Bio-Produkte aus eigenem Anbau am Balaton. Die günstigen Gerichte und Menüs im Govinda sind lecker und teils auch vegan. Mittags wird es oft voll in der beliebten und einladenden ›vegetarischen Ecke‹.

Papnövelde utca 1, T 70 255 21 95, www.govinda.hu, Metro/Bus Ferenciek tere, Mo–Fr 11.30–16 Uhr, €

Studentisch modern

10 **Zoska:** s. Tour S. 103.

Einkaufen

1–12: s. Tour S. 110.

Musik, Musik

13 **Rózsavölgyi:** Traditionsreiches Musikgeschäft mit viel Klassik und Jazz, aber auch Popmusik. Außerdem bietet Rózsavölgyi einen Ticketservice. Oben im Haus befindet sich zudem eine Kleinkunstbühne mit Café für Abendveranstaltungen.

Szervita tér 5, T 1 266 83 37, www.rozsavolgyi.hu, Metro/Tram/Bus Deák Ferenc tér, Mo–Sa 10–19 Uhr

Im Sommer stellen lokale Designer hin und wieder auf wechselnden Plätzen ihre Kollektionen aus und locken die potenzielle Kundschaft gleich scharenweise an – wie hier auf dem Erzsébet tér.

TOUR
Von Folklore bis Traditionsqualität und modernem Design

Einkaufstour durch die Innenstadt

Rund um die **Váci utca** finden sich viele Fachgeschäfte, die gute Adressen für einen Shoppingbummel sind. Zunächst geht es vom Ferenciek tere über die Váci utca nach Süden. In Nr. 50 übersieht man schnell den schmalen Hutladen **V 50** 1 (Váci utca 50, www.valeriafazekas.com) der Modedesignerin Valéria Fazekas (Hut = *kalap*). Fazekas ist eine Meisterin ihres Faches und stellt im In- und Ausland aus. Sie produziert auch in der Innenstadt. Um die Ecke bietet die **Eventuell Galéria** 2 (Nyáry Pál utca 7, https://eventuell.hu) farbenfrohe Textilien (Kissen, Vorhänge, Stoffe) sowie Accessoires von ungarischen Designern. Gleich nebenan designt und produziert Marta Schulteisz im **Kamchatka** 3 (Nyáry Pál utca 7, www.fb.com/kamchatkadesign) ihre eigene Mode und verkauft auch passende Accessoires.

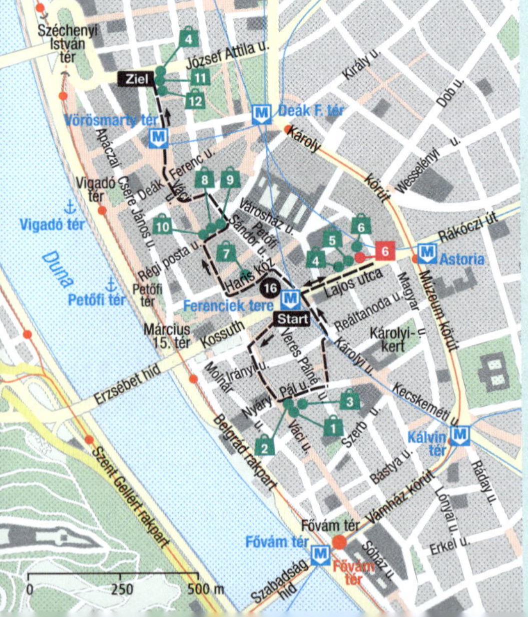

Zeit für etwas Süßes? In einer ruhigen Seitengasse des Ferenciek tere gehen im **Pariser Hof** 16 bei **Rózsavölgyi Csokoládé** (Petőfi Sándor utca 2–4) handgefertigte Schokolade und Pralinen sowie fair gehandelter Kakao über die Theke.

Auch die verkehrsreiche Kossuth Lajos utca weist interessante Adressen auf: In der authentischen Einrichtung einer Apotheke aus dem 19. Jh. wer-

den hochwertige Glas- und Kristallwaren aus dem westungarischen **Ajka** 4 (Kossuth Lajos utca 10, https://ajka-crystal.com) verkauft, nebenan liegt fesche ungarische Mode sowie Design und Kunsthandwerk aus dem gehobenen Sektor bei **Mono art & design** 5 (Kossuth Lajos utca 12, www.fb.com/monoartanddesign) aus. Das Mono ist ein typischer Vertreter der aktuellen Designwelle in Budapest. Im Hof hinter dem Café **Auguszt Cukrászda** 6 (s. Tour S. 104 hat mit dem **Paloma Artspace** 6 (Kossuth Lajos utca 14–16, www.palomaartspace.hu) eine kreative Gruppe unterschiedlicher Designer:- und Kunsthandwerker:innen Einzug gehalten.

Anspruchsvoll und edel: Design, Mode und Kunsthandwerk aus Ungarn gibt's bei Mono art & design.

Im nördlichen Bereich der Váci utca rechts im Haris köz 2 und 6 stellt der kleine Laden **Vass** 7 (Haris köz 2 und 6, www.vass-shoes.com) maßgefertigte, handgearbeitete Schuhe her. László Vass genießt seit vielen Jahren weit über die Landesgrenzen hinaus einen exzellenten Ruf für seine hochwertigen Schuhe. Der international bekannte Schuhmacher legt großen Wert auf hochwertiges Leder, präzise Verarbeitung und maßgeschneiderten Service. Spitzenmodell der Werkstatt ist der ›Budapester‹, den es in verschiedenen Ausfertigungen gibt. Oder wie wäre es mit einem ›Alt-Wiener‹, einem ›Londoner‹ oder dem Modell ›Oxford‹? Was immer man wählt, echte Qualität ist hier gesichert.

Ist Ihnen im Winter kalt an den Händen? Dann lohnt vielleicht ein Blick in das Handschuhgeschäft **Ékes Kesztyű** 8 (*kesztyű* = Handschuh; Régi posta utca 14, www.fb.com/ekeskesztyu) wenige Schritte weiter rechts in der Regi posta utca 14. Der altehrwürdige Traditionsbetrieb ist genauso seit Generationen in Familienhand wie direkt nebenan der von Katalin Kaczián geführte Krawattenladen **Kaczián** 9 (Krawatte = *nyakkendő;* Régi posta utca 14, www.kaczian.hu).

Infos

Karte 3, E/F8–10

Start: Ferenciek tere (Metro 3, Bus 5, 7, 8E, 108E, 110, 112)

Ziel: József nádor tér

Öffnungszeiten: meist Mo–Fr 11–18, Sa 10–13/14 Uhr, in Einzelfällen auch sonntags

Auch in Budapests (Kunsthandwerks-) Läden findet sich Keramik aus heimischer Herstellung, weniger edel als das Porzellan von Herend oder Zsolnay, aber als Souvenir beliebt.

In Nr. 12 bietet der **Népművészeti Bolt** 10 (Régi posta utca 12, www.folkartkezmuveshaz.hu) ungarische Volkskunstprodukte von Textilien über Schwarzkeramik bis zu den bunten Habaner Keramiken.

Nördlich des Vörösmarty tér liegt am József nádor tér 11 ein edles Porzellangeschäft: **Herend** 11 (Régi posta utca 12, www.herend.com). Seit 1826 wird in dem kleinen Ort in Westungarn, dem ungarischen Meißen, handbemaltes Porzellan gefertigt. Schon Kaiser und Könige kauften hier ihr ›weißes Gold‹. Zu den berühmtesten Kundinnen zählten ohne Zweifel Queen Victoria und Kaiserin Sisi. Auch heute haben es die Preise für die exquisiten Stücke in sich.

Gleich nebenan verkauft die zweite berühmte Porzellanmanufaktur Ungarns, **Zsolnay** 12 (József nádor ter 10, www.zsolnaybudapest.hu), ihre edle Ware aus dem südungarischen Pécs. Vilmós Zsolnay hatte Ende des 19. Jh. Zsolnay zur führenden Firma für auch künstlerisch wertvolle Baukeramiken und hochkarätiges Porzellan gemacht. Berühmt wurde er durch seine Verbindung mit Jugendstil-Künstlern wie Ödön Lechner, die ihre Werke mit Pyrogranit-Ziegeln von Zsolnay verzierten, z. B. die Alte Postsparkasse. Das kostbare Porzellan bekam ebenfalls zu Beginn des 20. Jh. einen Jugendstil-Einschlag, besonders markant sind die exotisch wirkenden Eosin-Kreationen (s. S. 299). Auf dem Platz befindet sich ein wunderbarer Zsolnay-Brunnen. Um die Ecke gibt es eine weitere **Ajka-Filiale** 4 mit Kristallglas.

Bewegen

Keramik selbst bemalt

❶ **Made by you:** Unter kundiger Anleitung des Personals kann man Tassen, Teller, Schüsseln und Vasen in dem großen Studio selbst bemalen und nach zwei bis fünf Tagen gebrannt und glasiert gebrauchsfähig wieder abholen. Je nach Größe der Keramik unterschiedliche Preise, z. B. Tassen 8000–11 000 HUF/Stück.

Királyi Pál utca 11, T 20 597 08 93, www.madebyyou.hu, Metro/Tram/Bus Kálvin tér, Di–Fr 12–20, Sa/So 10–18 Uhr

Radverleih und Touren

❷ **Best Bike Tours Budapest:** Ganzjähriger Radverleih (5 Std./Tag: 4000 HUF, E-Bike 10 000 HUF), tgl. geführte Stadttouren (auf Englisch, ca. 3 Std., 10 000 HUF) – vorab unbedingt reservieren.

Semmelweis utca 14, T 30 520 06 50, https://bbtb.hu, Metro/Tram/Bus Deák Ferenc tér/Astoria, April–Okt. tgl. ca. 9–19, sonst 10–18 Uhr

Rad- und Segwaytouren

❸ **Yellow Zebra Budapest:** Ganzjährig diverse geführte Touren (2 bzw. 4 Std., ab 29 €, zumeist auf Englisch).

Régi posta utca 2, T 70 56 56 115, www.yellowzebratours.com, Metro 1 Vörösmarty tér, Tram 2, 2B, 23 Vigadó tér, mit Voranmeldung

Ausgehen

Die Pester Innenstadt ist definitiv nicht der Partydistrikt der ungarischen Hauptstadt. Dementsprechend hält sich auch die Anzahl an interessanten Kneipen eher in Grenzen. Im Sommer sitzen die Gäste der Hauptstadt mehr auf den Terrassen der Restaurants oder auf der Donaupromenade.

Klub statt Theater

❶ **Akvárium:** Zum Ende der 1990er-Jahre sollte hier das neue Nationaltheater entstehen. Zurück blieb unter der Erde ein Bautorso, der zu einer Mischung aus Konzertbühne, Musikclub und Bistro wurde.

Erzsébet tér 12, T 30 860 33 68, www.akvariumklub.hu, Metro/Tram/Bus Deák Ferenc tér, So–Mi 15–1, Do 15–3, Fr/Sa 15–6 Uhr

Bier statt Busse

❷ **Fröccsterasz:** Am früheren Busbahnhof ist der schlichte Biergarten an warmen Sommerabenden populär. *Fröccs* bedeutet übrigens Weinschorle oder Gespritzter.

Erzsébet tér 13, T 30 419 50 40, https://froccsterasz.hu, Metro/Tram/Bus Deák Ferenc tér, ca. April–Okt. tgl. 12 bis mind. 24 Uhr (wetterabhängig)

Exzellentes Programmkino

❸ **Puskin Artmozi:** Ein Kino aus den guten alten Tagen, mit viel Stil eingerichtet. Als Programmkino *(artmozi)* sind anspruchsvollere Streifen zu sehen.

Kossuth Lajos utca 18, T 1 459 50 50, www.puskinmozi.hu, Metro/Tram/Bus Astoria

Das Akvárium bietet eine perfekte Mischung aus Musikclub und Bistro.

TOUR
Lebensader Donau

Entdeckungstour per Schiff

Wie kaum eine andere Donaumetropole wird Budapest vom Strom geprägt. Vom Fluss eröffnen sich die schönsten Blicke auf die Highlights der der ungarischen Hauptstadt. Kommen Sie also mit auf den mächtigen Strom und entdecken Sie Budapest von seiner schönsten Seite!

Welterbe-Panorama

Unterhalb des **Donaukorsos** ❼ (s. S. 99) zwischen Vigadó tér und Petőfi tér ankern die Ausflugsschiffe in einer langen Reihe – das Angebot ist groß, denn auch die Hop-on-Hop-off-Busse bieten eigene Schiffstouren an. Dadurch kommen sehr viele Gäste in den Genuss einer Donau-Rundfahrt. Die Schiffe sind im Normalfall gut eine Stunde unterwegs.

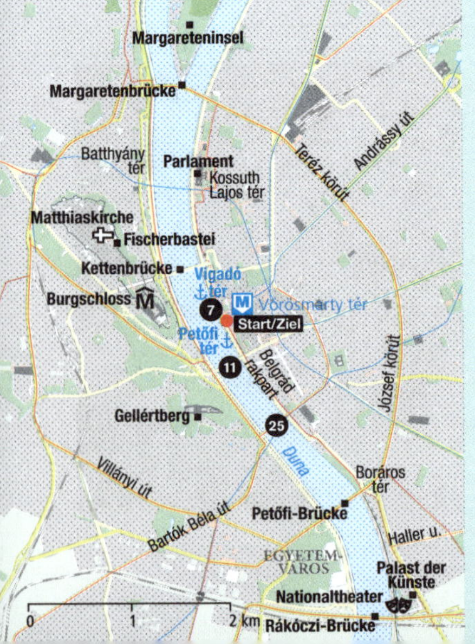

Vor uns ragt das **Burgschloss** (s. S. 37) majestätisch empor, zur Linken erhebt sich der Dolomitfelsen des **Gellértbergs** (s. Tour S. 82) steil am Donauufer – dieses vom Strom geprägte Panorama macht Budapest einzigartig!

Nun nimmt das Schiff Kurs auf die grazile und wunderschöne **Kettenbrücke** (s. S. 69). Abends, wenn sie festlich angestrahlt wird, scheint sie fast über der Donau zu schweben.

Weiter stromaufwärts fällt es schwer, sich für eine Seite zu entscheiden: Zur Linken erhebt sich auf dem Burgberg der filigrane Turm der **Matthiaskirche** (s. S. 48). Ihr vorgelagert ist die verspielt-romantische **Fischerbastei** (s. S. 50), einer der schönsten Aussichtspunkte im Burgviertel. Zur Donau hin erstreckt sich der schmale Streifen der Wasserstadt.

Zur Rechten kommt das imposante **Parlament** (s. S. 153) am Pester Donauufer ins Blickfeld. Die Fassade ist ganz auf die Donau ausgerichtet, doch über die Prunktreppe schreitet kein Staatsoberhaupt, denn der Haupteingang befindet sich auf der Rückseite am Kossuth-Platz.

Ein Stückchen weiter spannt sich die **Margaretenbrücke** (s. S. 207) über den Fluss. Dahinter erstreckt sich die **Margareteninsel** (s. S. 206), die grüne Lunge der Hauptstadt mitten im Strom. Von April bis Oktober legen mehrere Ausflugsschiffe auf der Westseite der Margareteninsel an und ermöglichen einen Landgang. Infos zu den aktuellen Anlegern und Fahrzeiten gibt es vorab bei den jeweiligen Anbietern.

Infos

Start/Ziel: Donaukorso 7, Karte 3, E9

Planung: Generell ist das Angebot zwischen April und Oktober größer. Nur dann legen Schiffe auch an der Margareteninsel an. Linienschiffe verkehrten bei Redaktionsschluss leider gar nicht mehr. Aktuelle Infos zu den kommentierten Schiffsrundfahrten sowie den Hop-on-Hop-off-Angeboten: s. S. 257.

Brückenfahrt stromabwärts

Wir fahren nun aber stromabwärts, vorbei am Ausgangspunkt und gleiten unter der weißen **Elisabethbrücke** 11 (s. S. 100) hindurch zur grünen **Freiheitsbrücke** 25 (s. S. 106). Nun wird die Stadtlandschaft zu beiden Seiten flach und auch die folgende **Petőfi-Brücke** (s. S. 191) ist nur mehr ziemlich schmucklos. Landmarken in der postmodernen Millenniumsstadt am Pester Ufer sind das 2002 eröffnete **Nationaltheater** sowie der 2005 eröffnete **Palast der Künste** (beide s. Tour S. 194). Abends erzeugt die ständig wechselnde Beleuchtung ein surreal wirkendes Farbenspiel an der Fassade. Danach geht es wieder zurück zum Pester Donaukorso.

Zugabe

Zeitgenössischer Tanz in Budapest

Ein Interview mit der Choreografin Adrienn Hód

Wer an ungarische Tänze denkt, hat zumeist folkloristisch geprägte Csárdás-Tänze oder schwungvolle Operettentänze vor Augen. Das gibt es natürlich in Budapest auch zu sehen. Aber es gibt auch eine sehr engagierte Szene für experimentierfreudigen zeitgenössischen Tanz. Eine führende Vertreterin hierbei ist die ehemalige Tänzerin und heutige Choreografin Adrienn Hód. Sie wurde 1975 im ostungarischen Debrecen geboren und geht mit ihrer 2007 gegründeten Gruppe Hodworks konsequent eigene Wege. Hód tritt in Budapest z. B. im Trafó, aber auch regelmäßig im Ausland auf, z. B. in Bremen, Hamburg und Wien. In einer Bremer Programmankündigung hieß es: »So finden ihre Produktionen zu immer wieder neuen tänzerischen Formen und dramaturgischen Prinzipien, die den zeitgenössischen Tanz in seinen Möglichkeiten des Ausdrucks radikal weiterdenken.« Hód arbeitet auch bei Filmproduktionen mit, z. B. bei »Son of Saul«.

Frau Hód, wie sind Sie zum zeitgenössischen Tanz gekommen? Wo haben Sie selbst getanzt?

Ich habe schon sehr jung in Amateurgruppen getanzt. Mit 17 habe ich dann von der Budapester Akademie für Zeitgenössischen Tanz gehört und schnell beschlossen, mich dort zu bewerben. Allerdings hatte ich damals keine Ahnung, was zeitgenössischer Tanz eigentlich ist.

Zu Anfang bin ich in meinen eigenen Produktionen auch als Tänzerin aufgetreten. Bei kleineren Projekten habe ich mit Márta Ladjánszki zusammengearbeitet.

Welche Bedeutung hat für Sie das Tanzen?

Bewegung war immer ein wichtiger Teil meines Lebens. Das ist für mich die Art und Weise, durch die ich hauptsächlich die Welt erlebe und reflektiere. Auf dieser Plattform bin ich frei, meine Meinung auszudrücken und Fragen zu stellen. Das Ganze ist ein Spiel, bei dem

»Das Ganze ist ein Spiel, bei dem man Gefühle schaffen kann (…) Du wirst sichtbar, so wie du bist, und so, wie du die Dinge angehst und umsetzt.«

»In der ungarischen Kulturpolitik gibt es kein professionelles Konzept in Bezug auf zeitgenössischen Tanz.«

man Gefühle schaffen kann. Aber es ist auch ernsthaft, weil man etwas darstellt und auch für oder gegen etwas Stellung bezieht. Du wirst sichtbar, so wie du bist, und so, wie du die Dinge angehst und umsetzt.

Können Sie uns etwas über die Arbeit von Hodworks erzählen?

Normalerweise bringen wir jährlich eine neue Produktion auf die Bühne. Dazu kommt unser Repertoire mit mehreren Shows. Die Produktionen sind eher kleinformatig, mit drei bis sechs Tänzer*innen. Ich arbeite mit freiberuflichen Tänzer*innen. Wir haben keinen festen Sitz, deshalb arbeiten wir mit verschiedenen Häusern zusammen. Das alles ist komplex, aber auch sehr aufregend und anregend.

Wie sieht es mit der Finanzierung für ein unabhängiges Ensemble wie Ihres aus?

Das ist schwierig. In der ungarischen Kulturpolitik gibt es kein professionelles Konzept in Bezug auf zeitgenössischen Tanz. Also gibt es auch keine ernsthafte Perspektive, sondern nur das tägliche Überleben. Das galt insbesondere für die Corona-Zeit. Wir haben aber feste Partner und Freunde. Für uns hängt viel von Einladungen aus dem Ausland ab. Wir waren z. B. schon in Rom, New York und Seoul. So können wir auftreten, das Ensemble zusammenhalten, und die Tourneen sind auch ein wichtiger finanzieller Faktor.

Haben Sie für die Leser dieses Reiseführers vielleicht einige ganz persönliche Tipps für den Budapest-Aufenthalt?

Ich mag das türkische Király-Heilbad in Buda, auch wenn es gerade geschlossen ist, und natürlich das wunderbare Donauufer. Auch streife ich gerne durch die Gassen der Innenstadt. Sehr interessant ist auch der kleine Gastromarkt, der jeden Sonntag im Élesztőház im IX. Bezirk neben dem Trafó stattfindet. ■

(Aktuelle Informationen zum Hodworks-Ensemble auf www.hodworks.hu)

Kritisch und engagiert: Adrienn Hód belebt die Budapester Tanzszene.

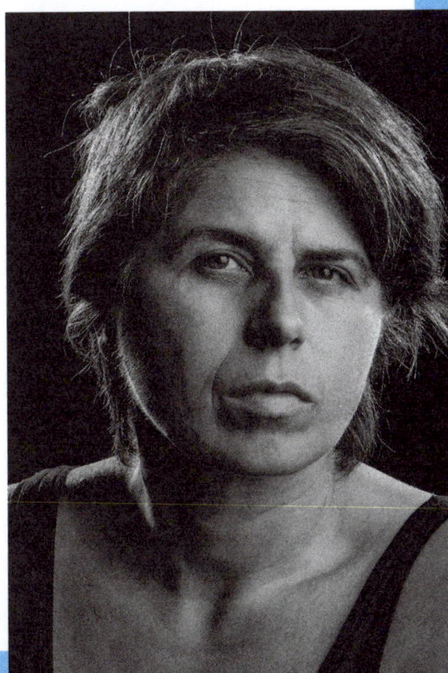

Kleiner Ring und altes Jüdisches Viertel

Leben in schmalen Gassen — repräsentative Prachtbauten, denkmalgeschützte Wohnviertel und quirliges Nightlife

Seite 121

Zentrale Markthalle

Diese großartige, lichtdurchflutete Gründerzeit-Halle am südlichen Ende der Váci utca ist das Flaggschiff der Budapester Markthallen. Decken Sie sich mit Paprika, Salami, Obst, Gemüse und Pálinka ein.

Seite 125

Ráday utca

Die lebendige Gastro- und Kneipenmeile ist abends immer ein guter Anlaufpunkt in Zentrumsnähe. Im Sommer bietet die Kulisse der Fin-de-Siècle-Bauten auf den Café- und Restaurant-Terrassen südländisches Flair.

Lesen bildet. Immer!

Eintauchen

Seite 125

Ungarisches Nationalmuseum

Mächtig dominiert das wuchtige Gebäude fast einen gesamten Abschnitt des Kleinen Rings. Die Sammlung spannt einen sehr weiten Bogen von der Urzeit und den ersten menschlichen Spuren in Ungarn bis zur demokratischen Wende 1989/90.

Seite 126

Palastviertel

Rund um das Nationalmuseum wohnten einst die Großadligen. Heute laden schön renovierte Häuser, relaxte Studentencafés und verkehrsberuhigte Gassen zur Erkundung ein.

Seite 128, 130

Große Synagoge, Jüdisches Museum ✪

Europas größte Synagoge ist ein beeindruckendes Zeugnis jüdischer Kultur in Ungarn. Ihr filigraner maurischer Stil ist wie ihr prächtiges Inneres eine Augenweide. Angeschlossen ist das informative Jüdische Museum. Sehenswert ist zudem die Orthodoxe Synagoge. Im Umfeld der Synagogen ist auch wieder Klezmer-Musik zu hören, wichtige Bühne dafür: das Spinoza.

Seite 132

Gozsdzu-Hof

Hier ist immer was los – eine lange Kette von Hinterhöfen wurde vor einigen Jahren aus dem Dornröschenschlaf zu einer der angesagtesten Ausgeh-Locations der Stadt umgewandelt. An Wochenenden gibt es auch kleine Kunsthandwerkermärkte.

Seite 139

Ruinenkneipen

Im ehemaligen Jüdischen Viertel wurde aus der Not verfallender Häuser eine Tugend gemacht: Alternative und weniger alternative Kneipen zogen in die leerstehenden Häuser und retteten so die Gebäude vor dem Abriss. Zudem machten sie die Elisabethstadt innerhalb weniger Jahre zum wichtigsten Partyviertel der Stadt.

Gibt's gleich doppelt: Turm der Großen Synagoge.

lezmer ist der Blues
es 21. Jahrhunderts.«
erenc Jávori, Gründer der
udapest Klezmer Band

erleben

Hinein ins pralle Leben

Der rund 2 km lange Kleine Ring (Kiskörút) markiert die Grenze zwischen der Pester Innenstadt und den Stadtbezirken Franzensstadt (IX. Bezirk), Josephstadt (VIII. Bezirk) und Elisabethstadt (VII. Bezirk). Die Habsburger hinterließen hier ihre Namen. Der Ring verläuft entlang der spätmittelalterlichen Stadtmauer und war Mitte des 19. Jh. eine repräsentative Adresse. In der Nähe des Nationalmuseums ließen sich die führenden Adelsfamilien luxuriöse Stadtpaläste errichten. Daran erinnert der heutige Name Palastviertel.

Wenige Hundert Meter weiter entstand in der Elisabethstadt das Jüdische Viertel. Bemerkenswert ist die größte Synagoge Europas, die vom Aufbruch der jüdischen Gemeinde im 19. Jh. kündet. Dahinter erstreckte sich 1944/45 das jüdische Ghetto, Zehntausende darbender Menschen konnten jedoch letztlich befreit werden.

Bis zu Beginn des 21. Jh. schien das historische Viertel ganz dem Verfall preisgegeben, kaum jemand verirrte sich in die Gassen. Doch dann ergriff ein unglaublich schneller Wandel die Elisabethstadt: Sogenannte Ruinenkneipen waren die Pioniere, inzwischen gibt es eine enorm hohe Dichte an Cafés, Ruinenkneipen, Bistros etc. – abends Unterhaltung sucht, wird im alten Jüdischen Viertel eigentlich immer fündig. Aber die weitere Zukunft des Viertels wird intensiv diskutiert (s. S. 300).

ORIENTIERUNG

Reisekarte: Karte 3, E–G8–11
Cityplan: S. 122
Ausgangspunkt: Startpunkt ist der Fővám tér. Dort verkehrt die Metro 4, über den Kleinen Ring rollen vom/zum Deák Ferenc tér die Trams 47, 48 und 49 und entlang der Donau fährt Tram 2. Weitere Metrostationen unterwegs sind Kálvin tér, Astoria sowie Deák Ferenc tér. Dort treffen sich die Metros M 1–3. Für die reine Erkundung sollte man als Gehzeit ca. 2–3 Std. einrechnen, mit Besichtigungen, Cafés und Kneipen ist man locker einen ganzen Tag unterwegs, plus Abendprogramm.
Das Viertel entdecken: Sobald es vom Kleinen Ring in die Stadtviertel geht, kommt man zu Fuß am besten weiter. Auf dem Kleinen Ring gibt es immerhin eine Radspur, die kleinen Gassen sind radfreundlicher.

Von der Freiheitsbrücke zum Astoria

Rund um den Fővám tér

Karte 3, F10/11

Der Kleine Ring beginnt im Süden an der **Freiheitsbrücke** ❶. Dort bildet der **Fővám tér (Hauptzoll-Platz)** ❷ zugleich den südlichen Abschluss der Fußgängerzone Váci utca (s. S. 95).

Walfisch an der Donau

Gleich am Donauufer entstand in den Jahren 1870–74 das **Hauptzollamt** ❸ nach Plänen des damaligen Stararchitekten Miklós Ybl. Doch längst gibt es eine neue Nutzung, denn heute gehört das stattliche Gebäude zur Budapester Corvinus-Universität.

Auf der Rückseite des ehemaligem Hauptzollamts wurden am Donauufer zwei alte Lagerhäuser optisch spektakulär mit einem durchsichtigen Überbau in einen ›Walfisch‹ *(bálna)* umgewandelt. Nach einer Phase des Leerstands haben sich im **Bálna** ❹ aufgrund der tollen Lage an der Donaupromenade zahlreiche Cafés und Bistros angesiedelt.

Bálna: Fővám tér 11–12, www.balnabudapest.hu, Tram 2 Zsil utca

Zentrale Markthalle

Karte 3, F10/11

Kulinarischer Tempel

Schon von außen beeindruckt das bunte Majolikadach der **Zentralen Markthalle (Nagycsarnok)** ❺, wenn

Den Wind und die Freiheitsbrücke im Rücken: So lässt es sich wunderbar entlang der Donau radeln.

Kleiner Ring und altes Jüdisches Viertel

Ansehen

1. Freiheitsbrücke
2. Fővam tér
3. Hauptzollamt
4. Bálna
5. Zentrale Markthalle
6. Reformierte Kirche
7. Hauptstädtische Ervin-Szabó-Bibliothek
8. Ungarische Architektenkammer
9. Mikszáth Kálmán tér
10. Andrássy-Universität
11. Italienisches Kulturinstitut
12. Hotel Astoria
13. Große Synagoge
14. Gedenkwand Pester Ghetto
15. Klauzál tér
16. Orthodoxe Synagoge
17. Gozsdu-Hof
18. Rumbach-Sebestyén-Straßen-Synagoge
19. Deák Ferenc tér
20. Ungarisches Nationalmuseum
21. Jüdisches Museum

Essen

1. Borbíróság
2. Esetleg
3. Costes
4. Paprika Jancsi
5. Tifliso
6. Geraldine
7. à table
8. Gétto Gulyás
9. Karaván
10. Mazel Tov
11. Könyv Bár és Restaurant
12. Kőleves
13. Carmel
14. Café Vian
15. Franziska

Einkaufen

1. Központi Antikvárium
2. Szputnyik
3. Gozsdu Weekend Market
4. Printa
5. Retrock

Bewegen

1. Bike & Relax

Ausgehen

1. Budapest Music Center
2. Púder
3. iF Kávézó
4. Jedermann
5. Tilos a tilos
6. Uránia Nemzeti Filmszínház
7. Szimpla Kert (und Bauernmarkt)
8. Instant/Fogas
9. Nappali Kávéház
10. Dobló
11. Spinoza
12. Spíler

---

es in der Sonne leuchtet. Innen überrascht die Leichtigkeit der Konstruktion aus Eisen und Glas. Durch die riesigen Dachfenster flutet das Licht in den 150 m langen Prachtbau. Im Erdgeschoss bieten unzählige Stände Obst, Gemüse, Fleisch und Brot feil, aber auch verstärkt touristisch interessante kulinarische Hungarika (Salami, Paprika, …). Schon frühmorgens sind die ersten Kunden mit dem täglichen Einkauf beschäftigt. Allein vom Umherschlendern bekommt man schon Appetit. In der ersten Etage werden gestickte Decken und kleine Snacks (z. B. *lángos*) angeboten, während im Keller einige Fischstände auf ihre Kunden warten.

Die größte und schönste Markthalle Budapests wurde im Jahr 1897 nach Plänen von Samu Pecz errichtet. Damals befand sich Budapest im Baufieber des Goldenen Zeitalters. Doch die sanitären Bedingungen auf den damaligen Märkten waren so schlecht, dass man gleich fünf Markthallen in Auftrag gab, die jeweils einen Stadtbezirk versorgen sollten. Weitere Hallen befinden deshalb sich z. B. am Klauzál tér, am Rákóczi tér oder am Hunyadi tér. In ihren Anfangsjahren verfügte die Zentrale

ERZSÉBETVÁROS
BELVÁROS
JÓZSEFVÁROS
FERENCVÁROS
Andrássy út
Bajcsy-Zsilinszky út
Károly körút
Rákóczi út
Kossuth Lajos utca
Múzeum körút
Vámház körút
Üllői út
Baross utca
Dohány u.
Wesselényi u.
Dob u.
Vásárcsarnok
Madách Kamara Színház
Deák F. tér
Madách Imre tér
Városháza park
Astoria
Ferenciek tere
Egyetem
Petőfi-Literaturmuseum
Egyetem tér
Kálvin tér
Református templom
Szent Mihály templom
MTVA
Károlyi-Palais
Mívész Ház
Fővám tér
Budapesti Corvinus Egyetem
Szabadság híd
Freiheitsbrücke
Gellért tér/Műegyetem
Közraktár utca
Biblia Múzeum
Markusovszky tér
Polgármesteri Hivatal
Ferenc körút
0
125
250 m

Lieblingsort

Alternative Ruinenkneipe mit Flair

Von außen wirkt die verfallene Fassade eher unattraktiv, doch genau das war der Auslöser für eines der spannendsten Szeneprojekte im ehem. Jüdischen Viertel: Anstatt auf den Abrissbagger zu warten, richtete ein kreatives Team das weitläufige Haus als relaxte Kneipe und Konzertbühne ohne große Deko her. Sogar ein **Bauernmarkt** gehört sonntags zum Angebot. Damit löste das coole **Szimpla Kert** 7 eine wahre Welle aus – die sogenannten Ruinenkneipen sind heute ein Markenzeichen des Viertels. Im Szimpla zeigt Budapest noch seine unpolierte Seite, während andere Ruinenkneipen schon längst im Mainstream angekommen sind. Einfach mal vorbeischauen und entspannen.

Markthalle aufgrund ihrer Lage sogar über einen unterirdischen Stichkanal zur Donau, damit die Händler ihre Waren direkt und bequem vom Fluss anliefern konnten.

Vámház körút 1–3, www.piaconline.hu, Mo–Fr 6–18, Sa 6–16, So 10–16 Uhr

Kálvin tér und Franzensstadt

F/G10/11

Ein Reformator in Budapest

Erster zentraler Knotenpunkt am Kleinen Ring ist der Kálvin tér, wo sich im ›Keller‹ die Metro 3 und 4 kreuzen. Auf dem Platz drängt der starke Verkehr fast das eigentliche Hauptgebäude in den Hintergrund: die **Reformierte Kirche (Református templom)** **6**. Sie wurde zwischen 1816 und 1851 zunächst nach den Plänen von Joseph Hofrichter errichtet, dann von József Hild vollendet. Vor der Kirche steht eine Statue des Reformators Calvin. Dass so viele historische nichtkatholische Gotteshäuser ausgerechnet am Kleinen Ring stehen, wie auch die Große Synagoge und die Evangelische Kirche am Deák Ferenc tér, liegt daran, dass der Habsburger-Kaiser Joseph 1781 in einem sogenannten Toleranzedikt den Nicht-Katholiken den Bau ihrer Gotteshäuser nur außerhalb der jeweiligen Stadtmauern erlaubte – und in Pest verlief die Stadtmauer innerhalb des jetzigen Rings.

Gastromeile

Vom Kálvin tér zweigt die verkehrsberuhigte **Ráday utca** nach Süden in den Stadtteil Ferencváros (Franzensstadt, IX. Bezirk) ab. Dort reiht sich Café an Café und im Sommer sind die Straßenterrassen abends immer gut gefüllt, auch wenn der Ausbau des Jüdischen Viertels zur Partymeile hier durchaus Kundschaft gekostet hat. Doch weiterhin sorgen schicke Sternerestaurants, traditionelle Lokale, trendige Kneipen und einladende Szenecafés für viel Abwechslung.

Ungarisches Nationalmuseum und Astoria

Karte 3, F9/10

Gediegen und Revolution

Verkehrsreich ja, aber auch voller Geschichte ist der Múzeum körút, der ›Museumsboulevard‹, eindeutig der schönste Abschnitt des Kleinen Rings. Geprägt wird das Teilstück vom sicherlich beeindruckendsten klassizistischen Gebäude in Budapest: Das riesige **Ungarische Nationalmuseum (Magyar Nemzeti Múzeum)** **20** (1837–47, Mihály Pollack) zieht schon durch seine große Freitreppe die Blicke auf sich. Bereits 1848 spielte es eine wichtige Rolle während der Revolution. Am 15. März soll der Dichter Sándor Petőfi auf der Freitreppe sein Nationallied vorgetragen und damit die revolutionäre Stimmung weiter angeheizt haben. Zum Gedenken gibt es hier in jedem Jahr am 15. März größere Festveranstaltungen. Vor dem Museum sitzt jedoch nicht der Nationalheld auf dem Sockel, sondern Petőfis bester Freund, der Lyriker János Arany, den Alajos Stróbl 1893 in Bronze verewigte. Ein Besuch in dem sehr vielseitigen Museum lohnt sich.

Hinter dem Museum erstreckt sich das wiederbelebte **Palastviertel** (**7**–**11**, s. Tour S. 126) und damit der zentrumsnahe Teil der Josephstadt (Józsefváros, VIII. Bezirk).

Der weitere Ring wird bis zum **Hotel Astoria** **12** (1912–14) von der Universität und von Buchhandlungen sowie Antiquariaten geprägt. Am Astoria kreuzt die Ost-West-Achse der Rákóczi út bzw. Kossuth Lajos utca

TOUR

Stadtresidenzen und Studierende

Ein Bummel durch das Palastviertel

Eine Adresse am Nationalmuseum war in der zweiten Hälfte des 19. Jh. ein gesellschaftliches Statement – zumal gleich nebenan 1867–1902 auch das Abgeordnetenhaus tagte. Also war für die führenden Adligen klar: Repräsentative Stadtpaläste müssen her. Weil jedoch der Platz so knapp war, entstanden keine freistehenden Villen, sondern man baute Wand an Wand. Heute ist das Viertel im VIII. Bezirk ein sehr buntes Uni- und Wohnviertel.

Für einen knappen Eindruck lohnt schon der Weg einmal rund um das Nationalmuseum. Doch mit etwas mehr Zeit geht es zunächst durch die verkehrsberuhigte Baross utca zum prächtigen Gebäude der **Hauptstädtischen Ervin-Szabó-Bibliothek (Fővárosi Szabó Ervin Könyvtár)** ❼ in der Reviczky utca. Eigentlich war das ansehnliche Palais 1887 als Wohnhaus erschaffen worden. Im überdachten Innenhof gibt es ein nettes Café.

Die Revicky utca hat insgesamt viel Charme bewahren können, auch abends im Schein der Straßenlampen. Zur Linken zweigt die ebenfalls attraktive Ötpacsirta utca ab. Sie mündet am herrschaftlichen Palais der **Ungarischen Architektenkammer (Magyar Építész Kamara)** ❽ in die Múzeum utca, quasi an der Rückseite des Nationalmuseums. Geradeaus stehen auf dem **Polláck Mihály tér** einige sehr schöne Paläste. Gleich direkt gegenüber ist das einstige **Károlyi-Palais** (1863–65, Miklós Ybl) mit überdachter Auffahrt leider etwas baufällig und gesperrt. Etwas weiter

Infos

F/G 9/10

Start: Kálvin tér / Múzeum körút

Ziel: Ungarisches Nationalmuseum / Múzeum körút

befindet sich im einstigen **Esterházy-Palais** der Marmorsaal der staatlichen Rundfunkanstalt MTVA.

Wenden Sie sich durch die Múzeum utca nach rechts zur Szentkirályi utca, sind Sie auf einmal im Bürgerviertel – hier steht kein Palais mehr, hier beginnt der bürgerliche Teil des Palastviertels. In der Straße befindet sich auch ein Teil der katholischen **Péter-Pázmány-Universität.** Wieder nach rechts erreicht man den beschaulichen **Mikszáth Kálmán tér** 9 mit der Szenekneipe **Tilos a tilos** 5 (s. S. 140), die durch ein riesiges Wandgemälde beeindruckt und im Sommer eine schöne Terrasse bietet. Hier beginnt eine kleine Fußgängerzone mit einigen Cafés und Kneipen (Krúdy utca).

Die Szentkirályi utca führt in die andere Richtung zur Bródy Sándor utca. Dort befand sich zur Linken in Nr. 5–7 der ungarische Radiosender Magyar Rádió (heute: MTVA). Am Abend des 23. Oktober 1956 entbrannten hier die ersten bewaffneten Auseinandersetzungen der Revolution, als Demonstranten versuchten, ihre Forderungen im Radio verlesen zu lassen.

Direkter Nachbar ist an der Ecke zum Pollack Mihály tér die 2002 gegründete deutschsprachige **Andrássy-Universität** 10. Für die Universität wurde das 1862–65 nach Plänen des damaligen Stararchitekten Miklós Ybl erbaute Festetics-Palais umfassend renoviert. Die Festetics hatten ihren Stammsitz in Keszthely am Plattensee.

Sehr stattlich sind die Gebäude an der Nordseite des Nationalmuseums. Im heutigen **Italienischen Kulturinstitut** 11 in Nr. 8 tagte von 1867 bis zum Umzug ans Donauufer 1902 das Ungarische Abgeordnetenhaus.

Ziemlich versteckt sind die kunstvollen Fresken, die Károly Lotz 1875/76 für die Loggia im ersten Stock von Nr. 4 schuf. Zum Ende des Rundgangs lockt ein Besuch im Highlight des Viertels, dem **Ungarischen Nationalmuseum** 20 (s. S. 125). Im rückwärtigen Garten des Nationalmuseums erinnert das helle Café **Geraldine** 6 (s. S. 135) der Konditorenfamilie Auguszt an eine adelige Dame. Die Grafentochter Geraldine Apponyi brachte es 1938 durch eine Heirat kurzfristig zur Königin von Albanien.

den Kleinen Ring und beendet so den zweiten Abschnitt.

Ehemaliges Jüdisches Viertel

Es war ein echtes Wunder, dass in Budapest im Gegensatz zu vielen anderen europäischen Städten mehrere Zehntausend jüdische Bürger die Nazizeit und den Holocaust überlebt haben (s. Magazin S. 290). Ab dem 19. Jh. hatten sich viele Juden im VII. Bezirk in der **Erzsébetváros (Elisabethstadt)** angesiedelt, die sich zwischen Astoria und Deák Ferenc tér vom Kleinen Ring nach Osten erstreckt. Das Viertel war 1882 mit royaler Erlaubnis nach Kaiserin Sisi (Elisabeth) benannt worden. Auch wenn nach dem Zweiten Weltkrieg viele Juden wegzogen, so sind in dem Viertel durch die großen Synagogen, jüdischen Kultur- und Schuleinrichtungen sowie mehreren jüdischen Restaurants und koscheren Geschäfte doch die deutlichsten Spuren jüdischen Lebens in Budapest zu erkennen. Zugleich ist der gesamte Stadtteil zwischen Kleinem und Großem Ring heute das Zentrum der Nightlifeszene und dementsprechend auch abends sehr belebt. Eine Besonderheit sind die alternativen Ruinenkneipen, die in alten Hinterhöfen entstanden sind und inzwischen zum Mainstream gehören. Sie haben sehr viel zur Wiederbelebung des ganzen Viertels beigetragen, das heute eindeutig das lebendigste und abwechslungsreichste Innenstadtviertel ist, wo sehr unterschiedliche Lebenswelten nebeneinander existieren. Mit etwas Zeit und Entdeckungsgeist können Sie davon einiges erleben.

Europas größte Synagoge wirkt ein wenig wie eine Kirche – was nicht von jedem gern gesehen wurde.

Große Synagoge, Jüdisches Museum 

Karte 3, F9

Markanter Startpunkt des Rundgangs durch das Viertel ist die wunderbare **Große Synagoge** ⓭ (s. Tour S. 130) mit dem angeschlossenen **Jüdischen Museum** ㉑ und dem ebenfalls dazugehörigen **Raoul-Wallenberg-Gedenkpark.**

Durch die Gassen

Karte 3, F8/9

Ruinenkneipe und Kulturstraße

Nun aber auf ins eigentliche Viertel: Noch zu Beginn des 21. Jh. war die **Wesselényi**

utca mit ihren wunderbaren Gründerzeit-Wohnhäusern eine eher ruhige Straße mit einigen jüdischen Geschäften, Cafés und Restaurants. Außer den Anwohnern verirrte sich kaum jemand ins Viertel. Heute hat sich die Anzahl der Lokale vervielfacht, fast zu jeder Tages- und Nachtzeit ist etwas los, viele Wohnungen werden heute an Feriengäste vermietet, urige Ruinenkneipen und nette Cafés bringen Einheimische wie Touristen ins Viertel. Die Innere Elisabethstadt hat sich enorm verjüngt. Der Wandlungsprozess verlief rasant und ist noch längst nicht abgeschlossen. Selbst Budapester kommen mit dem Tempo kaum noch mit.

Besonders auffällig ist der umfassende Wandel, den die verkehrsberuhigte Kazinczy utca als Kulturstraße genommen hat. Mithilfe der EU wurde die früher ziemlich nichtssagende Gasse aufgewertet, neue Lokale siedelten sich an, aber auch einige formlose Neubauten änderten das Straßenbild. Zur Rechten hat sich in einer momentanen Baulücke (Nr. 18) der Streetfood-Markt **Karaván** 9 angesiedelt, direkt daneben wurde in Nr. 16 die **Mikwe,** das Ritualbad der jüdischen Gemeinde, wieder hergerichtet. Und noch ein Haus weiter ist in Nr. 14 die alternative Ruinenkneipe **Szimpla Kert** 7 der Vorreiter der Szene und einfach Kult (s. Lieblingsort S. 124).

KUNST AN DEN WÄNDEN

Weil es in der Rumbach Sebestyén utca mehrere Baulücken gibt, wurden die Mauern in den letzten Jahren mit großen **Wandgemälden** verziert. Diese greifen typisch ungarische Themen auf. Gegenüber der Synagoge ist z. B. Kaiserin Sisi zu sehen, die der Elisabethstadt ihren Namen gegeben hat. Zur Linken Richtung Dob utca erkämpfen die ungarischen Fußballer erneut ihr legendäres 6:3 von 1953 gegen das englische Team, während auf der anderen Straßenseite ein Rubik's Cube zu sehen ist. Der komplexe Zauberwürfel von Ernő Rubik brachte in den 1980er-Jahren viele Leute zum Verzweifeln. Da Baulücken kommen und gehen, ist natürlich mit Änderungen zu rechnen.

Grüne Insel

Ein Schlenker führt links in die schmale Dohány utca, wo sich links in Nr. 32–34 an einer modernen Betonmauer neben einem koscheren Lebensmittelmarkt eine **Gedenkwand an das Pester Ghetto** 14 1944/45 erinnert. Die Ghettomauer verlief über das Grundstück. Heute befinden sich hier eine zweisprachige ungarisch-hebräische Kita und Grundschule.

Erneut nach links führt die Nagy Diófa utca und diese links zum **Klauzál tér** 15**.** Der etwas versteckt liegende Platz wird wegen seines parkähnlichen Charakters auch als die ›Grüne Insel‹ der Inneren Elisabethstadt bezeichnet. Hier ist einer der wenigen Plätze im Viertel, wo selbst heute noch die Uhren ein wenig stehen geblieben zu sein scheinen. Noch ist hier nicht jedes Haus gastronomisch neu verwertet worden. In Nr. 11 verbindet zudem die kleine **Klauzál-Platz-Markthalle** den Platz mit der Akácfa utca – dort befand sich 1944/45 die Grenze des Ghettos. Heute befinden sich hier mit dem **Instant/Fogas** 8 und dem schickeren **Mazel Tov** 10 zwei angesagte Ruinenkneipen bzw. -bistros. Die Dob utca führt wieder zurück Richtung Kleiner Ring.

Orthodoxes Schtetl

In dem wunderschönen Jugendstil-Haus Dob utca 35, das 1912 nach Plänen von Béla und Sándor Löffler gebaut wurde, führt neben dem koscheren Metzger *(mészáros)* ein Durchgang zu einem kleinen Hinterhof, eingerahmt von Häu-

TOUR
Jüdische Vergangenheit und Gegenwart

Besuch der Großen Synagoge und des Jüdischen Museums 

Die Große Synagoge und das angeschlossene Jüdische Museum sind zusammen die religiösen und kulturellen Herzstücke des alten Jüdischen Viertels. Beide Häuser lassen sich mit einem gemeinsamen, aber leider inzwischen ziemlich teuren Ticket besichtigen.

Schon vom Kleinen Ring fällt das imposante Gebäude der **Großen Synagoge (Nagy zsinagóga)** **13** ins Auge. Sehr filigran und leicht wirkt die Fassade im maurisch-byzantinischen Fantasiestil. Die beiden 43 m hohen Zwiebeltürme verschlanken die Synagoge und symbolisieren die zwei Säulen des Salomon-Tempels in Jerusalem. Nach ihrer Straßenlage wird die größte Synagoge Europas auch Dohány-Straßen-Synagoge genannt. Gebaut wurde sie 1854–59 für rund 3000 Besucher nach Plänen von Ludwig Förster.

Nach einer strengen Sicherheitskontrolle geht es rechts vom Eingang in die Synagoge. Männliche Besucher müssen dort eine Kippa aufsetzen. Die prächtige Innenausstattung stammt u. a. von dem Architekten Frigyes Feszl (1821–84). Der Blick gleitet nach vorne auf den zentralen Thora-Schrein. Hinter dem Vorhang befinden sich die Thorarollen mit den fünf Büchern Mose. Überall finden sich weitere maurisch-inspirierte Details, sehr augenfällig sind jedoch die zweistöckigen Seitengalerien rechts und links. Die Emporen waren und sind weiblichen Gemeindemitgliedern vorbehalten. Wenn die Synagoge zum Gebet nicht voll ist, sitzen die Frauen auch rechts und links unter den Emporen.

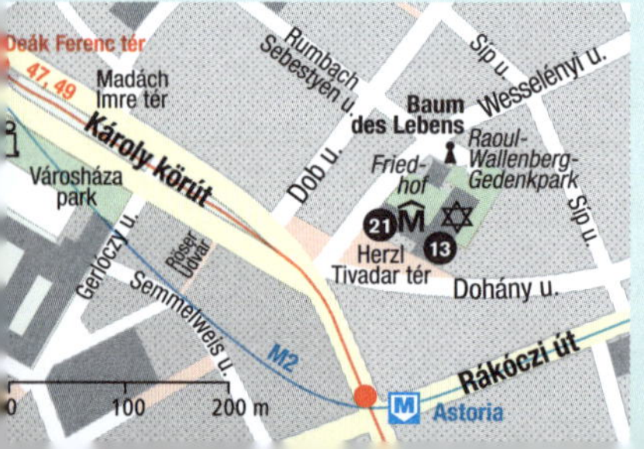

Infos

Karte 3, F 9

Anfahrt: Metro/Tram/Bus Astoria

Große Synagoge ⑬, Jüdisches Museum ㉑: Dohány utca 2, www.jewishtourhungary.com, www.milev.hu, März/April/Okt. So–Do 10–18, Fr 10–16, Mai–Sept. So–Do 10–20, Fr 10–16, Nov.–Feb. So–Do 10–16, Fr 10–14 Uhr, Kombiticket 9000 HUF, ermäßigt 7100/3300 HUF inkl. einer ca. 45-minütigen Führung (auch auf Deutsch)

Innerhalb der Gemeinde sorgte der Bau der Synagoge im 19. Jh. für reichlich Aufregung. Kritisiert wurde, dass die Anlage zu kirchenähnlich wirke. Auch der Einbau einer Orgel, auf der u. a. Franz Liszt spielte, stieß auf Protest. 1869 kam es schließlich zur Spaltung der jüdischen Gemeinde. Die gemäßigt reformorientierte, neologe Gemeinde blieb an der Dohány utca, die Orthodoxen bauten ihre Synagoge später in der Kazinczy utca, die konservative Status-Quo-Gemeinde in der Rumbach Sebestyén utca. 1996 wurde die Große Synagoge u. a. mit Geldern des bekannten US-Schauspielers Tony Curtis renoviert, dessen Eltern aus Budapest stammten.

Das benachbarte **Jüdische Museum (Zsidó Múzeum) ㉑** dokumentiert anschaulich den kulturellen und religiösen Reichtum der jüdischen Gemeinde. Einst befand sich hier das Geburtshaus von Theodor Herzl (1860–1904), der als geistiger Vater des modernen Zionismus gilt. Sein Buch »Der Judenstaat« von 1896 legte die geistigen Grundlagen für den späteren Staat Israel. 1931 wurde im Garten der Heldentempel im Garten zur Erinnerung an die gefallenen jüdischen Soldaten im Ersten Weltkrieg gebaut. Die jüdischen Ungarn waren sehr patriotisch, aber wie in Deutschland schützte sie dies nicht vor dem Massenmord der Nazis. Gleich um die Ecke begann Ende 1944 in der Wesselényi utca das jüdische Ghetto. Fast 2300 Tote wurden 1945 nach dem Winter des Grauens in Massengräbern hinter dem Museum beigesetzt. Eine bedrückende Ausstellung erinnert am Durchgang an die Zeit des Holocaust in Budapest.

Hinter der Synagoge kreierte der ungarische Bildhauer Imre Varga im Jahr 1990 im **Raoul-Wallenberg-Gedenkpark** den vielblättrigen **»Baum des Lebens«**, der mit seinen Zweigen und Blättern die zahlreichen Opfer der Nazi-Verfolgung symbolisiert und als **Holocaust-Denkmal** zu Vargas eindrucksvollsten Werken gehört. Varga war im 20. Jh. der vermutlich bedeutendste zeitgenössische Bildhauer Ungarns. Gleichzeitig ehrt der Ort den schwedischen Diplomaten Wallenberg, der 1944/45 um das Überleben der jüdischen Budapester kämpfte (s. S. 290). An dieser Stelle befindet sich auch der Ausgang des Komplexes.

sern mit Wohnungen, Büros und einem Restaurant. Hier schlägt das Herz des orthodoxen Schtetls. Mittelpunkt ist die **Orthodoxe Synagoge (Ortodox zsinagóga)** 16, auch Kazinczy-Straßen-Synagoge genannt, da der Haupteingang um die Ecke in der Kazinczy utca liegt. Die wunderbare Jugendstil-Synagoge wurde zwischen 1911 und 1913 ebenfalls nach Plänen der Brüder Löffler erbaut und präsentiert sich innen mit blauer Decke und mit vielen Jugendstil-Details. Unter dem leicht gewölbten Dach wurden zwei Emporen für Frauen und Kinder angebracht. Insgesamt haben mehr als 1000 Gläubige in der Orthodoxen Synagoge Platz, die damit zu den größten Europas zählt. Die orthodoxe Gemeinde ist jedoch deutlich kleiner als die neologe.

Kazinczy utca 29–31, https://maoih.hu, bis Mitte/Ende 2024 wegen Renovierung geschlossen

Party und jüdische Küche

In diesem Abschnitt der Kazinczy utca sind die Cafés deutlich ruhiger als rund ums Szimpla Kert. Auch rechts der Dob utca findet sich Richtung Király utca ein reiches Angebot an netten Cafés und Ruinenkneipen, u. a. weil es diverse Baulücken gibt. In den vielen Lokalen wird abends ordentlich gefeiert.

Natürlich werden im Jüdischen Viertel auch koschere Speisen angeboten. Zwei sehr unterschiedliche Beispiele sind das **Carmel** 13 direkt an der Orthodoxen Synagoge sowie das **Mazel Tov** 10 in der Akácfa utca.

Wein und Klezmer

Die Dob utca bietet auf engstem Raum viel Auswahl. Ein hervorragendes Weinlokal ist das **Dobló** 10 in der Dob utca 20. Schräg gegenüber steht das **Spinoza** 11 in Nr. 15 für eine attraktive Mischung aus einladendem Café-Restaurant und anspruchsvoller Kulturbühne.

Noch ein Stückchen weiter befindet sich rechts an einer Hauswand eine ungewöhnliche, 1991 von dem ungarischen Bildhauer Tamás Szabó geschaffene Skulptur zur Erinnerung an den Schweizer Vizekonsul Carl Lutz, der zwischen 1944 und 1945 Tausenden von Juden das Leben rettete (s. S. 158).

Pralles Leben im Hinterhof

Man glaubt es kaum, aber noch zur Jahrtausendwende war der **Gozsdu-Hof (Gozsdu Udvar)** 17 zwischen Dob utca 16 und Király utca 13 ein völlig verlassenes und verstecktes Areal. Die sechs aneinandergereihten Hinterhöfe wirkten ziemlich geheimnisvoll – davon ist heute nichts mehr zu spüren, denn die gesamte Passage ist heute eine äußerst lebendige und durchaus stimmungsvolle Gastromeile, die wie ein Magnet auf Besucher des Jüdischen Viertels wirkt. Tagsüber ist es etwas ruhiger und es findet sich immer ein Platz, aber abends kann es sehr voll werden.

An Wochenendengibt es tagsüber in der Passage auch einen kleinen Kunsthandwerkermarkt **Gozsdu Weekend Market** 3, oft begleitet von etwas Livemusik. Erbaut wurde die Passage 1902 nach Plänen von Győző Czigler. Benannt wurde sie nach dem Rechtsanwalt Manó Gozsdu (1802–70), einem frühen Förderer des rumänisch-ungarischen Ausgleichs im 19. Jh.

Renovierte Synagoge

In der Rumbach Sebestyén utca 11–13 schuf Otto Wagner zwischen 1870 und 1872 nach der Spaltung der jüdischen Gemeinde für die traditionell orientierten Gläubigen die **Rumbach-Sebestyén-Straßen-Synagoge (Rumbach Sebestyén utcai zsinagóga)** 18, deren kleine, an Minarette erinnernde Türmchen jenen der Großen Synagoge in der Dohány utca ähneln. Wagner wurde später als Vorreiter des Sezessionsstils in Wien be-

Darf ich bitten? Viele Jahre verbrachte der Gozsdu Udvar im Dornröschenschlaf, mittlerweile ist in den sechs Hinterhöfen wieder das pralle Leben zurückgekehrt.

rühmt. 1944 war hier ein Ghetto-Hospital untergebracht, nach dem Krieg war die Synagoge lange vernachlässigt. Seit einer umfassenden Sanierung ist hier heute eine interessante Ausstellung zum jüdischen Leben in Ungarn zu sehen. Dabei wird exemplarisch die Geschichte der Familie Politzer seit 1740 vorgestellt. Die Synagoge wird auch für Veranstaltungen genutzt. Rumbach Sebestyén utca 11–13, www.jewishtourhungary.com, www.milev.hu, Metro/Tram/Bus Deák Ferenc tér, April–Okt. So–Fr 10–16 Uhr, sonst nur So, 3000 HUF, ermäßigt 1200/1000 HUF

Zurück zum Kleinen Ring

Bis zum Bau der Andrássy út war die Király utca die Hauptverkehrsachse zwischen Innenstadt und Stadtwäldchen. Der Unterschied zwischen der engen Straße und dem breiten Prachtboulevard ist augenfällig. Den Charme der Király utca machen die vielen Häuser mit ihren schönen Innenhöfen aus dem frühen 19. Jh. aus. Davon ist aber im ersten Abschnitt zwischen Gozsdu-Hof und Kleinem Ring nichts mehr zu spüren. Hier wurde stark wegsaniert und neugebaut.

Da ist es gut, dass die kleine Gasse Anker köz nach rechts autofrei ist. Am Ende liegt der zentrale Verkehrsknotenpunkt **Deák Ferenc tér** ⑲ (s. S. 95) unmittelbar auf der anderen Straßenseite.

Museen

Ungarische Geschichte

⑳ Ungarisches Nationalmuseum (Magyar Nemzeti Múzeum): Einmal Urzeit und zurück – das imposante und geschichtsträchtige Nationalmuseum bietet den ganz großen Wurf durch die ungarische Geschichte. Im Keller, wo sich die Garderobe befindet, ist das römische

Lapidarium mit einem großen Bodenmosaik aus der Nähe des Plattensees sowie mit zahlreichen Sarkophagen und Altären sehr sehenswert.

Unweit des Plattensees kam 1878 auch der sogenannte Seuso-Schatz ans Tageslicht mit wunderbaren Silbergefäßen aus der spätrömischen Zeit.

Ein weiteres Highlight ist im Erdgeschoss die Ausstellung »An der Grenze von Orient und Okzident«. Hier werden die Anfänge der Besiedlung des Landes präsentiert, z. B. kleine Figuren aus der Steinzeit und ein bronzezeitliches Grab. Sehr kunstvoll ist der Schmuck aus der Awarenzeit vom 6.–8. Jh. n. Chr. Ebenfalls im Erdgeschoss ist der mittelalterliche Krönungsmantel zu bewundern. Er soll tatsächlich bereits aus der Zeit von König Stephan I. (reg. 997–1038) stammen. Zusammen mit der Stephanskrone, die im Parlament aufbewahrt wird, wurde der Mantel 1978 von den USA an Ungarn zurückgegeben.

Eine wahre Augenweide ist die reich verzierte Prunktreppe ins Obergeschoss. Die opulenten Wand- und Deckenfresken gehen zurück auf Károly Lotz und Mór Than. Im ersten Stock zeichnet das Museum sehr ausführlich die Geschichte von der Staatsgründung unter König Stephan I. bis zur demokratischen Wende 1990 nach. An die jüngere Vergangenheit, die ja teils nicht weniger turbulent war, hat man sich museal noch nicht herangetraut. Zudem gibt es regelmäßig Sonderausstellungen. Im 2019 restaurierten Garten zog das Café **Geraldine** 6 (s. S. 135) ein. Ob die großen Ausbaupläne für das Museum

Mit aller Pracht durch die Jahrhunderte: Die fantastische Innenausstattung des Ungarischen Nationalmuseums lohnt ebenso den Besuch wie die unzähligen Ausstellungsstücke.

angesichts knapper Kassen verwirklicht werden können, ist derzeit fraglich.

Múzeum körut 14–16, T 1 327 77 73, www.hnm.hu, Metro/Tram/Bus Kálvin tér, Di–So 10–18 Uhr, Dauerausstellung 3500 HUF, ermäßigt 1750 HUF

Religion und Kultur

㉑ **Jüdisches Museum:** s. Tour S. 130.

Essen

An einer guten gastronomischen Auswahl scheitert es rund um den Kleinen Ring und im alten Jüdischen Viertel nicht. Das enorm vielfältige Angebot reicht von den einfachen Imbissständen in der Zentralen Markthalle sowie Streetfood in den Ruinenkneipen bis zu netten Studicafés, modernen Bistros und gehobenen Sternelokalen.

Wein-Bistro

1 **Borbíróság:** Hinter der Zentralen Markthalle serviert das trendige Weinlokal in ruhiger Lage fast 100 ungarische Weine im Glas sowie eine kleine Speisenauswahl. Draußen stehen einige alte Weinfässer als Tische, drinnen verteilen sich die Tische auf zwei Etagen.

Csarnok tér 5, T 1 219 09 02, http://borbirosag.com, Metro/Tram Fővám tér, Mo–Sa 12–23.30 Uhr, €€

Entspanntes Donau-Feeling

2 **Esetleg:** Es gibt nur wenige Bistros am Donauufer ohne jeglichen Straßenverkehr – das Esetleg (Vielleicht) im Bálna ist eines davon. Auf einer langen Sofa-Reihe oder einfachen Biergartenstühlen kann man draußen das Donaupanorama mit Gellértberg bei einem Cocktail oder Drink relaxt genießen. Nur Fahrräder verkehren hier. Kein Wunder, dass die Terrasse sich bei Sonnenschein schnell füllt.

Fővám tér 11–12 (Bálna), T 70 413 87 61, www.fb.com/esetlegbar, Metro/Tram Fővám tér, tgl. 10–24 Uhr, €

Die Sterne funkeln

3 **Costes:** Am Eingang zur Ráday utca war das elegante, dezente Costes 2010 das erste Restaurant in Budapest, das für seine Kochkünste mit einem Michelin-Stern ausgezeichnet wurde. Wer also auch an der Donau nicht auf internationale Topstandards verzichten will, ist für ein gehobenes Abendessen im Costes genau richtig. Mehrgängige Degustationsmenüs mit entsprechenden Weinen stehen natürlich auch im Angebot.

Ráday utca 9, T 20 926 78 37, www.costes.hu, Metro/Tram/Bus Kálvin tér, Fr–Mo 18.30–23 Uhr, €€€

Ungarische Hausmannskost

4 **Paprika Jancsi:** Einen traditionellen Kontrapunkt in der Ráday utca setzt das Paprika Jancsi mit klassischer Hausmannskost, großen Portionen und einer netten Straßenterrasse. Hier stehen Wildschweingulasch, Gänseleber, Ente und Steak auf dem Programm.

Ráday utca 16, T 1 299 07 02, www.paprikajancsietterem.hu, Metro/Tram/Bus Kálvin tér, tgl. 11–24 Uhr, €€

Georgische Spezialitäten

5 **Tifliso:** Südkaukasische Küche ist in Budapest eher eine Neuerung. Schräg gegenüber vom Paprika Jancsi lassen sich in nettem Ambiente viele georgische Klassiker probieren, darunter Khachapuri (Pita mit Käse gefüllt) oder die Suppenklöße Khinkali – viele Lamm- und Rindfleischgerichte.

Ráday utca 11, T 20 58 11 111, www.tifliszo.hu, Metro/Tram/Bus Kálvin tér, tgl. 12–23 Uhr, €€

Kaffee im Museumsgarten

6 **Geraldine:** Auf der Rückseite des Nationalmuseums renovierte die Konditorenfamilie Auguszt einen schicken Pavillon und nutzt ihn nun als freundliches und helles Café. Eine Gartenterrasse gibt es auch.

Múzeum körút 14–16, T 70 614 80 09, https://auguszt.hu/geraldine, Metro/Tram/Bus Kálvin tér, Di–So 10–18 Uhr, €

Knusprige Croissants

7 à table: Ein wenig Paris in Budapest? Mit den leckeren Croissants und den knusprigen Baguettes sowie etwas Kuchen startet es sich gut in den Tag (alles auch zum Mitnehmen). An den Wochenenden ist das kleine Café schnell gut gefüllt – netter Laden.

Wesselényi utca 9, T 1 413 01 97, www.atable.hu, Metro/Tram/Bus Astoria, Mo–Fr 7–17, Sa/So 8–17 Uhr, €

Angesagter Newcomer

8 Gettó Gulyás: Der Name hält, was er verspricht: Auf den Tisch kommt ganz viel deftige ungarische Küche, mit vegetarischen und veganen Optionen. Zum Nachtisch gibt es süße Leckereien wie Schomlauer Nockerln und Topfenknödel. Abends immer reservieren, weil der moderne Laden ziemlich beliebt ist.

Wesselényi utca 18, T 20 376 44 80, www.fb.com/gettogulyas, Metro/Tram/Bus Astoria, tgl. 12–23 Uhr, €–€€

Streetfood im Szeneviertel

9 Karaván: Angesichts der vielen Partygäste im Jüdischen Viertel war es wohl nur eine Frage der Zeit, bis hier auch ein Streetfood-Markt auftauchte. Wenige Schritte vom Szimpla Kert (s. Lieblingsort S. 124) bietet das einstige Wohngrundstück rund ein Dutzend Stände mit ungarischen und internationalen Gerichten, darunter auch vegane Angebote – eine gute Ergänzung im Nightlifeviertel.

Kazinczy utca 18, kein Telefon, Bus Uránia, März–Dez. 11.30–24 Uhr, €

Schickes Ruinenbistro

10 Mazel Tov: Am Rande des Jüdischen Viertels entstand ein schickes Ruinenbistrocafé mit überdachtem Innenhof. Auf den Tisch kommen leckere jüdisch-arabisch-nordafrikanische Spezialitäten wie Tabouleh, Falafel, Shakshuka oder jemenitisches Hühnchen – eine ungewöhnliche Mischung. Im Mazel Tov ist immer viel los, sodass Reservierungen oder eine Wartezeit normal sind, aber es lohnt sich.

Akácfa utca 47, T 70 626 42 80, https://mazeltov.hu, Tram 4, 6 Király utca, tgl. 12–24 Uhr, €–€€

Von der Buchauswahl inspiriert

11 Könyv Bár és Restaurant: Das ›Buch‹ ist ein freundliches und helles Bistro mit kreativer ungarischer Küche, die sich mit einem regelmäßig wechselnden, speziellen Menü jeweils an einem besonderen Buchtipp orientiert. Daneben gibt es eine ansprechende Hauptkarte mit guten Weinen. Die Wände sind ganz von Bücherregalen gesäumt – abends reservieren!

Dob utca 45, T 20 922 70 27, http://konyvbar.hu, Tram 4, 6 Király utca/Wesselényi utca, Mi/Do 16–22, Fr/Sa 12–22 Uhr, €€–€€€

Auferstanden aus Ruinen

12 Kőleves: Die ›Steinsuppe‹ hat ein verfallenes Haus im ehemaligen Jüdischen Viertel liebevoll renoviert und ein sympathisches, lockeres Lokal mit sommerlichem Biergarten eingerichtet. Der ungewöhnliche Name spielt übrigens auf eine populäre Legende rund um den Renaissance-König Matthias an: Danach ›bestrafte‹ der Monarch einen besonders geizigen Gastgeber einst dadurch, dass er einen Stein in der Suppe gegen ein Goldstück eintauschte.

Kazinczy utca 41, T 20 213 59 99, www.koleves.com, Metro/Tram/Bus Deák Ferenc tér, Di/Mi, So 12–22, Do–Sa 12–23 Uhr, €€

Jüdische Küche

13 Carmel: Direkt neben der Orthodoxen Synagoge bietet das Carmel authentische jüdische – und selbstverständlich koschere – Spezialitäten, wie Matzo-Suppe und Cholent. Am Sabbat (Samstag) öffnet das Lokal nur bei Vor-

Im Sommer kocht die ›Steinsuppe‹ in den Hinterhof über, aber auch drinnen sitzt man ganz prima – einfach eine tolle Kneipe, das Kőleves.

bestellung von einem Sabbatmenü mittags und abends (s. Website).

Kazinczy utca 31, T 1 322 18 34, www.carmel.hu, Metro/Tram/Bus Deák Ferenc tér, So–Do 12–23, Fr 12–14 Uhr, €€–€€€

Im Gozsdu-Hof

14 **Café Vian:** Mitten in der quirligen Gastro-Passage des Gozsdu-Hofs ist das Vian ein freundliches Café, das morgens schon nettes Frühstück anbietet. Das ist besonders am Wochenende sehr willkommen, wenn auch Kunsthandwerker in der Passage sind. Abends schwenkt das Vian dann eher auf Cocktails & Co. um. Am Liszt Ferenc tér und in der Leopoldstadt gibt es zwei weitere einladende Filialen.

Dob utca 16/Király utca 13 (Gozsdu-Hof C), T 1 878 13 50, www.cafevian.com, Metro/Tram/Bus Deák Ferenc tér, tgl. 9–1 Uhr, €–€€

Nettes Café

15 **Franziska:** Filiale des Franziska in der Iskola utca (s. S. 89).

Rumbach Sebestyén utca 3, T 70 409 23 18, www.franziska.hu, tgl. 8–16 Uhr, €–€€

Einkaufen

Shopping-Tempel

5 **Zentrale Markthalle:** Der großartige Marktpalast ist immer einen Bummel wert, s. S. 121.

Alte Bücher ohne Ende

1 **Központi Antikvárium:** Eines der schönsten Antiquariate der Stadt mit alten Karten und Büchern – auch deutsche Titel. Schon das Stöbern macht Spaß.

Múzeum körút 13–15, T 1 317 35 14, www.kozpontiantikvarium.hu, Metro/Tram/Bus Astoria, Mo–Fr 10–18, Sa 10–14 Uhr

Bauernmarkt in der Ruinenkneipe:
Das Szimpla Kert bietet sonntags Frisches aus der Region.

Hippes Design

2 **Szputnyik:** Der bunte Laden hat – trotz seines Namens: ›Sputnik‹ – nichts mit russischen Satelliten zu tun, sondern bietet vielmehr ein ausgesprochen breit gefächertes Angebot an designten Vintage-Klamotten, Accessoires und kleinen Designer-Labels, die zudem einen gewissen Umweltanspruch mit sich bringen. Es lohnt sich, einfach mal durchzustöbern.

Dohány utca 20, T 20 392 91 71, https://szputnyikshop.hu, Metro/Tram/Bus Astoria, Mo–Fr 10–20, So 10–18 Uhr

Bauernmarkt in Ruinenkneipe

7 **Szimpla Kert Háztaji Piac:** Sonntags findet ausgerechnet in der Ruinenkneipe Szimpla Kert ein schöner kleiner Bauernmarkt mit leckeren Produkten aus der Region statt – s. Lieblingsort S. 124.

Kazinczy utca 14 (Szimpla Kert), Metro 2, Bus Uránia, So 9–14 Uhr

Kunsthandwerkermarkt

3 **Gozsdu Weekend Market:** Das ganze Jahr über bieten zahlreiche Kunsthandwerker an Wochenenden ihre Waren in der Passage des Gozsdu-Hofs an. Manches wirkt zwar mehr wie Nippes, es gibt aber auch schönen Schmuck, Kettchen etc.

Dob utca 16/Király utca 13 (Gozsdu-Hof), www.weekendmarket.hu, Metro/Tram/Bus Deák Ferenc tér, Fr–So, bei Redaktionsschluss versuchsweise auch Mo 10–17 Uhr

Öko und avantgardistisch

4 **Printa:** Ein vielseitiges Versuchslabor mit Designerklamotten und -taschen, einer kleinen Siebdruckerei (einmal im Monat werden Druckkurse angeboten), einer Galerie und einer Kaffeemaschine

für die Gäste – das Printa verfolgt direkt gegenüber der frisch renovierten Rumbach-Sebestyén-Synagoge ein spannendes Konzept.

Rumbach Sebestyén utca 10, T 30 292 03 29, https://printa.hu, Metro/Tram/Bus Deák Ferenc tér, tgl. 10–19 Uhr

Coole Designer-Mode

5 **Retrock:** In einer Seitengasse zwischen Deák-Platz und Király utca sind in dem großen Laden hinter den hohen Fensterscheiben vor allem coole Designerklamotten für junge Leute angesagt, aber auch diverse Accessoires.

Anker köz 2, T 30 472 36 36, https://retrock.com, Metro/Tram/Bus Deák Ferenc tér, Mo–Sa 11–20, So 12–20Uhr

Bewegen

Radverleih und Touren

1 **Bike & Relax:** Netter Radverleih und Touranbieter am Rand des Gozsdu-Hofes. Tgl. ca. 3-stündige geführte Touren (auf Englisch, teils auch auf Deutsch) mit E-Bikes zum Heldenplatz und zur Budaer Burg (mit Kaffeepause, 44 €). Fahrräder kosten im Verleih 14 €/24 Std., E-Bikes 32 € – mit Kaution.

Madách Imre út 12, T 30 300 80 03, www.bike-and-relax.com, Metro/Tram/Bus Deák Ferenc tér, tgl. 10–18 Uhr

Ausgehen

Insbesondere das ehemalige Jüdische Viertel ist voller Cafés und Kneipen – inklusive mehrere der ungewöhnlichen **Ruinenkneipen.** Hier findet sich immer ein Plätzchen, auch wenn es selbst an Winterwochenenden sehr voll werden kann. Damit die Anwohner nicht ganz um ihren Schlaf gebracht werden, ist draußen auf den Terrassen um 24 Uhr Schluss, drinnen und in den teilweise überdachten Innenhöfen geht es aber munter weiter. Auch die **Ráday utca** verfügt über mehrere nette Adressen und das **Bálna** (Fővám tér 11/12), Budapests ›Wal‹ an der Donau, hat einen Terrassenbereich.

Jazz, Klassik und mehr

1 **Budapest Music Center (BMC):** In der Franzensstadt ist das BMC eine wichtige Konzertadresse. Hier residiert u. a. der Opus Jazz Club, der regelmäßig Auftritte organisiert (https://opusjazzclub.hu). Das BMC sponsert auch zeitgenössische Musik und verfügt zudem über ein eigenes Plattenlabel.

Mátyás utca 8, T 1 216 78 94, https://bmc.hu, Tram 2, 2B, 23 Zsil utca

Bunter Farbtupfen

2 **Púder:** Skurrile Figuren und Installationen hängen an den Wänden und unter der Decke – ein kleiner Verweis darauf, dass in den Räumlichkeiten auch mal

JAZZ UND KLEZMER

Am Kleinen Ring und im Jüdischen Viertel gibt es besonders zahlreiche Angebote für Jazz- und Klezmer-Fans.
Entlang der Ráday utca sind das **iF Kávézó** 3 und das Café **Jedermann** 4 empfehlenswerte Adressen. Das **Budapest Music Center** 1 bietet ebenfalls ein ansprechendes Programm. Am Großen Ring kommt noch der exzellente **Budapest Jazz Club** (s. S. 215) hinzu.
Für Klezmer ist das **Spinoza** 11 eine gute Adresse. Im September bringt zudem das **Jüdische Kulturfestival** (Zsidó Kulturális Fesztivál, www.zsidokulturalisfesztival.hu) auch Klezmer-Musik auf die Bühne.

Theater gespielt wurde. Am Beginn der Ráday utca ist diese lockere Bar eine gute Adresse für ein Bierchen oder ein Glas Wein. Es gibt auch kleinere Speisen (€).

Ráday utca 8, T 1 210 71 68, www.puderbar.hu, Metro/Tram/Bus Kálvin tér, So–Do 12–1, Fr/Sa 12–2 Uhr

Leichte Livemusik

3 iF Kávézó: Das Musikcafé iF überzeugt durch ein freundliches Ambiente, wechselnde Ausstellungen an den Wänden sowie ein Musikprogramm vor allem mit sanftem Salonjazz und Chansons. Schräg gegenüber befindet sich übrigens die Kneipe Paris, Texas, der Oldie der Ráday utca.

Ráday utca 19, T 1 299 06 94, www.ifkavezo.hu, Metro/Tram/Bus Kálvin tér, Konzerte: 2600/2000 HUF, tgl. 11–24 Uhr

Jazz für jeden

4 Jedermann: Der Niederländer Hans van Vliet hat das Café im Goethe-Institut in ein sehr heimeliges Lokal umgewandelt. Zwei- bis dreimal pro Woche gibt es ab ca. 20 Uhr Jazz live (Eintritt ca. 2000 HUF). Gelegentlich ist der Hausherr sogar selbst zu hören. Auch tagsüber ist das Jedermann eine entspannende Adresse, mit deutschen Zeitungen.

Ráday utca 58, T 30 406 36 27, www.jedermann.hu, Tram 2, 2B, 4, 6, 23 Boráros tér, Mo–Do 8–24, Fr 8–1, Sa 9–1, So 9–24 Uhr

Treff im Palastviertel

5 Tilos a tilos: Im Herzen des sogenannten Palastviertels ist das Lokal auf dem kleinen, stimmungsvollen Mikszáth-Platz seit Langem eine verlässliche Stammadresse (früher unter dem Namen Zappa). Drinnen schmückt ein großes, denkmalgeschütztes Wandgemälde die Kneipe, im Keller finden gelegentlich Gigs statt und im Sommer genießen die Gäste draußen auf dem Platz ihre Drinks oder auch das Mittagessen – nebenan befinden sich weitere Cafés.

Mikszáth Kálmán tér 2, T 30 148 74 54, www.fb.com/zappa.bistro.caffe, Metro/Tram/Bus Kálvin tér, Fr 9–24, Sa/So 12–24 Uhr

Orientale Kino-Pracht

6 Uránia Nemzeti Filmszínház: Das ›Nationale Filmtheater‹ wurde Mitte der 1890er-Jahre prachtvoll im maurischen Stil errichtet. Schon allein deswegen lohnt sich eine Vorführung im großen Saal. Immer wieder ungarische Premieren mit Staraufgebot.

Rákóczi út 21, T 1 486 34 00, www.urania-nf.hu, Metro 2 Astoria, Bus 5, 7, 8E Uránia

Ruinenkneipe im Hinterhof

7 Szimpla Kert: Das Urgestein unter den Ruinenkneipen im ehemaligen Jüdischen Viertel – s. Lieblingsort S. 124.

Coole Ruinenkneipe

8 Instant/Fogas: Diese weitverzweigte Doppel-Location neben dem **Mazel Tov** 10 verfügt über sieben Tanzflächen und ist angeblich Europas größte Ruinenkneipe. Der Laden ist stimmungsvoll, aber doch eher im Mainstream angelangt. Auch Konzerte und Events.

Akácfa utca 49–51, T 70 638 50 40, https://instant-fogas.com, Tram 4, 6 Király utca, tgl. 18–6 Uhr

Wohnzimmer-Bar

9 Nappali Kávéház: Diese gemütliche Bar am Rand des Jüdischen Viertels schenkt vor allem hochprozentige Spirituosen aus, sie hält eine große Auswahl vor. Gedämpftes Licht und die Bücherregale schaffen dennoch eine heimelige Atmosphäre im ›Wohnzimmer-Kaffeehaus‹.

Vasvári Pál utca 3, T 1 704 55 21, www.fb.com/NappaliKavehaz, Tram 4, 6 Király utca, Mo–Sa 13–24 Uhr

Stilvoll am Wein nippen

10 Dobló: Mitten im pulsierenden Ausgehviertel, nur wenige Schritte vom Gozsdu-Hof

Abends unbedingt reservieren! Das Dobló ist häufig ausgebucht, was nicht zuletzt an der riesigen Weinauswahl liegt: Man hat die Auswahl zwischen 150 verschiedenen Tropfen.

entfernt, und dennoch eine eher ruhige und stilvolle Weinbar. Zur Auswahl stehen 150 Weine, auch Weinproben – vor allem abends sollten Sie unbedingt reservieren; s. auch Magazin S. 306.

Dob utca 20, T 20 398 88 63, www.fb.com/doblowinebar, Metro/Tram/Bus Astoria, tgl. 14–1 Uhr

Klezmercafé

11 **Spinoza:** Das freundliche Café-Bistro unterstützt die Renaissance der Klezmer-Musik (s. Zugabe S. 142) durch regelmäßige Konzerte alle zwei Wochen freitags (19 Uhr, 4900 HUF, mit Drei-Gänge-Abendessen 12 000 HUF). Ansonsten gibt es abends auch Live-Klaviermusik sowie morgens Frühstück und später Mittagsangebote – eine vielseitige Adresse!

Dob utca 15, T 1 413 74 88, www.spinozacafe.hu, Metro/Tram/Bus Astoria, Mo–Mi 17–23, Do–So 12–23 Uhr

Party im Gozsdu-Hof

12 **Spíler:** Gegenüber dem **Café Vian** 14 (s. S. 162) gelegen ist das Spíler im Gozsdu-Hof ein attraktiver Bistro-Pub mit nettem Designer-Interieur. Zum Spíler gehört auch ein einfacher Biergartenbereich, der sich zu beiden Seiten der Passage angesiedelt hat (Spíler Shanghai). Das Publikum des Bistro-Pubs ist bunt gemischt und abends wird es hier immer voll.

Dob utca 16 / Király utca 13 (Gozsdu-Hof C), T 1 878 13 20, www.spilerbp.hu, Metro/Tram/Bus Deák Ferenc tér, So–Mi 11.30–24, Do–Sa 11.30–1.30 Uhr

Zugabe

Beschwingter Klezmer

Revival jüdischer Musik

Mal sind die Melodien traurig und melancholisch, dann wieder voller Schwung und Euphorie. Dmitri Schostakowitsch sagte einmal, die jüdische Klezmer-Musik sei die »Vereinigung von Ekstase und menschlicher Verzweiflung«. Und in Budapest können Sie heute wieder von mehreren Bands den »Blues des 21. Jahrhunderts« (Ferenc Jávori) hören und so auch musikalisch in das reiche jüdische Kulturerbe eintauchen. Klezmer ist schon seit Jahrhunderten ein fester Bestandteil der jüdischen Kultur, die Wurzeln reichen in Osteuropa bis ins 15. Jh. zurück. Als *klezmer* bzw. *klezmorim* bezeichnete man ursprünglich die Musiker selbst. Wichtige Instrumente sind Geige, Klarinette und Akkordeon.

Dass Klezmer in Budapest ein Revival erlebt hat, ist nach wie vor ein kleines Wunder. Denn nach dem Holocaust war Mitte des 20. Jh. die traditionsreiche Musik in Ungarn fast völlig verschwunden. Es waren Roma-Musiker, die das musikalische Erbe bewahrten. Doch 1990 erfüllte sich **Ferenc (Fegya) Jávori** einen Traum: Der 1946 im heute ukrainischen Munkacevo (früher: Munkács) geborene Musiker war dort das erste jüdische Kind, das nach dem Holocaust geboren wurde. Nach seinem Musikstudium in Lemberg ging er 1975 nach Ungarn und spielte dort im Orchester des Budapester Operettentheaters Violine.

Aber seine eigentliche Liebe gehörte der Klezmer-Musik. Von seiner Mutter und dem befreundeten Roma-Musiker Gyula Galambos lernte er viele traditionelle Melodien – und dann wagte er 1990 die Gründung der **Budapest Klezmer Band,** der ersten Klezmer-Gruppe nach dem Zweiten Weltkrieg in Ungarn. Jávori ging mit viel Engagement an die Sache heran und die temperamentvolle Band eroberte mit ihrer »Musik für die Seele« schnell die Herzen des Publikums.

Nach den Tragödien des 20. Jh. plädierte der sympathische Musiker für einen »Klezmer der offenen Grenzen«. So verwundert es nicht, dass es bei den größeren Produktionen der Gruppe immer um das friedliche Zusammenleben in multikulturellen Gesellschaften geht. Bestes Beispiel dafür ist Jávoris schwungvolles Musical »Menyasszonytánc«

Dmitri Schostakowitsch sagte einmal, die jüdische Klezmer-Musik sei die »Vereinigung von Ekstase und menschlicher Verzweiflung«.

(Brauttanz), das 2006 im Budapester Operettentheater erfolgreich Premiere feierte. Es spielt in einem Dorf in Siebenbürgen und thematisiert die Konflikte zwischen der ungarischen, rumänischen und jüdischen Bevölkerung. Religiöse und gesellschaftliche Toleranz ist nach den Erfahrungen des 20. Jh. ein wichtiges Anliegen von Jávori – und wieder erschreckend aktuell.

Jávori ist auch für andere künstlerische Ausdrucksformen sehr offen. Im Jahr 1999 brachte er mit dem Győrer Nationalballett das Tanzstück »Purim« auf die Bühne und auch gemeinsam mit dem Ferenc-Liszt-Kammerorchester trat die Band schon auf. Zwei Filme wurden über Jávori und die Gruppe gedreht.

Doch trotz dieser ›Ausflüge‹ in fremde Sparten: Es geht nichts über ein Livekonzert der Budapest Klezmer Band. Ihre inzwischen leider seltener gewordenen Auftritte sind immer ein musikalisches Highlight. Aktuelle Infos zur Band finden sich auf: https://budapestklezmer.hu.

Aber die BKB ist längst keine Einzelgängerin mehr in Budapest. Es gründeten sich bald weitere Gruppen. Ebenfalls schon mehr als 20 Jahre auf der Bühne steht z. B. **Sabbathsong,** die u. a. im Spinoza auftreten. Ganz aktuell steuerten sie z. B. Musik für den Film »Song of Names« (2019) mit Clive Owen bei.

Eine weitere gute Gelegenheit, Klezmer-Musik zu hören, ist das Jüdische Kulturfestival im September (www.zsidokulturalisfesztival.hu, s. S. 252). Klezmer ist wieder ein fester Bestandteil der Budapester Musikszene. ■

Seit 1990 eine feste Größe im Kulturleben der Hauptstadt: Die Budapest Klezmer Band mit ihrem Gründer Ferenc (Fegya) Jávori (Mitte) hat in Ungarn eine kleine Renaissance der jüdischen Alltagsmusik bewirkt, der sich mittlerweile andere Künstler anschlossen.

Leopoldstadt

Repräsentationsviertel — Zwischen der St.-Stephans-Basilika und dem monumentalen Parlament zielt die Leopoldstadt ganz darauf, zu beeindrucken. Hier lässt sich am besten dem Glanz der vorletzten Jahrhundertwende nachspüren.

Seite 147

St.-Stephans-Basilika

Budapests größte Kirche ist baulich ganz in das Stadtviertel eingebunden und glänzt durch eine prunkvolle Ausstattung, darunter die wertvollste Reliquie der ungarischen Katholiken, die ›Heilige Rechte‹.

Seite 150

Schuhe am Donauufer

Im Winter 1944/45 erschossen die ungarischen Faschisten zahlreiche Juden am Donauufer – daran erinnert das bewegende Schuh-Denkmal am Donaukai zwischen Kettenbrücke und Parlament.

Groß und großartig: St.-Stephans-Basilika

Seite 153

Parlament ✪

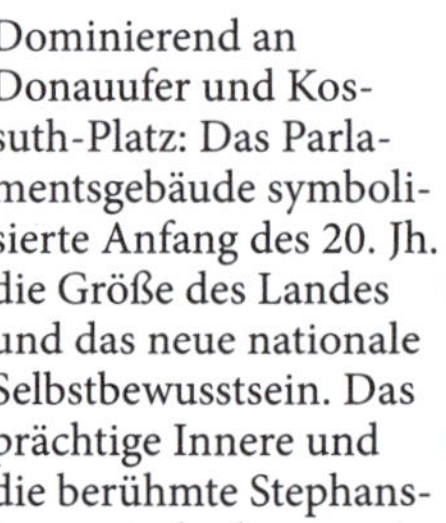

Dominierend an Donauufer und Kossuth-Platz: Das Parlamentsgebäude symbolisierte Anfang des 20. Jh. die Größe des Landes und das neue nationale Selbstbewusstsein. Das prächtige Innere und die berühmte Stephanskrone sind sehenswert.

Seite 154

Kunstmeile Falk Miksa utca

Zwischen Kossuth Lajos tér und Großem Ring haben sich die Größen der ungarischen Kunstgalerieszene angesiedelt. Auch Porzellan, Schmuck und Fernöstliches werden gehandelt.

Seite 157

Szabadság tér

Im Herzen des Viertels dominieren imposante Bauwerke den parkähnlichen Freiheitsplatz – hier lässt sich der Glanz des frühen 20. Jh. entspannt auf einer Parkbank nachvollziehen, aber auch die aktuelle Geschichtsdebatte. Hier finden sich die Ungarische Nationalbank ebenso wie die US-Botschaft, ein sowjetisches Ehrenmal ebenso wie ein Monument zur Erinnerung an den deutschen Einmarsch 1944.

Seite 158

Ehemalige Postsparkasse

Das grüne Dach der einstigen Postsparkasse ist ein wahres Meisterwerk des ungarischen Jugendstil-Architekten Ödön Lechner. Besonders gut sieht man das verspielte Dach vom Open-Air-Café Intermezzo Roof Terrace.

Seite 162

Aktuelle Geschichtsdebatten

Kossuth Lajos tér und Szabadság tér bieten anschauliche Beispiele für Debatte um die wichtigsten historischen Ereignisse des 20. Jh.

Fürst und Feldherr: Auf dem 2000-Forint-Schein prangt Gábor Bethlen.

s ob sie meinem Herzen scharf
spränge, rang sich die Donau fort.
o, weise, riesig.«
la József

erleben

Macht und Pracht

K

Kein Stadtviertel präsentiert so anschaulich den ungebrochenen Macht- und Geltungsanspruch der ungarischen Elite an der Wende zum 20. Jh. Ob das imposante Parlamentsgebäude, die wuchtige St.-Stephans-Basilika oder die heutige Nationalbank und die einstige Börse am Freiheitsplatz – hier wurde selbstbewusst für ein neues Zeitalter gebaut.

Nach der Erlangung weitreichender politischer Autonomie durch den Ausgleich mit Österreich 1867 wollte man zeigen, dass Ungarn auf Augenhöhe agierte – die Leopoldstadt (Lipótváros) wurde zum neuen Machtzentrum und zu einem städtebaulichen Juwel ausgebaut. Glanz und Gloria des Goldenen Zeitalters bis zum Ausbruch des Ersten Weltkriegs haben sich hier bestens erhalten. Politisch und historisch nicht unumstritten wurde die Leopoldstadt durch die Renovierungen der letzten Jahre noch mehr rausgeputzt.

Das Viertel war schon ab 1808 vom sogenannten Verschönerungskomitee der Stadt Pest nach einem Masterplan von János Hild als erste Vorstadt jenseits der Stadtmauer angelegt worden. Typisch ist das schachbrettartige Muster des Straßennetzes. Der Ausbau vollzog sich in zwei Stufen: Im südlichen Teil stehen noch zahlreiche Gebäude aus der klassizistischen Periode, während im Norden Gründerzeit und Jugendstil dominieren.

ORIENTIERUNG O

Reisekarte: D/E 6–8 und Karte 3, D/E 7/8
Cityplan: S. 148
Ausgangspunkt: Startpunkt ist der Metroknotenpunkt Deák Ferenc tér. Die Leopoldstadt ist durch ihr schachbrettartiges Straßenmuster sehr übersichtlich angelegt. Für den Rundgang benötigt man ca. 2 Std. reine Gehzeit, mit Besichtigungen und Essenspausen kann daraus ein ganzer Tag werden.
Das Viertel entdecken: Auch hier ist man am besten zu Fuß unterwegs. Die kleinen Gassen der Leopoldstadt sind aber auch für Radfahrer gut geeignet. Entlang der Donaupromenade verkehren Tram 2, 2B und 23 zum Großen Ring/Jászai Mari tér. Dort besteht Anschluss an Tram 4 und 6. Unter dem Kossuth Lajos tér rauscht die Metro 2 durch. Am Rand des Viertels hält die Metro 3 an der Arany János utca.
Touristeninformation: Sütő utca 2 (am Deák Ferenc tér), www.budapestinfo.hu, tgl. 8–20 Uhr.

Zum Donauufer

Vom **Deák Ferenc tér** ❶ geht es über den **Erzsébet tér** ❷ (s. S. 95) am alten Busbahnhof vorbei – jetzt Biergarten – nach Norden mitten in die Leopoldstadt. Der südliche Teil des Viertels wurde bereits in der ersten Hälfte des 19. Jh. als erste geplante Vorstadt jenseits der einstigen Stadtmauern erweitert und wird demgemäß baustilistisch vom Klassizismus dominiert.

Gerade dieser südliche Teil ist heute touristisch sehr stark ausgebaut – es gibt Fußgängerzonen und viele Cafés, Bistros und Restaurants. Das Donauufer hingegen ist hier noch ziemlich rustikal: kein Korso, sondern allein einen Uferweg, dafür aber wichtige Denkmäler auf dem Weg zum alles beherrschenden Parlament.

St.-Stephans-Basilika

Karte 3, E8

Dem Staatsgründer gewidmet

Über die schön herausgeputzte Hercegprímás utca erreicht man vom Erzsébet tér in gerader Linie die größte Kirche Budapests: die pompöse **St.-Stephans-Basilika (Szent István Bazilika)** ❸ am verkehrsberuhigten **Szent István tér.**

Obwohl unter der großen Kuppel rund 8500 Gläubige Platz finden und der gesamte Bau über einer Freitreppe wuchtig aufragt, ist die gesamte Kirche in 55 Jahren Bauzeit bis 1906 dennoch mehr oder weniger einfach in das Stadt-

Welch standesgemäßer Zugang: Über die Zrinyi utca gelangt man zur St.-Stephans-Basilika, der größten Kirche in Budapest.

Leopoldstadt

- ⓾ Kossuth Lajos tér
- ⓫ Parlament
- ⓬ ehem. Oberster Gerichtshof
- ⓭ Szabadság tér
- ⓮ Ungarische Nationalbank
- ⓯ ehemalige Postsparkasse
- ⓰ Glashaus/Carl-Lutz-Gedenkzimmer
- ⓱ Open Society Archives
- ⓲ Light Art Museum Budapest

Essen

- 1 Borkonyha
- 2 Essência
- 3 Café Kör
- 4 Hungarikum Bisztró
- 5 Szamos Parlament
- 6 Café Frei
- 7 Artizán

Einkaufen

- 1 Pintér Aukciósház
- 2 Nagyházi Galéria
- 3 Moró Antik
- 4 Virág Judit Galéria
- 5 Kieselbach Galéria
- 6 Haas Galéria
- 7 Bortársaság
- 8 Bestsellers

Ansehen

- ❶ Deák Ferenc tér
- ❷ Erzsébet tér
- ❸ St.-Stephans-Basilika
- ❹ Central European University (CEU)
- ❺ Kettenbrücke
- ❻ Ungarische Akademie der Wissenschaften
- ❼ Gresham-Palast
- ❽ Skulptur »Schuhe am Donauufer«
- ❾ Attila-József-Denkmal/Donaupanorama

Ausgehen

- 1 DiVino
- 2 Donaupalast
- 3 Intermezzo Roof Terrace

viertel eingepasst worden. Während für das Parlament ein ganzer riesiger Platz angelegt wurde, hat man hier auf eine Freistellung des Gotteshauses verzichtet. Dadurch fehlt ihr vielleicht das letzte Quäntchen Wirkung. Sehr schön ist abends aber mit Beleuchtung der Blick durch die Fußgängerzone Zrínyi utca zurück auf die imposante Kirche.

An der prächtigen Innenausstattung der Kirche haben damals bedeutende Maler wie Károly Lotz und Gyula Benczúr mitgewirkt. In der kleinen Schatzkammer ist u. a. eine Porzellankopie der Stephanskrone aus der bekannten Manufaktur Herend ausgestellt.

Wichtigster Schatz der Kirche ist die sogenannte **Heilige Rechte (Szent Jobb)** aus dem 11. Jh. Sie soll angeblich die rechte Hand von König Stephan I. (István, reg. 997–1038) sein und die ungarischen Katholiken verehren sie als ihre bedeutendste Reliquie. Der Schrein steht in einer Seitenkapelle links vom Hochaltar.

An einem schönen Tag empfehle ich den Aufstieg in die **Kuppel (Panoráma kilátó)** der Basilika. Von der Außengalerie hat man einen herrlichen Rundblick über die gesamte Stadt – und wohl die schönste Aussicht auf der Pester Donauseite!

Da sich der Kirchenbau so lange hinzog – u. a. stürzte die Kuppel einmal ein –, waren am Ende drei Baumeister am Werk, zunächst József Hild, dann Miklós Ybl und schließlich József Kauser. Neben der Kathedrale von Esztergom ist die Basilika die Hauptkirche des Erzbistums Esztergom-Budapest. Seit die Kirche eintrittspflichtig ist, befindet sich die Kasse in der Häuserzeile seitlich der Kirche auf dem Platz.

Szent István tér, www.bazilika.biz, Metro/Tram/Bus Deák Ferenc tér; **Kirche:** Mo 9–16.30, Di–Sa 9–17.45, So 13–17.45 Uhr, 2000 HUF, ermäßigt 1500 HUF; **Panoramakuppel/Schatzkammer:** tgl. 9–19 Uhr, 3200 HUF, ermäßigt 2700 HUF (Kombiticket 4500/4000 HUF)

Széchenyi István tér

Karte 3, D/E8

Uni-Kampf an Fußgängerzone

Die schick zur Fußgängerzone ausgebaute Zrínyi utca verbindet die Basilika bequem mit dem Széchenyi István tér an der Zufahrt zur Kettenbrücke. Rechts und links sowie in den Seitengassen Sas utca und Október 6. utca haben sich viele touristische Lokale angesiedelt, die heute diesen Teil des Viertels prägen. Wer auf die Schnelle etwas sucht, hat also reichlich Auswahl.

Auf halbem Weg zur Donau quert die Nádor utca die Fußgängerzone. Zur Rechten befindet sich zwischen Nr. 9 und Nr. 15 das Hauptgebäude der 1991 vom 1930 in Budapest als György Schwartz geborenen Milliardär und Philantropen George Soros gegründeten **Central European University (CEU)** ❹. Lange war die international sehr renommierte Uni ein Vorzeigeprojekt für die neue Weltoffenheit Budapests und Ungarns. Doch Ministerpräsident Orbán, der selbst zur Wendezeit einst ein von Soros finanziertes Stipendium erhalten hatte, sieht in ihm und seinem Sohn seit Jahren einen persönlichen und politischen Feind, den er regelmäßig scharf kritisiert. Dabei sind leider auch immer wieder antisemitische Anspielungen zu sehen und zu hören. Ungeachtet großer Proteste innerhalb wie außerhalb Ungarns musste die CEU schließlich ihren Sitz nach Wien verlegen und ihren Betrieb in Budapest deutlich reduzieren – für das Wissenschaftsleben in Ungarn ein schwerer Schlag.

Der größte Ungar

Er galt als der »größte Ungar«: Graf István Széchenyi (1791–1860), denn er war in der ersten Hälfte des 19. Jh. für die Umsetzung vieler wegweisender und fortschrittlicher Projekte verantwortlich, weil er das damalige Ungarn im europäischen Vergleich als rückständig empfand und dies unbedingt ändern wollte. So brachte er u. a. Dampfschiffe auf die Donau und förderte die Industrialisierung. Am ihm zu Ehren benannten **Széchenyi István tér** stehen gleich zwei seiner größten Hinterlassenschaften: die **Kettenbrücke (Lánchíd)** ❺ (s. S. 69) sowie die **Ungarische Akademie der Wissenschaften (Magyar Tudományos Akadémia)** ❻. Széchenyi gründete die Akademie 1825 durch eine großzügige Stiftung. Das Neorenaissance-Bauwerk entstand aber erst 1862–64 nach Entwürfen von Friedrich Stüler. An den geistigen Vater der Akademie erinnert eine Statue vor dem Gebäude. 2018/19 gab es Proteste gegen die De-facto-Zerschlagung der Akademie durch die Regierung.

Noch ein weiteres Bauwerk am Platz fällt auf: In der Fluchtlinie der Brücke steht der prächtige **Gresham-Palast** ❼, ein Jugendstil-Palast, in den Jahren 1904–06 errichtet nach Entwürfen von Zsigmond Quittner sowie József und László Vágó. Von der Hotelkette Four Seasons wurde der Bau umfassend saniert und in das luxuriöseste Hotel Budapests umgewandelt. Schon die Details der reich verzierten Außenfassade sind bewundernswert. Filigran sind auch die Pfauen an den schmiedeeisernen Toren sowie die Etagenanzeiger an den Fahrstühlen.

In welcher Form sich nach Abschluss der Brückenrenovierung wieder sommerliche Bars am Ufer ansiedeln, bleibt abzuwarten.

Zurückgelassene Schuhe

Der Donaukai zwischen Kettenbrücke und Parlament ist sehr rustikal – und verläuft direkt neben einer Hauptstraße, die nach der Rushhour allerdings ruhiger wird. Auf dem Weg zum Parlament steht auf der Kaimauer plötzlich eine längere Reihe von Schuhen. Die Skulptur **»Schuhe am Donauufer«** ❽ (Gyula Pauer, 2005) ist jenen jüdischen Budapestern gewidmet, die am Pester Donauufer im Winter 1944/45 von den ungarischen Faschisten, den sogenannten Pfeilkreuzlern, hasserfüllt noch in den letzten Tagen des Krieges erschossen wurden – ein sehr bewegendes Mahnmal.

Ein Dichter setzt sich durch

Unmittelbar vor dem Südflügel des Parlamentsgebäudes sitzt der Dichter **Attila József** ❾ ganz nachdenklich auf einigen Stufen zum Ufer hinab. Mit dem ungebrochenen autoritären Nationalismus der Zwischenkriegszeit konnte József (1905–37) nicht viel anfangen und war deshalb ein Gegner des Horthy-Regimes. Kurz vor seinem sehr frühen Tod verfasste er für den Besuch von Thomas Mann 1937 sogar ein Gedicht, dessen Vortrag aber von der Polizei aus politischen Gründen verboten wurde. Józsefs Geburtstag (11. April) gilt heute in Ungarn als Tag der Dichtung. Die Haltung des sitzenden Lyrikers ist einem Foto aus dem Jahr 1935 nachempfunden. Aus seinem Werk »An der Donau« (1936) stammen die Gedichtzeilen: »Als ob sie meinem Herzen scharf entspränge, rang sich die Donau fort. Trüb, weise, riesig.«

Die Orbán-Regierung hatte den unbequemen Dichter im Zuge der Renovierung des Kossuth Lajos tér zunächst ganz entfernen wollen, doch Proteste haben das verhindert und József nun einen neuen Platz am Donauufer verschafft. Der Bildhauer László Marton (1925–2005) – nicht zu verwechseln mit dem Schriftsteller und Literaturübersetzer László Martón (geb. 1959) – hatte die Skulptur 1980 geschaffen. Hier bietet sich ein wunderbares **Donaupanorama.**

Ob man hier in Zukunft abends wieder bei einem Drink den Blick auf die Kettenbrücke genießen kann? Mit der Sanierung der Kettenbrücke war die Zukunft des stimmungsvollen Open-Air-Lokals unterhalb des Széchenyi István tér erst einmal unsicher.

Kossuth Lajos tér

Karte 3, D/E7

Hier wird Politik gemacht

In seiner Weitläufigkeit ist der **Kossuth Lajos tér (Kossuth-Lajos-Platz)** ⑩ beeindruckend, eingerahmt vom Parlament und weiteren mächtigen Großbauten. Er ist von landesweiter Bedeutung: Wann immer für oder vor allem gegen die Regierung demonstriert wird, treffen sich die Massen vor dem Parlament. So auch am Abend des 23. Oktober 1956, als Hunderttausende Budapester nach einer Massendemonstration ein Ende des stalinistischen Regimes forderten und damit einen revolutionären Aufstand einläuteten. Zwei Tage später richtete die Geheimpolizei ein Massaker auf dem Platz an, woran heute durch eine kleine unterirdische Ausstellung erinnert wird. Bei der kompletten Neugestaltung des Platzes 2013/14 wurde er publikumsfreundlich vom Autoverkehr befreit.

Die Helden von einst

Heftige Kontroversen gab es aber um die Neugestaltung der **Denkmäler** auf dem Platz, die sich nun wieder an die Zeit vor dem Zweiten Weltkrieg anlehnen. Kritiker werfen der Regierung Geschichtsrevisionismus vor (s. Zugabe S. 162). Erhalten blieb auf der Südseite

Symbol für die Freiheit: der Kossuth Lajos tér. 1956 versammelten sich hier Hunderttausende Budapester und forderten ein Ende des stalinistischen Regimes. Seitdem finden hier immer wieder Demonstrationen statt.

des Platzes hoch zu Pferd Fürst Ferenc II. Rákóczi, der 1703 bis 1711 einen bedeutenden Aufstand gegen die Habsburger angeführt hatte. Auf der Nordseite wurde anstelle des pathetischen Kossuth-Denkmals aus der Nachkriegszeit ein ähnlich pathetisches Denkmal aus der Horthy-Zeit wiedererrichtet. Zu sehen ist die revolutionäre Batthyány-Regierung von 1848 mit Lajos Kossuth.

Parlament

Größer, höher, prächtiger …

Der neugotische Palast des **Parlaments (Országház)** ⓫ beeindruckt allein schon durch seine schieren Dimensionen: 17 Jahre benötigte man, um den 1885 begonnenen, 268 m langen, 123 m breiten und bis zu 96 m hohen Bau zu vollenden. Baumeister Imre Steindl verbaute 40 Mio. Ziegel, über 500 000 Steinblöcke sowie 40 kg Gold. Er schuf rund 700 Räume und 29 Treppenaufgänge. Die Baukosten verdoppelten sich im Laufe der Jahre auf rund 38 Mio. Goldkronen – damals eine exorbitante Summe. Dafür erhielten die Ungarn das größte Parlamentsgebäude der Welt. Steindl orientierte sich überwiegend am britischen Vorbild von Westminster – natürlich, um es bei Weitem zu übertreffen. Man muss bedenken, dass Ungarn damals dreimal so groß war wie heute. Das Parlamentsgebäude sollte den Anspruch auf die staatliche Selbstständigkeit untermauern und die eigene Größe dokumentieren, weshalb die ungarische Geschichte hier regelrecht zelebriert wird.

Optisch ist das Bauwerk übrigens aus Effektgründen eigentlich auf die Donau ausgerichtet, doch die Eingänge befinden sich alle auf der ›Landseite‹ am Kossuth-Platz. Ein Flügel diente dem Abgeordnetenhaus, der andere war der Nationalversammlung vorbehalten. Heute hat das ungarische Parlament nur noch eine Kammer.

Führung durchs Parlament

Auch das Innere des Parlaments ist ganz darauf ausgerichtet, Besucher wie Parlamentarier zu beeindrucken. Wer die Prunktreppe zur Kuppelhalle hinaufschreitet, fühlt sich automatisch klein. Hier beginnt auch die eigentliche Führung im Haus, wenn auch der Startpunkt nach der Sicherheitskontrolle im Besucherzentrum ist. Durch den Keller gelangt man in den Palast zur Prunktreppe. Diese wird von drei wunderbaren Deckenfresken gekrönt, mit denen Károly Lotz »Die Apotheose Ungarns« symbolisieren wollte. Miksa Róth steuerte die farbigen Fenster bei.

In der beeindruckenden Kuppelhalle werden – flankiert von einer Ehrenwache – die Krönungsinsignien aufbewahrt, unter ihnen die historisch sehr kostbare Stephanskrone. Stephan I. (ungar. István) war von 997 bis 1038 der erste ungarische König und die Krone galt über Jahrhunderte als das Symbol königlicher Macht in Ungarn. Allerdings hatte Stephan die Krone niemals auf dem Kopf, da sie erst nach seinem Tod entstand. Ein genauerer Blick verrät, dass es sich um zwei Hauptteile handelt: die sogenannte ›griechische Krone‹ aus Byzanz sowie die ›lateinische Krone‹, die möglicherweise in Italien gefertigt wurde. Erstere ist ein mit Edelsteinen und Heiligendarstellungen verzierter Reif, der um 1075 als Geschenk des byzantinischen Kaisers für die Frau von König Géza I. nach Ungarn gelangte. Der lateinische Kreuzbügel (die beiden gebogenen Goldreifen) stammt aus dem 11. oder 12. Jh. Seit dem 13. Jh. legten die ungarischen Könige ihren Treueschwur auf die ›Heilige Krone‹ ab. Ebenfalls ausgestellt sind das Zepter und der Reichsapfel. Das Schwert, gleicherma-

TOUR

Gemälde, Porzellan und Antiquitäten

Spaziergang auf der Kunstmeile Falk Miksa utca

Die ungarische Galerien- und Antiquitätenszene hat sich seit Mitte der 1990er-Jahre in der ruhigen Gasse zwischen Kossuth-Platz und Großem Ring angesiedelt. Flaggschiffe der Kunstmeile sind die einflussreichen Galerien von Judit Virág und Tamás Kieselbach. Auf einem abwechslungsreichen Bummel entdeckt man aber auch Geschäfte mit Porzellan, Möbeln und Fernöstlichem.

Großbürgerliche Häusern säumen die Falk Miksa utca in einem sympathischen, an der Wende zum 20. Jh. entstandenen Wohnviertel in der nördlichen Leopoldstadt.

In ihrem südlichen Teil dominieren Antiquitätenläden. Zu den interessantesten Adressen gehört hier **Pintér Aukcióshäz** 1 mit einem verzweigten, 2000 m² großen Geschäft. Ausgestellt sind vor allem Möbel und Gemälde. Es folgt eine Reihe weiterer kleiner Galerien und Antiquitätenläden, die zum Stöbern einladen. Die meisten führen Porzellan, Glas, aber auch Uhren, Schmuck und Gemälde. Besonderheiten sind kostbare Stücke der ungarischen Porzellanmanufakturen Zsolnay und Herend. An der Straßenecke zur Balaton utca lädt das **Café Frei** 6 zu einer verdienten Pause ein.

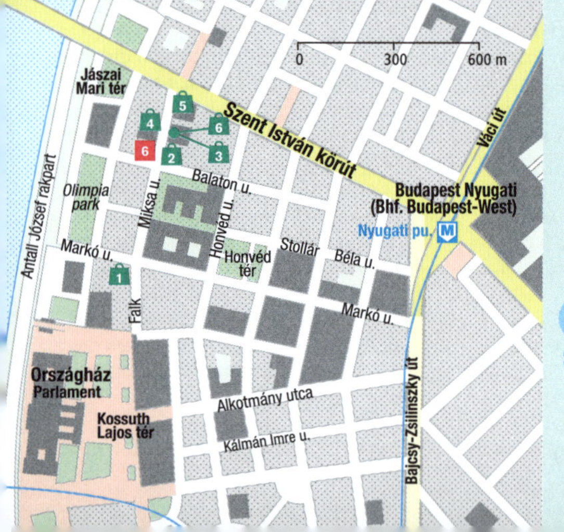

Im renommierten Auktionshaus **Nagyházi Galéria** 2 kommen regelmäßig

Infos

D/E 6/7
Cityplan: S. 148

Start: Kossuth Lajos tér (Metro 2, Tram 2, 2B, 23)

Pinter Aukciósház 1: Falk Miksa utca 10, https://pinteraukcioshaz.hu
Nagyházi Galéria 2: Balaton utca 8 / Falk Miksa utca, www.nagyhazi.hu
Moró Antik 3: Falk Miksa utca 13, www.moroantik.hu
Virág Judit Galéria 4: Falk Miksa utca 30, https://viragjuditgaleria.hu
Kieselbach Galéria 5: Szent István körút 5 / Falk Miksa utca, www.kieselbach.hu
Haas Galéria 6: Falk Miksa utca 13, www.haasgaleria.hu

Öffnungszeiten: meist Mo–Fr 10–18, Sa 10–13 Uhr

Teppiche, Antikmöbel, Porzellan, Glas und Gemälde unter den Hammer. Bei **Moró Antik 3** geht es um Fernöstliches.

Die Kunsthistorikerin Judit Virág gründete mit ihrem Ehemann István Törő 1997 die heutige **Virág Judit Galéria 4**. Die agile Galeristin konzentriert sich auf die Malerei des 19. und 20. Jh. Das Gemälde »Geheime Insel« (1903) von Tivadar Csontváry-Kosztka erzielte bei einer ihrer regelmäßigen Auktionen Ende 2021 mit 460 Mio. HUF (ca. 1,2 Mio. €) den bisher höchsten Preis für ein Gemälde auf dem ungarischen Kunstmarkt. Die Werke werden vorab in der Galerie präsentiert – eine gute Gelegenheit, selten zu sehende ungarische Kunstwerke zu bewundern.

Größter Konkurrent von Virág ist an der Ecke zum Großen Ring die **Kieselbach Galéria 5** (Eintritt frei). Tamás Kieselbach, ein ausgewiesener Experte für ungarische Malerei aus der Zeit zwischen 1850 und 1950, führt ebenfalls regelmäßig hochkarätige Auktionen durch und präsentiert die Werke vorab der Öffentlichkeit. Tamás Kieselbach ist außerdem Autor des opulenten Standardwerks »Die Moderne in der ungarischen Malerei«, das 2008 im Berliner Nicolai-Verlag auch auf Deutsch erschienen ist. Kieselbach veranstaltet gelegentlich auch interessante Werkschauen zeitgenössischer Künstler, die immer einen Blick lohnen.

In der **Haas Galéria 6** stellt János Haas vor allem ungarische Gemälde des 20. Jh. aus. Dazu gehören beispielsweise Künstler aus Szentendre oder der ehemaligen Künstlerkolonie Nagybánya, aber auch Werke aus dem beginnenden 21. Jh.

Der Namensgeber der Straße, Miksa (Maximilian) Falk (1828–1908), war übrigens der Ungarischlehrer von Kaiserin Sisi sowie ein bekannter Politiker und Chefredakteur der deutschsprachigen Zeitung Pester Lloyd. Dank Miksa Falks hervorragender Kontakte zur Habsburger-Monarchin wurde der Lloyd bis zum Zweiten Weltkrieg zum einflussreichsten deutschsprachigen Medium Ungarns. Die Wiederbelebung 1994 war leider auf Dauer nicht erfolgreich.

Der Anblick flößt schon Ehrfurcht ein: Das ungarische Parlament ist das größte der Welt und entstand zur Habsburger Zeit. Unverkennbar: der architektonische Einfluss von Westminster.

ßen Teil der Insignien, stammt aus dem 14. Jh. Der Krönungsmantel befindet sich im Ungarischen Nationalmuseum (s. S. 125).

Sehr wechselhaft ist die Geschichte des Prunkstücks, dessen Kreuz seit dem 17. Jh. schräg ist. Gegen Ende des Zweiten Weltkriegs gelangte die Krone in die USA, wurde aber 1978 zurückgegeben. Seit 2000 ist sie nun auf Initiative der ersten Orbán-Regierung im Parlament zu sehen, bewacht von einer Ehrengarde. Das war nicht ganz unumstritten, weil eine Krone als Machtsymbol in einem republikanischen Parlament nicht unbedingt selbstverständlich ist. Außerdem sehen viele Nachbarländer die Szent Korona(Heilige Krone) sehr skeptisch, weil mit ihr immer zugleich an das Großungarn vor dem Ersten Weltkrieg erinnert wird.

Links von der Kuppelhalle tagt das Parlament, im großen Saal rechts werden Kongresse abgehalten. Auf dem Weg dorthin passiert man die Magnatenlobby, wo sich die Abgeordneten ihre Beine vertreten und rauchen konnten. Vor dem Betreten des Sitzungssaals mussten die Abgeordneten ihre Zigarren in den persönlichen Zigarrenablagen hinterlassen. Dauerte eine interessante Rede länger, so hieß es achselzuckend: »Die war eine Havanna wert.« Angesichts der langen Bauzeit hatte Architekt Steindl die Einweihung des Parlaments übrigens nicht mehr miterlebt. Im modernen Parlaments-Besucherzentrum informiert zudem eine Ausstellung über die Geschichte der Gesetzgebung in Ungarn.

Auf den weiteren Plätzen

Auch das zweite große Gebäude am Kossuth Lajos tér beeindruckt allein schon durch seine Architektur: Von Alajos Hauszmann (1893–96) als **Oberster Gerichtshof** ⓬ errichtet, hatte der Entwurf bei der Ausschreibung für das Parlament den 2. Preis erhalten. Daher sollte er ebenfalls verwirklicht werden. Das wuchtige Palais wurde bei Redaktionsschluss für seine ursprüngliche Funktion wiederhergerichtet. Das benachbarte **Landwirtschaftsministerium** (Gyula Bukovics, 1886/87) wird derzeit ebenfalls umfassend restauriert. So kann man noch heute die Entscheidung der Jury anschaulich nachvollziehen.

Kossuth Lajos tér 1–3, T 1 441 44 15, www.parlament.hu, Tram 2, 2B, 23 Országház, látogatóközpont; Besucherzentrum (Látogatóközpont): April–Okt. tgl. 8–18, Nov.–März tgl. 8–16 Uhr (Zugang vom Kossuth-Platz und von der Donaupromenade)

F

PARLAMENTSFÜHRUNG: ZEITEN UND PREISE

Die ca. 45–50 Min. dauernden Führungen starten und enden im Besucherzentrum an der Nordseite des Gebäudes. Los geht's meist stündlich – mit mehrsprachigem Audioguide und/oder persönlicher Führung. Anmelden sollte man sich unbedingt vorab online, da die Tickets schnell verkauft sind. Reservierungen unter www.jegymester.hu/parlament (plus 399 HUF Buchungsgebühr). Etwaige Resttickets werden am Tag selbst im Besucherzentrum angeboten. Führungen für EU-/EWR-Bürger (Personalausweis) 5000 HUF, ermäßigt 2500 HUF, sonst 10 000 HUF, ermäßigt 5000 HUF.

Rund um den Szabadság tér

Zwischen Kossuth Lajos tér und der St.-Stephans-Basilika hatte sich bis Ende des 19. Jh. eine verhasste Habsburger-Kaserne befunden. Nach deren Abriss ging man daran, das Areal großflächig und sehr repräsentativ neu zu gestalten. Der Kontrast zu den eher schmalen Seitengassen ist sehr augenfällig.

Szabadság tér

Karte 3, E7

Ein Platz für die Freiheit

Die schräg verlaufende Gasse Vécsey utca führt zum parkähnlichen **Szabadság tér (Freiheitsplatz)** ⓭, der eine unvermutete, aber sehr willkommene Grünoase inmitten der Leopoldstadt ist. In der Mitte befindet sich ein nettes Café.

Auf dem frei gewordenen Gelände nach dem Abriss der Habsburger-Kaserne wurden repräsentative Prachtgebäude errichtet, um das neue Regierungsviertel rund um das gerade entstehende Parlament weiter aufzuwerten. Der neue Name verdeutlicht die Erleichterung nach dem Abzug der Habsburger-Truppen.

An der Westseite des Freiheitsplatzes wurde nach Plänen von Ignac Alpár in den Jahren 1899 bis 1907 die imposante Börse gebaut. Lange Zeit residierte hier das staatliche ungarische Fernsehen, derzeit wird ein neuer Nutzer gesucht. Um dem Platz eine gewisse Symmetrie zu verleihen, wurde Alpár auch mit dem Entwurf für den Prachtbau der Austro-Ungarischen Bank (1902–05) schräg gegenüber beauftragt, dem heutigen Sitz der

Ungarischen Nationalbank (Magyar Nemzeti Bank) ⓮.

Nachbarin der Nationalbank ist die schwer bewachte **US-Botschaft,** die im Jugendstil errichtet wurde. Die Zufahrten sind durch Straßenrampen und Absperrgitter abgeriegelt.

Der Platz selbst weist zwei ungewöhnliche Denkmäler auf. Auf der Nordseite erinnert in der Sichtachse zum Parlament das mit einem goldenen Stern gekrönte **sowjetische Ehrenmal** an die 1944/45 beim Kampf um Budapest gefallenen sowjetischen Soldaten. Jahrelang war das Denkmal nach Verunstaltungen eingezäunt, doch im Vorfeld des Besuchs von Vladimir Putin Anfang 2015 verschwand die Einzäunung als Geste an den russischen Regierungschef.

An der Südseite des Platzes ist das **Denkmal zum Gedenken an den deutschen Einmarsch 1944** ebenfalls sehr umstritten (s. Zugabe S. 162).

Typisch für den Jugendstil: das Bedö-Haus in der Honved utca 3

Durch die Gassen

Karte 3, E7/8

Jugendstil: die Postsparkasse

Der Meister des Jugendstils, Ödön Lechner, schuf hinter der US-Botschaft 1900/01 eines seiner schönsten Werke, die ehemalige **Postsparkasse (Postatakarékpénztár)** ⓯ (Hold utca 4). Wirkt die Fassade noch recht schlicht, so lässt das Dach die ganze Verspieltheit des Lechnerschen Stils erkennen. Die bunten Majolikaziegel zeigen u. a. Drachen- und Blumenelemente. Heute gehört das prächtige Gebäude zum Ungarischen Schatzamt. Den unzweifelhaft besten Blick auf das Jugendstil-Dach hat man in der Hold utca von der Dachbar **Intermezzo Roof Terrace** 3 (s. S. 161) des schräg gegenüber gelegenen **Hotel President**.

Rettung im Glashaus

Hinter der Hold utca befindet sich in der Vadász utca im eher unscheinbaren ehemaligen **Glashaus (Üvegház)** das kleine **Carl-Lutz-Gedenkzimmer (Lutz Carl Emlékszoba)** ⓰. Der Schweizer Vizekonsul organisierte von hier aus 1944/45 seine Rettungsmaßnahmen für die jüdische Bevölkerung. Dadurch konnte er zusammen mit Raoul Wallenberg und anderen Tausende Juden vor dem sicheren Tod retten (s. S. 290). Der Diplomat vertrat im Krieg auch die Interessen der USA, weswegen diese ihm vor der US-Botschaft am Szabadság tér 2006 ein Denkmal errichteten.

Vadász utca 29, T 1 242 69 64, www.uveghaz.org, Metro 3, Bus 9, 109 Arany János utca, tgl. 13–16 Uhr, Eintritt frei (Spende willkommen)

Gesellschaftliches Gedächtnis

Wieder zurück in der Hold utca geht es an der **Ungarischen Nationalbank** ⓮ (s. S. 158) vorbei durch die verkehrsberuhigte Hercegprímás utca zur Arany János utca. Zur Linken residieren in Nr. 32 im einstigen Goldberger-Haus die 1995 von George Soros gegründeten **Open Society Archives** ⓱ (OSA, www.osaarchivum.org), die als Dokumentations- und Forschungszentrum mit der Central European University zusammenarbeiten. Hier sind z. B. die Archive von Radio Free Europe und Radio Liberty, Material zu den Balkankriegen sowie Samisdat-Literatur aus Ungarn und Osteuropa untergebracht und es gibt gelegentlich interessante Ausstellungen. Unter Samisdat verstand man zu kommunistischen Zeiten im Untergrund gedruckte oppositionelle Schriften. Diese Institution ist in Ostmitteleuropa einmalig. Sie wurde 2015 nach Donald und Vera Blinken benannt. Blinkens Vorfahren stammten aus der Ukraine, seine zweite Frau aus Ungarn. Sie hatte als Kind hier den Holocaust überlebt. Blinken war in den 1990er-Jahren US-Botschafter in Budapest. Er ist zudem der Vater des jetzigen US-Außenministers Antony Blinken.

Das Haus von 1911 war ursprünglich das Geschäfts- und Bürohaus der Textilfabrik Goldberger (s. auch Óbuda S. 221).

Die Gastromeile Hercegprímás utca führt an der **St.-Stephans-Basilika** ❸ vorbei zurück zum Startpunkt am **Erzsébet tér** ❷ und **Deák Ferenc tér** ❶.

Museum

Licht in der Markthalle

⓲ **Light Art Museum Budapest:** In der Hold utca wurde 2022 die schöne kleine Markthalle in das avantgardistische ›Lichtkunstmuseum‹ Budapest umgewandelt. Zu sehen sind in der abgedunkelten und unterteilten Halle zum Teil spektakuläre Lichtinstallationen – Kunst für das 21. Jh.

Hold utca 13, T 70 575 39 99, https://lam.xyz, Metro 3, Bus 9, 109 Arany János utca, tgl. 10–22 Uhr, 6500/7000 HUF, ermäßigt 3500/4000 HUF

Essen

Weinküche mit Stern

1 **Borkonyha:** Viele Sternerestaurants gibt es in Budapest nicht und viele, die sich eine recht entspannte Atmosphäre bewahrt haben, erst recht nicht. Die ›Weinküche‹ überzeugt unter der Küchenleitung von Ákos Sárközi seit 2010 die Gäste mit einer exquisiten Küche in einem freundlichen Bistro-Ambiente mit vielen alten Fotos und Weinregalen an der Wand. Neben der ansprechenden À-la-carte-Speisekarte (mit kleinen Extras als Gruß aus der Küche) steht auch ein exklusives Sechs-Gänge-Degustationsmenü im Angebot – ergänzt natürlich durch ungarische Spitzenweine. Ein Genuss!

Sas utca 3, T 1 266 08 35, www.borkonyha.hu, Metro/Tram/Bus Deák Ferenc ter, Küche Mo–Fr 18–24, Sa 12–24 Uhr, €€–€€€

Portugiesisch-ungarische Sterne

2 **Essência:** Die Ungarin Éva Jenei und ihr portugiesischer Mann Tiago Sabarigo bringen ungarische und portugiesische Küche auf hohem Niveau erfolgreich, aber in informellem Ambiente zusammen – mit einem Michelin-Stern prämiert.

Sas utca 17, T 70 600 03 15, https://essenciarestaurant.hu, Metro 3, Bus 9, 109 Arany János utca, Mi–Sa 12–15, 18–22 Uhr, €€–€€€

Traditionell, aber modern

3 **Café Kör:** Direkt neben dem Essência werden im selben Gebäude in gemütlichem, modernem Ambiente traditionelle ungarische Gerichte serviert. Mittags

kommen viele Angestellte aus dem Viertel hierhin.

Sas utca 17, T 1 311 00 53, www.fb.com/cafekorrestauran, Metro 3, Bus 9, 109 Arany János utca, Mo–Sa 12–22 Uhr, €–€€

Traditionell ungarisch

4 **Hungarikum Bisztró:** Das adrette Hungarikum bringt traditionelle Gastlichkeit auf heutigem Niveau zurück in die Leopoldstadt. Auf der Speisekarte stehen nur ungarische Klassiker wie Gulaschsuppe, Krautrouladen, Palatschinken sowie Schomlauer Nockerln *(Somlói galuska)*. Abends Livemusik.

Steindl Imre utca 13, T 30 661 62 44, https://hungarikumbisztro.hu, Metro 2, Tram 2, 2B, 23 Kossuth Lajos tér, tgl. 12–14.30, 18–22 Uhr, €€

Schokoladiger Parlamentsblick

5 **Szamos Parlament:** Modernes Café der Budapester Konditorendynastie mit einer Top-Lage am Kossuth-Platz. Oben befindet sich ein kleines Schokoladenmuseum (1000 HUF, ermäßigt 600 HUF).

Kossuth Lajos tér 10, T 1 269 02 16, http://szamos.hu, Metro/Tram Kossuth Lajos tér, Mo–Fr 7.30–19, Sa–So 9–19 Uhr

Pause vom Shoppen

6 **Café Frei:** Dieses schöne Eckcafé mit seinen hohen Decken ist ein idealer Ort für eine entspannende Shoppingpause auf der Kunstmeile.

Falk Miksa utca 28, T 30 387 32 02, www.fb.com/cafefrei, Tram 2, 2B, 4, 6, 23 Jászai Mari tér, Mo–Fr 7–19, Sa/So 9–18 Uhr

Exquisiter Bäcker

7 **Artizán:** Knusprige Baguettes, tolles Brot und einige Süßwaren machen den kleinen Laden neben dem Eingang zum Hotel President zu einem beliebten Ziel für einen leckeren Snack frisch aus der Konditorei. Auch einige kleine Gerichte fürs Mittagessen. Das 2015 von György Fekete gegründete Artizán ist ein echter Tipp.

Hold utca 3, T 30 856 51 22, www.artizan.hu, Metro 3, Bus 9, 109 Arany János utca, Mo–Fr 7–18, Sa 7–13.30 Uhr, €

Einkaufen

Antiquitäten und Gemälde

1–6 **Falk Miksa utca:** Kunstmeile s. Tour S. 154.

Ungarische Qualitätsweine

7 **Bortársaság:** Der renommierte Weinhändler führt auch am Parlament ein umfangreiches Sortiment an ungarischen Qualitätsweinen.

Vécsey utca 5, T 1 269 32 86, www.bortarsasag.hu, Metro/Tram Kossuth Lajos tér, Mo–Fr 10–20, Sa 10–19 Uhr

Bücher, Bücher

8 **Bestsellers:** Großer, englischsprachiger Buchladen mit einer kleinen deutschen Ecke und vielen Büchern zu Budapest und Ungarn.

Október 6. utca 11, T 1 312 12 95, www.bestsellers.hu, Metro/Tram/Bus Deák Ferenc tér, Mo–Fr 10–18.30, Sa 11–18, So 12–18 Uhr

Bewegen

Über den Dächern

3 **Panoramakuppel St.-Stephans-Basilika:** Hoch oben von den Türmen der Basilika (s. S. 147) bietet sich der schönste Panoramablick auf die ungarische Hauptstadt.

Ausgehen

Wein mit Ausblick

1 **DiVino:** Modernes Weinlokal mit Tischen draußen für perfektes Ambien-

Bei dem Ausblick kann man glatt das Essen vergessen: Von der Intermezzo Roof Terrace schaut man staunend auf die ehemalige Postsparkasse, das Parlament und das Burgschloss, während im Hintergrund die Budaer Berge grüßen.

te direkt an der St.-Stephans-Basilika (s. Magazin S. 307).

Szent István tér 3, T 70 935 39 80, http://divinoborbar.hu, Metro/Tram/Bus Deák Ferenc tér, So–Mi 16–24, Do–Sa 16–2 Uhr

Klassik und Folklore

2 Donaupalast (Duna Palota): Im traditionsreichen ›Palast‹ gibt es überwiegend klassische Konzerte. Hier ist das Duna-Sinfonie-Orchester beheimatet. Auch das Staatliche Ungarische Folkloreensemble tritt gelegentlich im Palast auf.

Zrínyi utca 5, T 1 235 55 00, www.dunapalota.hu, Tram/Bus Széchenyi István tér

Über den Dächern von Pest

3 Intermezzo Roof Terrace: Diese Gastro-Dachbar hat es in sich, denn der Ausblick vom Dach des Hotel President ist bei schönem Wetter atemberaubend: Auf der anderen Straßenseite ist das wunderbare Jugendstil-Dach der ehemaligen Postsparkasse zum Greifen nah. Auch Parlament, Burgschloss und Gellértberg sind von hier aus zu sehen. Besonders schön sind die Sonnenuntergänge und die abendliche Festbeleuchtung. Essenstechnisch ist das Angebot der Dachterrassenbar auf leichte Snacks und Grillgerichte (€€) begrenzt, dafür gibt es Cocktails und andere Drinks – unbedingt reservieren. Im Winter werden durchsichtige, aber beheizbare ›Iglus‹ installiert.

Hold utca 3–5, T 1 510 34 07, www.hotelpresident.hu, Metro 3, Bus 9, 109 Arany János utca, tgl. 14–22 Uhr (teils wetterabhängig)

Zugabe

Aktuelle Geschichtsdebatten im Straßenbild

Der lange Arm der Orbán-Regierung

Auch in Ungarn fand in den letzten Jahren eine intensive Debatte um die Interpretation der wichtigsten geschichtlichen Ereignisse des 20. Jh. statt. Angestoßen wurden Diskussion und Protest dabei immer wieder durch umstrittene Entscheidungen der Orbán-Regierung, die manchmal sogar über Nacht für Fakten sorgt.

Der Kossuth Lajos tér und der Szabadság tér bieten auch für Besucher anschauliche Beispiele. Ausgangspunkt war die heftig umstrittene Entscheidung der Regierung, auf dem Platz rund um das Parlament ⓫ (s. S. 153) ausgerechnet den Zustand des Kriegsjahres 1944 wieder herzustellen. Damit einher ging implizit der Versuch, die Zeit vor dem deutschen Einmarsch im März 1944 unter Reichsverweser Horthy zu verklären. Dieser setzte jedoch schon 1920 erste antisemitische Gesetze in Kraft, war bis zuletzt ein treuer Kriegsverbündeter Hitlers und ließ auch seine Verwaltung, Polizei und Gendarmerie tatkräftig beim Holocaust mitwirken – erst im Juli 1944 stemmte er sich gegen weitere Deportationen nach Auschwitz. Da waren aber schon Hunderttausende ungarische Juden ermordet worden.

Im Zuge der Platzumgestaltung verschwand als Erstes an der Nordseite des Parlaments das Denkmal für den ersten Ministerpräsidenten der Republik 1918/19, Graf Mihály Károlyi. Der unabhängige Graf war sowohl ein Gegner Horthys wie auch der Kommunisten gewesen und musste dafür zweimal ins Exil – das bewahrte das Denkmal nicht vor dem Umzug an den Balaton. An Károlyis Stelle trat der Ministerpräsident aus K.u.k.-Tagen, Graf István Tisza. Der nationalistisch gesonnene Tisza hatte 1914 das Land nach anfänglichen Bedenken in den Ersten Weltkrieg geführt. Sein Denkmal wurde von Viktor Orbán persönlich eingeweiht.

Auch der Horthy-kritische Dichter Attila József sollte ganz verschwinden, wurde nach Protesten aber nur umgesetzt. 2018 wurde dann über Nacht jedoch Imre Nagy abgebaut, der kommunistische Ministerpräsident, der für sein entschlossenes Eintreten für die demokratische Revolution 1956 gegen die Sowjetunion später hingerichtet wurde (s. S. 288). Besonders pikant hierbei: Viktor Orbán wurde 1989 ausgerechnet

Kritiker warfen auch hier der Orbán-Regierung Geschichtsrevisionismus vor (…).

mit einer Rede zur feierlichen Wiederbeisetzung Nagys landesweit bekannt. Lange galt das Gedenken an 1956 parteiübergreifend als eine wichtige Gründungssäule der Demokratie im Lande, damit hat Orbán nun gebrochen. Nagys Denkmal steht nun auf dem Jászai Mari tér, fernab vom Parlament.

Starke Proteste rief 2014 der Bau eines neuen Denkmals an der Südseite des Szabadság tér ⓭ (s. S. 157) zum Gedenken an den Einmarsch deutscher Truppen im März 1944 hervor. Kritiker warfen der Orbán-Regierung auch hier Geschichtsrevisionismus vor, weil die ungarische Mitverantwortung für die folgende Ermordung Hunderttausender Juden ausgeklammert werde. Monatelange Proteste führten dazu, dass rund um das kontroverse Denkmal eine Art Gegendenkmal aus Kieselsteinen, Fotos und Flyern entstanden ist, das erstaunlicherweise bis heute erhalten geblieben ist. Das eigentliche Denkmal ist dadurch völlig in den Hintergrund getreten.

Interessant ist übrigens auch der Umgang mit den russischen Denkmälern und Straßennamen. Viktor Orbán und seine Partei waren sehr antikommunistisch gestartet. So verschwand 2011 sogar der Moskauer Platz in Buda von den Straßenschildern, das russische Soldaten-Ehrenmal auf dem Freiheitsplatz war lange eingezäunt. Doch dann erwärmte sich Orbán plötzlich für Vladimir Putin und seither läuft alles anders: Das Ehrenmal wurde renoviert und 2017 entstand am nördlichen Donauufer in Pest plötzlich eine Moskau-Promenade.

Die Geschichtsdebatte und geopolitische Verortung Ungarns ist weiter in vollem Gange. ■

Denkmal und Gegendenkmal am Szabadság tér: Der Einfallsreichtum der Orbán-Kritiker ist beachtlich und kreativ.

Andrássy út und Stadtwäldchen

Prachtboulevard und Kulturpark — von der Vorzeigestraße Budapests bis zum Heldenplatz hinaus ins Grüne

Seite 170

Ungarische Staatsoper

Ein Abend in dem Musiktempel ist ein unvergessliches Erlebnis. Architekt Miklós Ybl schuf mit der Oper eindeutig sein Meisterwerk!

Seite 172

Liszt Ferenc tér

In den Cafés am beliebten Ausgehplatz lässt es sich zu jeder Tageszeit gut aushalten. Unter den hohen Bäumen herrscht vor allem im Sommer lauschige Stimmung. Ein kulturelles Highlight ist die reich mit Jugendstil-Elementen verzierte Franz-Liszt-Musikakademie.

Tanz auf dem Eis im Stadtwäldchen

Eintauchen

Seite 174

Heldenplatz

Am Ende der Andrássy út ist die Millenniumssäule schon von Weitem zu sehen. Zwischen Stammesfürsten, Königen und Freiheitskämpfern wird ungarische Geschichte zelebriert. Zu beiden Seiten stehen bedeutende Museen.

Seite 177, 182

Burg Vajdahunyad

Als Gag für die Millenniumsausstellung 1896 geplant, realisierte man die Fantasieburg auf allgemeinen Wunsch hin später doch noch in Stein. Heute ist hier das Landwirtschaftsmuseum untergebracht.

Seite 176

Széchenyi-Heilbad

Bei 37 °C im Thermalwasser relaxen oder Schach spielen …

Seite 177

Haus der Ungarischen Fotografie

Budapest war schon vor 100 Jahren eine Stadt der Fotopioniere. In derselben Straße wie das Museum gibt es ein zweites, Robert Capa gewidmetes Fotozentrum.

Seite 178

Budapester Zoo

Nicht nur wegen der Tiere ist der Tiergarten der ungarischen Hauptstadt einen Besuch wert – die kunstvollen Tierhäuser machen den Zoo auch zu einem architektonischen Juwel, so wie das orientalisch anmutende Elefantenhaus.

Seite 175, 182

Museum der Bildenden Künste

Der wuchtige Museumspalast am Heldenplatz ist nach einer mehrjährigen Renovierung die neue Heimat für internationale und ungarische Kunst bis zum 18. Jh. Schon das Gebäude an sich ist eine Sehenswürdigkeit und die Sammlung von internationalem Rang.

Er wacht über Budapests Musik: Franz Liszt vor der Oper.

op des Autors: Morgens um 8 Uhr Széchenyi-Bad entspannen, ttags ins Museum der Bildenden ınste oder in den Zoo und abends die Oper.

erleben

Die schönste Straße

H

Herrschaftliche Paläste, zahlreiche Theater, hochkarätige Museen sowie nette Restaurants und Cafés säumen den Prachtboulevard der Hauptstadt. Auf 2,5 km Länge verbindet die Andrássy út die Pester Innenstadt mit dem Heldenplatz und dem Stadtwäldchen am einstigen Stadtrand. Besondere Highlights sind die prachtvolle Staatsoper sowie der Szeneplatz Liszt Ferenc tér, wo man unter hohen Bäumen das Stadtleben genießen kann. 2002 wurde der Boulevard zum UNESCO-Welterbe erklärt.

Unterwegs weitet sich der Boulevard gleich zweimal. Anstatt einer engen Bebauung Wand an Wand stehen am Ende freistehende Villen. Auch mehr Grünstreifen verstärken den Eindruck, dass man hier das Stadtzentrum verlässt – ein optisch sehr geschickter Aufbau.

Dann folgt das große Finale: Während auf dem Heldenplatz der ungarischen Geschichte gehuldigt wird und das Museum der Bildenden Künste einen international renommierten Besuchermagnet darstellt, ist im dahinterliegenden Park mit Zoo und Zirkus Familienamüsement angesagt. Ein Blickfang ist die märchenhafte Vajdahunyad-Burg. Wer des Großstadtlebens müde ist, kann sich im Thermalwasser des Széchenyi-Heilbads erholen.

Kontrovers sind seit Jahren die Pläne, ein völlig neues Museumsviertel im Park zu errichten. Viele Budapester fürchteten den Verlust von Grünflächen und noch mehr Verkehr. Das Haus der Ungarischen Musik sowie das Ethnografische Museum sind mittlerweile fertiggestellt, doch weitere Bauten scheinen gestoppt worden zu sein.

O

ORIENTIERUNG

Reisekarte: E–K5–8
Cityplan: S. 169
Ausgangspunkt: Die Orientierung entlang der Andrássy út fällt leicht: Der Boulevard beginnt am Erzsébet tér und endet am Heldenplatz, hinter dem sich das Stadtwäldchen erstreckt. Für den reinen Spaziergang sollte man rund 1,5 Stunden veranschlagen, inkl. Besichtigungen, Badbesuch etc. ist ein ganzer Tag angemessener.
Das Viertel entdecken: Auch hier ist man zu Fuß gut unterwegs, kann aber den Rückweg bequem mit der gelben Metro (Földalatti) zurücklegen. Sehr empfehlenswert sind auch kleine Abstecher rechts und links des Boulevards.

Andrássy út E8–H6

Paris gönnte sich die Champs-Élysées, im ›Paris des Ostens‹ ist die Andrássy út die Nobeladresse. Allerdings wurde sie nicht so großzügig wie das Pariser Vorbild erbaut, es gibt auch weniger Shopping-Adressen. Dafür ist der Budapester Boulevard kulturell und gastronomisch wesentlich vielseitiger und damit für Stadtbesucher sehr attraktiv.

Mit dem großflächigen Ausbau der Stadt in der zweiten Hälfte des 19. Jh. beginnt die Geschichte der Andrássy út. Breite Radialstraßen sollten die Pester Innenstadt mit den Außenbezirken verbinden. Gleichzeitig wollte die Oberschicht die Chance nutzen, ihr nach dem Ausgleich mit Österreich gewachsenes Selbstvertrauen durch eine Prachtstraße aller Welt vor Augen zu führen. Besonders nötig schien eine neue Verbindungsstraße zum Stadtwäldchen. Die bisherige Verkehrsachse, die Király utca, war zu klein geworden und ständig verstopft. Deshalb begann man ab 1870 mit dem Bau eines parallelen Boulevards. Innerhalb von 15 Jahren entstanden an der Andrássy út mehr als 200 neue Häuser. Weil die Andrássy út und ihre Seitengassen noch immer den Glanz des späten 19. Jh. ausstrahlen, werden hier auch gerne Filme gedreht, die in jenen Tagen spielen – 2018 z. B. »Colette« mit Keira Knightley.

Franz Joseph fährt U-Bahn

Seit 1896 verkehrt die erste U-Bahn des europäischen Kontinents unter der Allee, die gelbe Földalatti. Die neuen einflussreichen Anwohner wollten oberirdisch

Radfahren wird in Budapest immer beliebter, so auch entlang der Andrássy út.

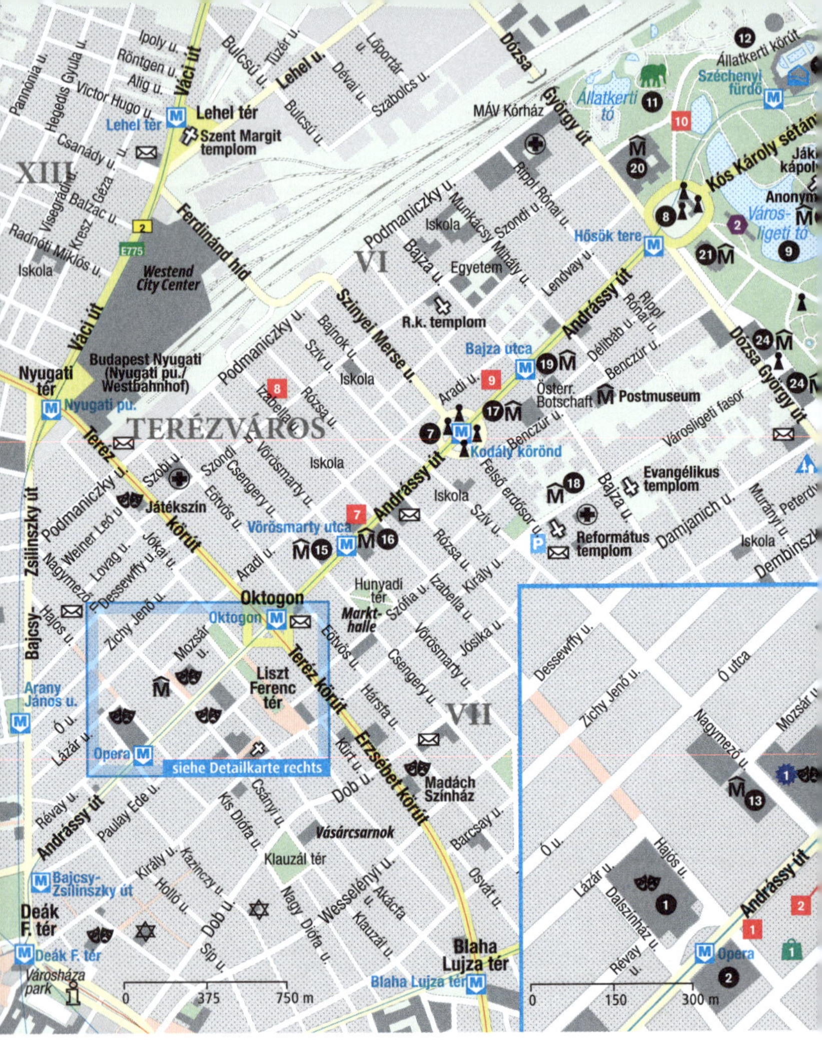

nicht durch zu viel Verkehr belästigt werden, also musste eine unterirdische Lösung her. Die U-Bahn wurde von Siemens & Halske gebaut und einer der ersten Gäste war selbstredend Kaiser Franz Joseph. Ob er begeistert war, dass Budapest hier schneller war als sein heimisches Wien, ist nicht überliefert.

Übrigens musste in Budapest keine Straße ihren Namen öfter ändern als die Andrássy út. Die Palette reicht von Radialstraße über Stalinstraße und Straße der Ungarischen Jugend bis zu Straße der Volksrepublik. 1989 kam Graf Andrássy auf das Straßenschild zurück. Der ungarische Ministerpräsident, K.u.k.-Außenminister und Vertraute von Kaiserin Elisabeth, war schon vor dem Zweiten Weltkrieg Namenspate der Allee gewesen.

Andrássy út und Stadtwäldchen

Ansehen

1 Ungarische Staatsoper
2 Drechsler-Palais
3 ehemaliges Pariser Großkaufhaus/ 360 Bar
4 Liszt Ferenc tér
5 Franz-Liszt-Musikakademie
6 Oktogon
7 Kodály Köröndt
8 Heldenplatz
9 Stadtwäldchen-See
10 Széchenyi-Heilbad, Sparty
11 Zoo
12 Hauptstädtischer Großzirkus
13 Haus der Ungarischen Fotografie
14 Robert-Capa-Zentrum für Zeitgenössische Fotografie
15 Haus des Terrors
16 Franz-Liszt-Gedenkmuseum
17 Zoltán-Kodály-Gedenkmuseum
18 György-Ráth-Villa
19 Ferenc-Hopp-Museum
20 Museum der Bildenden Künste
21 Kunsthalle
22 Burg Vajdahunyad / Ungarisches Landwirtschaftsmuseum
23 Haus der Ungarischen Musik
24 Ethnografisches Museum

Essen

1 Művész Kávéház
2 Két Szerecsen
3 Café Zsivágó
4 Szék
5 Menza

6 Café Vian
7 Ecocafé
8 Taj Mahal
9 MagHáz
10 Robinson Étterem
11 Millenium Kávéház

Einkaufen

1 The Garden Studio
2 Dárius Music
3 Írók Boltja

Bewegen

1 Balloon Fly
2 Eislaufbahn

Ausgehen

1 Budapester Operettentheater

Ungarische Staatsoper 

Karte 3, F7/8

Großbürgerlicher Glanz

Das erste Stück der Andrássy út atmet Metropolenflair: Die historische gelbe U-Bahn M 1 hält gleich auf den ersten Metern an der Station Bajcsy-Zsilinszky út. Rechts und links ragen die Fassaden großbürgerlicher Paläste auf. Der Gang durch die Eingangstore offenbart kunstvoll verzierte Tordurchgänge und Treppenstiegen. Wer hier bauen oder wohnen konnte, zählte zur Elite der Stadt. Heute säumen vor allem Nobelboutiquen und entsprechende Cafés den ersten Abschnitt.

Sisi geht in die Oper

Und dann taucht links das Prunkstück der Andrássy út auf: die **Ungarische Staatsoper (Magyar Állami Operaház)** ❶ – zweifelsohne eine der schönsten und akustisch ausgefeiltesten Bühnen Europas. Kaiser Franz Joseph hatte den Bau der Oper finanziell stark unterstützt. Angeblich verlangte er dafür, dass das neue Opernhaus nicht größer als sein Wiener Pendant sein dürfe. Ybl hielt sich zwar an die Vorgaben, dennoch soll der Monarch bei der feierlichen Eröffnung angesichts der Schönheit des Budapester Opernhauses so pikiert gewesen sein, dass er schon nach dem ersten Akt aufbrach und nie wiederkam. Möglicherweise behagten ihm auch die patriotischen Werke der Ungarn nicht. Seine Frau Sisi blieb davon unbeeindruckt. Sie hatte eine eigene Loge (ganz links). Von dort konnte man zwar die Aufführungen auf der Bühne nicht besonders gut verfolgen, dafür war aber das Publikum bestens im Blickfeld …

Errichtet wurde der prächtige Neorenaissance-Bau 1875–84 nach Plänen von Miklós Ybl, der hier sein Hauptwerk konzipierte. Der Eingang wird rechts von Franz Liszt und links von Ferenc Erkel flankiert. An den Innenarbeiten war Károly Lotz mit dem grandiosen Kuppelfresko beteiligt, auch Bertalan Székely und Mór Than schufen Gemälde und Fresken mit mythischen Themen. Bis 2022 wurde die Oper komplett renoviert.

Am Haus wirkten so bekannte Künstler wie Gustav Mahler und der Komponist der ungarischen Nationalhymne, Ferenc Erkel, als Direktoren. In jüngerer Zeit hatten Luciano Pavarotti, Plácido Domingo und Montserrat Caballé gefeierte Auftritte. Auch ohne Führung lässt sich im stilvollen **Opera Café** etwas vom Flair des Hauses erleben.

Die Staatsoper verfügt mit dem **Erkel-Theater** (s. S. 214) und dem neuen **Eiffel-Kulturstudio** (s. S. 199) über zwei weitere Bühnen.

Andrássy út 22, **Theaterkasse:** T 1 353 01 70, www.opera.hu, Metro 1 Opera

OPERNBESICHTIGUNG

Auf dem knapp 60-minütigen Rundgang können Sie das prächtige Haus bewundern. Die informativen Touren starten Mo–Fr jeweils um 13.30, 15 und 16.30 Uhr, u. a. auf Englisch. Voranmeldung online oder an der Opernkasse.
Infos: T 30 781 26 30, www.opera.hu, 9000 HUF, inklusive Minikonzert

Pester Broadway

Karte 3, F8/9

Zwischen Kaffee und Bühne

Vor 100 Jahren war der Bezirk zwischen Opernhaus und Liszt Ferenc tér für seine Kaffeehäuser berühmt, in denen die Literaten und Künstler ein- und aus-

Glanz und Gloria: Die Ungarische Staatsoper, das Prunkstück der Andrássy út, ist auch von innen eine wahre Augenweide – was Kaiser Franz Joseph gar nicht gefallen haben soll.

gingen. Gleich gegenüber befand sich im **Drechsler-Palais** ❷ (1882), einem Frühwerk von Ödön Lechner und Gyula Pártos, ein berühmtes Kaffeehaus. Das Palais wurde in den letzten Jahren zu einem prachtvollen Luxushotel umgebaut, aber dem Bistro fehlt leider das frühere Flair. Geblieben ist hingegen in modernisierter Form das **Művész Kávéház** 1.

Der Abschnitt der **Nagymező utca** rechts und links der Andrássy út wird aufgrund der vielen hier ansässigen Theater auch ›Pester Broadway‹ genannt. Unbestrittener Star der Bühnenwelt ist das alteingesessene **Operettentheater (Operettszínház)** 1 in Nr. 17. Hier werden die bekannten Ohrwurm-Operetten von Imre Kálmán aufgeführt, der mit der »Csárdásfürstin« und »Gräfin Mariza« die Klassiker des Genres schuf. Kálmán sitzt als Skulptur ganz entspannt mit Zigarre vor dem Eingang des Theaters. Der Komponist war in Siófok am Plattensee 1882 geboren worden, genoss seine Ausbildung in Budapest, ging dann jedoch schnell nach Wien, wo er seine Welterfolge feierte.

Gegenüber liegt das **Thália-Theater** in Nr. 22–24. Nach den Vorstellungen bietet der ›Broadway‹ mit mehreren Cafés und Bistros vielfältige Möglichkeiten, den Abend ausklingen zu lassen. Durch die Nagymező utca verkehrt übrigens ein Unikum der Budapester Verkehrsbetriebe, der O-Bus Nr. 70. Diese Linie wurde 1949 zum 70. Geburtstag des Diktators Stalin eingeweiht und sollte ein Geschenk sein.

Liebhaber der Fotokunst finden im **Haus der Ungarischen Fotografie** ⓭ sowie im **Robert-Capa-Zentrum für Zeitgenössische Fotografie** ⓮ gleich zwei empfehlenswerte Anlaufstellen.

Dachbar auf dem Kaufhaus

Der folgende Abschnitt der Andrássy út ist für das einstige **Pariser Großkaufhaus (Párizsi Nagyáruház)** ❸ bekannt – von außen eine wahre Jugendstil-Perle (1909–12). Innen wurde der von Károly Lotz in den 1890er-Jahren prächtig mit Fresken und Spiegeln verzierte Ballsaal des einstigen Theresienstädter Kasinos integriert. Bis 2017 diente dieser Lotz-Saal einem sehr stilvollen Café als herrliche Kulisse. Doch seither ist das Gebäude zumeist geschlossen. Ein Fahrstuhl führt jedoch hinauf zur wunderbaren Dachterrasse mit der **360 Bar** (s. S. 186).

Liszt Ferenc tér

Karte 3, F9

Ausgehplatz mit Musikgenuss

Wenige Meter weiter bietet sich der bunte Szene-Platz **Liszt Ferenc tér (Franz-Liszt-Platz)** ❹ für eine Kaffeepause an (s. Lieblingsort S. 173). Als wichtigstes Gebäude am Platz ist die **Franz-Liszt-Musikakademie (Liszt Ferenc Zeneművészeti Egyetem)** ❺ ein Gesamtkunstwerk im Jugendstil. Schon die Fassade ist wunderbar verziert. Über dem Eingang thront der namensgebende Maestro höchstpersönlich. Frei zugänglich ist der Eingangsbereich im Erdgeschoss, wo an der Kasse die sehr empfehlenswerten rund einstündigen Führungen durch das Haus starten (auf Englisch). Blickfang ist der großartige »Brunnen der Najaden« mit märchenhaften Fliesenfresken.

Per Führung oder bei Veranstaltungen gelangt man in den ersten Stock, wo sich eines der bezauberndsten Jugendstil-Werke der Hauptstadt befindet, das farbenfrohe Fresko »Der Brunnen der Kunst« von Aladár Körösfői-Kriesch (s. Nationalgalerie S. 57). Körösfői-Kriesch war einer der führenden Vertreter der Gödöllőer Künstlerkolonie und u. a. auf dem Kerepesi-Friedhof gestalterisch aktiv (s. Tour S. 200). Nicht zuletzt beeindruckt der große Konzertsaal für 850 Gäste, der für Galakonzerte genutzt wird.

Die Akademie wurde 1903–07 nach Entwürfen von Flóris Korb und Kálmán Giergl errichtet. Gegründet worden war sie 1875 von Franz Liszt höchstpersönlich. Zunächst war sie in seinem Wohnhaus an der Vörösmarty utca 35 untergebracht. Zu den Absolventen zählten so berühmte Komponisten wie Béla Bartók, Zoltán Kodály und Imre Kálmán.

Liszt Ferenc tér 8, T 1 462 46 00 (Kasse: T 1 321 06 90), https://zeneakademia.hu, Metro 1, Tram 4, 6 Oktogon, Hausführungen (Englisch): Zeiten s. Website, 5300 HUF, ermäßigt 2650 HUF

Oktogon bis Heldenplatz

F7–H5

Zwischen Terror und hoher Musik

Am **Oktogon** ❻ schneidet der Boulevard den Großen Ring, wodurch der Platz einen der zentralen Verkehrsknotenpunkte der Stadt bildet. Hinter dem Oktogon weitet sich die Andrássy út und nimmt den Charakter einer Allee an. Die Bebauung ist immer noch geschlossen, doch wirkt sie nicht mehr so großstädtisch beengend wie im ersten Abschnitt. Auch in diesem Teil der Straße befinden sich zahlreiche beeindruckende Gebäude sowie interessante Museen und Ausstellungen.

Von besonderer Bedeutung ist die Andrássy út 60. In diesem Haus befand sich nämlich das einstige Hauptquartier der Geheimpolizei, heute das **Haus des Terrors** ⓯. Ganz gesittet und musikalisch ging es hingegen in der Alten Musikakademie an der Ecke zur Vörösmarty utca zu, heute das **Franz-Liszt-Gedenkmuseum (Liszt Ferenc Emlékmúzeum)** ⓰.

Am platzartigen **Kodály Körönd** ❼ wohnte ein weiterer bekannter ungarischer Komponist: Zoltán Kodály. Er war

Lieblingsort

Cocktails im Schatten von Franz Liszt

An lauen Sommerabenden versprüht der **Liszt Ferenc tér** 4 unter hohen Bäumen eine nahezu mediterrane Atmosphäre, die Einheimische wie Touristen anlockt. Dann ist es nicht leicht, einen freien Tisch zu ergattern. Dabei reiht sich zwischen Andrássy út und Liszt-Musikakademie Café an Café. Einen exzellenten Blick auf das bunte Treiben hat jedenfalls Namensgeber Franz Liszt, der 1986 als Skulptur von László Marton – etwas zerzaust – in die Mitte des Platzes gelangte. Nette Adressen auf dem Platz sind u. a. das **Café Vian** 6 und die **Menza** 5. Hochkarätig ist auch die nach dem Komponisten benannte **Franz-Liszt-Musikakademie** 5.

eng mit Béla Bartók befreundet und wurde bereits mit 25 Jahren Professor an der Musikakademie. Seine Wohnung wurde nach seinem Tod zum **Zoltán-Kodály-Gedenkmuseum (Kodály Zoltán Emlékmúzeum)** ⓱ (s. S. 181) umgewandelt.

Villenpromenade

Jenseits des Kodály körönd weitet sich die Andrássy út erneut. Jetzt ist die Bebauung nicht mehr durchgehend. Einzelne Villen säumen den Gehweg, die Allee erhält den Charakter einer Vorstadt. So wollten die Architekten auch durch die Bebauung signalisieren, dass man die Stadt verlässt. Die breiten Promenadenwege laden zum gemütlichen Bummeln ein. In diesem vornehmen Viertel haben zahlreiche Botschaften ihre Adresse.

An der Ecke zur Munkácsy Mihály utca steht eines der augenfälligsten Bauhaus-Gebäude in Budapest, das heute als Hotel dient. Hier waren früher sowjetische Parteigrößen abgestiegen. Erbaut wurde es 1937 von Alfréd Hajós (s. auch Pasarét, S. 54, der in seiner ersten Karriere 1896 der erste Olympiasieger im Schwimmen wurde.

M

MUSEUMSVILLEN

Rund um den letzten Teil der Andrássy út werden einige schöne Villen museal genutzt: Ein Abstecher rechts durch das Villenviertel an der Bajza utca führt zum ebenfalls herrschaftlichen Boulevard Városligeti fasor. Dort befindet sich rechts mit der **György-Ráth-Villa** ⓲ ein schönes Ausstellungshaus. Zurück an der Andrássy út fällt die stattliche Villa des **Ferenc-Hopp-Museums** ⓳ ins Auge. Es lohnt sich, in mindestens eines der Häuser mal reinzuschauen. Weitere Infos im Abschnitt Museen, s. S. 181.

Heldenplatz

H5

Millenniumsdenkmal

Erzengel und stramme Burschen

Am Ende der Andrássy út öffnet sich ein weites, gepflastertes Karree. Auch wenn hier 1000 Jahre ungarische Geschichte zelebriert werden, die Skater interessiert nur die Schwierigkeit ihrer Sprünge, viele Touristen nur das schönste Selfie. Wer also sind die strammen Burschen zu Pferde in der Mitte des Platzes?

Zentrales Element des **Heldenplatzes (Hősök tere)** ❽ ist das **Millenniumsdenkmal.** Es sollte 1896 die Eroberung des Karpatenbeckens durch die Magyaren Ende des 9. Jh. feiern. Ganz nebenbei machte man damit auch deutlich, dass Ungarn auf eine längere Geschichte als das habsburgische Österreich zurückblicken konnte. Entgegen allen Plänen wurde das Ensemble jedoch erst 1929 fertiggestellt. Gebaut wurde nach Plänen von Albert Schickedanz und György Zala.

Die 36 m hohe Säule mit dem Erzengel Gabriel auf der Spitze entstand 1901. Der Erzengel hält die Stephanskrone in der Hand. Einer Legende nach hatte Gabriel die Krone dem frisch getauften Fürsten Stephan (ehem. Vajk) im Traum angeboten. Der konnte ein solches Angebot unmöglich ausschlagen. Einer anderen Version zufolge drängte der Erzengel Papst Silvester II., Stephan zum König zu machen. Wie dem auch sei, das neue Königreich Ungarn fiel damit in den römisch kontrollierten Teil des Christentums und nicht in den byzantinischen. Auf dem Sockel sitzen sieben stolze Krieger auf ihren Pferden. In der Mitte posiert majestätisch Fürst Árpád, der die magyarische Landnahme leitete,

Ein Herz für CIVIL: 2017 richteten sich die Proteste auf dem Heldenplatz gegen ein geplantes Gesetz der Orbán-Regierung, Zivilorganisationen mit schärferen Auflagen zu belegen.

rechts seine wilden Kollegen Tas, Huba und Előd. Die nicht weniger entschlossen wirkenden Stammeschefs Kond, Ond und Tétény sichern die linke Flanke.

Hungary's top heroes

Im Hintergrund sind in zwei Kolonnaden 14 populäre Ungarn versammelt, von König Stephan bis zum Freiheitskämpfer Lajos Kossuth. Die rechten fünf Figuren waren einst Habsburger-Herrscher. Die Entthronung ihres Hauses nach dem Ersten Weltkrieg hatten sie noch überlebt, weil Reichsverweser Horthy an der Fiktion eines Königreiches festhielt, die Kommunisten allerdings tauschten sie gegen patriotischere Gestalten aus. Auf den Kolonnaden sind von links nach rechts Arbeit und Wohlstand, dann der Krieg, weiter rechts der Frieden und schließlich Ruhm und Wissenschaft in bronzenen Figurengruppen dargestellt.

Auf das Thema Krieg und Frieden zielt auch der Gedenkstein für die ungarischen ›Helden‹ vor der Säule. Ihn hat man nun wieder mit einer Kette umgeben, weil er zu einem beliebten Testhindernis für die vielen Inlineskater geworden war.

Der Heldenplatz wird zudem gerne für Demonstrationen und Großveranstaltungen genutzt. Am 16. Juni 1989 wohnten über 200 000 Ungarn der symbolischen Trauerfeier für die Märtyrer der Revolution von 1956 bei. Damit läuteten sie auf beeindruckende Weise den friedlichen Übergang in die Demokratie ein. An jenem Tag hielt auch ein junger Mann namens Viktor Orbán seine erste große öffentliche Rede (s. Magazin S. 274).

Museum der Bildenden Künste

In neuem Glanze

Ein Prunkstück weit über die Budapester Museumsszene hinaus ist zweifelsohne das palastartige **Museum der Bildenden Künste (Szépművészeti Múzeum)** ⓴ (s. S. 182), nach Plänen von Albert Schickedanz und Fülöp Herzog (1900–06). Eine breite Freitreppe führt zu einem säulenbestandenen Vorbau hinauf. Nach dreijähriger Restaurierung wurde der erste Teil des Hauses 2018 wieder eröffnet, der zweite soll im Herbst 2019 folgen.

Gegenüber wurde die **Kunsthalle (Műcsarnok)** ㉑ (s. S. 182) an der Südseite des Heldenplatzes von Schickedanz und Herzog erbaut (1895/96) und war als einziger Teil des Ensembles tatsächlich zur Millenniumsausstellung fertig.

Stadtwäldchen

H/J5–J7

Das Stadtwäldchen (Városliget) ist der wichtigste Park in Pest. Für Kinder gehören Wochenenden im Zoo oder im Zirkus unbedingt dazu, Pärchen zieht es in die romantische Vajdahunyad-Burg, Wellnessfans ins Széchenyi-Heilbad – das Stadtwäldchen hat für fast alle ein Angebot. Schon 1751 hatte Maria Theresia das 100 ha große Areal bepflanzen lassen. Die historisch wohl bedeutsamste Stunde des Stadtparks schlug schließlich 1896, als hier mit großem Pomp die Millenniumsfeierlichkeiten zum 1000. Jahrestag der ungarischen Landnahme veranstaltet wurden. Seit einigen Jahren sorgen der Bau eines neuen Museumsviertels und die damit verbundene Umgestaltung des Parks für großen Wirbel (s. Zugabe S. 187). Fertiggestellt wurden schon das **Haus der Ungarischen Musik** ㉓ (s. S. 183) und das **Ethnografische Museum** ㉔ **(s. S. 183).**

Stadtwäldchen-See

Märchenburg

Im Winter ist dies die schönste **Eislaufbahn (Városligeti Műjégalya)** 2 weit und breit – der kleine **Stadtwäldchen-See (Városligeti-tó)** ❾, auf dem

W

WELLNESS PUR

Was kann schöner sein, als an einem kalten Wintermorgen draußen in einem palastartigen Innenhof in 36–37 °C warmem Wasser zu schwimmen, zu entspannen und abzuschalten? Der ganz in gelb gehaltene Badepalast des **Széchenyi-Heilbads (Széchenyi Gyógyfürdő)** ❿ macht's möglich. Der wunderbare Badetempel wird mit 77 °C warmem Thermalwasser aus 1250 m Tiefe gespeist und stammt vom Anfang des 20. Jh. Reizvoll ist die Mischung aus Hallen- und Freibad. Besonders beliebt ist das Bad bei Schachspielern, die im Thermalbecken scheinbar endlos durchhalten. Durch diverse Spaßelemente ist das Széchenyi zudem sehr familienfreundlich, allerdings haben die Eintrittspreise spürbar angezogen. Zum medizinischen Angebot gehören selbstverständlich auch Massagen. Wunderbar ist der herrliche Jugendstil-Eingang am Kós Károly sétány. Die Kuppelfresken und der Brunnen sind einfach grandios. An Wochenenden regelmäßig heiße »**Spartys**« (s. S. 186) im Bad.
Állatkerti körút 11, T 1 363 32 10, www.spasbudapest.com, Metro 1, O-Bus 72 Széchenyi fürdő, Mo–Fr 7–20, Sa/So 8–20 Uhr, Tageskarte 9400–11 900 HUF (Mo–Fr vor 9 Uhr günstiger)

Märchenschloss im See: Die Burg Vajdahunyad ist ein beliebtes Fotomotiv und im Sommer Veranstaltungsort.

man im Sommer mit geliehenen Booten schippern kann (s. Tour S. 180). Der künstliche See ist ein letzter Hinweis auf das einstige Sumpfgelände, das Maria Theresia trockenlegen ließ.

Eine herrliche Kulisse für die Eisläufer bietet die verspielt wirkende **Burg Vajdahunyad** auf einer Insel im Stadtwäldchen-See. Sie beherbergert heute das **Ungarische Landwirtschaftsmuseum** 22. Die Fantasieburg war zur Millenniumsausstellung 1896 nach Plänen von Ignác Alpár in Holz erbaut worden und ist ein Mix aus allen Baustilen der ungarischen Geschichte, angefangen von der Romanik bis hin zum Rokoko. Das künstliche Gebilde erwies sich als der Publikumsrenner der Millenniumsausstellung, und so entschied man sich 1901, sie aus Stein neu zu errichten.

Im Innenhof hinter der Löwenbrücke mit dem **Tor-Turm** (*kapu torony*, kann bestiegen werden) liegt linker Hand die **Jáker-Kapelle,** die für katholische Gottesdienste genutzt wird. Etwas weiter befindet sich eine von Miklós Ligeti im Jahre 1903 geschaffene Statue eines mittelalterlichen Chronisten, dessen Name nicht überliefert ist. Ein Anonymus verfasste an der Wende zum 13. Jh. die »Gesta Hungarorum«, die erste ungarische Geschichtschronik.

Tiere, Kufen und ein Ballon

Das Stadtwäldchen ist das ganze Jahr über ein sehr familienfreundlicher Park. Besuche im **Zoo** 11 gehören zu jeder Kindheit in Budapest, genau wie die schon erwähnte **Eislaufbahn** 2. Auch der **Hauptstädtische Großzirkus** 12 ist ein fester Bestandteil eines ungarischen Familienausflugs. Recht neu ist die Flugmöglichkeit mit dem Standseilballon **Balloon Fly** 1 (s. Tour S. 180).

Museen

Pioniere der Fotokunst

13 Haus der Ungarischen Fotografie (Magyar Fotográfusok Háza): Das lichtdurchflutete einstige Atelier des Hof-Fotografen Manó Mai (1855–1917) ist komplett erhalten und zählt zu den beeindruckendsten Einrichtungen seiner Art in Europa. Das Museum kann auf eine reiche Geschichte zurückgreifen, denn Ungarn hat zahlreiche Fotopioniere von Weltformat hervorgebracht: André Kertész, Robert Capa (alias Endre Friedmann) oder auch Brassaï (alias Gyula Halász). Die hochkarätigen Fotoausstellungen des Hauses werden durch eine Kunstbuchhandlung sowie ein gemütliches Café im Erdgeschoss ergänzt.

Nagymező utca 20, T 30 167 40 34, www.maimano.hu, Metro 1 Opera, Di–So 12–19 Uhr, 2000 HUF, ermäßigt 1000 HUF

Und noch mehr Fotos

14 Robert-Capa-Zentrum für Zeitgenössische Fotografie (Robert Capa

TOUR
Mit Kind und Kegel

Zoo, Zirkus und Eisbahn – Kinderparadies Stadtwäldchen

Erleben Sie ein typisches Budapester Familienwochenende! Die Aussicht auf einen Besuch des **Stadtwäldchens** lässt jedes Kinderherz höher schlagen. Vor allem am Wochenende strömen die Hauptstädter mit ihrer Familie in das Naherholungsgebiet hinter dem Heldenplatz. Das ehemals sumpfige Stadtwäldchen am Ende der Andrássy út schien im 19. Jh. für einen großen Freizeitpark ideal zu sein. Das weitläufige Areal bietet reichlich Gelegenheit zum Bummeln, Picknicken und für Fahrten mit den beliebten Tretkutschen (*bringóhintó*). Ein Muss – nicht nur für Kinder – ist der Besuch des Zoos! Allein hier lässt sich leicht ein halber Tag verbringen.

Nur schönste Architektur für Giraffe & Co.

Schon das kunstvolle Elefantentor am Eingang lässt erkennen, dass der **Budapester Zoo (Budapesti Állatkert) 11** nicht nur Tiere präsentiert, sondern auch interessante Architektur. Die kunstvollen Tierhäuser sind schon an sich eine Attraktion und haben den gesamten Zoo zu einem denkmalgeschützten Gelände gemacht. Im Sommer bieten die vielen Bäume angenehmen Schatten.

Begonnen hatte alles im Jahr 1866 und so zählt der Budapesti Állatkerti zu den ältesten zoologischen Gärten weltweit. Anlässlich seiner

Infos

H–K 5–7

Start/Ziel: Metrostation Széchenyi fürdő an der gelben U-Bahn M 1 (Földalatti)

Dauer: ein halber bis ein ganzer Tag

Adressen: s. S. 180

Gründung stiftete Kaiser Franz Joseph 34 Tiere, seine Gattin Sisi steuerte gleich die erste Giraffe bei. Heute leben 1000 Tierarten und mehrere Tausend Tiere auf dem Gelände. Seit Jahren ist der Zoo bemüht, durch neue Bereiche und großzügigere Gehege modernen Ansprüchen gerecht zu werden. So kamen ein Savannenbereich und das Australienhaus hinzu.

Das Bild des parkartigen Budapester Zoos prägt jedoch eine umfassende Neugestaltung zu Beginn des 20. Jh. Den Auftrag hierfür erhielt Károly Kós (zusammen mit Dezső Zrumeczky). Kós verwirklichte das Vogel-, Affen- und Fasanenhaus in dem für ihn typischen siebenbürgischen Stil. Kornél Neuschloss schuf das märchenhafte **Elefantenhaus** (s. Foto S. 180), während Károly Räde und Keresztély Ilsemann das wunderbare **Palmenhaus** im Jugendstil beisteuerten, unter dem sich das Aquarium befindet. Im Palmenhaus befindet sich auch ein kleines Café. Den ganzen Tag über gibt es für Kinder besondere Programmangebote. Sehr beliebt sind z. B. der Streichelzoo sowie die Fütterung der Affen und der Seelöwen. Ein Publikumsrenner ist auch die Fütterung der Pinguine. Der Zoo wandelt sich im Sommer darüber hinaus zu einem beliebten Veranstaltungsort. Abends finden im Juli und August vor dem Palmenhaus gelegentlich Sommerkonzerte statt.

Pannonische Urwelten
2014 übernahm der Zoo den früheren Vergnügungspark Vidámpark. In diesem Bereich entsteht seit Jahren ein riesiger Biodom. Der Kuppelbau soll das Zentrum für den ambitionierten sogenannten Pannon Park werden, dessen Fertigstellung aber durch finanzielle Probleme schon erheblich verzögert wurde. Die markante Kuppelkonstruktion des Daches war bei Redaktionsschluss bereits fertiggestellt. Innen soll ein urzeitliches Karpatenbecken nachgebildet werden. Aus den alten Tagen als Freizeitpark wurden u. a. das denkmalgeschützte Pferdekarussell von 1906 sowie die 1 km lange hölzerne Achterbahn mit neun Wellen übernommen. Aber solange nicht klar ist, wie es mit dem Pannon Park weitergeht, tut sich auf dieser Fläche nicht viel. Aktuelle Infos finden sich auf der Zoo-Website.

Infos

Budapester Zoo ⓫: Állatkerti körút 6–12, T 1 273 49 00, www.zoobudapest.com, Nov.–Feb. tgl. 9–16, März/Okt. Mo–Fr 9–17, Sa–So 9–17.30, April/Sept. Mo–Fr 9–17.30, Sa–So 9–18, Mai–Aug. Mo–Fr 9–18, Sa–So 9–19 Uhr, 4500 HUF, ermäßigt 3200 HUF

Hauptstädtischer Zirkus ⓬: Állatkerti körút 12/a, T 1 343 96 37, www.fnc.hu, Shows Mi–So 1–3 x tgl., Tickets 2500–4500 HUF, ermäßigt 2500–4000 HUF

Balloon Fly 1: Konrad Adenauer út, T 1 533 34 44, https://balloonfly.hu, tgl. 9–23, Winter 9–18 Uhr (wetterabhängig), 8500 HUF, ermäßigt 5000 HUF

Eislaufbahn 2: Olof Palme sétány 5, T 1 363 26 73, www.mujegpalya.hu, Mitte Nov.–Feb. Mo–Fr 9–13, 17–21, Sa/So 10–14, 16–20 Uhr, 2000–4000 HUF, plus Schlittschuhverleih

Stärken können Sie sich im **Millenium Kávéház** 11 (s. S. 185).

Ein Zirkuszelt aus Stein

Tiere, aber auch Clowns und allerlei Artisten begeistern im **Hauptstädtischen Großzirkus (Fővárosi Nagycirkusz) ⓬** das Publikum. Der Zirkus geht auf das Jahr 1891 zurück und ist in dem einzigen permanent bespielten steinernen Zirkusgebäude in Mitteleuropa aktiv. Der Ungarische Staatszirkus führt hier jährlich drei Programme auf. An Wochenenden gibt es bis zu drei Vorführungen, Mi–Fr meist nur eine.

Eislauf vor Märchenburg

Im Winter lockt eine andere Attraktion: Dann verwandelt sich der Stadtwäldchen-See in die größte **Eislaufbahn (Városligeti Műjégpálya) 2** von Budapest. Vor der herrlichen Kulisse der Vajdahunyad-Burg gleiten die Kufenfreunde zu fetziger Musik über die Freilufteisfläche. Abends sorgt Flutlicht für optimale Bedingungen.

In der Luft und auf dem Boden

Eine neue Attraktion ist der große Standseilballon **Balloon Fly 1**, der seine Gäste bis in eine Höhe von 150 m bringt. Wer bodenständiger ist, kann im Stadtwäldchen auch gut joggen. Auch wurden neue Spielplätze angelegt.

Elefantenhaus des Budapester Zoos

Kortárs Fotográfiai Központ): In den Räumlichkeiten des einstigen Ernst-Museums ist eine zweite Adresse für hochwertige Fotokunst entstanden. Das Robert-Capa-Zentrum präsentiert regelmäßig interessante Wechselausstellungen, darunter auch eine ausdrucksstarke Sammlung von Robert Capa (1913–54) selbst. Capa war als Pressefotograf vom Spanischen Bürgerkrieg über den Zweiten Weltkrieg bis Vietnam an vielen Kriegsschauplätzen aktiv und gilt als einer der Pioniere der Kriegsfotografie. Er starb in Vietnam während der Arbeit.

Nagymező utca 8, T 1 413 13 10, https://capacenter.hu, Metro 1 Opera, Di–Fr 13–18, Sa/So 10–18 Uhr, Eintritt manchmal frei, aber je nach Ausstellung wechselnde Preise

Umstrittene Geschichte

⓯ Haus des Terrors (Terror Háza): Schon die überhängende Fassade zieht die Blicke auf sich. In diesem Haus befand sich das einstige Hauptquartier der Geheimpolizei. Gegen Ende des Zweiten Weltkriegs folterten hier zunächst die ungarischen Faschisten (Pfeilkreuzler) ihre Opfer, später regierte in dem Haus der stalinistische Terror. Seit 2002 versucht das Haus des Terrors diese düsteren Kapitel aufzuarbeiten, konzentriert sich in der Dauerausstellung aber stark auf die kommunistische Phase. Schon der sowjetische Panzer im Inneren ist recht plakativ. Sehr nachdenklich stimmt natürlich, dass heute wieder russische Panzer in realiter durch die Ukraine rollen. Von daher ist dieses Symbol zeitgemäßer, als die Organisatoren es sich wohl ausgemalt hatten.

Andrássy út 60, T 1 374 26 00, www.terrorhaza.hu, Metro 1 Vörösmarty utca, Di–So 10–18 Uhr, 4000 HUF, ermäßigt 2000 HUF

Zu Besuch beim Komponisten I

⓰ Franz-Liszt-Gedenkmuseum (Liszt Ferenc Emlékmúzeum): An der Ecke zur Vörösmarty utca lebte der Komponist von 1879 bis zu seinem Tod 1886. Der im damals ungarischen Burgenland geborene Liszt sprach zwar kein Ungarisch, war seiner Heimat aber sehr verbunden. Hier befand sich auch zunächst die von Liszt gegründete und nach ihm benannte Musikakademie. In seiner einstigen Wohnung ist u. a. Liszts Bösendorfer-Flügel zu sehen. Im Kammersaal der alten Akademie finden weiterhin klassische Konzerte statt.

Vörösmarty utca 35, T 1 322 98 04, www.lisztmuseum.hu, Metro 1 Vörösmarty utca, Mo–Fr 10–18, Sa 9–17 Uhr, 3000 HUF, ermäßigt 1500 HUF

Zu Besuch beim Komponisten II

⓱ Zoltán-Kodály-Gedenkmuseum (Kodály Zoltán Emlékmúzeum): Von Oktober 1924 bis zu seinem Tod im März 1967 lebte Zoltán Kodály mit seiner Familie in dieser Vier-Zimmer-Wohnung, eher schlicht und funktional, dabei geschmackvoll eingerichtet.

Andrássy út 87–89, Infos am Hauseingang sowie unter https://kodaly.hu/museum, Besuch nur nach Voranmeldung – mindestens 2 Tage im Voraus, Mo 11–16.30, Mi–Fr 10–12, 14–16.30 Uhr, 3000 HUF, ermäßigt 1500 HUF

Jugendstil in Kunstvilla

⓲ György-Ráth-Villa (Ráth György-villa): Solange das Kunstgewerbemuseum am Großen Ring renoviert wird, ist in der Villa seines einstigen Gründungsdirektors eine sehenswerte Auswahl an Jugendstil-Exponaten zu sehen. So erhält man auch einen kleinen Einblick in die Welt des Großbürgertums zu Beginn des 20. Jh.

Városligeti fasor 12, T 1 416 96 01, www.imm.hu, Metro 1 Bajza utca, O-Bus 70, 78 Lövölde tér, Di–So 10–18 Uhr, 3200 HUF, ermäßigt 1600 HUF

Ostasiatische Kunst

⓳ Ferenc-Hopp-Museum (Hopp Ferenc Múzeum): In einer schönen Villa präsentiert das Museum für ostasiatische Kunst regelmäßig interessante Wechsel-

ausstellungen mit exotischen Stücken aus China, Japan, Indien und anderen Ländern des Kontinents. Im netten Garten ist u. a. eine Gandhi-Büste zu sehen. Der weltreisende Kunstsammler Ferenc Hopp hatte bei seinem Tod 1919 rund 4000 Exponate und seine Villa dem Staat vermacht und so die Grundlage für das Museum geschaffen.
Andrássy út 103, T 1 469 77 59, https://hoppmuseum.hu, Metro 1 Bajza utca, Mi–So 10–18 Uhr (nur zu Ausstellungen), 2000 HUF, ermäßigt 1000 HUF

Meisterwerke der Kunst

⑳ Museum der Bildenden Künste (Szépművészeti Múzeum): Nach einem mehrjährigen Umbau konzentriert sich das erstklassige Museum heute allein auf die Kunst bis 1800. Modernere internationale Werke sind seither in der Ungarischen Nationalgalerie im Burgschloss (s. S. 57) zu sehen. Ein ›neues‹ Highlight ist der prächtig renovierte **Romanische Saal** im Erdgeschoss, den man durch eine Kopie des Goldenen Tors der Freiberger Kathedrale in Sachsen betritt. Wände, Pfeiler und Decken sind mit christlichen und ungarischen Motiven bemalt und verziert. Schließlich sollte das Museum ja auch das Millennium der ungarischen Landnahme feiern.

Ein guter Startpunkt ist im Keller an der Garderobe die exzellente **Ägyptische Sammlung.** Dort sind eindrucksvoll bemalte Holzsarkophage, eine Mumie sowie ein mumifiziertes Krokodil ausgestellt. Auch Büsten, Gefäße und Schmuck sind zu sehen. Angeschlossen ist die **Antike Sammlung.** Auch hier sind Sarkophage zu sehen, thematisiert werden auch die Götter Eros (Liebe), Dionysos (Theater, Tanz, Musik) und Thanatos (Tod).

Ein Highlight ist die kostbare **Sammlung Alter Meister** mit rund 3000 Gemälden. Sie geht auf die umfangreiche Privatsammlung der Fürsten Esterházy zurück, die 1870/71 vom ungarischen Staat als Grundlage für die Museumsgründung erworben wurde. So gelangten 637 Gemälde und 3535 Zeichnungen in öffentlichen Besitz. Auf die westungarische Magnatenfamilie geht der Name der sogenannten Esterházy-Madonna (1508) von Raffael zurück, ein Juwel des Museums in Saal XIX auf der linken Seite im 1. Stock.

Einen weiteren Schwerpunkt bilden die zahlreichen Werke der Spanier El Greco und Goya – in dieser Dichte eine Besonderheit außerhalb der iberischen Halbinsel. Auch Tizian und Tintoretto sind vertreten.

In derselben Abteilung sticht auch Lucas Cranach d. Ä. mit »Jesus und die Ehebrecherin« (1532) ins Auge. Albrecht Dürer ist mit dem »Porträt eines jungen Mannes« (ca. 1510–20) präsent. Dürers Vorfahren wanderten übrigens aus dem ostungarischen Gyula nach Nürnberg aus. Dürers Großvater hieß noch Ajtósi (*ajtó* = Tür). Auch Werke von Pieter Bruegel dem Älterem sind vertreten.

Zur Sammlung gehören auch repräsentative Arbeiten von Rubens, van Dyck und Franz Hals. Im 2. und 3. Obergeschoss sind Skulpturen sowie ungarische Kunst aus dem 17. und 18. Jh. ausgestellt. Hochkarätig sind die Sonderausstellungen.
Hősök tere (Heldenplatz), T 1 469 71 00, www.mfab.hu, Metro 1 Hősök tere, Di–So 10–18 Uhr, Dauerausstellung 4800 HUF, ermäßigt 2400 HUF, Audioguides (auch Deutsch) 1200 HUF

Moderne Kunst

㉑ Kunsthalle (Műcsarnok): In dem schmucken Neorenaissance-Gebäude gegenüber dem Museum der Bildenden Künste (s. o.) werden zeitgenössische Wechselausstellungen präsentiert.
Hősök tere (Heldenplatz), T 1 460 70 00, www.kunsthalle.hu, Metro 1 Hősök tere, Mi, Fr–So 10–18, Do 12–20 Uhr, 3200 HUF, ermäßigt 1600 HUF

Ländliches im Märchenschloss

㉒ Ungarisches Landwirtschaftsmuseum (Magyar Mezőgazdasági

Múzeum): In den beiden Hauptgebäuden der Vajdahunyad-Burg ist das Ungarische Landwirtschaftsmuseum untergebracht. Architektonisch besonders reizvoll sind die gotischen Säle in dem ›mittelalterlichen‹ Burgteil. Die Glasfenster stammen aus der Werkstatt von Miksa Róth, Vorbild war die Burg Hunyad in Siebenbürgen.

Das ›barocke‹ Schloss hingegen nimmt im Wesentlichen Bauelemente aus der Zeit Maria Theresias auf, darunter solche des Schlosses Gödöllő. In diesem Teil ist die sehenswerte Dauerausstellung »Geschichte der ungarischen Landwirtschaft« zu sehen. Weitere Bereiche widmen sich dem Weinbau, der Jagd und der Fischerei.

Eine Ergänzung des Besuchs ist der Aufstieg mit einer geführten Gruppe im **Apostelturm (Apostolok tornya).** Die Führung dauert gut 30 Min. und bewältigt 150 Stufen.

Burg Vajdahunyad: T 1 422 07 65, www.mezogazdasagimuzeum.hu, Metro 1 Széchenyi fürdő, April–Okt. Di–So 10–17, sonst Di–Fr 10–16, Sa–So 10–17 Uhr, 2500 HUF, ermäßigt 1200 HUF; Kombiticket mit Apostelturm und Kapu-Turm 3000 HUF, ermäßigt 1700 HUF

Ungarische Klänge

㉓ Haus der Ungarischen Musik (Magyar Zene Háza): Schon das markante, 2021 eröffnete Gebäude von Sou Fujimoto setzt Akzente. Nach massiver Kritik wurden zudem mehr Bäume erhalten, als zuvor geplant. Die Dauerausstellung führt auf eine weitgefasste Klangreise von den Steppen Asiens, wo die Museumsmacher die ›Verwandten‹ der heutigen Ungarn verorten, über die mittelalterliche Kirchenmusik und die Opern- und Operettenwelt bis zur ungarischen Nationalhymne und moderner Musik. Natürlich spielen Franz Liszt und Béla Bartók eine Rolle, aber auch Haydn und Beethoven aufgrund ihrer Beziehung zu Ungarn. All das ist mit modernster interaktiver Technik aufbereitet. Besser Zeitfenster vorab reservieren, das Haus ist vor allem am Wochenende oft ausgebucht. Angeschlossen ist auch ein Konzertsaal.

Kann sich sehen lassen: das prachtvolle Innere der Kunsthalle

Olof Palme sétány 3, T 70 799 94 49, https://zenehaza.hu, Metro 1 Hősök tere, Széchenyi fürdő, April–Okt. tgl. 10–18 (Fr bis 20) Uhr, sonst Di–So 10–18, 3900 HUF, ermäßigt 2200 HUF

Volkskunst in neuem Gewand

㉔ Ethnografisches Museum (Néprajzi Múzeum): Das zweite große neue Museum wirkt wie eine Schaukel, denn es wurde mit zwei aufstrebenden Flügeln rund um ein Denkmal zum Gedenken an die Revolution von 1956 gruppiert. Die beiden Flügel sind nur unterirdisch miteinander verbunden. Der Entwurf stammt von Napur Architect und setzt im Außenbereich auf begrünte Dächer. Obwohl das Haus schon im Mai 2022 seine Pforten öffnete, wird die neue Dauerausstellung erst ab Mitte 2024 zu sehen sein. Man darf gespannt sein, welche der rund 225 000 Exponate ihren Weg in die Vitrinen finden werden. Allein 140 000 stammen aus dem Karpatenbecken, davon viele

In Budapests Kaffeehäusern kann man die Zeit schon mal vergessen – bei endlosen Gesprächen, beim Lesen oder auch nur beim Gucken.

jedoch aus Regionen, die heute außerhalb von Ungarn liegen. Am Eingang Richtung Kunsthalle präsentieren große Modelle einerseits »Budapest 1910« sowie andererseits »Liget 2026«, Letzteres mit den Plänen für das neue Museumsviertel im Stadtwäldchen (s. Zugabe S. 187). Auch Sonderausstellungen.

Dózsa György út 35, T 1 474 21 00, https://neprajz.hu, Metro 1 Hősök tere, Di–So 10–18 Uhr, Kombiticket für alle Ausstellungen 4500 HUF, ermäßigt 2250 HUF

Essen

Künstlercafé am Boulevard

1 Művész Kávéház: Theatergänger, Künstler und auch die Touristen schätzen und genießen gleichermaßen die umfangreiche Kuchentheke des Traditionshauses schräg gegenüber dem Opernhaus – auch wenn das Ambiente inzwischen deutlich modernisiert wurde.

Andrássy út 29, T 1 343 35 44, www.muveszkavehaz.com, Metro 1 Opera, tgl. 9–20 Uhr, €

Am Pester Broadway

2 Két Szerecsen: Nur wenige Schritte vom Boulevard ist dieses Bistro eine sehr einladende Gastro-Oase. Bis 11.30 Uhr wird Frühstück serviert, u.a. mit Omelettes sowie Wurst vom heimischen Mangalica-Schwein. Später kommen auch Tapas, Salate, Palatschinken und Steaks auf den Tisch – alles locker und entspannt.

Nagymező utca 14, T 1 343 19 84, www.ketszerecsen.hu, Metro 1 Opera, tgl. 9–23.30 Uhr, €–€€

Kaffee bei Pasternak

3 Café Zsivágó: Sehr gemütliches Wohnzimmer-Café in einer Parallelgasse zur Andrássy út. Neben Croissants und Kuchen werden von Tatjana auch Piroggen serviert. Hier lässt sich eine Stunde leicht verplaudern. Abends auch Wein und Cocktails.

Paulay Ede utca 55, T 30 212 81 25, www.cafezsivago.hu, Metro 1, Tram 4, 6 Oktogon, Mo–Fr 10–24, Sa 12–24, So 14–22 Uhr, €

Transsylvanische Spezialitäten

4 **Szék:** Auf der Andrássy út bietet das moderne Bistro Spezialitäten aus der heute rumänischen Karpatenregion. Lecker sind u. a. der Csorba-Eintopf, das Auberginenpüree oder auch die Schweinelende Brassoer Art. Dazu kommen wochentags günstige Mittagsangebote.

Andrássy út 41, T 1 721 31 54, www.szekrestaurant.hu, Metro 1, Tram 4, 6 Oktogon, tgl. 11–22 Uhr, €–€€

Szenetreff am Liszt-Platz

5 **Menza:** Die trendige Menza kommt zwar ganz im Stil einer 1970er-Jahre-Kantine daher, die Küche ist aber zeitgenössisch; unter der Woche auch günstige Mittagsmenüs.

Liszt Ferenc tér 2, T 30 145 42 42, www.menzaetterem.hu, Metro 1, Tram 4, 6 Oktogon, tgl. 11–23 Uhr, €–€€

Bistro mit Stil

6 **Café Vian:** Morgens gibt es am grünen Liszt-Platz leichtes Frühstück mit Croissants, mittags und abends auch warme Küche. Bis Mitternacht kann man hier unter den Bäumen draußen sitzen. Im Gozsdu-Hof gibt es eine Filiale (s. S. 132).

Liszt Ferenc tér 5, T 1 268 11 54, www.cafevian.com, Metro 1, Tram 4, 6 Oktogon, tgl. 9–1 Uhr, €–€€

Hell und bio

7 **Ecocafé:** Leckere Vollkorn-Sandwiches, Bio-Croissants, vegane Pralinen, Bio-Kaffee und frisch gepresster Orangensaft sind nur einige der schmackhaften Angebote in diesem hellen Café am Prachtboulevard – locker, freundlich und sehr populär.

Andrássy út 68, T 20 367 15 00, www.ecocafe.hu, Metro 1 Vörösmarty utca, Mo–Fr 7–19, Sa/So 8–18 Uhr, €

Exotisches vom Subkontinent

8 **Taj Mahal:** Ein Hauch von indischer Exotik empfängt die Besucher im schönen Taj Mahal. Die verlockenden Genüsse des Subkontinents bieten auch Vegetariern eine reiche Auswahl – das Taj Mahal ist das beste indische Restaurant der Stadt.

Szondi utca 40/Ecke Rózsa utca, T 1 301 04 47, www.tajmahal.hu, Metro 1 Vörösmarty utca, O-Bus 72, 73, 76 Izabella utca, Di–So 12–23 Uhr, €€

Tolles Ambiente

9 **MagHáz:** Eine willkommene Bereicherung im zweiten Teil der Andrássy út ist diese Kulturhaus-Villa mit schicker Säulenfassade zum Boulevard. Kaffee, Kuchen und Snacks gibt es draußen zur Allee hin oder in dem schönen, glasüberdachten Innenhof. Werktags bekommen Sie hier auch zwischen 11 und 15 Uhr einfache, sehr günstige Gerichte aus einer Garküche.

Andrássy út 98, T 20 373 49 93, https://magnethaz.hu/maghaz-etterem, Metro 1 Bajza utca, Café Mo–Fr 8–20, Sa/So 8–18 Uhr, €

Feine Lage, edle Küche

10 **Robinson Étterem:** Árpád László bewies 1989 viel Gespür für die perfekte Lage, als er seinen Klassiker am Stadtwäldchen-See eröffnete. Die exzellente Küche und das Ambiente lockten schon prominente Gäste wie Robert Redford und Arnold Schwarzenegger an.

Városligeti tó, T 30 663 68 71, www.robinsonrestaurant.hu, Metro 1 Széchenyi fürdő, O-Bus 72 Állatkert, tgl. 12–16, 18–23 Uhr, €€–€€€

Prächtiges Ambiente

11 **Millennium Kávéház:** Der 1885 im Stadtwäldchen erbaute Pavillon liefert die stilvolle Kulisse für gute Küche (kleine Karte) sowie ungarische und internationale Weine und Cocktails. Im Sommer auch schöne Terrasse.

Olof Palme sétány 1, T 20 515 74 43, www.millenniumkavehaz.hu, Metro 1 Hősök tere, Széchenyi fürdő, Mi–So 12–21 Uhr, €€–€€€

Einkaufen

Kreatives ungarisches Design

1 The Garden Studio: Dóri Tomcsányi und Bálint Sikó geben hier kreativen jungen ungarischen Designern die Möglichkeit, ihre Produkte zu präsentieren: Kleidung, Designer-Rucksäcke, Accessoires. Hinten befindet sich zudem ein Atelier. Das Ganze macht einen erfrischenden Eindruck. Mi–So mit Café.

Paulay Ede utca 18, T 20 423 40 77, www.thegardenstudio.hu, Metro 1 Bajcsy-Zsilinszky út, Di 12–20, Mi–Fr 10–20, Sa 10–18, So 10–15 Uhr

Gepflegte Streichinstrumente

2 Dárius Music: Zoltán Délczeg ist seit 1993 einer der führenden Händler für Streichinstrumente in Budapest. In Hörweite der Musikakademie sind natürlich auch Reparaturen sehr gefragt.

Paulay Ede utca 58, T 30 415 72 71, www.dariusmusic.hu, Metro 1, Tram 4, 6 Oktogon, Mo–Fr 10–17, Sa 10–13 Uhr

Literaten-Buchhandlung

3 Írók Boltja: Sympathischer Buchladen an der Ecke Andrássy út / Liszt Ferenc tér, auch Deutschsprachiges in den Regalen.

Andrássy út 45, T 1 322 16 45, www.irokboltja.hu, Metro 1, Tram 4, 6 Oktogon, Mo–Fr 10–19, Sa 11–18 Uhr

Bewegen

Hoch oben

1 Balloon Fly: s. Tour S. 180.

Eislaufen mit Kulisse

2 Eislaufbahn (Városligeti Műjégpálya): s. Tour S. 180.

Ausgehen

Perfektes Opernerlebnis

1 Ungarische Staatsoper: s. S. 170.

Csárdásfürstin und mehr

2 Budapester Operettentheater (Budapesti Operettszínház): Glanzvolle Bühne für beschwingte Operetten und Musicals. Der musikalische Bogen reicht von der klassischen »Csárdásfürstin« des Operettenkönigs Imre (Emmerich) Kálmán bis zu aktuelleren Musical-Produktionen.

Nagymező utca 17, T 1 472 20 30, www.operett.hu, Metro 1 Opera, O-Bus 70, 78 Andrássy út

Cocktails on the roof

3 360 Bar: Auf dem Dach des ehemaligen **Pariser Großkaufhauses** bietet sich ein Top-Rundblick über die Andrássy út bis zum Gellértberg. Im Winter mit beheizten, durchsichtigen ›Iglus‹. Hinauf geht es mit einem Fahrstuhl. An schönen Abenden besser reservieren.

Andrássy út 39, www.360bar.hu, Metro 1, Tram 4, 6 Oktogon, So–Mi 14–24, im Sommer So–Mi 14–24, Do–Sa 14–2 Uhr

Szeneplatz unter Bäumen

4 Liszt Ferenc tér: s. S. 173.

Der Jugendstil macht die Musik

5 Franz-Liszt-Musikakademie (Liszt Ferenc Zeneművészeti Egyetem): s. S. 172.

Party im Thermalbad

10 Sparty: Von Februar bis Dezember steigt im **Széchenyi-Heilbad** samstags regelmäßig von 21.30 bis 2 Uhr die nächtliche »Sparty«. Die ungewöhnliche Disconacht im palastartigen Thermalbad ist sehr angesagt. Tickets gibt es vorab online.

Adresse s. Kasten S. 176, Széchenyi-Heilbad, https://spartybooking.com, 59 €

Zugabe
Ein neues Museumsviertel

Ein Prestigeprojekt der Regierung

Mein Freund, der Baum: Patenschaften im Stadtwäldchen als Protest

Es war 2011 ein großer Paukenschlag der Fidesz-Regierung: Im Stadtwäldchen sollte ein imposantes neues Museumsviertel von europäischem Format entstehen – Highlights sollten Neubauten für die Ungarische Nationalgalerie und das Ethnografische Museum sein sowie ein erweitertes Verkehrsmuseum.

Doch schon bald formierte sich Protest, der sich im Kern um den Standort für das Projekt drehte: Unumstritten war, dass das Stadtwäldchen aufgewertet werden sollte, und neue hochwertige Museumsbauten sind immer willkommen. Doch warum sollte ausgerechnet eine der wenigen großen und recht zentralen Grünflächen in Pest zum Schauplatz eines riesigen Bauprojekts werden, fragten NGOs wie Greenpeace oder ÓVÁS? Als Alternative gibt es z. B. viele brachliegende frühere Industrieflächen. So gab es Widerstand gegen Baumfällungen, zumal die Regierung eigentlich mehr Grünflächen versprochen hatte. Zusätzlicher Verkehr für die Museen war ebenso umstritten wie die Umgehung der lokalen Instanzen durch die Zentralregierung. Kein Zufall war es wohl, dass 2019 der zuständige oppositionelle Bezirksbürgermeister Gergely Karácsony zum neuen Oberbürgermeister von Budapest gewählt wurde.

> Es gab Widerstand gegen Baumfällungen.

Daraufhin speckte die Regierung das Gesamtdesign tatsächlich ab: So entstanden bislang nur das **Haus der Ungarischen Musik** ㉓, und das **Ethnografische Museum** ㉔. Das **Ungarische Technik- und Verkehrsmuseum** (s. S. 210), wird nun wie gefordert in alte Werkshallen ausgelagert, ein Museum wurde ganz gecancelt und ob die **Neue Ungarische Nationalgalerie** überhaupt noch gebaut wird, ist angesichts immenser Kostensteigerungen auf bis zu 500 Mio. € durchaus fraglich. Auch wurde mehr alter Baumbestand bewahrt, als ursprünglich geplant, und für Jogger und Kinder legte man neue Areale an. Das hat dem Stadtwäldchen sehr gut getan. Damit hat sich der Kern des Projekts aufgrund der Proteste erheblich gewandelt.

Ob und wie es weitergeht, wird in Budapest heiß diskutiert und wohl erst nach der Kommunalwahl 2024 entschieden. Man darf gespannt sein. ■

Großer Ring und Margareteninsel

Gründerzeit pur — Vom Großen Ring aus lassen sich auch Ziele weiter draußen gut erreichen, wie die Margareteninsel.

Seite 191

Holocaust-Gedenkzentrum

In einer umgewandelten Synagoge zeichnet die bewegende Dauerausstellung den Leidensweg der jüdischen Ungarn bis zum Holocaust nach. Etwas weiter befindet sich das Trafó, eines der spannendsten Bühnenprojekte der Stadt.

Seite 194

Palast der Künste

Mit Konzerten und dem Museum Ludwig setzt der Palast immer wieder spannende kulturelle Akzente am Donauufer. Und gleich nebenan befindet sich das Ungarische Nationaltheater.

Ganz großes Kino: Ungarns Filme

Eintauchen

Seite 196

Kunstgewerbemuseum

Ödön Lechner verwirklichte hier seine Vorstellung von ungarischer Architektur und schuf damit unter der grün-gelben Dachkuppel ein Jugendstil-Meisterwerk.

Seite 203

Fin de Siècle

New York Café oder Corinthia Grand Hotel Royal – am Großen Ring entstanden zur vorletzten Jahrhundertwende echte Prachtbauten. Das New York Café wurde zu einem berühmten Literatencafé. Beide Häuser sind heute teure Luxushotels.

Seite 200

Budapester Friedhöfe

Der parkartige Kerepesi-Friedhof ist mit seinen Mausoleen und Künstlerparzellen ein Nationales Pantheon, während der Neue Zentralfriedhof dem Gedenken an die Revolution 1956 gewidmet ist. Viele ungarische Dichter sind hier begraben, so etwa Attila József oder der Nobelpreisträger Imre Kértesz. Direkt daneben befindet sich der sehenswerte Jüdische Friedhof.

Seite 206

Margareteninsel

Budapests grüne Donauperle ist eine wunderbare Oase der Erholung. Der dichte Baumbestand macht das Eiland zu einem echten Park in der Stadt – mit Thermalbad und vielen Sportmöglichkeiten.

Seite 216

Markthalle Rákóczi tér

Welch ein Unterschied: Während sich in der Zentralen Markthalle am Fővám tér die Massen drängeln, geht das Leben in der ebenfalls sehr schönen, aber kleineren Halle am Rákóczi tér seinen ruhigen Gang. Hier trifft man nur auf Einheimische.

Zwei, die zusammengehören: Budapest und der Jazz

sieben sei er nach Hause ge-
nen, habe sich niedergelegt, bis
alb acht ausgeschlafen und dann
hstückt: Kaffee und ein Hörnchen –
sei dann ins Kaffeehaus gegangen,
ine Novelle zu schreiben.« Mólnar

erleben

Gründerzeit und Postmoderne

Wie ein breites Band umschließt der Große Ring (Nagykörút) die Pester Innenstadt von der Petőfibrücke bis zur Margaretenbrücke. In 35 Jahren Bauzeit wurde ab 1872 ein städtebaulich herausragendes Werk geschaffen, das sich heute durch seine architektonische Geschlossenheit, seine Geschäfte und seine gelassene Vitalität auszeichnet. Hier präsentiert sich eine Stadt, die an der Wende zum 20. Jh. optimistisch in die Zukunft blickte und deren tragende Gesellschaftsschichten ihren Wohlstand stolz zur Schau stellten. Ein, zwei Straßenzüge jenseits des Rings geht es meistens viel bescheidener zu, in Gassen, die teils immer noch ihrer Renovierung harren. Größer könnte der Kontrast zum prächtigen Boulevard kaum sein.

Der Ring gliedert sich in fünf Abschnitte, den Ferenc körút (Franzensring), den József körút (Josephsring), den Erzsébet körút (Elisabethring), den Teréz körút (Theresienring) sowie den Szent István körút (St.-Stephans-Ring). Dabei wurde auf vier Mitglieder des Hauses Habsburg zurückgegriffen. Stephan war Ungarns erster König. Bis auf den letzten Abschnitt trägt der Ring jeweils den Namen der durchquerten Vorstadt und teilt diese in einen inneren und einen äußeren Bereich.

O

ORIENTIERUNG

Reisekarte: D–K 5–14
Cityplan: S. 192
Ausgangspunkt: Startpunkt ist der Boráros tér an der Petőfibrücke, dem südlichen Ende des Großen Rings. Hier halten Tram 4 bzw. 6 (rund um die Uhr), die über den Großen Ring rollen, sowie die Tram 2, 2B und 23 am Donauufer. Ohne Abstecher und Kaffeepausen ist man zu Fuß gut 2–3 Stunden unterwegs, mit allen Abstechern und Touren zwei oder gar drei Tage. Flohmarkt und Neuer Zentralfriedhof liegen weit draußen am Stadtrand.
Das Viertel erkunden: Gerade aufgrund der interessanten Abstecher lohnt es sich hier, öfter mal auf Tram oder Metro umzusteigen. Auf der Margareteninsel verkehren nur Busse. Die Insel wird von April bis Oktober von einigen Ausflugsschiffen angesteuert. Auch die U-Bahnen queren den Ring: Corvin-negyed (M 3), Rákóczi tér (M 4), Blaha Lujza tér (M 2), Oktogon (M 1) und Nyugati pu. (M 3).

Südlicher Ringabschnitt

Der Große Ring beginnt im Süden am Boráros tér auf der Pester Seite der Petőfi-Brücke. Von dort zieht er sich durch die Franzensstadt (IX. Bezirk) und die Josephstadt (VIII. Bezirk) nach Norden bis zum Verkehrsknotenpunkt Blaha Lujza tér an der südlichen Hälfte des Rings.

Franzensstadt G/H11–G/H14

Spürbarer Wandel

Der IX. Bezirk, die **Franzensstadt (Ferencváros),** erlebt seit Jahren eine erstaunliche Revitalisierung. Einst galten die schummrigen Gassen als wenig attraktiv, doch mit der Kneipenmeile Ráday utca und der Millenniumsstadt setzte ein spürbarer Strukturwandel ein. Im Gegensatz zu manch anderen Stadtteilen gilt die Sanierung hier als Erfolgsstory, weil sie bestehende Strukturen aufgriff und ergänzte.

Startpunkt des Spaziergangs durch die Franzensstadt ist der verkehrsreiche **Boráros tér** 1 an der Auffahrt zur **Petőfi-Brücke.** Hier treffen die Ring-Straßenbahnen 4 und 6 auf die Trams 2, 2B und 23 die an der Donaupromenade entlang verkehrt. Auch starten hier die Busse nach Süden zum Ecseri-Flohmarkt.

Besonders sichtbar ist der Wandel in der sogenannten Millenniumsstadt südlich des Boráros tér: Hier wurde eine lange Reihe von eher tristen Büro- und Apartmentblöcken am Donauufer errichtet. Doch kurz vor der **Rákóczi-Brücke** bilden das **Nationaltheater** 2 und nebenan der **Palast der Künste** 3 mit dem **Ludwig-Museum** 35 ein modernes Kulturviertel (s. Tour S. 126). Interessant ist auch das hochprozentige **Zwack-Museum** 34 auf halbem Wege.

Synagoge zum Gedenken

Seit 2004 befindet sich mitten in der äußeren Franzensstadt an der Ecke Tűzoltó/Páva utca das zentrale **Holocaust-Gedenkzentrum (Holokauszt Emlékközpont)** 36 (s. auch S. 210). Dafür wurde eine Synagoge von Lipót Baumhorn (1923) nach Plänen von István Mányi vorbildlich renoviert und durch ein modernes Museum ergänzt. Vielfach wurde kritisiert, dass die Gedenkstätte für Budapester Verhältnisse recht abseits liegt. Doch der Weg lohnt sich für die bewegende Dauerausstellung. Fast nebenan ist das **Trafó** 3 (s. S. 214) eines der spannendsten zeitgenössischen Kulturhäuser der Stadt, das viel Tanz bietet und zudem über das nette **Trafik Café** für eine Kaffeepause verfügt. Ein weiterer Nachbar ist die authentische Ruinenkneipe **Élesztőház** 4.

Erinnerung an das Grauen: das in einer Synagoge eingerichtete Holocaust-Gedenkzentrum

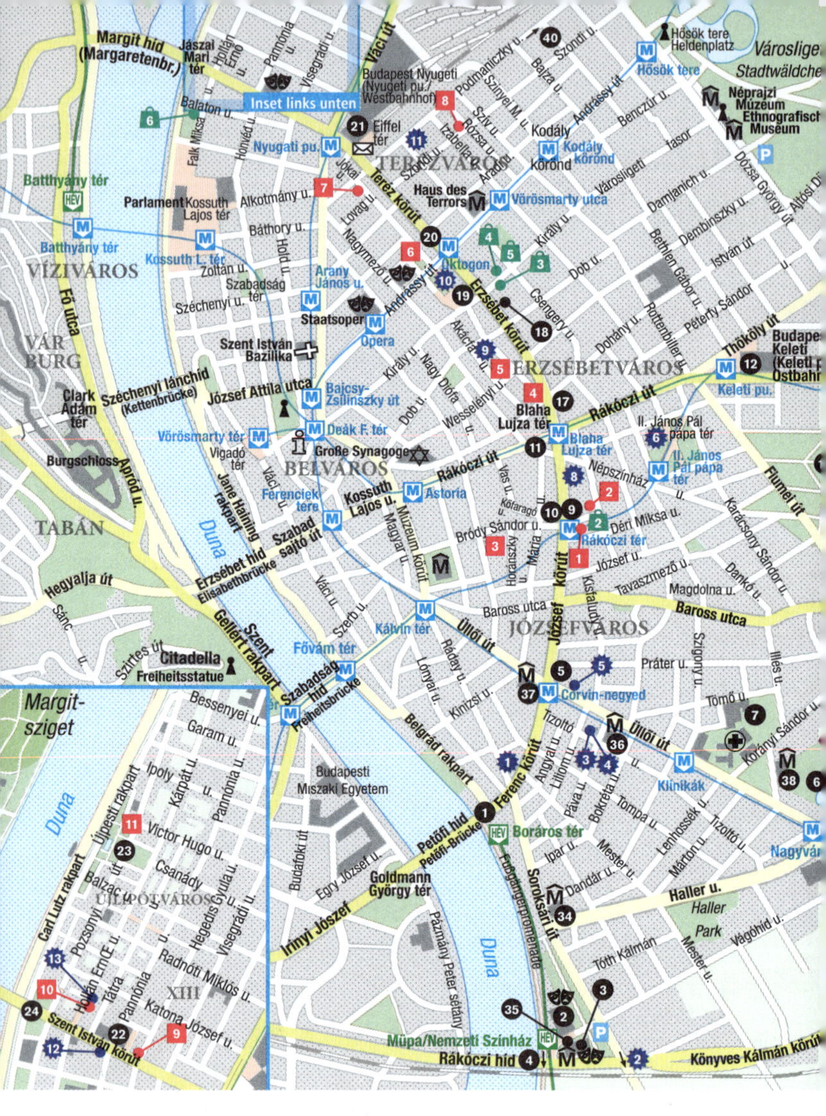

Großer Ring und Umgebung

Ansehen

1. Boráros tér
2. Nationaltheater
3. Palast der Künste
4. Nationales Leichtathletikstadion
5. Corvin-Passage
6. Orczy-Park
7. Botanischer Garten
8. Wekerle-Siedlung
9. Rákóczi tér
10. Rabbinerseminar
11. Blaha Lujza tér

⓬ Bahnhof Budapest Keleti (Ostbahnhof)
⓭ Kerepesi-Friedhof
⓮ Jüdischer Salgótarjáni-utca-Friedhof
⓯ Neuer Zentralfriedhof
⓰ Jüdischer Friedhof
⓱ New York Café
⓲ Corinthia Grand Hotel Royal
⓳ Franz-Liszt-Musikakademie
⓴ Oktogon
21 Bahnhof Budapest Nyugati (Westbahnhof)
22 Lustspieltheater
23 Szent-István-Park
24 Jászai Mari tér
25 – 33 s. Cityplan S. 207
34 Zwack-Museum
35 Ludwig-Museum
36 Holocaust-Gedenkzentrum
37 Kunstgewerbemuseum
38 Ungarisches Naturhistorisches Museum
39 Ungarisches Technik- und Verkehrsmuseum
40 Eisenbahnhistorischer Park

Essen

1 Oinos
2 Café Csiga
3 Pesti Chutney
4 Tati
5 Mazel Tov
6 Teaház a Vörös Oroszlánhoz
7 Wasabi
8 Taj Mahal
9 Kino Café
10 Tökmag
11 Dunapark

Einkaufen

1 Ecseri-Flohmarkt
2 Rákóczi-tér-Markthalle
3 Lemezkuckó
4 Judit Kalapszalon
5 Hunyadi-tér-Markthalle
6 Falk Miksa utca

Bewegen

1 Orczy Kalandpark
2 – 3 s.Cityplan S. 207

Ausgehen

1 Jedermann
2 Budapest Park
3 Trafó
4 Élesztőház
5 Corvin Mozi
6 Erkel-Theater
7 Eiffel-Kulturstudio
8 Rizmajer
9 Instant/Fogas
10 Liszt Ferenc tér
11 Pótkulcs
12 Morrison's 2
13 Budapest Jazz Club
14 – 15 s. Cityplan S. 207

TOUR
Ganz großes Theater!

Kulturviertel Millenniumsstadt

Mit dem Bau des Nationaltheaters und des Palasts der Künste am Donauufer hat die Budapester Kulturszene ein zeitgemäßes Zentrum erhalten. Auch das Ludwig-Museum und das Nationale Philharmonieorchester residieren in der hypermodernen Millenniumsstadt. In starkem Kontrast zu den Trendbauten des 21. Jh. steht das benachbarte **Zwack-Museum** ㉞ (s. S. 208) in einer alten Industrieanlage vom Ende des 19. Jh. Tradition und Postmoderne liegen hier nah beieinander.

Kulturkomplex am Donauufer

Der mächtige **Palast der Künste (Művészetek Palotája/ Müpa)** ❸ wirkt, als lehne er sich an die Auffahrt zur Rákóczi-Brücke an. 2005 fertiggestellt, beförderte der multifunktionale Bau (Gábor Zoboki und Nóra Demeter) die Budapester Kulturszene in eine neue Dimension. Musik, Theater und Bildende Künste werden hier in nächster Nähe zueinander präsentiert und diskutiert.

Herzstück des Komplexes ist der 1700 Zuhörer fassende **Nationale Konzertsaal Béla Bartók.** Seine ausge-

Freunde hochkarätiger Aufführungen sind im Palast der Künste richtig, wie hier beim Budapester Tanzfestival.

feilte Akustik lässt auch die Klänge der zweitgrößten Konzertorgel Europas mit fast 7000 Pfeifen voll zur Wirkung kommen. Ein klassisches Konzert hier ist ein Genuss – das Nationale Philharmonieorchester hat einen sehr guten Ruf. Außerdem gibt es im Haus ein kleineres Festivaltheater sowie ein reges Kulturprogramm. Abends ist die Fassade in surreal wirkendes Licht getaucht.

Ludwig goes east

Im Palast der Künste stehen dem **Ludwig Múzeum** 35 zeitgemäß moderne Ausstellungsräume zur Verfügung. Das Museum entstand 1989 auf Anregung des deutschen Sammlerpaares Irene und Peter Ludwig als erste Museumsneugründung in einem postkommunistischen Land auf westliche Initiative hin. Mit ca. 500 Werken, setzt das Museum zwei Schwerpunkte: 1. ›westliche‹ Werke von Künstlern wie Pablo Picasso, Andy Warhol, Joseph Beuys, Jörg Immendorff und Roy Lichtenstein (leider nicht immer zu sehen), 2. Arbeiten von Künstlern aus Ungarn und Osteuropa, u. a. von Imre Bak oder Kamilla Szíj. Der Schwerpunkt liegt auf der Zeit ab den 1960er-Jahren. Auch die Dauerausstellungen wechseln alle vier bis fünf Jahre. Regelmäßig ein bis zwei Sonderausstellungen.

Viel Theater um ein Theater

Anziehungspunkt für Theaterfans ist das **Nationaltheater (Nemzeti Színház)** 2. Es öffnete 2002 mitten im Wahlkampf als Vorzeigeprojekt der ersten Orbán-Regierung seine Pforten. Das Äußere des Baus von Mária Siklós wird überwiegend gelobt, das Innere wirkt jedoch überraschend klein. Die meisten Budapester sind aber froh, dass die Stadt wieder ein repräsentatives Theater besitzt.

Sport und Konzerte

Zwei Bühnen ganz anderer Art sind das 2023 für eine Weltmeisterschaft eingeweihte **Nationale Leichtathletikstadion (Nemzeti Atlétikai Stadion)** 4 (Hajóállomás utca 1) südlich der Rákóczi-Brücke und – ebenfalls südlich der Brückenauffahrt – die Open-Air-Bühne **Budapest Park** 2, die im Winter zur Eislaufbahn wird.

Infos

G 13/14

Start: Palast der Künste 3, Tram 2, HÉV H 7 Müpa – Nemzeti Színház

Dauer: mit Ludwig Múzeum ca. 2 Std., mit beiden Museen ca. 4 Std.

Nationaltheater 2: Bajor Gizi park 1, T 1 476 68 00, www.nemzetiszinhaz.hu

Palast der Künste 3: Komor Marcell utca 1, T 1 555 30 00, www.mupa.hu

Ludwig Múzeum 35: Komor Marcell utca 1, T 1 555 34 44, www.ludwigmuseum.hu, Di–So 10–20 Uhr, Eintritt wechselnd

Budapest Park 2: Fábián Juli tér 1, s. S. 214

T

TRÖDEL AM STADTRAND

Der Boráros tér ist der beste Ausgangspunkt für die gut 20-minütige Fahrt mit dem Bus 54 bzw. 55 zum **Ecseri-Flohmarkt (Ecseri Használtcikkpiac)** 1 (Nagykőrösi út 156, www.ecseripiac-budapest.hu, Haltestelle: Naszód utca / Használtcikk piac Mo–Fr 8–16, Sa 6–15, So 8–13 Uhr) am südlichen Stadtrand. An der großen Ausfallstraße zur Autobahn M 5 ist der Flohmarkt auf einem Gewerbegelände untergebracht. Hier draußen findet man manch skurriles Schätzchen. Am meisten los ist am Samstagmorgen. Aufgrund der langen Anfahrtszeit lohnt der Weg vor allem für ausgewiesene Freunde des Stöberns.

Kunstgewerbe im Jugendstil

Zurück am Großen Ring, ragt die Kuppel des **Kunstgewerbemuseums (Iparművészeti Múzeum)** 37 an der Üllői út empor. Bunt leuchten die Zsolnay-Dachziegel in der Sonne, doch derzeit wird eine dringend notwendige Grundsanierung durchgeführt und das Haus ist seit einigen Jahren geschlossen.

Der Bau ist ein Meisterwerk des ungarischen Jugendstils und seines Schöpfers Ödön Lechner. Es wurde am 25. Oktober 1896 zum Abschluss der Millenniumsfeierlichkeiten von Kaiser Franz Joseph höchstpersönlich eröffnet und gilt zu Recht als eines der beeindruckendsten Werke dieser Periode.

Drei Jahre lang hatte Lechner zusammen mit Gyula Pártos an dem Auftrag gearbeitet, war immer wieder nach Pécs zur Keramikfirma Zsolnay gefahren. Alle Keramiken wurden von dort geliefert und Zsolnay verband sich dadurch untrennbar mit dem ungarischen Jugendstil. Das Innere vereint mit seinem Glasdach über dem Innenhof die traumhafte Leichtigkeit eines Maharadscha-Palastes mit der eleganten Architektur einer Bahnhofshalle der Gründerzeit. Man darf gespannt sein, wie das neu gestaltete Museum die Pracht des Lechner-Baus frisch zur Geltung bringen wird.

Josephstadt

G/H9–J–L9/10, J11

Viertel der Kontraste

Die Üllői út trennt die Franzensstadt von der **Josephstadt (Józsefváros).** Kaum ein Stadtteil bietet so viele unterschiedliche Gesichter wie der VIII. Stadtbezirk. Während die ›innere‹ Josephstadt zwischen Kleinem und Großem Ring mit dem Nationalmuseum, dem Palastviertel sowie diversen Universitätsgebäuden und bürgerlichen Mietshäusern einen sehr repräsentativen Eindruck hinterlässt, sieht die Lage jenseits des Großen Rings zum Teil ganz anders aus. Hier sind viele Häuser renovierungsbedürftig. Von Gentrifizierung ist hier noch nicht allzu viel zu spüren.

Doch auch in der Josephstadt stehen die Zeiten auf Strukturwandel. Für das **Neubauprojekt Corvin-Viertel** ist man dabei radikal mit der Abrissbirne vorgegangen, die Metro 4 hat durch neue Verkehrsanbindungen und restaurierte Parks eher sanfte Akzente gesetzt.

Revolution und Postmoderne

1956 war die Kreuzung Großer Ring/Üllői út heftig umkämpft, weil hier die Killián-Kaserne stand, in der Oberst Maléter diente. Nach kurzem Zögern stellte er sich bedingungslos als Verteidigungsminister in den Dienst der Revolution und wurde dafür 1958 zusammen mit Ministerpräsident Nagy hingerichtet.

Direkt gegenüber befand sich in der **Corvin-Passage (Corvin köz)** ❺ eines der wichtigsten Widerstandszentren jener Zeit. Vor dem Kino **Corvin Mozi** ❺ erinnern gleich mehrere Gedenktafeln an die damaligen Kämpfe. Besonders nachdenklich stimmt die Skulptur des bewaffneten **Pester Jungen von 1956 (Pesti Srác)** von Lajos Győrfi (1996). Der Junge sieht noch wie ein Kind aus.

Hinter dem Kino läuft am sogenannten ›Flughafen-Korridor‹ im **Corvin-Viertel (Corvin-negyed)** eines der umfangreichsten städtischen Neubauprojekte, für das ganze Straßenzüge weichen mussten. An ihre Stelle traten in der Neubauschneise das **Einkaufszentrum Corvin Plaza** sowie die international üblichen modernen Büro- und Wohnblocks, plus eine Reihe von Cafés und Bistros. Gegenüber der früheren Bebauung ist der Wandel radikal, aber mittlerweile hat sich das neue Wohnviertel ›gesetzt‹ und wie so viele Einkaufszentren ist das Corvin Plaza zu einem sehr belebten Zentrum für die Gegend geworden. Das Budapest des 21. Jh. sucht sich eigene Ausdrucksformen. Allerdings wird es für einkommensschwache Budapester immer schwerer, zentrumsnah noch preisgünstigen Wohnraum zu finden.

Abstecher in die Botanik

Etwas versteckt hinter der Neubauschneise und hinter einem Klinikum erreicht man am Ludovika tér den Eingang zum **Ungarischen Naturhistorischen Museum (Magyar Természettudományi Múzeum)** ㊳. Dahinter lädt der schon im Jahr 1794 angelegte **Orczy-Park (Orczy-kert)** ❻ zu einem kleinen Spaziergang ein. Mit-

Dem modernen Einkaufszentrum Corvin Plaza mussten komplette Straßenzüge weichen, das ganze Viertel steht im Zeichen des Wandels.

W

ABSTECHER ZUR WEKERLE-SIEDLUNG

Recht weit draußen im Südosten von Budapest liegt die **Wekerle-Siedlung (Wekerletelep)** ❽. Die Gartenvorstadt wurde zu Beginn des 20. Jh. erbaut, um die teilweise katastrophalen Wohnverhältnisse in Budapest zu verbessern. Rund 20 000 Arbeiter erhielten jenseits der damaligen Stadtgrenze geradezu ländlich anmutende Häuser. Chefarchitekt war Károly Kós, nach dem der zentrale Platz benannt wurde. Ins Auge fällt die Weitläufigkeit der Siedlung. Wer dies mit den engen Verhältnissen in den zentralen Wohnvierteln vergleicht, merkt schnell, dass hier mit dem Versuch, Dorf und Stadt miteinander zu versöhnen, etwas radikal Neues geschaffen wurde.

Die Wekerle-Siedlung erreicht man am besten mit der Metro 3. Vom U-Bahnhof Határ út verkehren die Busse 99 und 194 zum Kós Károly tér, oder man geht zu Fuß über die Pannónia út.

ten im Park erlaubt der Klettergarten **Orczy Kalandpark** 1 in den Bäumen gewagte Drahtseilakte – für Anfänger und Fortgeschrittene.

Schräg gegenüber ist der kleine **Botanische Garten (Füvészkert)** ❼ der Universität ELTE eine schmuck hergerichtete, sehr erholsame Grünoase im Großstadtdschungel. Prachtstück ist das Palmenhaus mit der zentralen Glaskuppel.

Illés utca 25, T 1 210 10 74, www.fuveszkert.org, Metro 3 Semmelweis-Klinikák, April–Okt. tgl. 9–17, sonst 9–16 Uhr, 1400 HUF, ermäßigt 700 HUF

Ein Platz erwacht langsam

Vom Corvin-negyed fahren Sie am besten mit der Ring-Tram 4 oder 6 zwei Stationen bis zum **Rákóczi tér** ❾. Der kleine Platz hat durch den Bau der Metro 4 eine spürbare Aufwertung erfahren. Lange Jahre lag er vernachlässigt am Großen Ring, nun kommt neues Leben mit ersten Szenecafés etc. Touristisch ist es hier noch nicht und in den umliegenden Gassen hat erst langsam eine Aufwertung eingesetzt. Aber ein Anfang ist gemacht.

Zentrales Bauwerk ist die markante **Rákóczi-tér-Markthalle (Rákóczi téri vásárcsarnok)** 2, die 1896 eingeweiht wurde (s. Zugabe S. 216).

Rabbiner und Drucker

Gegenüber vom Rákóczi tér führt die Kölcsey utca stadteinwärts zum **Gutenberg tér.** Das riesige Jugendstil-Gebäude gleich rechts wurde 1906 von József und László Vágó als Vereinsmietshaus für Drucker entworfen. Leider ist die Fassade des großartigen Gebäudes seit Jahren dringend renovierungsbedürftig. An der Ecke zur Scheiber Sándor utca und Somogyi Béla utca steht das einzige **Rabbinerseminar** ❿ Ostmitteleuropas. Es wurde 1877 gegründet und hat allen Repressalien getrotzt. Zwar ist der Andrang an Schülern nicht sehr groß, doch die schiere Existenz ist ein ermutigendes Zeichen.

Am **Blaha Lujza tér** ⓫ kreuzt schließlich die belebte Ost-West-Achse **Rákóczi út** den Großen Ring.

Bahnhof, Stadion und Friedhof

Vom Blaha-Lujza-Platz führt ein Abstecher mit der Metro 2 zum 1884 errichteten **Bahnhof Budapest Keleti (Ostbahnhof)** ⓬ (auch: Keleti pályaudvar, kurz: Keleti pu.). Dies ist der wichtigste Anlaufpunkt für internationale Züge aus Österreich und Deutschland sowie aus allen Nachbarländern. Die große Bahnhofshalle wartet noch auf eine standesgemäße Aufwertung.

Jenseits des Bahnhofs sind am Horizont bereits die großen Stadionkuppeln des **Puskás Ferenc Stadion** sowie der **Papp László Arena** auszumachen, zweier bedeutender Sport- und Veranstaltungsstätten.

Vom Ostbahnhof gelangt man zu Fuß schnell zum **Kerepesi-Friedhof** 13 (s. Tour S. 200). Die Busse 30, 30A und 230 fahren hingegen via Stadtwäldchen und Heldenplatz zum **Eisenbahnhistorischen Park (Vasúttörténeti Park)** 40 (s. S. 210).

Äußere Josephstadt

Mit der Tram (Linien 28, 37, 62) erreichen Sie vom Blaha Lujza tér weitere interessante Ziele, die in der Äußeren Josephstadt und noch weiter draußen liegen. Schon an der ersten Haltestelle, dem **II. János Pál pápa tér,** steht das **Erkel-Theater (Erkel Színház)** 6 ein Ableger der Ungarischen Staatsoper (s. S. 170).

Tram 37 hält zudem direkt am **Jüdischen Salgótarjáni-utca-Friedhof** 14 (s. Tour S. 202).

Die Tramlinien 28 und 62 erreichen an der Kőbányai út 30 jenseits des äußeren Verkehrsrings Hungária/Könyves Kálmán körút seit 2021 eine weitere Außenstelle der Oper, das **Eiffel-Kulturstudio (Eiffel-Műhelyház)** 7. Dabei handelt es sich um eine riesige Werkshalle, die einst die größte Lok-Reparaturwerkstatt des Landes war, mit Platz für 96 große Dampfloks – also viel Raum für große, eindrucksvolle Produktionen. Gleich nebenan war in weiteren Werkshallen bei Redaktionsschluss das neue **Ungarische Technik- und Verkehrsmuseum** 39 in Entstehung.

Noch weiter draußen liegen der **Neue Zentralfriedhof** 15 (Tram 28, 37) und der **Jüdische Friedhof** 16 (Tram 28).

Nördlicher Ringabschnitt

Am Blaha Lujza tér beginnt der nördliche Ringabschnitt, der durch gleich drei Stadtbezirke führt und an der Margaretenbrücke im Norden endet. Unterwegs treffen Sie auf weniger Museen, dafür aber auf mehr gastronomische Möglichkeiten rechts und links des Rings. Auch finden sich mehr repräsentative Gebäude.

Elisabethstadt G8

Pracht am Ring

Das Teilstück des Großen Rings im VII. Bezirk ist vielleicht der schönste Abschnitt der Ringstraße. Der **Erzsébet körút** ist der Prachtboulevard der Elisabethstadt (Erzsébetváros). Luxuriöse Hotels, fesche Cafés und Paläste sowie großbürgerliche Häuser säumen die Straße. Im Erdgeschoss und in den Innenhöfen gibt es Geschäfte aller Art. Typisch für viele Häuser am Ring ist, dass sie im vorderen Teil eine zentrale Stiege (teils mit Lift) haben und dann ein Innenhof folgt, wo sich früher die einfacheren Wohnungen und oft auch eine zweite Stiege befand. Es lohnt sich immer mal, in einen oder zwei der offenen Innenhöfe hineinzuschauen.

Parallel ist die Akácfa utca an der Grenze zum früheren Jüdischen Viertel heute von vielen Kneipen gesäumt, darunter von einigen markanten Ruinenkneipen.

Literatencafé von einst

Gleich zu Beginn des Ringabschnitts wartet ein architektonisches Highlight: der altehrwürdige New York Palace

TOUR
Grabmäler als Spiegel der Geschichte

Spaziergang auf Budapester Friedhöfen

Infos

Karte 5, C 2,
Cityplan: S. 192

Start: Bahnhof Budapest-Ost

Ziel: Jüdischer Friedhof, Kozma utca

Anfahrt/Tourverlauf: ab Budapest-Ost 5–10 Min. zu Fuß durch die Festetics György utca zum Haupteingang des Kerepesi-Friedhofs 13 (Fiumei út 16), ab Tramstopp Magdolna utca mit Tram 28, 37 bis zum Ziel (ca. 30 Min.), weitere Infos: s. S. 202

Nationales Pantheon

Die Friedhöfe der Hauptstadt sind weit mehr als reine Begräbnisstätten. Besonders der 1847 angelegte parkartige **Kerepesi-Friedhof (Kerepesi temető bzw. Fiumei úti sírkert)** 13 ist ein nationales Pantheon für wichtige Politiker und bedeutende Künstler.

Bei der Gestaltung der Ruhestätten wurde nicht gespart, denn sie dienten der gesellschaftlichen und politischen Repräsentation über den Tod hinaus. Der 56 ha große Friedhof zählt zu den eindrucksvollsten in Europa. Monumentale Mausoleen erinnern beispielsweise an Ferenc Deák, Lajos Batthyány und Lajos Kossuth. Alle drei hatten während der Revolution gegen die Habsburger 1848/49 führende Positionen innegehabt. Nach dem Scheitern der Revolution wurde Batthyány von den Habsburgern hingerichtet, Kossuth ging ins Exil, während Deák 1866/67 den Ausgleich mit Österreich verhandelte.

Who's who der Kultur

Hinter der markanten Arkadenreihe, vom Eingang gesehen geradeaus, beginnen die ›Künstlerparzellen‹ mit den wichtigsten Namen der ungarischen Kulturszene des späten 19. und frühen 20. Jh. Viele der Gräber sind in sich wahre Kunstwerke, geschaffen von damals gefragten Bildhauern wie Alajos Stróbl und Zsigmond Kisfaludi Strobl. Bemerkenswert ist die herrliche Jugendstil-Kuppel am Ende der Arkaden, die Aladár Körösfői-Kriesch geschaffen hat. Gleich dahinter stehen die markanten Grabmonumente des bedeutenden Dichters Endre Ady sowie der Schauspielerin

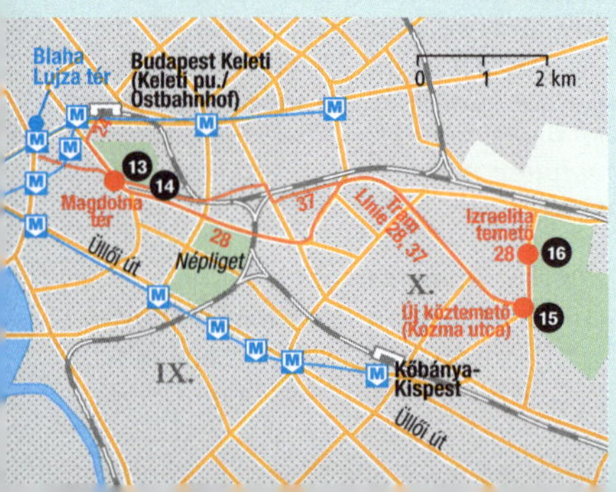

Der Sozialismus lässt grüßen: das Denkmal »Pantheon der Arbeiterbewegung« auf dem Kerepesi-Friedhof.

und Sängerin Lujza Blaha, die als ›Nachtigall der Nation‹ gefeiert wurde.

Links vom Hauptgang liegen u. a. die Maler Mihály Munkácsy und Tivadar Csontváry Kosztka sowie der Architekt Miklós Ybl. Auch Ignác Semmelweis, der durch seinen Kampf gegen das Kindbettfieber zum ›Retter der Mütter‹ wurde, sowie der Konditormeister Emile Gerbeaud sind hier beerdigt. Sehr schlicht ist das Grab des 2016 verstorbenen Literatur-Nobelpreisträgers Imre Kertész (Parzelle 42/1).

Das Grab des Dichters Attila József rechts vom Hauptgang ist wie ein Ausrufezeichen angeordnet. Auf der modernen Metallplatte ist Józsefs Gedicht »Nun fand ich Heimat, endlich …« zu lesen. In der letzten Strophe heißt es beziehungsreich: »Schön sind der Frühling und der Sommer, aber schöner ist der Herbst und am schönsten ist der Winter«.

Kommunistische Propaganda
Nach 1945 wurde die ›bürgerliche‹ Friedhofskultur von einer kommunistischen abgelöst. Kernstück waren links vom Haupteingang die Parzellen für im Krieg gefallene Sowjetsoldaten sowie regimetreue Kämpfer, die während der Revolution von 1956 starben. Rechts vom Haupteingang steht das klobige »Pantheon der Arbeiterbewegung«. In unmittelbarer Nachbarschaft liegt der 1989 verstorbene langjährige kommunistische Parteichef János Kádár. Neueren Datums ist auf Parzelle 28 das etwas schwülstige Grab des ersten

demokratisch gewählten Ministerpräsidenten József Antall, der 1993 starb.

Der an den Kerepesi-Friedhof angrenzende **Jüdische Salgótarjáni-utca-Friedhof (Salgótarjáni utcai zsidó temető) ⓮** ist nur über einen längeren Fußweg entlang der Außenmauer oder mit Tram 37 zu erreichen. Dieser Friedhof ist leider ziemlich verwildert, mehrere Mausoleen sind eingefallen oder stark einsturzgefährdet. Gut erhalten sind die Grabmäler für Manfréd Weiss (1857–1922), den Gründer des großen Industriekomplexes auf der Csepel-Insel, sowie das Mausoleum für den Zuckerfabrikanten Sándor Hatvany-Deutsch (1852–1913). Es ist zu hoffen, dass der bedeutende Friedhof renoviert wird, bevor noch mehr Schaden entsteht. Gleich gegenüber dem Eingang liegt auf einem alten Bahngelände die neue **MTK-Fußballakademie Sándor Károly.**

Opfer der Revolution

Weit draußen im Vorort Rákoskeresztúr wurden 1958 im Gefängnis neben dem **Neuen Zentralfriedhof (Új köztemető) ⓯** an der Kozma utca der Ministerpräsident der Revolution 1956, Imre Nagy, und seine engsten Mitstreiter hingerichtet. Man verscharrte sie anonym zusammen mit den anderen erschossenen oder hingerichteten Aufständischen in der äußersten Ecke des Friedhofs auf den Parzellen 300 und 301, ca. 2 km vom Eingang. Das kommunistische Regime wollte jede Erinnerung an sie auslöschen. Das Vorhaben schlug jedoch fehl: 1989 wurden die Leichen exhumiert, feierlich neu beigesetzt und die Parzellen in eine nationale Gedenkstätte umgewandelt. Die Gräber sind jedoch sehr schlicht.

Endlose jüdische Namenreihen

Auf dem benachbarten **Jüdischen Friedhof (Izraelita temető) ⓰** steht das Holocaust-Mahnmal im Vordergrund. Hier sind Zehntausende von Opfern namentlich vermerkt, die von den Nazis 1944/45 verschleppt und getötet wurden. Die Namen reihen sich endlos und zeigen auf erschütternde Weise, wie groß das Ausmaß des Massenmordes an den jüdischen Ungarn war. Besonders kunstvoll ist das Grabmal der Familie Schmidl, das 1902/03 von Ödön Lechner und Béla Lajta entworfen wurde. Bei Redaktionsschluss lief ein Spendenaufruf zum Erhalt der bedeutenden Bausubstanz des Friedhofs.

Infos

Kerepesi-Friedhof ⓭, Neuer Zentralfriedhof ⓯: Anfahrt Neuer Zentralfriedhof: Tram 28, 37 Uj köztemetö / Kozma utca, beide April–Aug. 7–19, sonst ca. 7.30–17 Uhr. Am Eingang des Kerepesi-Friedhofs gibt es ein Infocenter, wo man Lagepläne bekommt, auch online zum Download.

Jüdischer Salgótarjáni-utca-Friedhof ⓮, Tram 37 Salgótarjáni utca / temetö, So–Do 8–15, Fr 8–14 Uhr.

Jüdischer Friedhof ⓰, www.nori.gov.hu, www.budapestjewishcemetery.com, wie Neuer Zentralfriedhof und dann zu Fuß oder Tram 28 bis Izraelita temetö, So–Fr 8–15, Sommer bis 16 Uhr.

mit dem **New York Café** ⑰. In mühevoller Kleinarbeit wurden die barock angehauchten Deckenfresken und die markant geschwungenen Säulen wiederhergestellt. Der unvorbereitete Besucher wird von der palastartigen Pracht des Gesamtkunstwerks geradezu überwältigt. Das von Alajos Hauszmann 1891–94 für eine amerikanische Versicherung erbaute Haus beherbergt heute ein italienisch geführtes Luxushotel, dementsprechend auch die Preise.

Von den alten Tagen des einst berühmten Literatencafés spürt man leider trotz des Glanzes nicht mehr viel. Zu Anfang des 20. Jh. fühlten sich hier Schriftsteller und Künstler wie zu Hause. Auch international war das New York sehr bekannt. Thomas Mann, Josephine Baker und Johann Strauß gehörten zu den Gästen. Hier wurde diskutiert und geschrieben – manche Schriftsteller betrachteten das Café als ihr Wohnzimmer und ließen sich sogar ihre Post hierherkommen. Die Kellner hatten für ihre finanzschwachen Stammkunden auch schon mal einen ›verlängerten Kaffee‹ parat und bei der Eröffnung soll Ferenc Molnár die Schlüssel des Cafés in die Donau geworfen haben, damit das New York niemals schließe. Mit dem Zweiten Weltkrieg endete aber die Glanzzeit. Unter den Kommunisten öffnete das Café 1954 wieder als Hungária, 1990 erfolgte die Rückbenennung. Die letzten Schriftsteller zogen 2001 aus. Vor allem an Wochenenden stehen vor der Tür oftmals richtige Warteschlangen.

New York Café: Erzsébet körút 9–11, T 1 886 61 67, www.newyorkcafe.hu, tgl. 8–24 Uhr

Und noch ein Prunkhotel

Inmitten des hauptstädtischen Treibens geht es weiter über den Großen Ring durch die Elisabethstadt. Markanter Fixpunkt zwischen Dob utca und Király utca ist ein weiteres Traditionshotel, das Fünfsternehaus **Corinthia Grand Hotel**

Einst Wohnzimmer der Schriftsteller, heute Refugium für zahlungskräftige Kunden: das Café New York

Royal ⑱. Das palastartige Original öffnete 1896 nach Plänen von Rezső Ray für die Millenniumsausstellung seine Pforten und wurde schnell zu einer Visitenkarte der Stadt. Der Ballsaal war ein Mittelpunkt des gesellschaftlichen Lebens. Schon Bartók gab hier auf dem Klavier sein Können zum Besten.

Theresienstadt F/G7

Café-Platz und Markthalle

Die Király utca markiert den Übergang in den VI. Bezirk, die **Theresienstadt (Terézváros).** Von hier an heißt der Große Ring deshalb Teréz körút. Einst war die Király utca die Hauptverbindung zwischen der Innenstadt und dem Stadtwäldchen, heute gelangt man stadteinwärts sofort zur großartigen **Franz-Liszt-Musikakademie** 19 sowie zum quirligen Café-Platz **Liszt Ferenc tér** 10.

Zur Rechten führt die Szófia utca vom Großen Ring zur kleinen **Hunyadi-tér-Markthalle** 5 am gleichnamigen Platz. Zusammen mit einem kleinen Außenmarkt versorgt sie noch immer das ziemlich untouristische Viertel rund um die Király utca. Die Gegend rund um den netten Hunyadi-Platz ist allerdings im Kommen und verfügt bereits über angenehme Cafés und ein schickes, modernes Hotel.

Am verkehrsreichen **Oktogon** 20 überquert der Große Ring schließlich den Prachtboulevard Andrássy út (s. S. 291).

Bahnhof mit Einkaufszentrum

Am Nyugati tér treffen recht unvermittelt drei architektonische Zeitalter der Stadt aufeinander: Höhepunkt ist eindeutig der **Bahnhof Budapest Nyugati (Westbahnhof)** 21 (auch: Nyugati pályaudvar, kurz Nyugati pu.). Der Platz vor dem Bahnhof wurde durch die Hochstraße über den Ring leider ziemlich verschandelt. Auch das realsozialistische Skála wertet den Platz nicht auf. Nichts deutet darauf hin, dass dies der zweitwichtigste Bahnhof der Hauptstadt ist.

Dabei ist die große Glasfassade des Westbahnhofs sehr modern und beeindruckend. Auch die Stahlkonstruktion im Inneren ist ein Hingucker. Hier verrät sich die Handschrift des Architekturbüros von Gustave Eiffel (ja genau, der Eiffel aus Paris), der den Bahnhof 1874–77 erbaute.

Auf der linken Seite prangt über einem geschlossenen Eingang die lateinische Inschrift »Viribus Unitis« (Durch Einheit stark). Das Motto der Habsburger weist darauf hin, dass dies einst der königliche Wartesaal war, denn von hier fuhren damals die Züge von und nach Wien – deshalb Westbahnhof.

Von hier verkehrte übrigens 1846 auch der erste Zug in Ungarn, er fuhr nach Vác. Angebaut wurde das postmoderne **Westend City Center** mit mehreren Cafés und Restaurants sowie einem Multiplexkino. Vom Westbahnhof verkehren im Sommer auch Nahverkehrszüge direkt zum **Eisenbahnhistorischen Park (Vasúttörténeti Park)** 40 (s. S. 210).

St.-Stephans-Ring E6

Königlicher Ring

Westlich des Nyugati tér erstreckt sich zwischen der **Leopoldstadt (Lipótváros)** im V. Bezirk links und der **Neuen Leopoldstadt (Újlipótváros)** im XIII. Bezirk rechts der letzte Abschnitt des Rings, der **Szent István körút.** Benannt wurde er nach dem heiliggesprochenen ersten ungarischen König Stephan.

Noch einmal präsentiert die Ringstraße ihre bauliche Eleganz. Dieser Abschnitt des Boulevards wurde relativ spät an der Wende zum 20. Jh. erbaut, sodass sich in den umliegenden Straßen deutlich Jugendstil-Einflüsse bemerkbar machen. Auch kommt der ganze großbürgerliche Glanz der Gründerzeit deutlich zum Vorschein. Haus Nr. 16 ist z. B. eines der schönsten Wohnhäuser am gesamten Boulevard. Deckenfresken schmücken den Tordurchgang, im Innenhof steht ein Brunnen und auf vier Etagen wurden umlaufende Balustraden angebracht.

Lustspieltheater

Das bedeutendste Gebäude am Szent István körút ist jedoch das benachbarte **Lustspieltheater (Vígszínház)** 22 in Nr. 14. Es wurde 1895/96 vom Architektenbüro Fellner & Helmer errichtet. Im Vígszínház nahmen berühmte Karrieren ihren Anfang. Operettenkönig Imre Kálmán (»Die Csárdásfürstin«, »Gräfin

Das Lustspieltheater am Szent István körút erinnert an die ganz großen Operettenzeiten der K-u-k.-Monarchie. Hier feierten Imre Kálmán und Ferenc Molnár ihre ersten Erfolge.

Mariza«) war hier eine Zeit lang tätig, und auch Ferenc Molnár (»Liliom«) feierte auf dieser Bühne große Erfolge. In diesem Bereich laden Cafés und Schnellrestaurants zu einer Pause ein. Ein Stückchen weiter zweigt die Kunstmeile **Falk Miksa utca** 6 (s. Tour S. 154) ab.

Neue Leopoldstadt E/F5/6

Zu Beginn des 20. Jh. begann der rasante Ausbau der **Neuen Leopoldstadt (Újlipótváros).** Heute finden sich in dem angenehm ruhigen Wohnviertel im XIII. Bezirk nette kleine Cafés und Restaurants, aber auch der **Budapest Jazz Club** 13, eine angesagte Adresse für ein musikalisches Abendprogramm. Auf Touristen trifft man in der Újlipótváros selten.

Der kleine Abstecher führt vom Großen Ring durch die Tátra utca nach Norden. Die ansehnlichen Wohnblöcke zeugen vom Aufbruchsgeist vor dem Ersten Weltkrieg. Jenseits der Radnóti utca wandelt sich das Straßenbild und Häuser aus der Zwischenkriegszeit dominieren. Der Name des Ende 1944 ermordeten jüdischen Schriftstellers Miklós Radnóti erinnert daran, dass im Winter 1944/45 Tausende Juden hier im sog. Internationalen Ghetto auf ihre Rettung hofften. Zu den Überlebenden in der Újlipótváros zählte auch der Schriftsteller György Konrád (1933–2019, s. Magazin S. 268), der diesen fürchterlichen Winter in seinem

Buch »Glück« eindrücklich schilderte. Nur dem unermüdlichen Einsatz von Helfern wie Raoul Wallenberg und Carl Lutz sowie dem Vorrücken der Roten Armee war es zu verdanken, dass es viele Überlebende gab. Raoul Wallenberg wird im kleinen **Szent-István-Park** 23 geehrt. Auch dem Philosophen György Lukács (1885–1971) ist dort ein Denkmal gewidmet. Vom Park gleitet der Blick über die Donau und die Margareteninsel hinweg in die Budaer Berge.

Für den Rückweg zum Großen Ring bieten sich O-Bus 75 und 76 an. Oder man geht durch die Pozsonyi út an den stattlichen Wohnblocks vorbei zum Großen Ring am **Jászai Mari tér** 24. Dort endet der Ring an der Zufahrt zur **Margaretenbrücke** und zur gleichnamigen Insel.

Im südlichen Bogen der Brückenauffahrt, d. h. im südlichen Teil des Jászai Mari tér, hat das **Denkmal für Imre Nagy (Nagy Imre szobor)** seinen neuen Platz gefunden, nachdem es von der Regierung auf dem Vértanuk tere mit Blick auf das Parlament abgebaut worden war. Aber auch hier werden noch immer regelmäßig Kränze für den Ministerpräsidenten der Revolution 1956 niedergelegt, der Ungarn im Angesicht der sowjetischen Panzer zur Demokratie öffnen wollte und dafür 1958 von seinem Weggefährten und Nachfolger János Kádar hingerichtet wurde (s. auch S. 55 und Magazin S. 288).

Margareteninsel

★ Karte 2

Die grüne Parkoase mitten im Strom ist ein wahres Juwel der Hauptstadt. Hierhin kommen gestresste Hauptstädter und erkundungsfreudige Touristen gleichermaßen, um einmal richtig durchzuatmen. In den weitläufigen Parkanlagen der fast autofreien Insel vergisst man das Treiben der Großstadt komplett. Zugleich ist die **Margareteninsel (Margitsziget)** der ideale Ort für Aktivurlauber, denn hier lässt sich sehr gut joggen, schwimmen und auch radeln. Thermalhotels, eine Freilichtbühne und große Picknickwiesen zum Sonnenbaden und Ballspielen runden das attraktive Angebot ab.

Grüne Lunge der Stadt

Der Schriftsteller Mór Jókai sah 1893 in der Margareteninsel den »Feengarten« der wachsenden Metropole, ja sogar »ein Stück Paradies«. Schon damals war das Eiland mit Sicherheit der schönste Park Budapests. Für die Schwimm-Weltmeisterschaft 2017 wurden Wege und Parkbänke rundum saniert und neue Attraktionen geschaffen.

Die Geschichte der Donauinsel beginnt unter dem Namen ›Haseninsel‹ als Jagdrevier der ungarischen Könige. Für den Fall seines Sieges über die Tataren hatte König Béla IV. 1242 versprochen, seine kleine Tochter Margarete als Nonne ins Kloster zu schicken. So gelangte sie zu den Dominikanerinnen auf die Insel, wo

INSELTOUR PER SCHIFF

Nach dem wohl längerfristigen Aus für die Linienschiffe auf der Donau gab es bei Redaktionsschluss zwei neue Möglichkeiten, die **Margareteninsel** per Schiff anzusteuern. Auf der Westseite Richtung Buda nutzen einige Ausflugsschiffe von April bis Oktober zwei unterschiedliche Anleger für Zwischenstopps auf der Margareteninsel. So lässt sich die Schiffstour bequem zu einem Inselausflug nutzen. Aktuelle Infos bei www.legenda.hu sowie www.bkk.hu.

Margareteninsel

Ansehen

1 – 22 s. Cityplan S. 192
24 Jászai Mari tér
25 Margaretenbrücke
26 Zentenariumsdenkmal
27 Musik-Spielbrunnen
28 Lichtgarten
29 Tiergehege Margitszigeti Kisállatkert
30 Dominikanerinnen-Kloster (Relikte)
31 Wasserturm
32 St.-Michaelskapelle
33 Japanischer Garten
34 – 40 s. Cityplan S. 192

Bewegen

1 s. Cityplan S. 192
2 Bringóvár
3 Palatinus-Freibad

Ausgehen

1 – 13 s.Cityplan S. 192
14 Gasztró sétany
15 Freilichtbühne Margitszigeti Színház

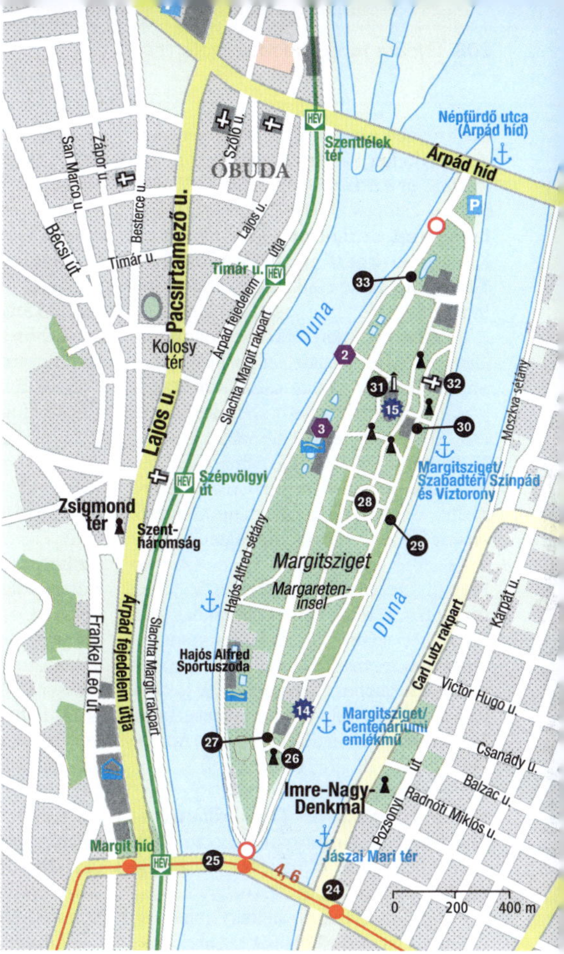

sie 1271 auch verstarb. Weil sich im Laufe der Zeit einige Legenden um sie rankten, wurde sie 1943 heiliggesprochen.

Die Türken nutzten die Margareteninsel angeblich für ihre Haremsdamen, bevor sie Ende des 17. Jh. an die österreichischen Statthalter (Palatine) fiel. Diese ließen die Insel zum Erholungsgebiet umgestalten. In der zweiten Hälfte des 19. Jh. erschloss man dazu die Thermalquellen im Nordteil.

Im Jahr 1900 wurde die Margareteninsel mit der 1872 bis 1876 erbauten Margaretenbrücke und der damaligen ›Kleinen Insel‹ bzw. ›Malerinsel‹ verbunden. So wuchs sie auf die heutige Länge von 2,5 km und eine Breite von bis zu 500 m an.

Inselrundgang

In den »Feengarten«

Am einfachsten gelangt man über die **Margaretenbrücke** 25 zur Südspitze der Insel. Von der Brücke bietet sich ein herrlicher Panoramablick stromabwärts. Auf der Insel treffen Sie als Erstes auf das **Zentenariumsdenkmal (Centenáriumi Emlékmű)** 26 von István Kiss. Es erinnert an die Vereinigung der Städte Pest, Buda und Óbuda im Jahre 1873.

Während links diverse Sportanlagen liegen, zieht geradeaus der große **Musik-Spielbrunnen (Zenelő-Szökőkút)** 27 (s. Lieblingsort S. 209). Dahinter harrt das 2017 renovierte ehemalige Kasino einer neuen Nutzung, rechts dahinter befinden sich mehrere rustikale Biergärten, die sich als Gastromeile **Gasztró sétány** 14 zusammengeschlossen haben.

Margarete und die Künstler

Im zentralen Teil der Insel verwandelt sich seit 2017 bei Dunkelheit der Blumengarten durch mehrere bunte Strahler zu einem **Lichtgarten (Fénykert)** 28. Rechts davon befindet sich das kleine **Tiergehege Margitszigeti Kisállatkert** 29 (April–Okt. tgl. 10–18 Uhr, Eintritt frei).

Einblicke in die Geschichte gewähren die Überreste des **Dominikanerinnen-Klosters (Domonkos kolostor)** 30. Eine Grabplatte erinnert an die Königstochter Margarete. Bei Ausgrabungen im 19. Jh. fand man u. a. das Grab ihres Bruders, der von 1270 bis 1272 als König Stephan V. Ungarn regierte. Neben dem Ausgrabungsgebiet beginnt die sogenannte Künstlerpromenade. Auf einem weiten Areal verstreut sind unter den Bäumen die Büsten ungarischer Schriftsteller, Architekten und Künstler ausgestellt, darunter Bartók, Liszt, Ady und Petőfi. Zur Rechten steht ein mächtiges Naturdenkmal: Die schon 1823 gepflanzte Platane ist mit ihren mehr als 200 Jahren der älteste Baum auf der Insel und nicht zu übersehen.

Wasserturm mit Bühne

Unübersehbar erhebt sich in der Mitte der Insel der 1911 erbaute, 57 m hohe **Wasserturm (Víztorony)** 31. Bei Redaktionsschluss konnte der Turm nicht bestiegen werden. Dafür bietet im Sommer nebenan die große **Freilichtbühne Margitszigeti Színház** 15 eine stimmungsvolle Aufführungsstätte für Konzerte und Musicals.

Ein Stückchen weiter Richtung Norden gehörte die **St.-Michaelskapelle** 32 zum Prämonstratenser-Kloster. Die Kapelle, in deren Turm die älteste Kirchenglocke Ungarns (15. Jh.) hängt, wurde 1931 im romanischen Stil rekonstruiert.

Heiße Quellen

Der Nordteil der Insel steht aufgrund einer eigenen Thermalquelle mit zwei großen Hotels ganz im Zeichen des Kurtourismus. Idyllisch ist der **Japanische Garten (Japánkert)** 33. Kleine Felsengärten und malerische Tümpel laden zum Verweilen ein. Das heiße Wasser strömt aus den Thermalquellen unterhalb der Insel empor – im größten Teich tummeln sich sogar einige Schildkröten. Nach einer Renovierung 2017 ist es hier allerdings nicht mehr ganz so verschwiegen wie zuvor. Zum Garten gehört auch der **Spielbrunnen (Zenélőkút),** wo unter dem achtsamen Auge Neptuns regelmäßig zur vollen Stunde Musik erklingt.

Über die westliche Inselpromenade kann man nun zurückbummeln oder aber über die Árpád-Brücke weiter nach Óbuda laufen.

Museen

»Das ist ein Unicum«

34 **Zwack-Museum:** Auf halbem Weg vom Boráros tér zum Palast der Künste lohnt ein hochprozentiger Stopp im Zwack-Museum. Die Geschichte des Familienunternehmens begann 1790, als der Hofarzt Dr. Zwack in Wien Kaiser Joseph II. angeblich einen Magenbitter

Lieblingsort

Fontänen mit Musik

Das Wasser-Schauspiel ist wirklich sehenswert: Hohe Fontänen schießen zu Melodien von Liszt und Shakira oder auch von Ed Sheeran und Mozart empor – und abends wird das ganze Spektakel noch bunt angestrahlt. Gespielt werden auch ungarische Lieder. Der **Musik-Spielbrunnen (Zenelő-Szökőkút)** 27 ist eine sehr nette Attraktion und zieht von Mai bis September von 11 bis 21 Uhr immer zur vollen Stunde die Blicke auf sich. Dann setzen sich die kunstvoll arrangierten Wasserspiele in Bewegung, und gerade im Sommer verspricht das fluide Schauspiel auch ein wenig Abkühlung. Das Programm ändert sich von Stunde zu Stunde, auf Tafeln sind die jeweiligen Stücke aufgeführt – toll gemacht und arrangiert!

verabreichte. Die Reaktion des Monarchen: »Das ist ein Unicum.« Unter diesem Markennamen produziert die Familie seit der Firmengründung 1840 in Pest den Kräuterschnaps. Mehr als 40 Kräuter werden für das streng geheime Rezept verwendet. 1895 stieg man gar zum K.u.k.-Hoflieferanten auf. Neben einem Film in den alten Werksräumlichkeiten gibt es eine informative Ausstellung zur wechselvollen Familiengeschichte. Da die Zwacks jüdische Wurzeln hatten, wurden sie 1944/45 von den Nazis verfolgt. 1948 gingen János Zwack und sein Sohn Péter schließlich in die USA ins Exil, als ihre Firma verstaatlicht wurde. 1990 wurde Péter aber zum ungarischen Botschafter in den USA ernannt. Die Firma ist heute wieder mehrheitlich in Familienbesitz.

Soroksári út 26 (Eingang Dandár utca), T 1 476 23 83, www.zwackunicum.hu, Tram 2, 2B, 23, 24 Haller utca, Mo–Fr 9–18, Sa 10–18 Uhr, 3000 HUF, ermäßigt 2400 HUF (inkl. Kostprobe), bis 18 Jahre 1500 HUF (ohne Kostprobe)

West meets East

35 **Ludwig-Museum:** s. Tour S. 195.

Gedenken an die Shoah

36 **Holocaust-Gedenkzentrum (Holokauszt Emlékközpont):** In der bewegenden Dauerausstellung wird mit multimedialen Mitteln der lange Leidensweg der ungarischen Juden und Roma von den ersten antisemitischen Gesetzen 1920 bis zur Deportation nach Auschwitz 1944 und der Befreiung des Pester Ghettos 1945 nachgezeichnet. Anhand der Darstellung des Schicksals mehrerer Familien nimmt der vieltausendfache namenlose Schrecken konkrete Gestalt an. Die ehemalige Synagoge ist in das Gedenkzentrum integriert.

Páva utca 39, T 1 455 33 33, www.hdke.hu, Metro 3, Tram 4, 6 Corvin-negyed, Di–So 10–18 Uhr, 3600 HUF, ermäßigt 1600 HUF

Jugend-Stilikone

37 **Kunstgewerbemuseum (Iparművészeti Múzeum):** Durch die grundlegende Renovierung des Museums bleiben die Pforten einige Jahre geschlossen. Ein Termin für die Wiedereröffnung stand bei Redaktionsschluss noch nicht fest. Ein Teil der Jugendstil-Sammlung ist in der Zwischenzeit in der György-Ráth-Villa (s. S. 181) am Városligeti fasor zu sehen.

Üllői út 33–37, aktuelle Infos: www.imm.hu

Finnwal zur Begrüßung

38 **Ungarisches Naturhistorisches Museum (Magyar Természettudományi Múzeum):** Nicht zu übersehen an dem parkähnlichen Ludovika tér ist der Komplex der ehemaligen Militärakademie Ludovika. Über einen modernen Verbindungstrakt zum museal genutzten Reitstall betritt man das Museum. Im Eingangsbereich hängt das 3 t schwere Skelett eines Finnwals. Auch Dinosaurier sowie die Tier- und Pflanzenwelt Ungarns sind Themen. Neben der Schausammlung in der ›Grünen Zone‹ gibt es Sonderausstellungen.

Ludovika tér 2–6, T 1 210 10 85, www.mttm.hu, Metro 3 Semmelweis-Klinikák, tgl. 9–17 Uhr, 2600 HUF, ermäßigt 1300 HUF

Alles, was rollt und fliegt

39 **Ungarisches Technik- und Verkehrsmuseum (Magyar Müszaki és Közlekedési Múzeum]:** Nach der Schließung im Stadtwäldchen bekommt das Verkehrsmuseum nun in alten Werkshallen neben dem **Eiffel-Kulturstudio** 7 an der Kőbányai út eine neue, sehr geräumige Heimstatt. Ein Eröffnungstermin stand bei Redaktionsschluss noch nicht fest.

Kőbányai út 24–28, https://kozlekedesimuzeum.hu, Tram 28, Bus 9 Eiffel Műhelyház, Eröffnung s. Website

Für Bahnfreunde

40 **Eisenbahnhistorischer Park (Vasúttörténeti park):** Recht weit draußen an der Bahnstrecke vom Bahnhof Buda-

pest Nyugati (Nyugati pu.) Richtung Esztergom bietet der ehemalige Lokschuppen auf 70 000 m² reichlich Platz für ca. 100 alte Loks und Waggons. Gäste können ein kleines Stück mit einer Draisine fahren und es gibt eine Miniaturbahn zum Mitfahren. Für Eisenbahnfans ein Paradies.

Tatái út 95, T 1 450 14 97, www.vasuttortene tipark.hu, Bus 30, 30A, 230 ab Keleti pályau dvar (Ostbahnhof/Budapest Keleti) bzw. ab Hősök tere (Heldenplatz) bis Rokolya utca (per Bahn Sa/So auch direkte Zufahrt vom Bhf. Budapest Nyugati (West) Richtung Esztergom bis Vasútmúzeum), April–Okt. Di–So 10–18 Uhr, 2400 HUF, ermäßigt 1300/1000 HUF

Essen

Pizza in der Markthalle

1 **Oinos:** In einer Ecke der Markthalle mit schönem Blick auf den Platz bietet das moderne Weinbistro eine gute Auswahl an ungarischen Weinen sowie Pizza, Salate, Antipasti, Burger und einige Hauptgerichte. Bis 14 Uhr gibt es täglich ›Brunch‹ – ein kulinarischer Lichtblick am Rákóczi tér.

Rákóczi tér 7, T 70 770 98 03, www.oinos.hu, Metro 4, Tram 4, 6 Rákóczi tér, Küche tgl. 8–23 Uhr, €–€€

Alternative Schnecke

2 **Café Csiga:** Das kleine, angenehm ruhige Szene-Café an einer Straßenecke neben der Markthalle ist eine sympathische Oase am Rákóczi tér. Viele Pflanzen lockern das Ambiente auf und es kommt ein eher junges Publikum. Morgens gibt es schon Frühstück, ansonsten kleine Bistroküche und günstigere Mittagsgerichte (auch vegetarisch und vegan).

Vásár utca 2, T 30 613 20 46, www.fb.com/cafecsiga, Metro/Tram Rákóczi tér, tgl. 9–24 Uhr, €–€€

Indische Genüsse

3 **Pesti Chutney:** Mitten im Palastviertel zwischen Großem und Kleinem Ring kommen indische Genüsse, darunter Lamm- und Huhn-Spezialitäten sowie vegetarische und vegane Optionen. In dem Saal hinter der großen Glasfront erwartet die Gäste eine freundliche Bedienung. Mo–Fr günstigere Mittagsgerichte.

Bródy Sándor utca 21, T 30 883 04 66, www.pestichutney.hu, Metro/Tram Rákóczi tér, tgl. 12–22 Uhr, €€

Von der Farm auf den Tisch

4 **Tati:** Seit der Eröffnung Ende 2022 hat sich das schicke Tati gleich einen festen Platz in der Gastroszene gesichert. Unter Chefkoch Attila Gáspár kommen viele regionale Zutaten auf den Tisch, zum Teil in Bioqualität. Nachhaltigkeit zählt zu den eigenen Ansprüchen und das wird mit der kreativen Küche auch ansprechend umgesetzt. Vormittags und mittags gibt es in dem hellen Bistro eine kleinere ›Brunch‹-Karte.

Dohány utca 58–62, T 70 578 65 79, https://tatibudapest.com, Metro/Tram/Bus Blaha Lujza tér, tgl. 8–24 Uhr, €€

Schickes Ruinenbistro

5 **Mazel Tov:** s. S. 136.

Paradies für Teeliebhaber

6 **Teaház a Vörös Oroszlánhoz:** Das ›Teehaus zum Roten Löwen‹ ist eine gemütliche Teestube mit rund 60 exquisiten Teesorten im ersten Stock eines Hauses am Rand des Jókai-Platzes. Einige Übersetzungshilfen, die Ihnen die Auswahl eines Tees erleichtern: schwarz = *fekete*, grün = *zöld*, weiß = *fehér*, Obst = *gyümölcs*).

Jókai tér 8, T 30 789 02 06, www.vorosoroszlanteahaz.hu, Metro/Tram Oktogon, tgl. 11–21 Uhr, €

Sushi vom Band

7 **Wasabi:** Auf einem doppelstöckigen Laufband gleiten die verlockenden Sushi- und Wok-Gerichte an den Tischen vorbei. Für einen Fixpreis können Sie so viel essen, wie Sie möchten. Das Konzept läuft sehr gut. Auch À-la-carte-Angebote.

Podmaniczky utca 21 (Ecke Jókai utca), T 1 374 00 08, www.wasabi.hu, Metro 3, Tram 4, 6 Nyugati pu., tgl. 11.30–23.30 Uhr, €€€

Exotisches vom Subkontinent

8 **Taj Mahal:** s. S. 185.

Café mit Programmkino

9 **Kino Café:** Hinter den hohen Fenstern mit Blick auf das Lustspieltheater gibt es Frühstück, später Sandwiches, Salate etc., im Sommer auch auf der kleinen Terrasse vor dem Haus. Das nette, relaxte Café ist noch recht untouristisch. Angeschlossen sind zwei Kinosäle, die Programmkino zeigen (Kino = *mozi).* 1911 war dies eines der ersten Budapester Lichtspielhäuser.

Szent István körút 16, Tram 2, 4, 6 Jászai Mari tér, Café: T 1 781 94 53, www.fb.com/kinocafebudapest, tgl. 9–23 Uhr; Kino: T 1 224 56 50, https://kinocafemozi.hu

Veganes Streetfood

10 **Tökmag:** Vegane Sandwiches, Suppe und Burger, Säfte und Smoothies kommen in dem kleinen Laden auf die Theke. Draußen gibt es in der Fußgängerzone einige Tische – ein Konzept, das gut ankommt.

Hollán Ernő utca 5, T 70 908 97 17, www.fb.com/tokmagvegan, Tram 2, 2B, 4, 6, 23 Jászai Mari tér, Mo–Fr 11–20, Sa/So 9–20 Uhr, €

Stilvoll und bequem

11 **Dunapark Kávéház:** Bei seiner Eröffnung 1938 war es das modernste Café der Stadt. Hinter großen Fenstern am Szent István park sitzt man auf Ledermöbeln, sommers auf der Terrasse. Leckerer Kuchen.

Pozsonyi út 38, T 1 786 10 09, www.fb.com/dunapark1938, O-Bus 75, 76 Szent István park, tgl. 9–21 Uhr (Winter kürzer), €–€€

Einkaufen

Stöbern am Stadtrand

1 **Ecseri-Flohmarkt:** s. S. 196.

Markthalle am Großen Ring

2 **Rákóczi-tér-Markthalle:** s. S. 216.

Vinyl und CDs

3 **Lemezkuckó:** Der alteingesessene Plattenladen wenige Schritte vom Großen

Mit einem blumigen Gefährt um die Blumenrabatten der Margareteninsel radeln – Die Miet-Tretkutschen gibt's auch elektrisch.

Ring verkauft Platten, CDs, DVDs und Blu-rays – auch Konzert- und Theatertickets.
Király utca 67, T 1 351 12 18, https://lemezkuchko.hu, Tram 4, 6 Király utca, Mo–Fr 10–18, Sa 10–13 Uhr

Klassische Kopfbedeckungen

4 **Judit Kalapszalon:** In dem kleinen Fachgeschäft werden elegante Damenhüte hergestellt und verkauft – alles ist Handarbeit. Die Herrenauswahl stammt zumeist aus Italien oder Deutschland.
Király utca 76, T 1 351 45 78, www.juditkalapszalon.hu, Tram 4, 6 Király utca, Mo–Fr 10.30–17.30, Sa 10.30–13.30 Uhr

Lokale Versorgung

5 **Hunyadi-tér-Markthalle:** Die kleinste Markthalle in der Innenstadt ist noch sehr lokal geprägt. Zwar ist es nach der Renovierung hier ruhiger als früher, aber es gibt noch immer den kleinen zusätzlichen Freiluftmarkt gegenüber am Hunyadi-Park.
Hunyadi tér 4, Tram 4, 6 Király utca, Mo 8–16, Di 7–18, Mi–Sa 7–14 Uhr

Galerien & Antiquitäten

6 **Falk Miksa utca:** s. Tour S. 154.

Bewegen

Kletterpark

1 **Orczy Kalandpark:** In dem sympathischen Klettergarten im Orczy-Park gibt es Routen mit unterschiedlichen Schwierigkeitsgraden.
Orczy út 1 (Orczy-kert), T 30 230 33 40, www.orczykalandpark.eu, Metro 3 Semmelweis-Klinikák/ Nagyvárad tér, Sommer tgl. 10–17 Uhr, Winter: s. Website (wetterabhängig), 5000–6000 HUF, ermäßigt 4000–5000 HUF

Tretkutschen ahoi

2 **Bringóvár:** Auf Höhe der Thermalhotels werden im Nordteil der Margareteninsel die beliebten Tretkutschen *(bringóhintó)* für 5400/6800 HUF (30/60 Min.) verliehen, es gibt auch elektrische Tretkutschen für große wie kleine Gäste.
Hajós Alfréd sétány, T 20 423 46 00, www.bringohinto.hu, Bus 26, 226 Szállodák (Hotels), tgl. ab 9 Uhr bis Sonnenuntergang

SPORT AUF DER MARGARETENINSEL

An sonnigen Tagen ist die Margareteninsel absolut ideal für eine kleine Radtour oder für eine Tour mit einer urigen **Tretkutsche** (*bringóhintó*; Verleih s. **Bringóvár** 2). Für **Jogger** wurde auf der Donaupromenade ein rund 5 km langer, nun intensiv genutzter Hartgummi-Rundkurs eingerichtet.
Wer auf dem Rad mehr sehen möchte, dem sei ein Abstecher über die Margaretenbrücke zum Donauradweg am Budaer Donauufer oder über die Árpádbrücke nach Óbuda und weiter Richtung Szentendre empfohlen.
Für **Badefreunde** bietet sich das **Palatinus-Freibad** 3 an.

Badepark auf der Insel

3 **Palatinus-Freibad (Palatinus Strandfürdő):** An einem heißen Sommertag bietet sich ein Sprung in die kühlenden Fluten des Palatinus an. In dem familienfreundlichen Bad gibt es ein Wellenbad, Spaßrutschen, Kinderbecken sowie weitläufige Liegeflächen. Seit 2017 ist der erneuerte und erweiterte Thermalbadebereich erstmals ganzjährig zugänglich (mit Innenbereich) – eine echte Belebung für die Margareteninsel; s. auch S. 304.
Margitsziget, T 1 340 45 00, www.spasbudapest.com, Bus 26, 226 Palatinus fürdő, tgl. 8–20 (Winter 9–16) Uhr, Tageskarte 3200–3500 HUF (bis zu 2 Std. sowie Mo–Fr ab 17 Uhr 2200 HUF), Kabine 1000 HUF extra

Ausgehen

Theater & Tanz

❷ **Nationaltheater:** s. Tour S. 195.

Jazz bei Goethe

❶ **Jedermann:** s. S. 140

Sommermusik

❷ **Budapest Park:** Auf einem Open-Air-Gelände an der Pester Zufahrt der Rákóczi-Brücke treten den ganzen Sommer über bekannte und aufstrebende ungarische Bands auf, aber auch internationale Gäste. Im Winter wird eine Eislaufbahn aufgebaut.

Fábián Juli tér 1, www.budapestpark.hu, Tram 1, 2, 24 Közvágóhíd, Konzerte Mai–Sept.

Experimentierfreudige Bühne

❸ **Trafó:** Das sehr engagierte Bühnenprojekt Trafó ist ein Garant für anspruchsvollen zeitgenössischen Tanz sowie Theater, Konzerte und Cirque Nouveau. In dem 1998 eröffneten Haus wird gerne auf sehr hohem Niveau mit freien Theater- und Tanzgruppen experimentiert – Internationalität ist selbstverständlich. Eine Zeit lang durch die damalige Fidesz-Stadtregierung von der Schließung bedroht, konnte das Trafó aber gerettet werden. Ein Ausbau schuf auch ein nettes Café, das schon tagsüber im Viertel sehr populär ist. Im Tanzbereich ist z. B. das Ensemble Hodworks der Choreografin Adrienn Hód sehr renommiert und auch im Ausland gerne eingeladen (s. S. 116).

Liliom utca 41 (Eingang Tűzoltó utca), T 1 215 16 00, www.trafo.hu, Metro 3, Tram 4, 6 Corvin-negyed, Café Trafik: Mo–Sa 9–21, So 9–17 Uhr

Ruinenkneipe mit Gastromarkt

❹ **Élesztőház:** Die lang gestreckte Ruinenkneipe neben dem Trafó ist ein Ankerpunkt für Craft-Bier-Liebhaber. Ein Teil des Hofs ist überdacht und die Butcher's Kitchen serviert Streetfood. Sonntagmorgens verwandelt sich der Hof in einen sympathischen kleinen Gastromarkt mit Brot, Käse, Honig, Gemüse und ein wenig Fleisch. Hin und wieder gibt es auch Workshops fürs Brauen daheim (www.brewstudio.hu). Das ›Hefe-Haus‹ fördert seit 2013 sehr sympathisch die Craft-Bier-Szene. Im vorderen Eingangsbereich geht es in die sehr nette Kellerbar **Másik Szoba** hinab, die einen Teil ihrer Gewinne in soziale Nachbarschaftsprojekte steckt.

Tűzoltó utca 22, T 70 336 12 79, www.elesztohaz.hu, Metro/Tram Corvin-negyed, Mo, So 15–1, Di/Mi bis 2, Do–Sa bis 3 Uhr, Gastromarkt: So 9–14 Uhr, Másik Szoba: Mo–Sa 15–23, So 9–15 Uhr

Kino und Revolution

❺ **Corvin Mozi:** Das 1923 erbaute Corvin gehört zu den beliebtesten Filmtheatern in Budapest. In den sechs Sälen werden hauptsächlich internationale Filme aufgeführt (zum Teil auch auf Englisch). Während der Revolution 1956 war das Corvin ein Hauptquartier des ungarischen Widerstands.

Corvin köz 1, T 1 224 56 50, www.corvinmozi.hu, Metro 3, Tram 4, 6 Corvin-negyed

Ableger der Staatsoper

❻ **Erkel-Theater (Erkel Színház):** Moderne Spielstätte für die Ungarische Staatsoper an einem kleinen Park im VIII. Bezirk.

II. János Pál pápa tér 30, T 1 332 79 14, www.opera.hu, Metro 4, Tram 28, 37, 62 II. János Pál pápa tér

Oper im Lokschuppen

❼ **Eiffel-Kulturstudio (Eiffel Műhelyház):** s. S. 199.

Craft-Bier aus Budapest

❽ **Rizmajer:** Im Vorort Csepel gebraut, werden die hauseigenen Craft-Biere seit 2017 in der Kneipe am Großen Ring auf drei Ebenen serviert. Zu den ungewöhnlichen Sorten zählen u. a. das Pflaumenbier

(rumos szilvás sör) und das Ingwerbier *(gyömber sör)*. Dazu kann man sich kleine Snacks oder herzhafte Burger bestellen – gute Atmosphäre. Am Móricz Zsigmond körtér 4 in Újbuda befindet sich eine Filiale.
József körút 14, T 1 613 94 45, https://rizmajersor.hu, Metro/Tram/Bus Blaha Lujza tér, Mo–Sa 12–1, So 12–24 Uhr

Coole Ruinenkneipe

9 **Instant/Fogas:** s. S. 140.

Lauschiger Szeneplatz

10 **Liszt Ferenc tér:** s. S. 173.

Alternative Ruinenkneipe

11 **Pótkulcs:** Der ›Ersatzschlüssel‹ in einer ruhigen Seitengasse parallel zum Großen Ring hat sich im Gegensatz zu anderen Ruinenkneipen erfolgreich allen Kommerzialisierungstendenzen widersetzen können. Noch immer gibt es den etwas versteckten und lauschigen Biergarten und im gewölbeartigen Keller sorgen kostenlose Folk-, Jazz- und andere Konzerte für gute Stimmung beim jungen Publikum.
Csengery utca 65/b, T 1 269 10 50, www.fb.com/PotkulcsBudapest, Metro 3, Tram 4, 6 Nyugati tér, tgl. 17–ca. 1 Uhr

Immer gut gefüllt

12 **Morrison's 2:** Im Souterrain am Großen Ring wird abends durchgefeiert. Auf vier Tanzflächen wird dem zumeist studentischen Publikum ordentlich eingeheizt. Hier wird die Nacht zum Tag gemacht.
Szent István körút 11, T 1 374 33 29, www.morrisons2.hu, Tram 2, 4, 6 Jászai Mari tér, Mo–Sa 18–5 Uhr

Jazz im Kino

13 **Budapest Jazz Club:** Der quirlige Jazzklub residiert in einer Seitenstraße des Großen Rings, mit Café und Bistro. In dem ehemaligen Kino finden hervorragende Live-Gigs und Sessions statt. Die Franz-Liszt-Musikakademie lässt hier ihre Studierenden zum Teil sogar ihre Semesterabschlussprüfungen vortragen. Der BJC ist eine erstklassige Jazzlocation. (Für weitere Jazzklubs s. Kasten S. 139).
Hollán Ernő utca 7, T 1 798 72 89, www.bjc.hu, Tram 2, 4, 6 Jászai Mari tér, Mo–Sa

Biergärten auf der Insel

14 **Gasztró sétány:** Mehrere benachbarte Biergärten haben sich auf der Margareteninsel zur ›Gastromeile‹ zusammengeschlossen – einfach, rustikal, aber immer entspannt und mit Partystimmung.
Margareteninsel, www.gasztrosetany.com, Bus 26, 226 Hajós Alfréd uszoda

Open-Air auf der Insel

15 **Freilichtbühne Margareteninsel (Margitszigeti Színház):** Unterhalb des Wasserturms stehen auf der Sommerbühne der Margareteninsel von Mai bis September Opern, Musicals und Konzerte auf dem Programm. An lauschigen Sommerabenden sehr stimmungsvoll.
Margitsziget, T 1 301 01 47, www.szabadter.hu, Bus 26, 226 Szabadtéri Színpad

Noch ganz authentisch: Das Pótkulcs ist die Ruinenkneipe geblieben, als die es mal angefangen hat.

Zugabe
Markthalle für Locals

Abseits der Touristenströme

Frisches Obst und Gemüse sowie Brot, Wurst und Käse einkaufen mit den Locals? In der großen **Rákóczi-tér-Markthalle (Rákóczi téri vásárcsarnok)** 2 in der Josephstadt ist dies noch sehr gut möglich. Die luftige Konstruktion mit dem hohen Dach und den Gusseisenelementen ähnelt der Zentralen Markthalle am Kleinen Ring. Sie entstand auch fast zeitgleich 1896. Doch zum Rákóczi tér verirren sich keine Touristenmassen, hierhin kommen die Anwohner aus dem umliegenden Viertel. Voll ist es hier selten, auch wenn es einen Supermarkt gibt. Leider ist diese Art von Markthalle auch in Budapest inzwischen eine Seltenheit, weil viele andere alte Hallen mittlerweile ihre frühere Versorgungsfunktion verloren haben. Auch hier hat die Anzahl der aktiven Verkaufsstände leider abgenommen. Hoffentlich hält sich diese kleine Insel möglichst lange (Rákóczi tér 7–9, www.piaconline.hu, Metro 4, Tram 4, 6 Rákóczi tér, Mo 6–16, Di–Fr 6–18, Sa 6–13 Uhr, Supermarkt länger). ■

TEJ - TEJTERMÉK
TELJES-TEJES
Házi tejföl - házi túró - brinza
MIRELIT TERMÉKEK

Ausflüge in die Umgebung

Kontrastreicher Norden — Jenseits der Plattenbauten öffnet sich eine vielfältige Flusslandschaft mit urigen Orten.

Seite 221

Óbuda

Fast endlose Plattenbausiedlungen, aber auch viele kleine, spannende Museen machen den Charme von Óbuda aus. Kulturfreunde finden hier manches Kleinod.

Seite 224

Römerstadt Aquincum

Unter Kaiser Hadrian wurde Aquincum zur römischen Provinzhauptstadt und zählte rund 60 000 Einwohner. In Óbuda sind noch zahlreiche Reste der Zivil- und Militärsiedlung erhalten – attraktiv ist das zentrale Aquincum-Museum.

Die blaue Donau: mit dem Schiff besonders schön!

Eintauchen

Seite 229

Szentendre

Das barocke Künstlerstädtchen nördlich von Budapest ist für seine charmanten Gässchen und hochkarätigen Museen bekannt. Szentendre ist auch das Tor zum Donauknie.

Seite 233

Freilichtmuseum Skanzen

3 km nordwestlich von Szentendre befindet sich das älteste Freilichtmuseum Ungarns. Hier wird auf einem großen Areal mit viel Elan versucht, die dörfliche Welt früherer Tage zu bewahren. Ein schöner Kontrast zum modernen Stadtleben in Budapest.

Seite 236

Königsstadt Visegrád

Wow – was für ein Anblick! Hoch über der Donau ragen die Reste der königlichen Hochburg von Visegrád empor. In Ufernähe befand sich einst der Renaissance-Palast. Visegrád ist ein landschaftliches Kleinod inmitten eines wunderschönen Donauabschnitts quer durch die hauptstadtnahen Mittelgebirge. Der Name stand übrigens Pate für den Zusammenschluss einiger östlicher EU-Staaten.

Seite 239

Vác

Am östlichen Ufer lockte Vác keine Künstler an wie Szentendre, doch der Kern der Stadt ist sehr schön barock und es gibt eine ziemlich skurrile Sarg-Ausstellung. Von hier aus lassen sich auch gut Radtouren ins Donauknie unternehmen.

Seite 241

Schloss Gödöllő

Auf den Spuren von Kaiserin Sisi – auf Schloss Gödöllő östlich von Budapest fühlte sich die Kaiserin sehr wohl. Das Schloss wurde schön renoviert, um die Glanzzeit der letzten Habsburger-Monarchen zu neuem Leben zu erwecken.

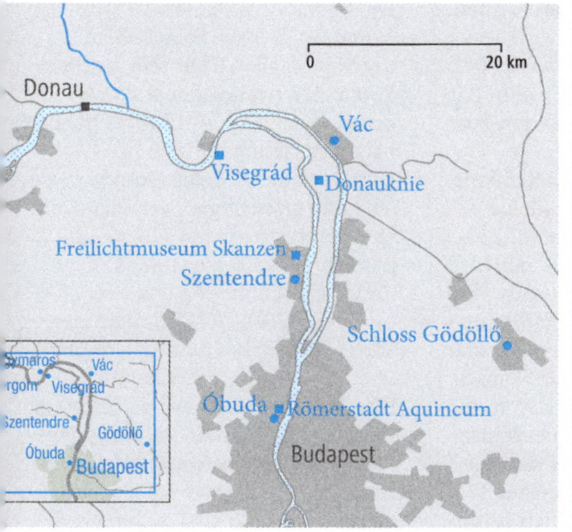

Auf Schusters Rappen zur Visegráder Hochburg

»Wir gründen eine Künstlerkolonie und entdecken die Stadt. Szentendre wird zu einer Sehenswürdigkeit.«
Miklós Bánovszky

& erleben

Die Donau aufwärts

D

Die Donau ist die Lebensader des Landes, schon vor 2000 Jahren bauten die Römer hier große Städte. Ein Ausflug nach Norden führt im Vorort Óbuda zunächst zu den Resten der Römerstadt Aquincum sowie zu mehreren kleinen, aber hochkarätigen Museen im Meer moderner Plattenbauten. Einmal im Jahr ändert sich die Atmosphäre, wenn das international renommierte Sziget-Festival die Óbudaer Insel rockt.

Dann geht es hinaus ins Donauknie. Hier treffen Sie auf idyllische kleine Barockstädtchen wie Szentendre und Vác, die noch etwas vom kleinstädtischen Idyll der Provinz verraten. Szentendre machte sich als Künstlerkolonie einen Namen und am Ortsrand befindet sich zudem das sehr anspruchsvolle Freilichtmuseum Skanzen.

Weiter nördlich ändert sich die Szenerie noch einmal, denn hier schlängelt sich die Donau idyllisch durch einen massiven Mittelgebirgsgürtel. Der schönste Ort in diesem Bereich ist das beschauliche Visegrád, das unter der einst mächtigen Hochburg im Mittelalter eine wichtige und gut geschützte Königsresidenz war. Hier hat man nicht mehr das Gefühl, dass die Hauptstadt gerade mal 50 km entfernt liegt.

ORIENTIERUNG

O

Reisekarte: Óbuda: Karte 2, Donauknie: Karte 5
Citypläne: Óbuda: S. 222, Szentendre: S. 231
Ausgangspunkte: Für die Tour nach Óbuda (Haltestelle Szentlélek tér, 10 Min.), Aquincum (15 Min.) und Szentendre (ca. 40 Min.) startet die S-Bahn HÉV H 5 an der Metrostation Batthyány tér. Für Zugfahrten nach Vác (ca. 25 Min.) und Nagymaros (ca. 40 Min.) geht es am Westbahnhof los.
Das Donauknie entdecken: Visegrád erreicht man per Bus von Szentendre (ca. 45 Min.) oder per Fähre von Nagymaros (stdl.). Zwischen Szentendre und Vác verkehren Busse (ca. 35 Min.) zur Vácer Donaufähre (Vác-rév) gegenüber der Altstadt von Vác (stdl.). Der Donauradweg führt durch Óbuda nach Szentendre und weiter nach Vác, Nagymaros und Visegrád (s. S. 234). Während der Sommersaison verkehren auch Schiffe von Budapest ins Donauknie.

Ein weiteres kleines Juwel ist abseits der Donau das Sisi-Schloss in Gödöllő 30 km östlich von Budapest.

Óbuda

Karte 2, C/D1/2

Die Keimzelle Budapests liegt in Óbuda (Alt-Buda). Römische Statthalter, ungarische Könige und Fürsten hatten hier das Sagen.

Rund um Schloss Zichy

Römer und Grafen

Schon die Kelten schufen in dieser Gegend am Donauufer eine Siedlung, die sie Ak ink (wasserreich) nannten. Die Römer erbauten in der Nähe ihr Grenzkastell Aquincum für 6000 Legionäre, das bald von einer Zivilstadt ergänzt wurde und zu Beginn des 2. Jh. zur Provinzhauptstadt aufstieg. 60 000 Einwohner lebten zur römischen Blütezeit in der Donaustadt (s. Tour S. 224).

Nach dem Abzug der Römer im 5. Jh. verfiel die Stadt und im Mittelalter überflügelten Pest und das neue Buda die Restsiedlung. Im 18. Jh. wurden die Grafen Zichy zu Feudalherren, Óbuda zu einer Kleinstadt. 1873 wurde Óbuda dann zum III. Bezirk der neuen Hauptstadt Budapest. Nach dem Zweiten Weltkrieg zerstörten Plattenbauten und die Zufahrt zur Árpádbrücke den Ortskern. Einige römische Reste und barocke Inseln blieben erhalten.

Barockes Zentrum

Der Verkehrsknotenpunkt **Szentlélek tér (Heilig-Geist-Platz)** ❶ auf der Südseite von **Schloss Zichy (Zichy kastély)** ❷ ist der ideale Startpunkt für Óbuda. Rund um das zentrale Schloss und den angrenzenden **Fő tér (Hauptplatz)** ❸ ist es gelungen, ein wenig vom alten Charme Óbudas zu erhalten sowie interessante Museen anzusiedeln, z. B. das international renommierte **Vasarely-Museum** ❿. Schloss Zichy wurde ab 1746 von Graf Miklós Zichy nach Plänen von Johann Heinrich Jäger im spätbarocken Stil erbaut. Eine umfassende Sanierung des gesamten Gebäudekomplexes steht jedoch noch aus.

Römische Säule vor Plattenbau: Was wie ein Kunstobjekt klingt, ist in Óbuda Alltag.

Der kopfsteingepflasterte Fő tér hat viel Flair und wirkt wie eine Oase im hektischen Großstadtleben. Der Platz ist das heutige Zentrum von Alt-Buda. Hier befindet sich das alte Rathaus und von hier fuhr einst die Postkutsche nach Wien ab. Im Winter wird zumeist eine kleine Eislaufbahn aufgebaut. Das **Esernyős** ❹ ist eine sympathische Mischung aus Galerie, Kulturzentrum und Café.

Wenige Meter vom Platz entfernt steht eine auffällige Skulpturengruppe: Die »Wartenden mit Schirmen« (Esernyős) am Beginn der Laktanya utca sind ein Werk des zeitgenössischen **Bild-**

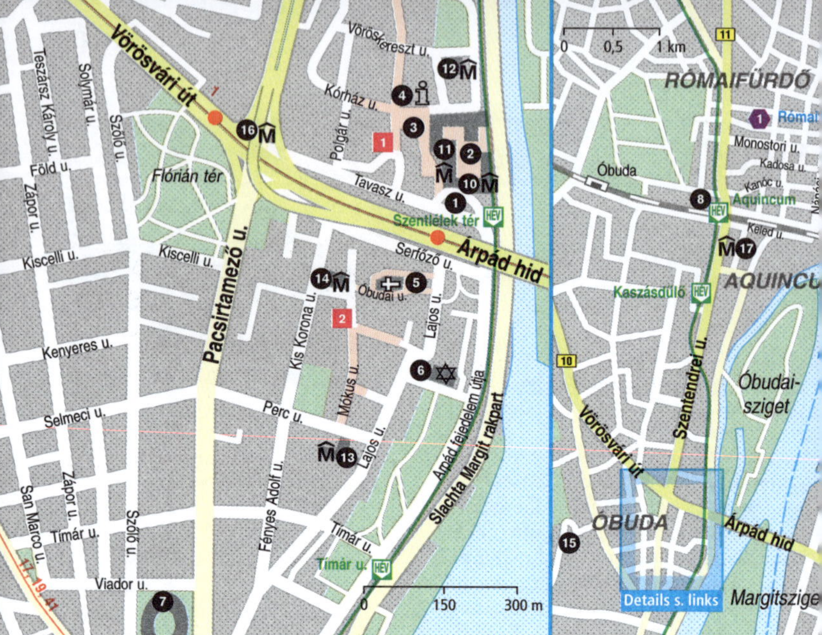

Óbuda

Ansehen

1. Szentlélek tér
2. Schloss Zichy
3. Fő tér
4. Esernyős
5. St. Peter und Paul
6. Synagoge
7. ›Großes‹ Amphitheater
8. ›Kleines‹ Amphitheater
9. Donaupromenade Római-part
10. Vasarely-Museum
11. Óbudaer Museum/ Kassák-Museum
12. Imre-Varga-Sammlung
13. Goldberger Textilmuseum
14. Ungarisches Handels- und Tourismusmuseum
15. Kiscelli-Museum
16. Römisches Badmuseum
17. Aquincum-Museum

Essen

1. Csalánosi Csárda
2. Kéhli Vendéglő

Bewegen

1. Római-Freibad

hauers Imre Varga, dessen Museum, die sehr gut aufgemachte **Imre-Varga-Sammlung** ⓬ (s. S. 226) sich wenige Häuser weiter befindet.

Südlich der Brückenauffahrt

Vom Szentlélek tér führt ein Durchgang unter der Brückenzufahrt zur Lajos utca. Die Kirche **St. Peter und Paul** ❺ (1744–49), die ebenfalls auf Graf Zichy zurückgeht, wurde von Johann Georg Paur entworfen. Zusammen mit dem typisch in Gelb gehaltenen Pfarrhaus und dem begrünten Vorplatz ist dies ein idyllischer Ort, der das alte Óbuda beschwört. Das Marien-Altarbild stammt aus der nahe gelegenen Trinitarierkirche von Kiscell.

Auf der anderen Seite der Lajos utca liegt die **Synagoge** ❻ von Óbuda. Sie wurde im frühen 19. Jh. im klassizistischen Stil erbaut. Damals durfte die jüdische Bevölkerung in Pest und Buda noch keine eigene Synagoge errichten und musste daher für ihre Gottesdienste nach Óbuda ausweichen. Nach dem Zweiten Weltkrieg richtete man hier zunächst Fernsehstudios ein. Inzwischen gehört die Synagoge wieder der jüdischen Gemeinde.

Eine weitere kleine Ansammlung alter Häuschen findet sich am **Korona tér.** Diese letzten Reste des alten kleinstädtischen Óbuda gelten heute etwas großspurig als ›Krúdy-Viertel‹, weil der Schriftsteller Gyula Krúdy (1878–1933) am Korona tér 1 seine letzten Lebensjahre verbrachte. Auch hier ist ein Museum untergebracht (s. S. 227).

Alte Römerstadt

Wer auf den Spuren der Römer wandeln möchte, sollte unbedingt die Ruinenreste der Römerstadt Aquincum besuchen (❼–❽ sowie ⓰–⓱: s. Tour S. 224).

Museen

Meister der optischen Kunst

⓾ Vasarely-Museum (Vasarely Múzeum): In einem Anbau von Schloss Zichy ist das wichtigste Museum im Zentrum Óbudas untergebracht. Victor Vasarely (1906–97) stammte aus Pécs und kam 1929 zum Bauhaus nach Budapest. Ein Jahr später emigrierte er nach Paris. Nach dem Zweiten Weltkrieg widmete er sich der kinetischen Kunst und gilt als Begründer der Op-Art. Auch mit Lajos Kassák arbeitete er zusammen. In dem 2017 sanierten Museum befinden sich ca. 400 Werke von ihm, die mit dem Auge des Betrachters spielen. Vasarely war ein Meister der optischen Täuschung, seine Figuren scheinen immer in Bewegung zu sein.

Szentlélek tér 6, T 1 388 75 51, www.vasarely.hu, Mi–So 10–18 Uhr, 1200 HUF, ermäßigt 600 HUF

Kunst im Schloss

⓫ Óbudaer Museum, Kassák-Museum: Im Schloss Zichy sind zwei

R

RÓMAI-BAD UND DONAUPROMENADE

Eine HÉV-Haltestelle nördlich des Römermuseums Aquincum öffnet im Sommer das beliebte **Római-Freibad (Romaifürdő)** ❶ seine Pforten. Von dort geht es nach Osten schnurgerade zur Donau. Entlang der recht urwüchsigen **Donaupromenade Római-part** ❾ ziehen sich Datschen und die Klubhäuser diverser Rudervereine (auch Verleih) bis hoch zum Stadtteil Pünkösdfürdő. Immer wieder laden rustikale Imbisse zu Pausen mit Donaublick ein, das Ganze wirkt recht anarchisch und für Budapest noch erfreulich unsortiert.
Seit 2017 sorgten deshalb massive Deichbau-Pläne für große Aufregung und Proteste, weil dem Bau viele Bäume und die Strandidylle sowie die Rudervereine zum Opfer fallen sollten. Die Kommunalwahl 2019 führte dann zu einer Überarbeitung der Pläne. Nun sollen statt 700 Bäumen ›nur‹ noch 160 gefällt werden, der Uferstreifen soll völlig unangetastet bleiben. Immerhin ein Teilerfolg für die Umweltinitiativen, wenn diese Planung denn Bestand hat. Die Bauarbeiten laufen. Leider fuhren bei Redaktionsschluss keine Linienschiffe mehr bis zum Római-part.

TOUR
Auf den Spuren des Imperiums

Römerstadt Aquincum

Nach den Höhepunkten barocker Baukunst in Óbuda führt die Zeitreise nun 1900 Jahre zurück in die Römerzeit. Die Ruinenreste der Militär- und Zivilstadt **Aquincum** erstrecken sich praktischerweise entlang der Pacsirtamező utca und der Szentendrei út in fast einer geraden Linie von Süden nach Norden. Folgt man dieser Linie, erhält man zugleich eine Vorstellung von der einstigen Größe Aquincums.

Die zivile Bürgerstadt hatte sich nördlich des Militärlagers etabliert. Nach der Teilung der Provinz Pannonien im Jahre 106 n. Chr. wurde Aquincum an der Donaugrenze zur Hauptstadt der Provinz Unterpannonien. Der erste Statthalter war gleich der spätere Kaiser Hadrian, der 120 n. Chr. der Zivilsiedlung den Rang eines Municipiums verlieh. 194 n. Chr. wurde sie zur Colonia befördert. Zwei Amphitheater sorgten für das Vergnügen der Bevölkerung, große Bäder für Entspannung und Hygiene. Dazu kamen Tempel, der Palast des Statthalters, eine Hafenanlage, Legionärsunterkünfte, Gaststätten und vieles mehr. Schon an der Wende zum 3. Jh. endete die Blütezeit Aquincums, als die Donauprovinzen erneut geteilt wurden. Im 5. Jh. rückten schließlich die Hunnen nach Aquincum ein und die Römerzeit war Geschichte.

Zu sehen gibt es in Óbuda primär vier Römerstätten: Ganz im Süden auf der Höhe der Nagyszombat utca liegt das **›Große‹ Amphitheater** ❼ der Militärstadt. Es

stammt aus dem 2. Jh. und fasste ca. 10 000 bis 12 000 Zuschauer, die das damals übliche Spektakel geboten bekamen: Gladiatoren- und Tierkämpfe, ja sogar Seeschlachten sollen hier aufgeführt worden sein. Später wurde das Theater auch zu Verteidigungszwecken genutzt und diente immer wieder auch als Heerlager.

Unter der riesigen Kreuzung des Flórián tér finden sich total versteckt im **Römischen Badmuseum (Fürdő Múzeum)** ⓰ die interessanten Reste des Großbades der Militärstadt. Schärfer könnte der Kontrast nicht sein: Oben donnert der Verkehr, unter den Betonpfeilern liegen die begehbaren Reste der Römerzeit.

Zum Höhepunkt der römischen Ausgrabungen geht es per Bus an den Resten eines **Aquädukts** vorbei zum Herzen der Zivilstadt Aquincum. Die Ausgrabungen sind als **Aquincum-Museum** ⓱ für Besucher geöffnet. Der weitläufige **Archäologische Park** zeigt die freigelegten Reste einer Handwerkersiedlung, einer Basilika und einer Markthalle. Daneben gab es u. a. Badeeinrichtungen sowie einige wenige Bodenmosaike.

Ein modernes **Ausstellungszentrum** südlich der Ausgrabungsstätten präsentiert die wichtigsten Funde. Dazu zählen eine Wasserorgel, die auf 228 n. Chr. datiert wird, sowie mehrere Bodenmosaike aus dem Palast des Statthalters. Seit einigen Jahren kommen durch den Bau von Tiefgaragen etc. immer mehr Funde ans Licht.

Recht unspektakulär liegt das **›Kleine‹ Amphitheater** ❽ der Zivilsiedlung heute an der Autostraße, an der HÉV-Station Aquincum. Von dort geht es weiter nach Szentendre (s. S. 229) oder zum Római-part (s. S. 223).

Infos

Karte 2, außerh. D 1;- Karte 5, B 2

›Großes‹ Amphitheater ❼: Nagyszombat utca, Tram 17, 19, 41 Katinyi mártírok parkja, Bus 9, 109 Nagyszombat utca

Römisches Badmuseum ⓰: Flórián tér, www.aquincum.hu, Bus 9, 34, 106, 109, 134 Flórián tér, April–Okt. Di–So 10–18 Uhr, Eintritt frei

Aquincum-Museum ⓱: Szentendrei út 135, www.aquincum.hu, Bus 34, 106, 134 Záhony utca, Sommer 2200 HUF/ermäßigt 1100 HUF, Winter 1600/800 HUF; **Museum,** April–Okt. Di–So 10–18, Nov.–März 10–16 Uhr; **Archäologischer Park,** April–Okt. Di–So 9–18 Uhr

kleine Ausstellungen untergebracht: Gleich beim Vasarely-Museum behandelt das Óbudaer Museum (Óbudai Múzeum) die Lokalgeschichte. Vom Fő tér gelangt man in den Innenhof der Schlossanlage. Dort präsentiert im ersten Stock des Hauptgebäudes das interessante kleine Kassák Múzeum Werke des konstruktivistischen Künstlers Lajos Kassák (1887–1967).

Fő tér 1; **Óbudaer Museum:** T 1 250 10 20, www.obudaimuzeum.hu, Di–So 10–18 Uhr, 1400 HUF, ermäßigt 700 HUF; **Kassák-Museum:** T 1 368 70 21, www.kassakmuzeum.hu, Mi–So 10–17 Uhr, 1200 HUF, ermäßigt 600 HUF

Bildhauerei als Berufung

⓬ Imre-Varga-Sammlung (Varga Imre Gyűjtemény): Die Sammlung zeigt eine Reihe von aussagestarken Skulpturen von Ungarns renommiertestem Bildhauer der letzten Jahrzehnte: Imre Varga (1923–2019). Seine Spezialität waren Personendarstellungen. In Budapest finden sich zahlreiche Werke des bedeutenden Künstlers, wie der »Baum des Lebens« (s. Tour S. 131) als beeindruckendes Holocaust-Denkmal an der Großen Synagoge, aber auch Skulpturen des Komponisten Béla Bartók (beim Gedenkhaus in Pasarét: s. S. 55) sowie in Szentendre des Malers Béla Czóbel (s. S. 232). In Deutschland war er ebenfalls aktiv, u. a. in Aachen und Bad Kissingen. Im Garten von Konrad Adenauers Wohnhaus im rheinischen Rhöndorf bei Bonn steht eine Doppelskulptur des Kanzlers und des französischen Präsidenten Charles de Gaulle.

Laktanya utca 7, T 1 388 67 84, www.budapestgaleria.hu, April–Okt. Di–So 10–18, Nov.–März Di–So 10–16 Uhr, 1000 HUF, ermäßigt 500 HUF

Auch im öffentlichen Raum von Óbuda ist der Bildhauer Imre Varga präsent, hier steht seine Figurengruppe »Die Wartenden«.

Industriekultur

⓭ Goldberger Textilmuseum (Goldberger Textilipári Gyűjtemény): In der ehemals größten Textilfabrik Ungarns wird die Geschichte der Unternehmerfamilie Goldberger seit Mitte des 18. Jh. nachgezeichnet. Zunächst gibt es eine interessante Einführung in die Blaufärberei, u. a. mit einem Film auf Deutsch, bei dem der südungarische Blaufärber János Sárdi im Mittelpunkt steht. Daneben werden alte Fotos, ein Webstuhl sowie Mode von Goldberger auf moderne Weise präsentiert. Aufgrund seiner jüdischen Abstammung wurde Firmenchef Leo Goldberger 1944 ins KZ Mauthausen deportiert, wo er wenige Tage vor der Befreiung starb. Nach dem Krieg wurde die Firma verstaatlicht, bevor sie 1997 ganz die Pforten schloss.

Lajos utca 136–138, T 1 250 10 20, https://goldbergermuzeum.hu, Feb./März Do–So, April–Dez. Di–So 10–18 Uhr, 1400 HUF, ermäßigt 700 HUF

Im ›Krúdy-Viertel‹

⓮ Ungarisches Handels- und Tourismusmuseum (Magyar Kereskedelmi és Vendéglátóipari Múzeum): Das Museum zeigt in dem schön restaurierten Gebäudeensemble u. a. alte Läden. Innerhalb des Museums wurden die einstigen Wohnräume des Schriftstellers Gyula Krúdy in eine interessante Ausstellung zu seinem Leben umgewandelt. Zu sehen sind u. a. frühere Kaffeehäuser, Bierstuben und Hotels, die er gerne besuchte oder bewohnte. In seinen Werken setzte er dem schillernden Nachtleben der Metropole ein literarisches Denkmal, doch weil Krúdy ein sehr unstetes Leben führte, starb er relativ jung und völlig verarmt in Óbuda.

Korona tér 1, T 1 375 62 49, www.mkvm.hu, Di–So 10–18 Uhr, 1800 HUF, ermäßigt 1200 HUF

Kunst im alten Kloster

⓯ Kiscelli-Museum (Kiscelli Múzeum): Jenseits der breiten Pacsirtamező utca beginnt die Kiscelli utca. Diese führt hinter der Bécsi út steil bergan zum alten Kisceller Kloster, das als Kiscelli-Museum u. a. die Gemäldesammlung des 19./20. Jh. sowie die historischen Druckmaschinen des Budapester Historischen Museums präsentiert. Auf einer dieser Maschinen wurden die revolutionären Aufrufe 1848 gedruckt. Die beeindruckende Ruine der Klosterkirche bietet eine ideale Ausstellungsfläche für Installationen zeitgenössischer Künstler.

Allein das Gebäudeensemble ist schon sehenswert. Der von drei in Gelb gehaltenen Flügeln umrahmte Innenhof verströmt eine fast mediterrane Atmosphäre. Im 18. Jh. hatte der Trinitarierorden auf Einladung der Grafen Zichy die Anlage errichtet. Der Name Kiscell (dt. Klein-Zell, ursprünglich Klein-Mariazell) verweist auf die Verwandtschaft zum österreichischen Wallfahrtsort Mariazell.

Kiscelli utca 108, T 1 388 85 60, www.kiscellimuzeum.hu, Tram 17, 19, 41 Szent Margit Korház, April–Okt. Di–So 10–18, sonst Di–So 10–16 Uhr, 2000 HUF, ermäßigt 1000 HUF

Essen

Café und Galerie

❹ Esernyős: Nettes Café am Hauptplatz mit einer kleinen interessanten Galerie auf der Rückseite; auch Terrasse auf dem Platz.

Fő tér 2, T 30 883 19 53, www.esernyos.hu, HÉV/Tram/Bus Szentlélek tér, Mo–Fr 8–20, Sa 10–20 Uhr

Ungarische Traditionsküche

1 Csalánosi Csárda: Eine etwas neuere Ausgabe eines Traditionsrestaurants mit großen Portionen klassischer ungarischer Küche, darunter z. B. Kronstädter Kleinbraten *(Brassói aprópecsenye)*, aber auch leckerer Fisch und vegetarische Alternativen. An Wochenenden wird sogar Frühstück angeboten. Abends

Lieblingsort

Ruhe finden in Szentendre

Ist es nicht oft schade, wenn wunderschöne Orte zugleich überlaufen sind? Auch die schmalen Gassen in **Szentendre** (Karte 5, B 1) können tagsüber, vor allem an Wochenenden, recht voll werden – doch bleiben Sie bis in den Abend hinein, ändert sich das Bild vollkommen: Wie hier am schmucken Hauptplatz im Schatten der Blagovestenszka-Kirche sind die Tagesausflügler wieder abgereist und auf einmal verzaubert Szentendre ungestört durch sein sehr romantisches, barockes Ortsbild. Genießen Sie vom Burghügel den Ausblick oder die schöne Donaupromenade. Übrigens: Auch abends ist die Zuganbindung an Budapest gut.

gibt es oft Musikbegleitung. Sehr stimmungsvoll ist das große Kellergewölbe des Hauses.

Hidfő utca 16 (Fő tér), T 20 955 55 65, www.csalanosi-obuda.hu, HÉV/Tram/Bus Szentlélek tér, tgl. 9–24 Uhr, €–€€

Traditionslokal im Krúdy-Viertel

2 **Kéhli Vendéglő:** Der gastronomische Klassiker in Óbuda ist ein letzter Hort der alten kleinstädtischen Tage. Im Fokus steht eher deftige Küche. Die Speisekarte ist voller Anspielungen auf den Schriftsteller Gyula Krúdy, der gleich um die Ecke wohnte.

Mókus utca 22, T 1 368 06 13, www.kehli.hu, HÉV/Tram/Bus Szentlélek tér, tgl. 12–23 Uhr, €€

Bewegen

Badefreuden

1 **Római-Freibad (Római Strandfürdő):** s. Kasten S. 223. Große Rutschen sorgen für zusätzlichen Badespaß.

Rozgonyi Piroska utca 2, T 1 388 97 40, www.romaistrand.hu, HÉV H 5, Bus 34, 134 Rómaifürdő, Juni–Aug. tgl. 9–20 Uhr, 3200–3600, ermäßigt 2800–3100 HUF

Infos

- **Anfahrt:** Am schnellsten geht es ins Zentrum von Óbuda mit Vorortbahn HÉV, Linie H 5, von der Metrostation Batthyány tér (Metro 2) bis zur Haltestelle Szentlélek tér. Dort hält auch die Tram 1 und die Busse 34, 106, 134 fahren nach Aquincum. Für das Gr. Amphitheater und das Kiscelli Múzeum sind Tram 17, 19, 41 gute Alternativen. Zwischen dem Amphitheater und dem Badmuseum am Flórián tér verkehrt Bus 9 und 109. Im Sommer stellt Bus 226 zudem eine direkte Verbindung von Óbuda zur Margareteninsel und zum Westbahnhof her.

Szentendre

Karte 5, B1

Barocke Künstlerkolonie

20 km nördlich von Budapest erstreckt sich am südlichen Ausgang des Donauknies das kleine Künstlerstädtchen Szentendre. Berühmt ist der Ort für sein barockes Flair, seine Museen, die Künstlerkolonie und das Freilichtmuseum Skanzen am Stadtrand.

Die Geschichte von Szentendre reicht bis in die Römerzeit zurück. Geprägt wurde der Ort jedoch durch die rund 6000 serbischen Einwanderer, die 1690 vor den Türkenkriegen nach Norden flohen. Sie gaben dem Ort das heutige barocke Aussehen. Im 19. Jh. gingen viele serbische Einwohner zurück in die alte Heimat.

Die 1926–28 in Szentendre aufgebaute Künstlerkolonie machte das Barockstädtchen weit über die Umgebung hinaus bekannt. Aber auch so wichtige ungarische Maler wie Károly Ferenczy und Béla Czóbel wohnten und arbeiteten hier zeitweise. Unübersehbar sind im Zentrum die vielen touristisch ausgerichteten Läden, denn im Sommer und am Wochenende strömen große Besucherscharen in den beliebten Ausflugsort. Doch in den Seitengassen und abends geht es noch beschaulich zu – und nicht zuletzt die Museen lohnen den Besuch.

Rundgang

Spaziergang zum Hauptplatz

Die grünen Vorortzüge der HÉV-Linie H 5 enden südlich der Altstadt am **Bahnhof** 1. Dort befinden sich der Busbahnhof mit Umstiegsmöglichkeiten

Szentlászlói út
Áprily L. tér
SZAMÁRHEGY
Preobrazsenszka templom Verklärungskirche
Künstlerkolonie Czóbel-Park
Dunakanyar körút
Martinovics u.
Izraelita temető
Pest Megyei Könyvtár
Kmetty tér
Rab Ráby tér
Szentendre-Szigemonostor
Szentendre-Belváros
Templom tér
Vajda Múzeum & Photolab
Szentendrei Képtár
Kmetty Múzeum
Szamos Marcipán Múzeum Cukrászda
Szentendrei-Duna
Dunakorzó
Bükkös part
Bükkös-patak
Rákóczi Ferenc u.
Bajcsy-Zsilinszky u.
Péter-Pál u.
Jókai Mór u.
Marx tér
Kossuth Lajos u.
Római sánc köz
Vasúti villasor
Bahnhof
Paprikabíró u.
Mátyás király u.
Vezér köz
Bolgár u.
Rózsakert
Kertész u.
Fürdő u.
0
100
200 m

Szentendre

Ansehen
1 Bahnhof
2 Fő tér
3 Blagovestenszka-Kirche
4 St. Johannes
5 Belgrad-Kirche
6 Kunstmühle
7 Donaupromenade
8 Ferenczy-Museum
9 Serbisch-orthodoxes Kirchenmuseum
10 Margit-Kovács-Keramikmuseum
11 Czóbel-Museum
12 Freilichtmuseum Skanzen

Essen
1 Szamos Marcipán Múzeum
2 Müvész
3 From Sea es Á Pisztrángos

Einkaufen
1 Kovács Kékfestő

---

zum Freilichtmuseum Skanzen und zum Donauknie.

Vom Bahnhof aus geht es jenseits der Hauptstraße geradeaus durch die Kossuth Lajos utca Richtung Altstadt. Zur Linken befindet sich in der umgebauten Pajor-Kurie das **Ferenczy-Museum** 8 (s. S. 232).

Jenseits der serbisch-orthodoxen Pozsarevacska-Kirche beginnt die adrett gestaltete Fußgängerzone Dumtsa Jenő utca mit ihren schmucken Häuschen. Zur Rechten liegt die Touristeninformation. Etwas weiter folgen rechts das Konditorei-Café **Szamos Marcipán Múzeum Cukrászda** 1. Die Fußgängerzone führt direkt zum zentralen Platz der Altstadt: Der beschauliche **Fő tér (Hauptplatz)** 2 ist das barocke Herz von Szentendre. Das Pestkreuz wurde 1763 von der Handelsgesellschaft Serbischer Privilegierter errichtet. Wichtigstes Bauwerk ist die serbisch-orthodoxe **Blagovestenszka-Kirche** 3, die 1752 vom Barockbaumeister Andreas Mayerhoffer entworfen wurde. Besonders sehenswert ist die Ikonostase. Besucher finden über das benachbarte **Serbisch-orthodoxe Kirchengeschichtliche Museum** 9 in der schmalen Görög utca Zutritt. Dort befindet sich auch das nette **Kafana Kávézó** (www.fb.com/KafanaSzentendre) für eine Pause. Gleich gegenüber liegt das renommierte **Margit-Kovács-Keramikmuseum** 10. Am Hauptplatz befinden sich mit der **Szentendrer Galerie** (**Szentendrei Képtár,** Fö tér 2–5) und dem **Kmetty Múzeum** (Fö tér 21, www.fb.com/kmettymuzeum) zwei weitere Räumlichkeiten des **Ferenczy-Museums,** die für Wechselausstellungen genutzt werden.

Rund um den Burghügel

Oberhalb des Hauptplatzes liegt die römisch-katholische Pfarrkirche **St. Johannes (Szent János plébánia templom)** 4. Einst befand sich hier die Burg, und so geht die Kirche schon auf die Árpádenzeit zurück. Hauptsehenswürdigkeit heute ist jedoch der 1938 von Mitgliedern der Künstlerkolonie ausgemalte Chor. Vom Burghügel hat man einen herrlichen Rundblick über die Dächer und Gassen bis zur Donau und hinüber zur Szentendre-Insel.

Vorbei am sehr sehenswerten **Czóbel-Museum** 11 sind es nur wenige Schritte zur serbisch-orthodoxen **Belgrad-Kirche** 5 an der Ecke Pátriárka utca/Alkotmány utca. Diese barocke Bischofskirche aus der Mitte des 18. Jh. ist ein bedeutendes Zeugnis serbischer Kultur in Ungarn. Sie liegt sehr idyllisch in einem parkähnlichen Kirchhof.

Die malerischen Gassen rund um die Belgrad-Kirche gehören zu den schönsten und ruhigsten des alten Ortskerns, wie z. B. der **Rab Ráby tér** schräg rechts hinter der Kirche. In der Hunyadi utca 1 befindet sich mit dem **Vajda Múzeum & Photolab** eine weitere Ausstellungslocation des **Ferenczy-Museums** ❽ (s. u.).

Gassen und Donaupromenade

Mitten im Touristenrummel ist man in der Bogdányi utca, die vom Fő tér nach Norden führt. Ungeachtet der vielen Andenkenstände gibt es einige sehenswerte Adressen in dieser Richtung: Die **Kunstmühle (Művészetmalom)** ❻ (Zeiten/Eintritt: s. u., **Ferenczy-Museum** ❽) in der Bogdányi utca 32 präsentiert zeitgenössische Ausstellungen. Etwas weiter folgen ein Blaufärber sowie eine weitere spätbarocke serbisch-orthodoxe Kirche, die **Verklärungskirche (Preobrazsenszka templom).** Jenseits davon wurde die **Künstlerkolonie** angesiedelt. Die Straße endet am kleinen **Czóbel-Park** mit einigen Skulpturen, darunter. die Béla-Czóbel-Skulptur (1976) von Imre Varga.

Von der Bogdányi utca ist zur Rechten schnell die schöne **Donaupromenade (Dunakorzó)** ❼ mit zahlreichen Restaurants erreicht. Auf der anderen Flussseite erstreckt sich die idyllische **Szentendre-Insel.** Über die kopfsteingepflasterte Görög utca gelangt man zurück zum Fő tér.

Museen

Moderne Kunstgalerie

❽ Ferenczy-Museum (Ferenczy Múzeum): Namensgeber ist der bedeutende ungarische Maler Károly Ferenczy (1862–1917). Er war ein führender Protagonist der ungarischen Freilichtmalerei und 1896 Mitbegründer der wegweisenden Künstlerkolonie von Nagybánya (s. Tour zur ungarischen Malerei S. 44). Zuvor hatte Ferenczy einige Jahre in Szentendre gewohnt, wo 1890 seine Zwillingskinder Béni und Noémi zur Welt kamen, die sich als Bildhauer bzw. Gobelin-Künstlerin einen Namen machten. Der zweite Sohn Váler stand malerisch ganz in der Tradition seines Vaters. In der Dauerausstellung »Die Sammlung 1900–2022« wird ein interessanter Bogen von den Ferenczys über die Künstlerkolonie der 1920/30er-Jahre bis zu heutigen Künstlerinnen wie Kamilla Szíj geschlagen. Gute Einführung für Kunstfreunde.

Kossuth Lajos utca 5, T 20 779 66 57, https://femuz.hu, Do–So 10–18 Uhr, 2300 HUF, ermäßigt 1150 HUF (wichtig: Dieses Kombiticket gilt für alle öffentlichen Museen in Szentendre außer der serbisch-orthodoxen Sammlung.)

Ikonen und orthodoxe Kunst

❾ Serbisch-orthodoxes Kirchenmuseum (Szerb Egyházi Múzeum): Die kostbaren Ikonen und die kirchliche Kunstsammlung der serbisch-orthodoxen Gemeinde sind in neu gestalteten Räumlichkeiten neben der **Blagovestenszka-Kirche** ❸ ausgestellt. Am Museumseingang lädt das nette Kafana Kávézó zu einer Pause ein.

Fő tér 6 / Görög utca 2, T 26 95 24 74, www.semu.hu, Jan./Feb. Fr–So 10–16, März/April, Okt.–Dez. Di–So 10–16, Mai–Sept. tgl. 10–18 Uhr, 1200 HUF, ermäßigt 600 HUF (mit Kirche 1400 HUF, ermäßigt 700 HUF)

Bedeutende Keramikmeisterin

❿ Margit-Kovács-Keramikmuseum (Kovács Margit Kerámia Kiállítás): In der ehemaligen Poststation ist das Museum zum Werk der vielseitigsten Keramikkünstlerin (1902–77) Ungarns untergebracht. Margit Kovács hatte das historische Gebäude selbst für ihre Werkschau ausgesucht. Zu sehen sind u. a. ein wunderbarer Ofen mit Hochzeitsszenen auf den Kacheln, viele Figuren und Wandreliefs, aber auch religiöse Werke. Man erfährt auch einiges über die Geschichte des Gebäudes.

Fruchtbarkeitsritus im Freilichtmuseum: Jedes Jahr zu Ostern stellen sich in Skanzen die jungen Mädchen dem Wasserspritzen der Jungen.

Die Ausstellung wurde bei Redaktionsschluss komplett neu gestaltet. In einer Stadt, in der die Malerei im Vordergrund steht, setzt Kovács auffallend alternative Akzente.

Vastagh György utca 1, T 20 779 66 57, https://femuz.hu, April–Nov. tgl. 10–18 Uhr, Winter s. Website, Eintritt wie Ferenczy-Museum (s. S. 232)

Kreativer Maler

⓫ Czóbel-Museum (Czóbel Múzeum): Eine der schillerndsten ungarischen Malerpersönlichkeiten des 20. Jh. war Béla Czóbel (1883–1976), dem das sehr gut aufgemachte Museum auf dem Burghügel gewidmet ist. Von der Künstlerkolonie Nagybánya gelangte Czóbel 1905 in Paris zu den Fauves um Matisse. Dort entstand z. B. das Werk »Párizsi utca«. Zurück in Ungarn, versuchte er seine in Paris gemachten Erfahrungen bei der neuen Gruppe Nyolcak (Acht) künstlerisch umzusetzen. Die Künstler galten als die »ungarischen Wilden«.

Nach dem Ersten Weltkrieg verbrachte der weitgereiste Czóbel auch einige Jahre in Berlin und erneut in Paris. Seine »Rue Moffetard« (1925) verrät seine künstlerische Weiterentwicklung. 1940–66 lebte er schließlich mit seiner zweiten Frau Mária Modok in hauptsächlich in Szentendre, bevor er nach Budapest zog. Noch im Alter von 85 Jahren schuf der sehr vielseitige Künstler 1968 z. B. die »Venus von Szentendre«. Czóbel war ein Künstler von europäischem Format. Auch von Modok werden zu Recht seit einigen Jahren sehenswerte Gemälde ausgestellt.

Templom tér 1, T 20 779 66 57, https://femuz.hu, Do–So 10–18 Uhr, Eintritt wie Ferenczy-Museum (s. S. 232)

Dorfkultur von einst

⓬ Freilichtmuseum Skanzen (Szabadtéri Néprajzi Múzeum Skanzen): Der Skanzen ist Ungarns größtes Freilichtmuseum. 3 km nordwestlich der Stadt wird auf exemplarische Weise versucht, die traditionelle Dorfkultur Ungarns zu bewahren.

TOUR
Immer dem Knick nach

Per Schiff und Rad unterwegs im Donauknie

Infos

Karte 5, A–C 1/2

Schiffstouren: ab Pester Donaukorso mit MAHART Passnave, www.mahartpassnave.hu

Radtouren: mit HÉV-Zug H 5 vom Batthyány tér nach Szentendre und den Regionalbahnen vom Westbahnhof nach Vác, Nagymaros, Szob (Extraticket!)

Die Schönheit des Donauknies lässt sich besonders gut an Bord eines Ausflugsschiffes oder im Fahrradsattel erkunden. Besonders beeindruckend ist der abrupte Übergang von den flachen Auen in das tief eingeschnittene Tal des **Donauknies** bei Visegrád. Hoch oben grüßt die malerische Ruine der Hochburg.

Von Budapest aus führen **zwei Schiffsrouten** (schwarze Route) ins Donauknie: Mai–Mitte Sept. verkehrt Mi, Fr–So die Linie Budapest–Szentendre (einfach 1–1,5 Std., 3500/2000 HUF) und weiter nach Visegrád (einfach 3 Std. 20 Min., 5000/3500 HUF). Parallel geht es Fr–So auch über Vác nach Visegrád (1 Std.). Im Sommer starten mehrmals wöchentlich nette Rundfahrten in Visegrád und Nagymaros.

Auch **Radfahrer** (violette Route) kommen auf ihre Kosten. In Budapest geht es über die Budaer Donauseite auf dem ausgeschilderten Donauradweg durch **Óbuda** und **Aquincum** bis nach **Szentendre** (ca. 20 km). Empfehlenswert ist aber, dieses Teilstück mit der Vorortbahn zu bewältigen. Von Szentendre aus geht es nach Norden Richtung **Leányfalu.** Unterwegs oder im Ort kann man per Fähre auf die flache Szentendre-Insel übersetzen. Dort geht es durch **Tahitótfalu** zur Autofähre nach **Vác** (ca. 15 km). Auf der anderen Donauseite gelangt der Radweg via **Verőce** und **Kismaros** nach **Nagymaros** (ca. 17 km). Via **Zebegény** ist der Radweg in dem landschaftlichen schönsten Abschnitt noch bis zum Grenzort **Szob** (13 km) gut ausgebaut. Von dort fährt die Bahn stündlich nach Budapest zurück.

Auf rund 60 ha sind in verschiedenen regionalen Bereichen typische Wohnhäuser, Kirchen und Mühlen wiederaufgebaut bzw. rekonstruiert worden. So erhält man einen faszinierenden Einblick in eine leider fast vollständig versunkene Welt.

Besonders sehenswert ist die griechisch-katholische Holzkirche von Mándok (1670) auf einem Hügel. Die reformierte Kirche aus Mánd (1580er-Jahre) glänzt durch ihre wunderbar aus Holz geschnitzte Inneneinrichtung. Familienfreundliche Attraktionen sind u. a. die Bäckerei und der Tierhof sowie der historische Dieseltriebwagen von 1930, der über das weitläufige Gelände zuckelt (Extra-Ticket erforderlich). Zu den kirchlichen Feiertagen finden oftmals Sonderveranstaltungen mit abwechslungsreichem Folkloreprogramm statt.

Sztaravodai út, T 26 50 25 01, www.skanzen.hu, Anfahrt: örtliche Busse ab Bahnhof (Bussteig 7, Fahrplaninfos: www.skanzen.hu), Mitte März–Okt. Di–So 9–17 Uhr, 3000 HUF, ermäßigt 1500/1200 HUF

Essen

Die meisten Restaurants – die sonntagmittags oft ausgebucht sind – befinden sich an der **Donaupromenade ❼**. Cafés und Imbisse für die einfachen Lángos-Fladen finden sich auch in mehreren Gassen.

Herrliche Leckereien

1 Szamos Marcipán Múzeum Cukrászda: Die hervorragenden Süßwaren, die nette Einrichtung und das angeschlossene kleine Marzipanmuseum gegenüber (tgl. 9–18 Uhr, 1000 HUF) sind gute Gründe für eine Kaffeepause.

Dumtsa Jenő utca 14, T 26 31 05 45, www.szamos.hu, Mo–Sa 9–19, So 10–19 Uhr

Ungarische Qualität

2 Művész: In der Fußgängerzone gegenüber vom Szamos bringt das freundliche Bistro ungarische Klassiker wie Gulaschsuppe und Mangalica-Schwein auf den Tisch; mit Terrasse.

Dumtsa Jenő utca 7, T 26 31 14 84, www.muveszetterem.hu, So–Do 12–20, Fr/Sa 12–22 Uhr, €–€€

Speisen mit Donaublick

3 From Sea es Á Pisztrángos: An der kulinarisch international aufgestellten Donaupromenade gibt es mehrere Terrassen mit tollem Blick auf die Donau, die im Winter durch helle und beheizte Glaskästen ersetzt werden. Das Fischrestaurant am Ende der Restaurantreihe serviert vor allem leckere Forellen *(pisztráng)*, aber auch Meeresfische und -früchte. Etwas Zeit sollten Sie mitbringen, weil die kleine Küche nicht so schnell arbeitet.

Dunakorzó 5/a, T 956 53 61, https://fromsea.eatbu.com, www.fb.com/fromseaszentendre, tgl. 12–21 Uhr, €€

Einkaufen

Blaufärber

1 Kovács Kékfestő: Die handgefärbten Tischdecken, Bekleidungswaren und andere Textilien werden von Familie Kovács in einem kleinen Dorf an der Theiß hergestellt.

Bogdányi utca 36, T 26 31 43 88, www.fb.com/kekfesto, Ostern–Okt. tgl. 9–18 Uhr

Infos

- **Touristeninformation:** Dumtsa Jenő utca 22, T 26 31 79 65, www.iranyszentendre.hu, Di–Fr 10–16, Sa/So 10–18 Uhr. Mit Souvenirshop und kleinem Radverleih.
- **Bahn:** Von Buda verkehrt die Vorortbahn HÉV H 5 ab Batthyány tér (ca. 40 Min., ab Stadtgrenze Anschlussticket erforderlich!).

- **Bus:** Ab Bahnhof Szentendre fahren Lokalbusse zum Freilichtmuseum Skanzen sowie stdl. Regionalbusse nach Vác (ca. 30–35 Min., bis Donaufähre Vác-rév) und Visegrád (ca. 45 Min.).
- **Schiff:** Im Sommer Ausflugsschiffe ab Budapest (s. Tour S. 234).

Visegrád

Karte 5, B 1

Nördlich von Budapest durchfließt die Donau eine der schönsten Landschaften Ungarns: das **Donauknie (Dunakanyar).** Von Westen kommend, durchbricht sie in einem engen Tal im Duna-Ipoly-Nationalpark ein Mittelgebirge und wendet sich dann hinter Visegrád in einem scharfen Bogen nach Süden der Hauptstadt zu. Dabei umfließt die Donau die lang gestreckte flache Szentendre-Insel.

Das dörfliche Visegrád liegt am landschaftlich reizvollsten Abschnitt des Donauknies gegenüber von Nagymaros, wo die grünen Hügel zu beiden Seiten am dichtesten an den Fluss herantreten. Das macht den Ort und die Umgebung zu einem echten Schmuckstück nördlich von Budapest. Schon die Anfahrt mit der Autofähre von Nagymaros vermittelt echtes Donauflair. Und das idyllische Visegrád ist ungeachtet der heutigen Beschaulichkeit auch historisch ein sehr wichtiger Ort, sehenswerte Reste einer Hochburg und eines Königspalastes künden heute noch davon.

Mittelalterliche Königsresidenz

Nach dem verheerenden Tatareneinfall 1241/42 baute König Béla IV. systematisch ein Netz von Burgen zur besseren Verteidigung des Landes auf. So entstand im strategisch wichtigen Visegrád eine Hochburg, die mit einer Burg am Do-

Einst stolze Königsburg am Donauknie, heute eine Ruine, von der nur noch die Grundmauern stehen: Visegrád mag seine Burg verloren haben, aber die spektakuläre Aussicht ist geblieben.

nauufer verbunden wurde. 1335 trafen sich in Visegrád die Könige von Ungarn, Böhmen und Polen. Anwesend waren auch die Herzöge von Bayern und Sachsen. Damals begann unter König Károly I. der Bau eines Königspalastes am Donauufer, der im 15. Jh. zu einer prachtvollen Renaissance-Residenz wurde und leichter zu erreichen war als die Hochburg. Ein Brand und die türkische Besatzung ab 1544 führten jedoch zum raschen Niedergang des Ortes. An der Wende zum 18. Jh. kamen dann viele deutsche Siedler nach Plintenburg (dt. Name von Visegrád). Ende der 1980er-Jahre konnten Umweltgruppen den Bau eines großen Donaustauwerks in diesem Flussabschnitt verhindern.

Politisch leiht der Ort seinen Namen aktuell einem losen Zusammenschluss von Ungarn, Polen, der Slowakei und Tschechien, die versuchen, als Visegrád-Gruppe ihren Einfluss in der EU zu erhöhen.

Königspalast

Renaissance und Drakula

Sehenswert im Ort sind die Reste des **Königspalastes (Királyi palota)** am Fuße der Berge. Eigentlich hat man nur wenige Fragmente der Grundmauern von einst 350 Zimmern entdeckt, doch wurde u. a. der Prunkhof rekonstruiert. In der Mitte steht eine Kopie des berühmten Herkules-Brunnens. Der Palast geht vor allem auf König Sigismund zurück und damit auf die Blütezeit von Visegrád im 15. Jh., 1476 schenkte ihn König Matthias seiner zweiten Frau Beatrix von Aragón.

Ein Stück weiter ist der rekonstruierte **Salomonturm (Salamon torony)** zu erkennen, der zur mittelalterlichen Befestigungskette gehörte und heute eine lokalgeschichtliche Ausstellung beherbergt. Hier soll 1462–74 Fürst Vlad Tepes gefangen gehalten worden sein. Aufgrund seiner Grausamkeit soll er das ursprüngliche Vorbild für die Drakula-Legenden sein (Infos zu Öffnungszeiten und Preisen im Königspalast).

Fő utca 23–29, T 26 59 70 10, www.visegradmuzeum.hu, März–Nov. Di–So 9–17, sonst Di–So 10–16 Uhr, 1800 HUF, ermäßigt 900 HUF

Nagymaros

Karte 5, B1

Gegenüber von Visegrád liegt am nördlichen Donauufer der kleine Ort Nagymaros, der einen guten Übergang vom Budapester Vorortzug zur Donaufähre nach Visegrád ermöglicht. Im Ort selbst ist der spätgotische Turm der **Sankt-Emmerich-Kirche (Szent Imre templom)** am Bahnhof sehenswert. Ein großes Wandgemälde zeigt Nagymaros und Visegrád nach der kurzzeitigen Rückeroberung von den Türken 1595. An der **Donaupromenade** kann man den herrlichen Blick auf die Hochburg von Visegrád genießen.

Essen

Pizzeria

Don Vito: Für ein solides und recht günstiges Mittagessen in Visegrád ist die Pizzeria in einem schönen Haus in der Ortsmitte genau richtig; leckere Pizza und Pasta.

Visegrád, Fő utca 83, T 26 39 72 30, www.don-vito.hu, Mo–Sa 12–22, So 12–21 Uhr, €–€€

Panoramablick de luxe

Maros Étterem: Zu der soliden ungarischen Küche gibt es von der Donauterrasse einen fantastischen Ausblick über die Donau hinüber zur Hochburg von Visegrád gratis dazu!

Nagymaros, Béla király sétány 1 (Schiffsstation), www.fb.com/marosface, T 27 35 45 76,

TOUR
Auf Schusters Rappen zur Panoramaruine

Wanderung zur Visegráder Hochburg

Infos

Start/Ziel: Anleger der Autofähre

Länge/Dauer: ca. 2,5 km einfach, 2–3 Std.

Hochburg: Várhegy, T 26 39 81 01, www.parkerdo.hu, März, Okt. tgl. 9–17, April–Sept. 9–18, Nov. 9–16, Dez.–Feb. Fr–So 10–15 Uhr (witterungsabhängig), 2000 HUF, ermäßigt 1000 HUF

Hoch über **Visegrád** thronen die beeindruckenden Reste der Hochburg, der vielleicht schönste Punkt im ganzen Donauknie. Von dort oben genießt man einen traumhaften Blick über das enge Donautal hinweg und Visegrád liegt einem zu Füßen – allerdings erfordert der Anstieg zur 333 m hohen Burg auch etwas Kondition.

Aus dem Ortskern von **Visegrád** führt ein ca. 50- bis 60-minütiger Wanderweg hinauf. Der Weg ist schon vom Anleger der Autofähre und von der Dorfkirche aus blau-weiß markiert und mit dem Wegweiser »Fellegvár« versehen. Von der Rév utca (Fährstraße) geht es an der **Kirche** vorbei geradeaus in die Nagy Lajos út und kurz danach hinter der kleinen Grünfläche des **Áprily park** schräg links und sofort wieder links einen ›Hohlweg‹ steil bergan. Zunächst folgt man einem Kreuzweg zu einer **Kapelle** am Berghang, dann geht es stetig steigend über den Kalvarienhügel weiter bis zum Parkplatz an der 328 m hoch gelegenen **Hochburg (Fellegvár).** Für den Rückweg kann man dieselbe Strecke wählen.

Die früher sehr wehrhafte Anlage geht noch auf König Béla IV. in der Mitte des 13. Jh. zurück. Von hier oben konnte man den wichtigen Donaudurchlass kontrollieren. König Károly Róbert richtete in der Burg 1335 das berühmte Fürstentreffen von Visegrád aus. Im Jahr 1544 fiel sie dann in die Hände der Türken und schon bald nach der Rückeroberung sprengten die Habsburger 1702 einen Großteil der Burg, damit sie nicht womöglich rebellierenden Ungarn in die Hände fallen konnte. Heute ist hier auch eine historische Wachsfigurenausstellung zu sehen.

So–Do 12–21, Fr/Sa 12–22 Uhr (Winter nur Mi–So 12–19 Uhr), €–€€

Infos

- **Touristeninformation:** www.visitvisegrad.hu/de
- **Bahn/Fähre:** Am schnellsten geht es von Budapest stündlich per Zug vom Westbahnhof (Nyugati pu.) nach Nagymaros (ca. 45 Min.), dann 1 x stdl. per Autofähre (ca. 5 Min.) hinüber nach Visegrád.
- **Bus:** Von Szentendre stdl. Busse nach Visegrád (ca. 45 Min.).
- **Schiff:** Im Sommer Linienschiffe von/nach Budapest (s. Tour S. 234).

Vác

Karte 5, C1

30 km nördlich von Budapest liegt am östlichen Donauufer das Barockstädtchen Vác (Waitzen). Der Ort geht auf die Römer zurück, wurde von den Türken zerstört und im 18. Jh. im Barockstil als Bischofsstadt wiederaufgebaut. 1846 fuhr die erste ungarische Eisenbahn von Pest nach Vác.

Rundgang

Barockes Zentrum

Wer mit dem Zug ankommt, gelangt vom Bahnhof über die Széchenyi utca direkt in die Altstadt von Vác zum beschaulichen Mittelpunkt: Der adrett verkehrsberuhigte **Március 15. tér (Platz des 15. März)** war schon im Mittelalter Marktplatz. Heute gilt das barocke Gebäudeensemble als das schönste des Landes. Sehenswert sind beispielsweise das **Rathaus** (Nr. 11), das ehemalige Bischofspalais (Nr. 6) sowie die spätbarocke **Dominikanerkirche** (1699–1745). Der einstige unterirdische Friedhof steht Besuchern heute als ein ungewöhnliches Museum offen (s. S. 239).

In der Mitte des Platzes wurden die Grundmauern der ehemaligen Bischofskirche St. Michaelis rekonstruiert. Zur vollen Stunde erklingt daneben ein Glockenspiel.

Dom und Donaupromenade

Südlich des Március 15. tér gelangt man durch die Köztársaság utca zum kleinen Szentháromság tér, der von der **Piaristenkirche** (1725–41) dominiert wird. Noch ein Stückchen weiter ist der rechteckige Konstantin tér erreicht. Hier sind der Bischofspalast, vor allem aber der wuchtige **Dom** (1761–77) die Hauptattraktionen. Baumeister Isidore Canevale leitete mit dem Dom den Übergang zum Klassizismus in Ungarn ein. Auftraggeber war der ehrgeizige Bischof Migazzi, der es zum Erzbischof von Wien brachte.

Vom Konstantin tér geht man die Petróczy utca hinab zur Donau. Ein netter Bummel entlang der Promenade führt zum Anleger der **Autofähre** (Fähre = *komp*), die regelmäßig zwischen der Altstadt und der Szentendre-Insel pendelt. Am anderen Ufer befindet sich die Endhaltestelle für die Linienbusse von/nach Szentendre, auch hat man von der Fähre einen schönen Blick auf die Silhouette der Altstadt. Die kleine Esterházy utca führt zurück zum Platz des 15. März.

Museen

Katakomben von Vác

Memento mori: In einem mittelalterlichen Weinkeller sind nicht nur reich verzierte Särge und religiöse Grabbeilagen aus der Zeit von 1731 bis 1808 zu sehen,

Die Mumien von Vác sind weit gereist: In einer Ausstellung in Hamm/Westf. zum Thema ›Ewiges Leben‹ wurden die balsamierten Körper aus der ungarischen Dominikanergruft dem interessierten Publikum gezeigt.

sondern auch mumifizierte Körper. In jener Zeit fanden die Beisetzungen in einer Krypta unterhalb der Dominikanerkirche statt. Als man die unterirdischen Beerdigungen aufgab, geriet diese Grablege in der Krypta mit der Zeit völlig in Vergessenheit. Erst 1995 stieß man wieder auf den außergewöhnlichen Ort und fand nicht weniger als 262 Särge, die aufgrund der klimatischen Bedingungen unter Tage sehr gut erhalten waren. Die Ausstellung ermöglicht einen seltenen Einblick in die Bestattungsriten des 18. Jh. – sehr ungewöhnlich.

Március 15. tér 19, T 27 20 08 68, www.muzeumvac.hu, April–Okt. Di–So 10–18 Uhr (Winter s. Website), 1800 HUF, ermäßigt 900 HUF

Essen

Fisch satt

Halászkert Étterem: Ansprechende Fischgerichte und eine schöne Terrasse machen den ›Fischergarten‹ an der Donaupromenade 150 m nördlich des Fähranlegers.

Liszt Ferenc sétány 9, T 27 31 59 85, www.halaszkertetterem.hu, tgl. 11–22 Uhr, €–€€

Café mit Donaublick

Lujza & Koriander: Ein sehr sympathisches Dreierteam leitet das netteste Café von Vác an der Donaupromenade südlich des Fähranlegers; auch drei Zimmer mit

Balkon, falls Sie außerhalb von Budapest nächtigen möchten.

Ady Endre sétány 5, T 30 265 01 14, www.lujzaeskoriander.hu, Mi–So 8–17 Uhr, €

Feine Pralinen

Mihályi Patisserie: Himmlische Pralinen, Macarons und Petit Fours von László Mihályi am nördlichen Ende des Március-15.-Platzes.

Köztársaság út 21, T 20 390 33 67, www.fb.com/Desszert.Szalon, tgl. 10–18 Uhr, €

Infos

- **Touristeninformation:** Március 15. tér 17, T 27 31 61 60, www.visitvac.hu, tgl. 9–17 Uhr.
- **Bahn:** Die stdl. Regionalzüge benötigen 25 Min. ab Westbahnhof und 15 Min. nach Nagymaros.
- **Schiff:** Für die Ausflugsschiffe Budapest-Vác-Visegrád s. Tour S. 234.
- **Fähre/Bus:** Tagsüber pendelt 1 x stdl. die kleine Autofähre über die Donau, wo die Busse nach Szentendre warten.

Schloss Gödöllő

Karte 5, C2

Das **Königliche Schloss Gödöllő (Gödöllői Királyi Kastély)** ist eine der schönsten Palastanlagen Ungarns! Das 30 km nordöstlich von Budapest gelegene Schloss hatte der ungarische Staat 1867 dem Herrscherpaar Franz Joseph und seiner Frau Elisabeth zur ungarischen Königskrönung geschenkt.

Angeblich soll Sisi in dem Schloss öfter übernachtet haben als in der Wiener Hofburg, konnte sie hier doch ungestört Hof halten und in der damals noch weiten Parklandschaft ausreiten. Elisabeth galt als große Freundin der Ungarn, was sie dort schon zu Lebzeiten zu einer Legende machte.

Im U-förmigen Hauptgebäude führt eine Prunktreppe hinauf in die Ausstellungsräume. Hier wirft man zunächst einen interessanten Blick in die Zeit der Grassalkovichs und dann in die prächtige Schlosskapelle (1746–49). Danach geht es durch die Gemächer des Herrscherpaares Franz-Joseph und Sisi. Der Kleine Krönungssaal wird ganz von Eduard von Engerths Historiengemälde »Die Krönung« (1872) beherrscht. Rechts lässt Graf Andrássy, der spätere K.u.k.-Außenminister und ungarische Ministerpräsident, das Herrscherpaar hochleben.

Besonders sehenswert sind der Prunksaal mit seinen vergoldeten Stuckdekorationen sowie die Räume der Kaiserin. Sándor Wagners berühmtes Sisi-Porträt (1867) gilt als ein Klassiker für Sisi-Fans. Der Kult gipfelt in einer Sisi-Ausstellung.

Im anschließenden Gisella-Flügel sind Habsburger-Porträts zu sehen sowie eine Ausstellung zur wechselhaften Geschichte des Schlosses im 20. und 21. Jh. So nutzte der ungarische Reichsverweser Miklós Horthy das Schloss ab 1920 erneut als Sommerresidenz und empfing hier seine faschistischen Verbündeten zur Jagd, darunter Nazi-Außenminister von Ribbentrop. 1944/45 zerstörten deutsche und dann sowjetische Soldaten große Teile der Einrichtung.Seit Anfang der 1990er-Jahre wird die Anlage Stück für Stück renoviert.

Zudem werden hier hochkarätige Schlosskonzerte veranstaltet, das Schlosscafé bietet leckeren Kuchen und der schöne Park lädt zu einem kleinen Spaziergang ein. In einem Seitenflügel der Anlage befindet sich das renovierte Barocktheater aus dem späten 18. Jh. mit Kulissentechnik – eine absolute Rarität in Europa! Zusammen mit der Reithalle

Hier wird der Mythos Sisi hochgehalten: Das Barockschloss Gödöllő gilt als eine der schönsten Palastanlagen Ungarns. Die österreichische Kaiserin und ungarische Königin soll hier mehr Zeit verbracht haben als in der Wiener Hofburg.

kann das Theater per Führung (leider zumeinst nur auf Ungarisch) besichtigt werden.

Erbaut wurde das Schloss ab 1735 nach Plänen von Andreas Mayerhoffer für den Grafen Antal Grassalkovich. Die Anlage geriet so prächtig, dass sie zum Vorbild vieler weiterer Barockschlösser in Ungarn wurde. Grassalkovich unterstützte Kaiserin Maria Theresia und machte dadurch eine glänzende Karriere. Die Kaiserin besuchte ihn 1751 in Gödöllő, woran heute einer der Ausstellungsräume erinnert.

Lohnenswert ist ein kurzer **Abstecher ins Stadtmuseum Gödöllő (Gödöllői Városi Múzeum)** auf der anderen Seite der Bahnhaltestelle. Die Dauerausstellung zeigt Werke der einflussreichen Künstlerkolonie von Gödöllő (1901–20). Der bedeutende Jugendstil-Künstler Aladár Körösfői-Kriesch ließ sich von mystisch-religiösen Überzeugungen leiten und schuf u. a. in der Budapester Musikakademie ein herrliches Wandrelief. Zur Kolonie gehörte zudem eine erfolgreiche Webschule, die sich auf Boden- und Wandteppiche konzentrierte.

Schloss: Grassalkovich-kastély (das Schloss befindet sich direkt an der Haltestelle Gödöllő Szabadság tér der Vorortbahn HÉV H 8, ab Metrostation Örs vezér tere, Metro 2, ca. 40 Min., Anschlussticket ab Stadtgrenze erforderlich), T 28 41 01 24, www.kiralyikastely.hu, April–Okt. tgl. 10–18, Nov.–März Mo–Fr 10–17, Sa/So bis 18 Uhr, 4200 HUF, ermäßigt 2100 HUF, Audioguide (auch Deutsch) 1000 HUF

Stadtmuseum: Szabadság tér 5, T 28 42 20 03, https://godolloimuzeum.hu, Mi–So 10–16 Uhr, 1200 HUF, ermäßigt 600 HUF

Zugabe Idyllisches Donauknie

Outdoor-Paradies vor den Toren von Budapest

Ruhig, majestätisch und fast ein wenig verschlafen wirkt die Donau bei Visegrád und Nagymaros. Im Mittelalter befand sich hier mit der Hochburg und einer prächtigen Renaissance-Residenz einer der strategisch wichtigsten Orte im ungarischen Reich. Heute kommen statt möglicher Belagerer die Touristen und Outdoor-Fans zum Donauknie, und das nicht nur, um die herrliche Aussicht von der Hochburg zu genießen. Auf der nördlichen Seite des Flusses lässt es sich wunderbar radeln. Wer es lieber gemächlicher angehen mag, bewundert die reizvolle Landschaft vom Ausflugsdampfer aus. Übrigens: Der kleine ›See‹ zu Füßen von Visegrád stammt von einem Staudammprojekt aus den 1980er-Jahren, das Umweltschützer erfolgreich verhindern konnten (Karte 5, B 1). ■

Das Kleingedruckte

Nie wieder Krieg und Faschismus: Die 14 m hohe Freiheitsstatue auf dem Gellértberg mahnt zum Frieden.

Anreise

… mit dem Flugzeug

Im Südosten der Stadt liegt der **Liszt Ferenc International Airport** (ehemals Ferihegy) mit seinen Terminalblocks 2A/B. Der separate Terminal 1 ist geschlossen. **Flugauskunft:** www.bud.hu.

… vom Flughafen in die Stadt

Bus: Die Schnellbuslinie 100E verkehrt ca. 4–1 Uhr von Terminal 2 zur Metrostation Deák Ferenc tér im Pester Stadtzentrum (Fahrzeit ca. 40–60 Min., einfache Fahrt 2200 HUF, Tickets bei BKK, per App oder am Automaten).
Taxi: Für Fahrten von/zum Flughafen gelten die allgemeinen Taxitarife für Budapest (s. S. 254). Das bedeutet, dass eine Fahrt ins Stadtzentrum von Pest ca. 11 000 HUF (ca. 28 €) kostet. Alleiniger Vertragspartner des Flughafens ist das Taxiunternehmen Főtaxi (s. S. 255).

… mit der Bahn

Die Anreise mit dem Zug erfolgt von Westen über Wien oder von Berlin über Prag und Bratislava. Die Fahrzeit ab Wien beträgt ca. 2,5 Std., ab Frankfurt/M. ca. 10,5 Std., ab Berlin und ab Zürich ca. 12 Std. Direktzüge verkehren u. a. ab Wien und München mit dem RailJet sowie von Berlin nach Budapest. Ankunft in Budapest ist am Ostbahnhof (Keleti pu. / Keleti pályaudvar) auf der Pester Donauseite. Die Züge aus Wien halten zudem in Budapest Kelenföld auf der Budaer Seite.
Infos: Auskünfte erhält man über die heimischen Bahnunternehmen. Ungarische Zugfahrpläne bei der Bahngesellschaft MÁV-Start: www.mavcsoport.hu.

Fernbahnhöfe in Budapest:

Budapest Keleti (auch: Keleti pályaudvar/Ostbahnhof): VIII., Baross tér, Metro 2, 4, Tram 23, 24.

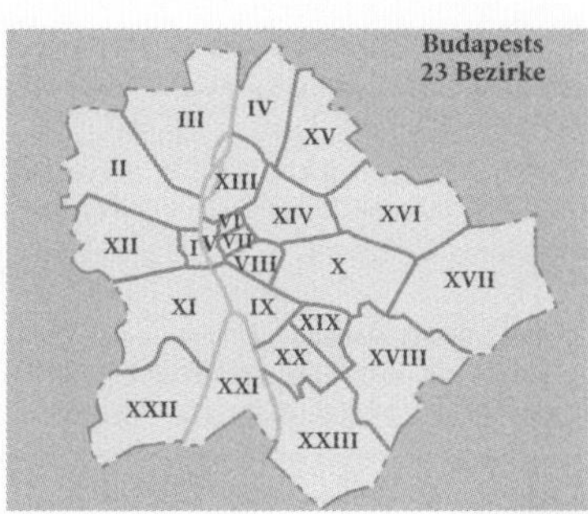

S

STECKBRIEF

Name: Budapest, 1873 entstanden aus Pest, Buda und Óbuda.
Lage: an der mittleren Donau im Karpatenbecken bei 47° 28' nördlicher Breite und 19° 8' östlicher Länge. Der tiefste Punkt liegt an der Donau nur 95 m hoch, der höchste Punkt ist der 527 m hohe János-hegy (Johannesberg) mit dem Elisabethturm.
Fläche: 525 km², davon entfallen gut zwei Drittel auf die Pester Donauseite, ein Drittel auf die Budaer.
Einwohner: ca. 1,78 Mio. Die Bevölkerung wächst leicht.
Stadt und Politik: Budapest, Ungarns Hauptstadt, ist in 23 autonome Bezirke mit eigenen Bürgermeistern aufgeteilt. Der Gesamtstadtrat wird von einem direkt gewählten Oberbürgermeister geleitet – seit 2019 Gergely Karácsony (von der Partei Párbeszéd, ›Dialog‹). Die nächsten Kommunalwahlen sind 2024.
Wirtschaft: offiziell 2–3 % Arbeitslosigkeit (2023)
Vorwahl: Ungarn 0036, gefolgt von 1 für Budapest
Internet-Kennung für Ungarn: hu
Amtssprache: Ungarisch
Währung: Forint (HUF, Ft.)
Zeitzone: Mitteleuropäische Zeit

Budapest Kelenföld (auch: Kelenföld vasútállomás / Haltestelle Kelenföld): XI., Etele tér, Metro 4, Tram 1, 19, 49.
Budapest Nyugati (auch: Nyugati pályaudvar/Westbahnhof): VI., Nyugati tér, Metro 3, Tram 4, 6.

... mit dem Auto

Autofahrten aus Deutschland oder der Schweiz sind sehr weit, aus Österreich hingegen evtl. eine Alternative. Die Autobahnen in Ungarn sind mautpflichtig. **E-Vignetten** *(e-matrica)* kosten für 10 Tage 5500 HUF, für einen Monat 8900 HUF. Aktuelle Infos: www.maut-tarife.hu.

In Budapest ist aus Sicherheitsgründen dringend ein bewachter Parkplatz zu empfehlen.

... mit dem Bus

Flixbus unterhält auch zwischen Budapest und Deutschland, Österreich und der Schweiz Linienverbindungen, teils in Kooperation mit der ungarischen Volánbusz. **Infos und Tickets:** www.flixbus.de und www.volanbusz.hu.

Villamos heißen die Straßenbahnen in Budapest, mit ihnen kommt man (fast) überall hin.

Internationaler Busbahnhof Népliget: IX., Üllői út 131, Metro 3, Tram 1.

Bewegen und Entschleunigen

Es gibt viele Möglichkeiten, sich in Budapest sportlich zu betätigen oder einfach mal abzuschalten. Der wichtigste Tipp zum Entschleunigen ist der Besuch eines der wunderbaren **Thermalbäder** (s. Magazin S. 303). Hier lässt sich gut ein halber Tag völlig entspannt jenseits des hektischen Großstadttreibens verbringen.

Sich entschleunigt bewegen – mit Welterbe-Ausblick – geht hervorragend auf den **Ausflugsschiffen** auf der Donau (s. Tour S. 114). Eine gute Mischung aus Bewegung und Entschleunigung bietet ein Ausflug in die **Budaer Berge,** mit Sessellift und Kindereisenbahn und schönen Strecken zum Spazierengehen und Joggen (s. Tour S. 58).

Wer mehr Tempo und Schweiß braucht, leiht sich ein **Rad** (s. S. 256) oder testet auf der Margareteninsel die **Joggingstrecke** rund um das Eiland. Recht aktiv ist zu Fuß auch der recht steile Aufstieg auf den **Gellértberg** (s. Tour S. 82).

Noch zwei Tipps für aktive Erlebnisse: Im Winter wird der Stadtwäldchen-See vor der romantischen Vajdahunyad-Burg zu einer tollen **Open-Air-Eislaufbahn.** Und Budapest ist eine **Höhlenstadt** – Sie können die Donaumetropole auch von unten erkunden!

Einreisebestimmungen

Für die Einreise benötigen Deutsche, Österreicher und Schweizer einen gültigen Personalausweis, eine Identitätskarte oder einen Reisepass. Das gilt auch für Kinder und Jugendliche. Da Ungarn Mitglied des Schengener Abkommens ist, gibt es an der Grenze zu Österreich, Slowenien und zur Slowakei sowie an den Flughäfen im Allgemeinen keine Grenzkontrollen. Innerhalb der EU sind Gegenstände für den persönlichen Bedarf bei Ein- und Ausreise zollfrei. Haustiere benötigen einen gültigen EU-Heimtierpass *(pet passport)*.

Feiertage

1. Januar: Neujahr
15. März: Nationalfeiertag; zum Gedenken an die Revolution von 1848
Ostermontag
1. Mai: Tag der Arbeit
Pfingstmontag
20. August: St.-Stephanstag; zum Gedenken an den ersten König Ungarns
23. Oktober: Tag der Republik; zum Gedenken an den Volksaufstand von 1956
1. November: Allerheiligen
25./26. Dezember: Weihnachten

Fällt ein Feiertag auf einen Dienstag oder Donnerstag, kann auch der vorherige bzw. folgende Tag zum Feiertag werden, sodass sich ein langes Wochenende ergibt.

Feste und Festivals

Húsvét: Zu Ostern *(húsvét)* gibt es zahlreiche touristische Veranstaltungen. Auf dem Vörösmarty tér findet zumeist ein Ostermarkt statt. Rund um das Burgschloss wird ein buntes (kostenpflichtiges) Unterhaltungsprogramm angeboten. Im Freilichtmuseum Skanzen bei Szentendre (s. S. 233) startet die Saison mit einem bunten Ostermarkt.
Budapesti Tavaszi Fesztivál (Budapester Frühlingsfestival): www.budapestitavaszifesztival.hu. Der Klassiker unter den Festivals bringt im April über zwei Wochen verteilt hochkarätigen Kunstgenuss in die Donaumetropole. Das Programm ist leider nicht mehr ganz so vielfältig wie früher, aber das Festival ist immer noch ein Highlight.
Dunakarnevál (Donaukarneval): www.dunakarneval.hu. Eine Woche lang vor allem Folkmusik und Tanz, aber auch Roma-Musik auf verschiedenen Bühnen, darunter der Freilichtbühne auf der Margareteninsel.
Zsidó Kulturális Fesztivál (Jüdisches Kulturfestival): www.zsidokulturalisfesztival.hu. 10 Tage im September wird die vielfältige jüdische Kultur in Budapest gefeiert.
Adventszeit: Der zentrale Weihnachtsmarkt findet auf dem **Vörösmarty tér** statt. Hier stehen Kunsthandwerk, Folklore und ungarisches Essen im Vordergrund.

FÜR ROCKFANS

Ende Juli/Anfang August rockt die Óbudaer Insel, wenn Zehntausende zum **Sziget Fesztivál** (Inselfestival), dem größten Open-Air-Festival Ostmitteleuropas, nach Budapest strömen (www.szigetfestival.com).

Fundbüro

Budapester Verkehrsunternehmen BKK: Akácfa utca 18, T 1 325 52 55, www.bkk.hu, Di–Do 10–16 Uhr.

Geld

Offizielle Währung ist weiterhin der ungarische Forint (HUF, Ft.). Eine Umstellung auf Euro ist nicht zu erwarten. Auch in Budapest hat sich die Zahlung per Bankkarte fast überall durchgesetzt. Die entsprechende Frage vieler Kellnerinnen und Kellner in Restaurants und Cafés lautet auf Ungarisch: »Kártya vagy kész pénz?«– ›mit Karte oder mit Bargeld? Bei Kartenzahlung wird von fast allen gastronomischen

Betrieben inzwischen ein automatischer ›Service‹-Aufschlag von 10–15 % hinzuaddiert, sodass sich die gesonderte Berechnung eines Trinkgeldes erübrigt. Aber nicht alle kleineren Pensionen oder Geschäfte akzeptieren Karten. Man sollte also für alle Fälle genügend Bargeld zur Hand haben.

Die ungarische Währung erhält man entweder direkt am Geldautomauten oder durch Geldwechsel in Wechselstuben. Vor allem an den Bahnhöfen oder in der Váci utca muss man jedoch genauestens die Aushänge studieren, weil einige dieser Stuben mit kleinen Tricks arbeiten, z. B. wird der attraktiver aussehende Verkaufs- und nicht der Ankaufspreis für Euro groß beworben, oder der beworbene Wechselkurs gilt erst bei größeren Geldmengen. Viele Wechselstuben arbeiten jedoch sauber. Der Umtauschkurs schwankt regelmäßig und kann schnell um bis zu 10 oder gar 15 % von den hier genannten Werten abweichen.

Umtauschkurse:
1 € = ca. 378 HUF
1000 HUF = ca. 2,64 €
1 CHF = ca. 406 HUF
1000 HUF = ca. 2,46 CHF
(Stand: Januar 2024)

Gesundheit

Erste Hilfe ist in Ungarn kostenlos (kostenloser Notruf 104 bzw. 112), für weitergehende Behandlungen gilt die heimische Europäische Krankenversicherungskarte (EHIC).

Die Krankenhäuser in Budapest haben einen guten Ruf und es gibt oft Deutsch oder Englisch sprechendes Personal.

Apotheken (*gyógyszertár* oder *patika*) haben in der Regel Mo–Fr 8–19 und Sa 8–14 Uhr geöffnet. Es gibt auch welche mit Wochenend- und Nachtdienst.

Informationsquellen

Budapest im Internet

Bei der Eingabe ungarischer Webadressen kann man die Akzente und Umlaute vernachlässigen. Viele haben englischsprachige Versionen, Deutsch ist nicht so stark vertreten. Die Länderkennung lautet: .hu

www.budapestinfo.hu/de: Die offizielle Website des Budapester Tourismusamtes Budapest Brand bietet auch auf Deutsch zahlreiche nützliche Infos zu Sehenswürdigkeiten, Kulturangeboten, Restaurants und Stadtführungen. Hilfreich sind auch die Veranstaltungstipps sowie die allgemeinen Infos. Ausführlich wird die Budapest Card (s. S. 257) vorgestellt, die Besuchern der Hauptstadt viele Vergünstigungen gewährt.

www.bkk.hu: Die Website des städtischen Nahverkehrsunternehmens BKK bietet auch auf Englisch alle Fahrpläne von Metro, Tram, Bus und Schiff sowie die aktuellen Tarife.

https://ungarnheute.hu: Deutschsprachige Infos zu Budapest und Ungarn mit Nachrichten aus Politik, Wirtschaft und Gesellschaft.

https://dailynewshungary.com: Auch auf Englisch gibt es unabhängige Nachrichten aus diesen Bereichen.

www.budapester.hu: Ebenfalls auf Deutsch beobachtet und kommentiert die Budapester Zeitung das Geschehen in Stadt und Land. Gilt als eher regierungsfreundlich.

www.budapest.diplo.de: Auf der offiziellen Website der Deutschen Botschaft in Budapest finden sich viele nützliche Infos und Links zu Themen wie »Leben und Arbeiten in Ungarn«, Kulturleben, Zoll sowie Wirtschaft und Politik.

www.budapest.gayguide.net: Die englischsprachige Website bietet ausführliche Infos zur Schwulen- und Lesbenszene in Budapest.

Budapester Tourismusamt

Die städtische Tourismuszentrale **Budapest Brand** (www.budapestinfo.hu/de, s. S. 248) betreibt leider nur noch ein einziges Informationsbüro, den **Budapest Infopoint** (Városháza park, Károly körút, tgl. 9–19 Uhr) in der Pester Innenstadt unweit des Metroknotens Deák Ferenc tér. Dort liegen Stadtpläne, Infos zu Sehenswürdigkeiten, Stadtrundfahrten und Veranstaltungen etc. aus. Hier kann auch die Budapest Card (s. S. 257) erworben werden. Am Flughafen gibt es leider kein Büro mehr.

Internetzugang

Die E-Welt ist natürlich auch von Budapest aus gut zu erreichen. Die meisten Cafés, viele Restaurants und die allermeisten Vermieter bieten für ihre Gäste kostenloses WLAN (WiFi).

Kinder

Für Familien mit Kindern eröffnet sich in Budapest eine große Auswahl an Freizeitangeboten, die willkommene Abwechslung vom Großstadtleben bringen können. Dabei sollte man sich dem Alter der Kinder ein wenig anpassen. Zum Beispiel ist für Kinder der Aufenthalt im heißen Thermalwasser nicht empfohlen.

Immer lohnenswert ist ein Ausflug ins **Stadtwäldchen,** das mit Zoo, Zirkus und Eislaufbahn ein wahres Familienparadies ist (s. Tour S. 178). Ebenfalls einen sehr hohen Freizeitwert hat im Sommer die **Margareteninsel.** Das Palatinus-Freibad verfügt z. B. über mehrere Wasserrutschen und ein Wellenbad. Auf den Wiesen der Insel kann man nach Herzenslust spielen oder mit einer geliehenen Tretkutsche die Insel erkunden (s. S. 206).

Sehr reizvoll, zumindest für etwas ältere Kinder, können zudem ein Schiffsausflug auf der Donau (s. Tour S. 114), die Höhlen (s. S. 74) sowie ein Ausflug in die Budaer Berge sein: Die Zahnradbahn, die Kindereisenbahn sowie der Sessellift zum János-hegy sorgen oft für gute Stimmung (s. Tour S. 58).

Anfassen ist o. k., aber nachher bloß nicht mit der Hand an die Augen kommen – Das kann höllisch brennen!

Ausflüge mit dem Rad sollte man aus Sicherheitsgründen mit Kindern auf (weitgehend) autofreie Gebiete wie die Margareteninsel oder das Stadtwäldchen beschränken.

Klima und Reisezeit

Budapest ist durch ein eher gemäßigtes Kontinentalklima mit nur gelegentlichen atlantischen Tiefausläufern geprägt. Das bedeutet in der Regel geringe Niederschläge sowie heiße Sommer, wobei die Extreme natürlich auch in Budapest zunehmen.

Die warme Jahreszeit dauert im Allgemeinen deutlich länger als nördlich der Alpen, sodass sich z. B. gastronomisch

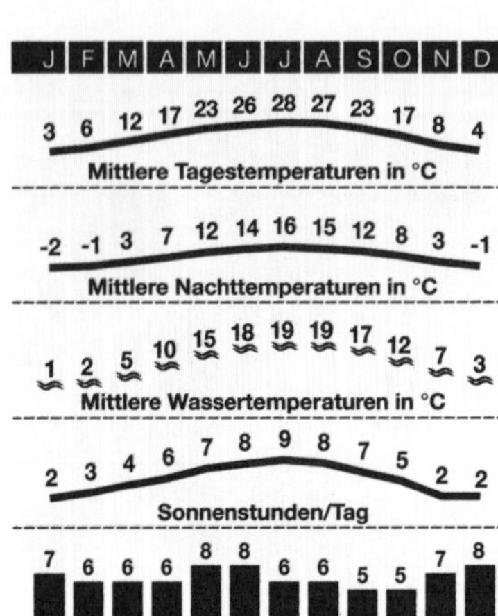

So ist das Wetter in Budapest.

sehr viel draußen abspielt. Im März, April und Oktober sollte man aber nicht fest mit warmem Wetter rechnen. Der Sommer kann mit Temperaturen über 35 °C sehr heiß werden. Dann kann es auch zu heftigen Gewittern kommen. Im Winter liegt in den Budaer Bergen naturgemäß mehr und häufiger Schnee als in der Innenstadt.

Lesetipps

Belletristik

Der Schwimmer, Zsuzsa Bánk: Der mehrfach prämierte Bestseller von Bánk schildert ein Familienschicksal als Folge der Revolution von 1956. Während die Mutter nach Westen flüchtet, nimmt der Vater seine zwei Kinder auf eine unstete Reise durch Ungarn mit.

Balaton-Brigade, György Dalos: Der ehemalige Stasi-Agent Josef Klempner lässt sein Leben und seine Spitzeltätigkeit Revue passieren. Sogar seine eigene Familie spioniert er aus, bevor er schließlich Zeuge der Auflösung des Ostblocks wird. Ein spannender Blick auf die ungarisch-ostdeutsche Geschichte kurz vor dem Fall der Mauer.

Verbesserte Ausgabe, Péter Esterházy: Der 2016 verstorbene Autor stieß bei einer Buchrecherche auf die Spitzeltätigkeit seines Vaters und rechnet in diesem Buch mit dessen Stasi-Vergangenheit ab. Der Friedenspreisträger des Deutschen Buchhandels legte hier sein persönlichstes Werk vor.

Tödliche Rückkehr, Viktor Iro: Spannender Krimi, der einen ehemaligen Widerstandskämpfer von 1956 als Polizisten zurück in das heutige Budapest führt. Hinter dem Autoren-Pseudonym verbirgt sich der Kulturwissenschaftler Dirk Hohnsträter.

Ein wilder Apfelbaum will ich werden, Attila József: Dt.-ungar. Gedichtsammlung mit auch gesellschaftlich pointierten Gedichten des wichtigsten ungarischen Lyrikers des 20. Jh. »Mit reinem Herzen« (1925) und »An der Donau« (1936) gelten heute als Klassiker.

Roman eines Schicksallosen, Imre Kertész: Das Hauptwerk des 2016 verstorbenen Literatur-Nobelpreisträgers führt mit den Augen eines Jungen in die Hölle von Auschwitz und Buchenwald. Kertész gelang das Unmögliche: Auschwitz erzählbar machen. Er selbst war als 14-Jähriger nach Auschwitz deportiert worden.

Glück, György Konrád: Als deutsche Truppen 1944 in Ungarn einmarschieren, werden György Konráds Eltern ins KZ deportiert. Der 11-jährige Konrád entkommt dem Holocaust. Das Buch erzählt von seiner dramatischen Flucht aus dem Heimatort und dem Kampf ums Überleben.

Bekenntnisse eines Bürgers, Sándor Márai: Bereits mit 34 Jahren legte Márai Rechenschaft über sein bisheriges Leben ab, das ihn nach Paris und Deutschland geführt hatte.

Meines Helden Platz, Lajos Parti Nagy: Eine bizarre Geschichte, die von der Machtübernahme der Tauben in Budapest handelt. Eine gelungene Parabel auf totalitäre Regime.

Sachbücher

Das System Orbán, György Dalos: Der profilierte, in Berlin lebende ungarische Autor erläutert facettenreich »die autoritäre Verwandlung Ungarns«, so der Untertitel. Wo Dalos früher sein Land mit viel Humor beschrieb, ist dies heute großer Ernüchterung gewichen.

Das letzte Kapitel – Der Mord an den ungarischen Juden, Christian Gerlach und Götz Aly: Ein sehr sorgfältig recherchiertes Standardwerk über den Holocaust in Ungarn 1944/45.

Orbáns Ungarn, Paul Lendvai: Der 1957 nach Österreich emigrierte Journalist Lendvai beleuchtet sehr kenntnisreich den kometenhaften Aufstieg des jetzigen Ministerpräsidenten Viktor Orbán und erlaubt einen aufschlussreichen Blick hinter die Fassaden seines Regierungsapparates – eine hervorragende Biografie über den umstrittenen Regierungschef.

Preise

Schlafen

€ = bis 80 Euro
€€ = 80 bis 160 Euro
€€€ = über 160 Euro
Preise für ein Doppelzimmer mit Frühstück

Essen

€ = bis 13 Euro (bis 5000 HUF)
€€ = 13 bis 26 Euro (5000 bis 10 000 HUF)
€€€ = über 26 Euro (über 10 000 HUF)
Preise für ein Hauptgericht

Reisen mit Handicap

Die Situation für behinderte Besucher könnte besser sein: Rollstuhlgerecht sind größere Hotels und Museen. Im Nahverkehr machen hohe Einstiege oft das Leben schwer, aber die Tramlinien 4 und 6 auf dem Großen Ring und andere Niederflur-Trams und -Busse sind inzwischen rollstuhlgerecht.

Weitere Informationen gibt es beim Behindertenverband **MEOSZ (Ungarischer Behindertenverband):** San Marco utca 76, T 1 388 23 87, www.meosz.hu.

Reiseplanung

Budapest ist eine Stadt für jede Jahreszeit. Im Winter locken die Thermalbäder, Kaffeehäuser und Museen, während sich zwischen Frühjahr und Herbst sehr viel im Freien gestalten lässt. Bereits im März beginnt mit dem international renommierten Frühlingsfestival die Festivalsaison, zu Ostern verdichtet sich das Programm und im Sommer bieten Open-Air-Events reichlich Auswahl. Highlights sind die sommerlichen Open-Air-Konzerte auf der Margareteninsel, das Sziget-Festival sowie das Jüdische Kulturfestival (s. S. 252). Im Dezember klingt die Saison auf den stimmungsvollen Weihnachtsmärkten der Stadt aus.

Reiseplaner: s. S.252.

Sicherheit und Notfälle

In puncto Sicherheit unterscheidet sich die ungarische Hauptstadt nicht wesentlich von anderen europäischen Großstädten.

VIEL BESUCHT

Touristische Spitzenzeiten sind Ostern, die Sommerferien, das viel besuchte Formel-1-Rennen auf dem Hungaroring sowie Silvester. Vor allem für die letzten beiden Perioden sollte man frühzeitig eine Unterkunft buchen. Außerdem ist mit Zuschlägen zu rechnen.

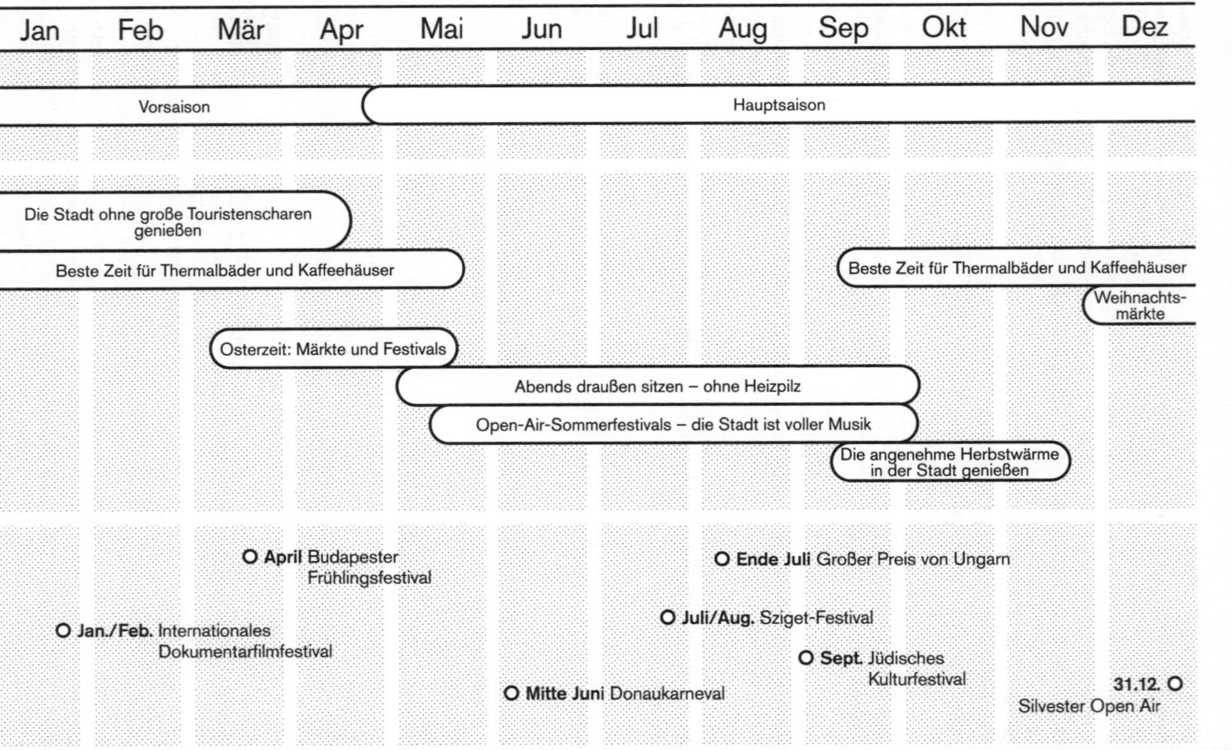

Jan
Feb
Mär
Apr
Mai
Jun
Jul
Aug
Sep
Okt
Nov
Dez
Vorsaison
Hauptsaison
Die Stadt ohne große Touristenscharen genießen
Beste Zeit für Thermalbäder und Kaffeehäuser
Beste Zeit für Thermalbäder und Kaffeehäuser
Weihnachtsmärkte
Osterzeit: Märkte und Festivals
Abends draußen sitzen – ohne Heizpilz
Open-Air-Sommerfestivals – die Stadt ist voller Musik
Die angenehme Herbstwärme in der Stadt genießen
April Budapester Frühlingsfestival
Ende Juli Großer Preis von Ungarn
Juli/Aug. Sziget-Festival
Jan./Feb. Internationales Dokumentarfilmfestival
Sept. Jüdisches Kulturfestival
31.12. Silvester Open Air
Mitte Juni Donaukarneval

Die häufigsten Delikte gegenüber Touristen sind Diebstahl, Betrug und Autoaufbruch. Deshalb sollte man die entsprechenden Vorsichtsmaßnahmen treffen.

Bei Taxifahrten sollte man aufpassen, um nicht durch lange Umwege o. Ä. einen überhöhten Preis bezahlen zu müssen (s. Taxi, S. 254).

Im Schadensfall sollte man bei der Polizei (*rendőrség,* sprich: Rendöhrschehk) Meldung erstatten. Dort sind meist auch deutsch- und englischsprachige Mitarbeiter erreichbar. **Polizeiwache der Pester Innenstadt:** Szalay utca 11–13.

Notruf

Zentrale Notrufnummer: 112
Ambulanz: 104
Feuerwehr: 105
Polizei: 107
Sperrung von Handy, Bank- oder Kreditkarte: 0049 116 116 (weitere Infos unter www.sperr-notruf.de)

Diplomatische Vertretungen

Deutsche Botschaft: Úri utca 64–66, T 1 488 35 00, www.budapest.diplo.de
Österreichische Botschaft: Benczúr utca 16, T 1 479 70 10, www.aussenministerium.at/budapest
Schweizer Botschaft: Stefánia út 107, T 1 460 70 40, www.eda.admin.ch/budapest

Telefonieren

Für Ferngespräche gilt in Ungarn generell die Vorwahl 06, dann folgen die Ortskennzahl (Budapest: 1) oder die Vorwahl des Handyanbieters (z. B. 20, 30, 70) und dann die Rufnummer.

Wer aus dem Ausland (oder von einem ausländischen Handy) ins ungarische Festnetz anruft, kann die 06 weglassen und direkt die Ortskennzahl wählen (Budapest: 00 36 1). Für Anrufe auf ein ungarisches Handy wählt man die Vorwahl des Handyanbieters mit (z. B. 00 36 20, 00 36 30).

Der Umwelt zuliebe

Verkehr: Budapest hat einen hervorragenden Nahverkehr und viele Ziele sind zu Fuß ohnehin leichter zu erreichen. Außerdem tauchen Sie so wesentlich mehr in das alltägliche Leben ein. Es besteht also kein Grund, sich vor Ort ein Auto zu mieten. Die Stadt versucht, den Trend ›weg vom Auto‹ seit einigen Jahren durch den Aufbau eines öffentlichen Leihsystems für Räder zu verstärken (s. u.). Für die Förderung des Radverkehrs müsste die Stadt allerdings noch wesentlich mehr tun.
Müll: Die Mülltrennung hält in Privathaushalten immer mehr Einzug. Sollten Sie also in einer Ferienwohnung unterkommen, sollten Sie sich an die Regeln vor Ort halten. Gerade unterwegs ist ein konkreter Beitrag auch der Verzicht auf To-Go-Einwegplastik. Die vielen Cafés laden geradezu dazu ein, den Kaffee lieber gemütlich vor Ort zu genießen.
Regional und bio: Regional und bio sind in Budapest zwar weiterhin Nischenprodukte, aber in den Markthallen oder auf den kleinen Bauernmärkten im Szimpla Kert (s. S. 124) und im Élesztőház (s. S. 214) wird genau das angeboten. Auch mehrere Cafés und Restaurants bieten Öko-Erzeugnisse an.

Verkehrsmittel in Budapest

Öffentliche Verkehrsmittel

Budapest verfügt über einen effektiven öffentlichen Nahverkehr. Vier Metrolinien sowie zahlreiche Straßenbahnen *(villamos),* Busse *(busz)* und O-Busse *(trolibusz)* des städtischen Verkehrsunternehmens BKK fahren ca. 4.30–23.30 Uhr jeden Bereich der Stadt an. Schnellbusse sind mit einem E gekennzeichnet. Ab ca. 23.30 Uhr verkehren auf den Hauptlinien Nachtbusse (900er-Linien) im 15- bis 60-Minuten-Takt.
Metro: Von den vier Metrolinien treffen sich drei (M1–3) am zentralen Umsteige-

punkt Deák Ferenc tér in der Pester Innenstadt. Die Linie M4 verkehrt zwischen dem Ostbahnhof (Keleti pu.) in Pest und dem Bahnhof Kelenföld (Kelenföld vá.) in Buda, mit einer Umsteigemöglichkeit in die Linie M3 am Kálvin tér sowie in die Linie M2 am Keleti pu.
Vorortbahn HÉV: HÉV-Linien führen u. a. von der Metrostation Batthyány tér nach Óbuda und Szentendre (H 5) sowie von der Metrostation Örs vezér tere nach Gödöllő (H 8).
Fahrscheine: Einzelfahrscheine (*vonaljegy*, 450 HUF) gelten nur für eine Fahrt ohne Umsteigen, Sammeltickets (*gyűjtőjegy*, 4000 HUF) gelten für jeweils 10 Fahrten ohne Umstieg. Für Ausflüge jenseits der Stadtgrenzen mit der grünen Vorortbahn HÉV sind Anschlusskarten zu lösen. Fahrkarten sind vor (!) dem Fahrtantritt zu kaufen. Dafür gibt es zahlreiche Ticketautomaten (ung./engl.) sowie an einigen großen Metrostationen und den Bahnhöfen Fahrkartenschalter. Zusätzlich ermöglicht die BudapestGO-App den Ticketkauf im Netz. Wer ohne Fahrschein angetroffen wird, muss sofort ein Strafgeld zahlen. Die Zu- und Ausgänge zu den Metrostationen werden sehr regelmäßig von Ticketinspektoren kontrolliert.
Touristentickets: Am besten kauft man sich eine Zeitkarte, um nicht bei jedem Umstieg wieder neu lösen zu müssen. Sehr nützlich sind die 24-Stunden-, 72-Stunden- und das 15-Tage-Ticket (*24 órás jegy / 72 órás jegy / félhavi Budapest bérlet*, 2500/5500/6300 HUF), die für den gesamten Nahverkehr innerhalb von Budapest gelten. Für Gruppen bis 5 Personen gibt es eine 24-Stunden-Gruppenkarte (*csoportos 24 órás jegy*, 5000 HUF). 24-/72-Stundentickets werden beim Kauf mit der genauen Startzeit versehen, das 15-Tage-Ticket mit der Ausweis-Nummer.
Ermäßigungen: Die Budapest Card (s. S. 257) garantiert die kostenlose Nutzung des Nahverkehrs.

Bei Fahrten mit dem Taxi beachten: Nur die gelben Wagen sind auch offiziell lizensiert.

EU-Bürger und Schweizer ab dem vollendeten 65. Lebensjahr können den öffentlichen Nahverkehr in Budapest kostenlos nutzen (Ausweis vorlegen), Kinder unter 6 Jahren fahren ebenfalls kostenlos!
Infos und Fahrpläne: BKK, Rumbach Sebestyén utca 19–21 (bei Redaktionsschluss wegen Bauarbeiten geschl.), T 1 325 52 55, www.bkk.hu (ungar./engl.).

Taxi

Offiziell registrierte Taxis sind gelb lackiert. In den Taxizentralen spricht man im Allgemeinen Englisch. Die Tarife sind gesetzlich festgelegt: Der Grundtarif beträgt 1100 HUF, pro Kilometer kommen 440 HUF hinzu, pro Minute Wartezeit 110 HUF.

Taxis, die nicht gelb sind und/oder kein Firmenschild haben, sollte man grundsätzlich meiden, auch vermitteln manche Hotels teurere Privattaxis. Die gelben Taxis sind mit Taxameter ausgestattet und geben auf Verlangen auch eine Quittung. Am Flughafen ist der größte Budapester Anbieter Főtaxi offizieller Vertragspartner, der als sehr zuverlässig gilt: Főtaxi: T 1 222 22 22, www.fotaxi.hu.

Linienschiff

Bei Redaktionsschluss gab es leider keinen Linienschiffsverkehr auf der Donau. Das ist sehr bedauerlich, weil der Service sehr gut angenommen wurde. Eine Wiederaufnahme wäre sehr wünschenswert und eine wichtige Ergänzung für den Nahverkehr. Aktuelle Infos gegebenenfalls auf: www.bkk.hu.

Andere Verkehrsmittel

Standseilbahn (Sikló): Vom Clark Ádám tér ins Burgviertel; tgl. 8–22 Uhr, 4000/2000 HUF (hin und zurück).
Zahnradbahn (Fogaskerekű): Városmajor-Park bis Széchenyi-hegy (BKK-Linie 60); tgl. 5–23 Uhr, alle 15–20 Min., normaler BKK-Fahrschein.
Sessellift (Libegő): Jánoshegy–Zugliget; Feb. tgl. 10–16, März/Okt. 10–17, April/Sept. 10–18, Mai–Aug. 10–19, Nov.-Jan. 10–15.30 Uhr (wetterabhängig), www.bkv.hu, 3000/1000 HUF (hin und zurück).
Kindereisenbahn (Gyermekvasút): Vom Széchenyi-hegy bis Hűvösvölgy durch die Budaer Berge; März–Okt. tgl. ca. 9–17, sonst Di–So 10–16 Uhr, T 1 397 53 94, www.gyermekvasut.hu, 1000/500 HUF (einfach).

Radfahren

Das Fahrrad wird in Budapest immer beliebter, auch wenn der Weg durch den Alltagsverkehr vielerorts noch kein Vergnügen ist. Der Ausbau der Radwege geht aber langsam voran und immer mehr Budapester schwingen sich vor allem am Wochenende aufs Rad. Auch der Budapester Oberbürgermeister Gergely Karácsony gilt als überzeugter Radfahrer.

In den letzten Jahren wurde die Infrastruktur für Radfahrer insbesondere in der Pester Innenstadt und Leopoldstadt durch die allgemeine Verkehrsberuhigung deutlich ausgebaut – im Ergebnis lässt es sich nun zwischen Kálvin tér, Erzsébet tér, Parlament und Margaretenbrücke sehr gut und verkehrsberuhigt radeln.

Die schönste Radroute führt auf der Budaer Donauseite von dem neuen Freizeitareal an der Rákóczi-Brücke im Süden vorbei an Gellértberg, Kettenbrücke, Batthyány tér und Margareteninsel weiter nach Óbuda und Szentendre im Norden. Auf der Pester Seite ist die Strecke am Donauufer zwischen Fővám tér und dem Palast der Künste an der Rákóczi-Brücke eine sehr gute Ergänzung.

Auf der Pester Seite führt ein Radweg an der Andrássy út hinaus ins Stadtwäldchen. In den ruhigen Seitengassen der Theresienstadt, Elisabethstadt und Josephstadt lässt sich ebenfalls gut radeln. Vor der Nutzung von Hauptstraßen ohne Radweg muss jedoch dringend abgeraten werden. Das kann schnell sehr gefährlich werden.

Budapests Radwegenetz wächst konstant. Warum nicht mal einen Drahtesel mieten und damit eine Erkundungstour unternehmen?

Eine geruhsame Stadterkundung ermöglicht der Hop-on-Hop-off-Bus, er kutschiert Sie von Sehenswürdigkeit zu Sehenswürdigkeit.

Radverleih

Best Bike Tours Budapest: Semmelweis utca 14, T 30 520 06 50, https://bbtb.hu, s. S. 113.

Bike & Relax: Madach Imre út 12, T 30 300 80 03, www.bike-and-relax.com, s. S. 139.

MOL Bubi: Das städtische Nahverkehrsunternehmen BKK hat ein öffentliches Leihradsystem aufgebaut. Die hellgrünen Räder sind an zahlreichen Stationen in den zentralen Bereichen von Pest und Buda zu finden. Der Verleih läuft über die entsprechende App. Für die Hinterlegung der Kaution von 25 000 HUF und zur Abrechnung ist eine Kreditkarte erforderlich. Zusätzlich zur Zugangsgebühr wird zeitabhängig abgerechnet (40 HUF/Min.) oder mit einem Monatspass (1000 HUF Grundgebühr, die ersten 30 Min. immer frei, dann ebenfalls 40 HUF/Min.).

Stadtführungen

Wer eine geführte Tour durch die ungarische Hauptstadt machen möchte, hat die Qual der Wahl, denn das Angebot ist sehr umfangreich.

Mit dem Bus

Am beliebtesten sind die sogenannten Hop-on-Hop-off-Bustouren, die an vielen Sehenswürdigkeiten halten und zumeist für einen Zeitraum von 24 bis 72 Stunden unbegrenzte Unterbrechungen ermöglichen. Obwohl es noch mehrere Namen (Programcentrum, CitySightseeing Budapest, Big Bus) und Prospekte gibt, haben sich die Hop-on-Hop-off-Anbieter in Budapest zu einem einzigen Netzwerk zusammengeschlossen mit einheitlichen Preisen. Das erleichtert den Zugang. inklusive sind eine kostenlose Donauschiffstour, eine Stadtführung und Ermäßigungen in Museen, wobei es im Winter zwar weniger Touren, aber manchmal mehr Sonderangebote gibt (ca. 14 000–18 000 HUF). Die Kommentare sind durchgängig auch auf Deutsch. An vielen Zusteigepunkten stehen kleine Verkaufsstände, wo die Tickets vor Ort erworben werden können. Infos: www.programcentrum.hu/hoponhopoff.

Eine ganz besondere Touristen-Taxirundfahrt mit einer italienisch-indischen Dreirad-Motorkutsche bietet **Budapest TukTuk** (T 70 257 30 20, https://budapesttuktuk.com) an. Die Touren starten ab 59 €/Pers. für eine zweistündige Fahrt. Die genaue Strecke kann direkt verhandelt werden.

Zu Fuß

Inhaber der Budapest Card bekommen zwei einführende Stadtrundgänge in Pest und Buda (auf Englisch) von **Budapest Sightseeing** (www.budapest-sightseeing.hu) kostenlos angeboten, sie können für 12 €/Pers. auch als individuelle Führung gebucht werden.

Führungen gibt es auch im Jüdischen Viertel (meist auf Engl.): **Jewish Heritage Essential Tour,** T 1 317 13 77, www.budapestxplore.com, ab Großer Synagoge, 49 € (mit Innenbesichtigung); die große Tour führt von der Großen Synagoge ins Jüdische Viertel. Im Angebot stehen auch weitere Stadtführungen.

Der **Jewish District Walk,** T 20 340 92 17, www.triptobudapest.hu, startet am Riesenrad Ferris Wheel of Budapest auf dem Erzsébet tér (nur Außenbesichtigungen), die ca. 2-/2,5-stündige Führung ist kostenlos (aber gegen Spende). Nach diesem in vielen Städten bereits erprobten Spendenmodell organisiert **Triptobudapest.hu** auch für die Pester Innenstadt und für Buda ›kostenlose‹ Free Walks.

Mit dem Schiff

Die diversen Ausflugsschiffe starten in der Regel in Pest unterhalb des Vigadó tér (Jane Haining rakpart) von den Anlegern 5–7. Einstündige kommentierte Schiffstouren auf der Donau werden von **Legenda** (Vigadó tér, Dock 7, T 1 266 41 90, www.legenda.hu, 15–21 €, ermäßigt 10–17 €) angeboten. Von April bis Oktober legen tagsüber einige Schiffe an der Margareteninsel an. Besonders stimmungsvoll sind die abendlichen Touren bei Dunkelheit. **Tipp:** Bei den Hop-on-Hop-off-Stadtrundfahrten ist in der Regel eine einstündige Schiffstour über die Donau im Preis inbegriffen. Diese Schiffe starten am Vigadó ter, Anleger 6. Sie legen (derzeit) nicht an der Margareteninsel an.

Sehr ungewöhnlich und unterhaltsam ist die kombinierte Bus-Schiffs-Tour mit dem Amphibienbus von **Riverride** (T 1 332 25 55, www.riverride.com, 90/50 Min. 13 000/11 000 HUF, ermäßigt 12 000/10 000 HUF).

Mit dem Rad

Immer beliebter werden geführte Radtouren durch die Stadt. Die Touren dauern zumeist drei bis vier Stunden und die Erklärungen sind auf Englisch (auf Nachfrage gelegentlich auch Deutsch). Angesteuert werden zumeist die wichtigsten Sehenswürdigkeiten zwischen dem Heldenplatz am Ende der Andrássy út und dem Budaer Burgberg (Anstieg!) auf der anderen Donauseite. Zum Teil werden auch E-Bike-Touren angeboten (ca. 30–50 €).

Anbieter sind u. a. **Yellow Zebra Budapest** und **Best Bike Tours Budapest** (beide: s. S. 113) sowie **Bike & Relax** (s. S. 139).

B

BUDAPEST CARD

Die handliche Budapest Card gibt es für jeweils 24/48/72/96/120 Stunden (30–85 €). Inbegriffen ist bei allen Kartentypen die kostenlose Nutzung des Nahverkehrs sowie kostenfreier Eintritt ins Lukács-Heilbad und derzeit auch in 23 Museen. Zusätzlich gibt es eine kostenlose Höhlentour und eine kostenlose Fahrt mit dem Sessellift in den Budaer Bergen. Auch sind kostenlose Stadtführungen auf Englisch im Burgviertel und in der Pester Innenstadt sowie eine Fahrt mit dem Budapest Castle Bus enthalten. Zudem gibt es viele weitere Vergünstigungen, z. B. in Cafés und Restaurants. Die Budapest Card gibt es im Internet (www.budapestinfo.hu) sowie vor Ort im Büro des Budapester Tourismusamtes (s. S. 249), in manchen Hotels sowie an einigen großen Metrostationen. Ob sich die Karte für den Besuch lohnt, sollte man vorab durchaus überschlagen.

Sprachführer Ungarisch

A

AUSSPRACHE

Betonung immer auf der ersten Silbe. Vokale ohne Akzent werden kurz, mit Akzent lang ausgesprochen. Zwei Vokale hintereinander werden separat ausgesprochen. Das ungarische **a** liegt zwischen den deutschen Vokalen **a** und **o,** ähnlich dem englischen what, z. B. szabó (Schneider); das ungarische **e** liegt zwischen den deutschen Vokalen **e** und **ä,** ähnlich wie in Berg, z. B. kerek (rund).

Konsonanten
c wie das deutsche z in Zirkus, z. B. citrom (Zitrone)
cs wie das deutsche tsch in Tschechien, z. B. bocsánat (Entschuldigung)
gy wie das deutsche dj in Nadja, z. B. nagy (groß)
ly wie das deutsche j in Japan, z. B. pályaudvar (Bahnhof)
ny wie das deutsche nj in Sonja, z. B. lány (Mädchen)
s wie das deutsche sch in Schokolade, z. B. segítség (Hilfe)
sz wie das deutsche ss in Wasser, z. B. szia (hallo/tschüss)
ty wie das deutsche tj in Katja, z. B. ponty (Karpfen)
v wie das deutsche w in warten, z. B. vasárnap (Sonntag)
z wie das deutsche s in Sonntag, z. B. ezer (tausend)
zs wie j in Journalist, z. B. zsemle (Brötchen)

Allgemeines

Guten Morgen	Jó reggelt
Guten Tag	Jó napot
Guten Abend	Jó estét
hallo/tschüss	szia
auf Wiedersehen	viszontlátásra
ja/nein	igen/nem
bitte	kérem
danke(schön)	köszönöm (szépen)
gern geschehen	szívesen
Entschuldigung!	Bocsánat/Elnézést!

Unterwegs

links/rechts	balra/jobbra
geradeaus	egyenesen
Ein-/Ausgang	bejárat/kijárat
Auskunft	információ
Flugplatz	repülőtér
Auto	kocsi
Bus	autóbusz
Haltestelle	megálló
Tages-/Wochen-karte	napi-/hetijegy
Schiff/Fähre	hajó/komp
Zug	vonat
Bahnhof	pályaudvar (pu.)
Metrostation	metróállomás
Straße	út
Gasse	utca
Ring	körút
Uferkai	rakpart
Brücke	híd
Platz	tér

Zeit

Stunde	óra
Tag	nap
Woche/Monat	hét/hónap
jetzt	most
gestern	tegnap
heute	ma
morgen	holnap
Montag	hétfő
Dienstag	kedd
Mittwoch	szerda
Donnerstag	csütörtök
Freitag	péntek
Samstag	szombat

Sonntag	vasárnap
Wochenende	hétvége

Notfall

Hilfe!	Segítség!
Polizei	rendőrség
Unfall	baleset
Schmerzen	fájdalom
Arzt/Ärztin	orvos/orvosnő
Zahnarzt	fogorvos
Krankenhaus	kórház
Apotheke	gyógyszertár/ patika

Übernachten

Hotel	szálloda
Rechnung	számla
Zimmer	szoba
Einzelzimmer	egyágyas szoba
Doppelzimmer	kétágyas szoba
mit/ohne Bad	fürdőszobával/ fürdőszoba nélkül
mit/ohne Dusche	zuhanyozóval/ zuhanyozó nélkül
mit/ohne Frühstück	reggelivel/reggeli nélkül
Zimmerschlüssel	szoba kulcs

Zahlen

0	nulla	13	tizenhárom
1	egy	20	húsz
2	kettő	21	huszonegy
3	három	30	harminc
4	négy	40	negyven
5	öt	50	ötven
6	hat	60	hatvan
7	hét	70	hetven
8	nyolc	80	nyolcvan
9	kilenc	90	kilencven
10	tíz	100	száz
11	tizenegy	200	kétszáz
12	tizenkettő	1000	ezer

W

WICHTIGE SÄTZE

Allgemeines

Sprechen Sie Deutsch/Englisch?	Beszél németül/ angolul?
Ich verstehe nicht.	Nem értem.
Ich spreche kein Ungarisch.	Nem beszélek magyarul.
Mein Name ist …	A nevem …
Wie heißen Sie?	Hogy hívják?
Wie geht es Ihnen/dir?	Hogy van/vagy?
Sehr gut, danke.	Köszönöm, nagyon jól.

Unterwegs

Wo ist …?	Hol van …?
Wie komme ich nach …?	Hogy jutok el …ba/be?

Notfall

Können Sie mir bitte helfen?	Segítene, kérem?
Können Sie einen Arzt holen?	Tudna hívni egy orvost?
Hier tut es weh.	Itt fáj.
Ich habe Fieber.	Lázas vagyok.
Ich habe Kopfschmerzen.	Fáj a fejem.

Übernachten

Ich habe ein Zimmer bestellt.	Foglaltam egy szobát.
Haben Sie ein freies Zimmer?	Van kiadó szobájuk?
Was kostet eine Übernachtung?	Mennyibe kerül egy éjszakára?

Einkaufen

Wie viel kostet …?	Mennyibe kerül …?
Ich möchte …	Szeretnék …
Wann öffnet/ schließt …?	Mikor nyit/zár be …?

Im Restaurant

Die Speisekarte, bitte.	Az étlapot kérem.
Die Rechnung, bitte.	Kérem a számlát.

Kulinarisches Lexikon

Allgemeines

bors/só	Pfeffer/Salz
cukor	Zucker
desszert/édesség	Nachtisch
előételek	Vorspeise
főételek	Hauptspeise
köretek	Beilagen
leves	Suppe
mustár	Senf
reggeli	Frühstück
vegetáriánus	vegetarisch

Zubereitung

főzött/főtt	gekocht
párolt	gedünstet
rántva	paniert
roston	gegrillt
sült	gebraten/ gebacken
vegyes	gemischt

Frühstück

felvágott	Aufschnitt
kenyér	Brot
kifli	Hörnchen
kolbász	Wurst
lekvár/dzsem	Marmelade
margarin	Margarine
méz	Honig
sajt	Käse
szalámi	Salami
tojás	Ei
túró	Quark
vaj	Butter
zsemle	Brötchen

Beilagen

csalamádé	eingelegter Salat mit Paprikaschoten und Tomaten
lángos	in Fett gebackener Hefefladen (mit Knoblauch, Rahm u. a.)
mártás	(dicke) Soße
pogácsa	rundes Salzgebäck
rízs	Reis
saláta	Salat
sült krumpli	Pommes frites
tészta	Nudeln

Suppen

gulyásleves	Gulaschsuppe
gyümölcsleves	Obstsuppe
halászlé	Fischsuppe
húsleves	Fleischsuppe

Fisch und Meeresfrüchte

fogas/süllő	großer/kleiner Zander
hal	Fisch
harcsa	Wels
harcsa paprikás túrós csuszával	Welspaprikasch mit Quarknudeln
lazac	Lachs
pisztráng	Forelle
ponty	Karpfen

Fleisch

bárányhús	Lammfleisch
bécsi szelet	Wiener Schnitzel
bélszín	Lendenbraten
borjúhús	Kalbfleisch
csirke	Hühnchen
kacsa	Ente
libamáj	Gänseleber
marhahús	Rindfleisch
pörkölt	Gulasch
pulykamell	Putenbrust
sertéshús	Schweinefleisch

sonka	Schinken
szalonna	Speck
szárnyas	Geflügel
töltött káposzta	mit Fleisch gefüllte Krautrouladen
töltött paprika	mit Fleisch gefüllte Paprika
virsli	Würstchen

Gemüse

bab	Bohne
borsó	Erbse
burgonya/krumpli	Kartoffel
cékla	Rote Bete
fokhagyma	Knoblauch
hagyma	Zwiebel
káposzta	Kohl
karfiol	Blumenkohl
kukorica	Mais
lencse	Linsen
padlizsán	Aubergine
paprika	Paprika(schote)
paradicsom	Tomate
petrezselyem	Petersilie
sárgarépa	Möhre/Karotte
uborka	Gurke
zöldség	Gemüse

Obst und Nüsse

alma	Apfel
banán	Banane
citrom	Zitrone
cseresznye	Kirsche
dió	Nuss
eper	Erdbeere
füge	Feige
gesztenye	Kastanie
görögdinnye	Wassermelone
gyümölcssaláta	Obstsalat
körte	Birne
mák	Mohn
málna	Himbeere
meggy	Sauerkirsche
mogyoró	Haselnuss
narancs	Orange
őszibarack	Pfirsich
sárgabarack	Aprikose
szilva	Pflaume
szőlő	Traube

Nachspeisen

Dobos torta	geschichtete Biskuitböden, gefüllt mit Schokobuttercreme
Esterházy torta	Mandelbiskuitböden, gefüllt mit Vanillebuttercreme
fagylalt/jég	Eis
gesztenyepüré	Kastanienpüree, oft mit Sahne
Gundel palacsinta	mit Walnuss gefüllte Palatschinken, dazu Schokosoße
kuglóf	Gugelhupf
palacsinta	Palatschinken
rétes (almás/ meggyes/túrós)	Strudel (Apfel/ Kirsche/Quark)
Somlói galuska	Schomlauer Nockerln
sütemény	Gebäck/Kuchen
szörp	Sirup
tejszín(hab)	Sahne
zserbó-szelet	Gerbeaud-Schnitte, gefüllt mit Aprikosenmarmelade, Walnüssen und Apfelstücken

Getränke

alkoholmentes	alkoholfrei
ásványvíz	Mineralwasser
bor	Wein
... fehér	Weißwein
... vörös	Rotwein
gyümölcslé	Fruchtsaft
italok	Getränke
kávé	Kaffee
pálinka	Schnaps
sör	Bier
szénsavas/ szénsavmentes	mit/ohne Kohlensäure
tea	Tee
... fekete	Schwarztee
... gyógy	Kräutertee
... gyümölcs	Früchtetee
tej	Milch

Das

Wenn schon die Brücke die Freiheit im Namen trägt, sollte man diese auch leben.

Magazin

Gründerzeit an der Donau

Budapest im Wandel — in der Mitte Europas ist die ungarische Hauptstadt eine weltoffene und lebendige Metropole, die sich rasant entwickelt. Neue Bauprojekte und umfangreiche Renovierungen ändern das Gesicht der Stadt. Aber die Dynamik hat auch ihre Schattenseiten.

Bauboom, wohin man schaut: Sie werden vor Ort nicht lange danach Ausschau halten müssen. In Budapest wird an sehr vielen Ecken und Enden renoviert, saniert, umgebaut und neu gebaut. In einem atemberaubenden Tempo wird die Stadt modernisiert, aufgehübscht oder erhält schlicht ein neues Gesicht. Selbst eingesessene Budapester können mit dem Tempo kaum noch mithalten. Für jede fertiggestellte Baustelle tut sich an anderer Stelle eine neue auf. Budapest, so scheint es, befindet sich vor allem dank der EU-Fördertöpfe in einer neuen Gründerzeit. An sehr vielen Baustellen verweist das EU-Logo auf die Herkunft der Gelder.

Viele Projekte dienen unzweifelhaft der Stadtverschönerung, der Lebensqualität der Einwohner und der Umwelt: Wenn zentrale Plätze und Gassen verkehrsberuhigt werden, verfallene Prachtanlagen zu neuem Leben erwachen, zusätzliche U-Bahn-Linien und Tramstrecken entstehen, verdreckte Fassaden gereinigt werden, dann kann dies den Lebenswert innerhalb der Stadt nur steigern. Und so ist in den innenstadtnahen Bereichen der Hauptstadt vom Einheitsgrau kommunistischer Tage kaum noch etwas zu sehen. Budapest hat in den vergangenen Jahrzehnten sehr stark aufgeholt und seine Attraktivität deutlich gesteigert. Das spiegelt sich trotz Corona in einer deutlichen Steigerung des internationalen Tourismus in den letzten 20 Jahren wider.

Wenn Sie also heute nach Budapest kommen, erleben Sie eine moderne Stadt, die dynamisch im 21. Jh. ihren Platz zwischen West und Ost neu definiert.

Weltoffen und traditionsbewusst

Ungeachtet mancher Abschottungstendenzen seitens der ungarischen Regierung ist Budapest eine weltoffene Metropole, in der modernes Stadtleben und Bewahrung des reichen kulturgeschichtlichen Erbes Hand in Hand gehen. Viele Budapester bezeichnen ihre über viele Jahrhunderte gewachsene Stadt als die schönste Europas. Römer, Türken, Deutsche, Italiener, Juden und

Die Flagge der EU vor der ungarischen Zentralbank zeigt den Geldgeber für die vielen Projekte der Regierung.

Serben strömten an die Donau und hinterließen ihre Spuren im Stadtbild. Angesichts dessen mutet es ziemlich skurril an, dass sich die jetzige rechtsnationale Regierung lieber hinter neuen Grenzzäunen verstecken möchte und eine rein magyarische Vergangenheit und Zukunft beschwört.

Besonders stolz sind die Budapester – zu Recht – auf die Errungenschaften des späten 19. Jh., als Budapest zur prächtigen ›Perle an der Donau‹ aufstieg. Damals entstand ein Großteil der heutigen Stadt innerhalb des Großen Rings. Der Reiz von Budapest liegt u. a. darin, dass sich dieses Fin-de-Siècle-Stadtbild bis heute größtenteils unangetastet erhalten hat. Wer vom Burgberg über die Donau nach Pest hinüberschaut, entdeckt eine Stadtsilhouette, die in weiten Teilen noch so aussieht wie vor gut 100 Jahren.

Und so hat die fachmännische Restaurierung der Gründerzeitbauten und Jugendstil-Paläste eine herausgehobene Bedeutung. Die UNESCO würdigte den internationalen Stellenwert des Stadtbilds durch die Ernennung des Budaer Burgbergs und der Andrássy út zum Welterbe.

Ein Blick auf das ehemalige Jüdische Viertel verdeutlicht aber auch, dass der ungestüme Bauboom zum Verlust gewachsener Strukturen führen kann (s. S. 300). Sehr kontrovers werden zudem die Vorschläge für das neue Kulturviertel im Stadtwäldchen diskutiert, weil eine Verkleinerung des Parks befürchtet wird (s. S. 187).

Verkehrs- und Umweltbelastungen

Die enormen Umbrüche seit 1989/90 sind natürlich nicht spurlos an der Stadtgesellschaft vorübergegangen. Innerhalb von nur 20 Jahren haben rund 300 000 Menschen der Metropole den Rücken gekehrt, das ist immerhin ein Achtel der Bevölkerung. Die Menschen sind zu-

Budapest ist eine schöne Stadt, kann aber auch anstrengend sein. Wie sich der Bauboom auf das Stadtbild und auf das Lebensgefühl in der ungarischen Metropole auswirken wird, wird die Zeit erweisen.

meist in die Städte und Gemeinden des Speckgürtels gezogen und pendeln nun ins Stadtzentrum zur Arbeit. Das bringt erhebliche Verkehrsprobleme mit sich.

Nachdem die vierte Metrolinie 2014 endlich eröffnet wurde, wäre eigentlich schon eine fünfte dringend notwendig. Auch der Aufbau eines integrierten S-Bahn-Systems müsste vorangetrieben werden. Umweltaktivisten wie Greenpeace fordern u. a. eine Umweltzone sowie den drastischen Ausbau des Radwegenetzes. Erst in den letzten Jahren hat der politische Druck der Radfahrer erheblich zugenommen. Der 2019 gewählte oppositionelle Oberbürgermeister Gergely Karácsony versuchte seither einige Forderungen aufzugreifen. Doch noch immer herrscht zur Rushhour entlang des Donauufers und in der Innenstadt oftmals Verkehrschaos, inklusive der damit verbundenen Luftbelastungen.

Soziale Umbrüche

Der Boom der letzten Jahrzehnte führte in Budapest in vielen Bereichen fast zur Vollbeschäftigung, doch ohne Zuschüsse aus diversen EU-Töpfen sähe die wirtschaftliche Lage längst nicht so rosig aus. Hinzu kommen die großen sozialen Unterschiede in der Stadt. Zwar ist nirgends in Ungarn die Mittelschicht so stark ausgeprägt wie in Budapest, doch in den renovierungsbedürftigen Mietshäusern rund ums Zentrum sowie den Plattenbauten am Stadtrand wohnen auch zahlreiche Verlierer der Wende mit Einkommen an der Armutsgrenze. Viele Menschen üben deshalb einen Zweitjob aus, aber gegen finanzstarke Immobilieninvestoren und steigende Preise ist dies ein sehr ungleicher Kampf. Zum Stadtbild gehören zudem noch immer die alten Frauen, die an U-Bahn-Stationen Blumen und Gemüse verkaufen, sowie die Zettelverteiler, die oft nur einen Hungerlohn erhalten. Außerdem gibt es geschätzt bis zu 10 000 Obdachlose. Anstatt etwas konstruktiv gegen die Obdachlosigkeit und Armut zu tun, hat die Regierung 2018 ein Gesetz erlassen, das Obdachlose kriminalisieren kann.

Politische Turbulenzen

2010 brach in Budapest wie in ganz Ungarn eine neue Ära an: Der nationalkonservative Fidesz übernahm unter Ministerpräsident Viktor Orbán und Oberbürgermeister István Tarlós die Regierungsgeschäfte. In den Stadtbezirken regierten bis auf wenige Ausnahmen Fidesz-Politiker. Erst die Kommunalwahl 2019 brachte wieder mehr Vielfalt und mit Gergely Karácsony einen grün-liberalen Oberbürgermeister.

Auf der Landesebene wurden die neue Verfassung und viele umstrittene Gesetze von der Zweidrittelmehrheit des Fidesz im Parlament einfach durchgewunken – ungeachtet aller Kritik aus dem In- und Ausland. Besonders umstritten waren und sind neben der neuen Verfassung auch Eingriffe ins Justiz-, Medien-, Hochschul- und Schulwesen sowie der aktuelle Plan der Regierung, mit russischen Geldern ein neues russisches Atomkraftwerk an der Donau errichten zu lassen. In Budapest kommt es immer wieder zu Protesten, an denen sich zeitweise mehrere Zehntausend Menschen beteiligen. Doch auch die oppositionelle Stadtregierung wird durch neue Gesetze oftmals einfach übergangen und entmachtet.

Wohin die Reise in Budapest in den nächsten Jahren politisch geht, ist nicht abzusehen. Regierungschef Orbán zeigt keine Anzeichen, dass sein Regierungsstil in Zukunft weniger autoritär und kontrovers werden könnte. Politisch werden Budapest und Ungarn deshalb auch in naher Zukunft wahrscheinlich nicht zur Ruhe kommen. ■

Ein Generationen-wechsel

Ungarische Literatur heute — eine Standortbestimmung

von György Dalos

Nach und nach verlassen uns die Repräsentanten einer großen Generation: Die Romanciers Imre Kertész (1929–2016), György Konrád (1933–2019) sowie Péter Esterházy (1950–2016) sowie der Lyriker Dezső Tandori (1938–2019) sind in den letzten Jahren verstorben. Kertész, als Autor des hervorragenden »Roman eines Schicksallosen« und erster literarischer Nobelpreisträger ungarischer Herkunft, thematisierte aufgrund eigener Erfahrung den Holocaust, Esterházy erneuerte in zahlreichen Romanen (u. a. »Harmonia celestis«) die ungarische Prosa und Dezső Tandori entwickelte eine eigene poetische Sprache. Konrád brach bereits mit seinen frühen Romanen (etwa »Der Besucher«) politische und ästhetische Tabus.

Ein ganz Großer seiner Generation: Imre Kertész

Gemeinsam für diese sehr unterschiedlichen Autoren war die Tatsache, dass sie einen Großteil ihres Œuvres in traditionellen Printmedien veröffentlichten. Zudem begann ihre Laufbahn in einem autoritären Regime, das auch die Kultur und insbesondere das Schrifttum mehr oder weniger unter seiner Kontrolle zu halten suchte. Ähnliches lässt sich über die heute aktiven ›letzten Mohikaner‹ der Vorwendezeit wie Péter Nádas (geb. 1942) oder György Spíró (geb. 1946) sagen. Nádas opulentes Werk (zuletzt die Memoiren »Aufleuchtende Details«) zeichnet sich durch eine beinahe mikroskopische Schilderung aus, Spíró ist neben seinem prosaischen Werk einer der populärsten Bühnenautoren Ungarns mit einer scharfen sozialen Thematik (z. B. »Hühnerkopf«).

Radikaler Wandel

In den neunziger Jahren begann nicht nur der politische Systemwechsel und der Ausbau der freien Marktwirtschaft, sondern es fand auch ein radikaler Wandel der Öffentlichkeit statt, der mit dem

Erscheinen der neuen Technologien zusammenhing. Die wichtigste Veränderung betraf die früher ausgedehnte Zeitschriftenkultur: Heute gibt es in Ungarn kaum noch gedruckte Journale, als wöchentliche Kulturzeitschrift hat allein die 1957 gegründete Élet és Irodalom (= Leben und Literatur) überlebt. Dafür kann die wissbegierige Leserschaft die wichtigsten Neuigkeiten von dem Portal »litera.hu« online herunterladen und viele Autorinnen und Autoren vertrauen ihre Arbeiten zumindest als Vorabdruck Onlinemedien an.

Seit 1927 findet jährlich die Woche des Buches statt, während auf dem 1994 etablierten Internationalem Buchfestival auch Lesungen stattfinden und Bücher signiert werden. Allerdings leiden seriöse Verlagshäuser unter einem chronischen Problem: Die Bücher sind immer noch zu teuer, um in höheren Auflagen verkauft zu werden, und zu billig, um die Herstellungskosten decken zu können. Der Büchermarkt ist zu klein und der Vertrieb kann mit der Produktion, nicht zuletzt Übersetzungen aus der internationalen Literatur, kaum Schritt halten. Dieser Engpass ist wiederum mitverantwortlich für die mehr als bescheidenen Honorare.

Spachbarriere Ungarisch: Die Literatur hat es internatiomal nicht immer leicht.

Heutzutage kann sich kaum jemand aus der ungarischen Literaturszene allein mit Schreibarbeit über Wasser halten. Diesbezügliche Möglichkeiten sind jedoch nicht nur begrenzt – das waren sie schon immer –, sondern auch zunehmend von der Großzügigkeit staatlicher Finanzierung abhängig. Literarische Rivalitäten erhalten eine politische Färbung und artikulierten sich in den letzten Jahren in einem wutentbrannten publizistischen ›Kulturkampf‹. Die in Linksliberale und

G

GYÖRGY DALOS

Der 1943 in Budapest geborene Schriftsteller und Historiker gehört seit Jahrzehnten zu den wichtigsten Autoren, die versuchen, Ungarn für ein deutschsprachiges Publikum verständlicher zu machen. So koordinierte er u. a. 1999 das erfolgreiche Schwerpunktthema Ungarn auf der Frankfurter Buchmesse. Sehr informative Bücher wie »Ungarn in der Nußschale« oder »1956« sind zeitgeschichtliche Werke, mit der »Balaton-Brigade« arbeitete Dalos ein deutsch-deutsches Thema auf (s. S. 250).
Für seine vielseitige und sehr engagierte Arbeit erhielt Dalos u. a. 2010 den Leipziger Buchpreis zur Europäischen Verständigung und 2023 den Heinrich-Mann-Preis. Als Kind einer jüdischen Familie entkam Dalos nur knapp dem Holocaust, sein Vater verstarb jedoch an den Folgen der Zwangsarbeit für die Nazis. Seit 1995 lebt Dalos in Berlin. 2019 erschien seine Autobiografie »Für, gegen und ohne Kommunismus«, 2022 »Das System Orbán«.

Rechtskonservative gespaltenen Fraktionen der Literaturszene suchen jeweils in Konkurrenz zueinander ihren Platz unter der Sonne.

Gegen alle Widerstände

Umso erstaunlicher ist es, dass trotz dieser schwierigen Bedingungen wichtige Prosawerke und Gedichte entstehen und veröffentlicht werden. Hier einige herausstechende Beispiele, die auch auf Deutsch vorliegen. In der Prosa dominiert die nahe und ferne Vergangenheit. So erzählt Ferenc Barnás (geb. 1959) im Roman »Der Neunte« von der Armut und dem seelischen Elend einer katholischen Großfamilie während der achtziger Jahre. Der aus der ungarischen Minderheit von Rumänien stammende Autor György Dragomán (geb. 1973) schildert nach seinem stark autobiografischen Kindheitsroman »Der weiße König« nun in seinem neuen Werk »Der Scheiterhaufen« die dramatischen Tage der Revolution 1989 gegen Nicolae Ceausescus Despotie. Krisztina Tóth (geb. 1967) begibt sich in ihrem Werk »Aquarium«, dessen Handlung drei Nachkriegsjahrzehnte umfasst, in die triste und groteske Welt von kleinen Leuten am Rande von Budapest.

Noémi Kiss' (geb. 1974) »Dürre Engel« spielt in den späten achtziger Jahren und überrascht mit der Schilderung einer katastrophalen Ehe, in der die gedemütigte Frau schließlich ihren Mann umbringt. Tiefer als andere taucht Gergely Péterfy (geb. 1966) in die Historie. Sein neues Buch »Der ausgestopfte Barbar« führt die Leser direkt in das Wien von Joseph II. mit dessen »Hofmohr« Angelo Soliman, der nach seinem Tod als menschliches Kuriosum ausgestopft und in einem Museum präsentiert wird. Eigentlich dreht sich das Buch aber um Aufklärung, Freimaurertum und nicht zuletzt um das komplizierte ungarisch-österreichische Zusammenleben.

Es gibt natürlich zahlreiche literarische Neuigkeiten, die zunächst nur im ungarischen Original existieren. Vor allem die Poesie wird in der Übersetzung benachteiligt, was vielleicht mit der spezifischen ungarischen Reimkultur zusammenhängt. Erwähnenswert seien in dieser Hinsicht die Gedichte von Lajos Parti Nagy (geb. 1953) mit seinem Wortreichtum und starker Intertextualität sowie Virág Erdős (geb. 1968), deren scharf pointierte, sarkastische Verse ein Stück politischer Poesie oder eher poetisierter Politik mitbeinhalten.

Trotz aller Schwierigkeiten lebt unsere Literatur weiter. Die wichtigsten Voraussetzungen dafür sind – nebst materieller Förderung – Lust am Schreiben und Lust am Lesen. ■

György Dalos

LITERATUR-AUSWAHL

Lajos Parti Nagy: Meines Helden Platz, 2005.
György Spíró: Träume und Spuren, 2013.
Szilárd Borbély: Die Mittellosen: Ist der Messias schon weg? 2014.
Ferenc Barnás: Der Neunte, 2015.
László Darvasi: Wintermorgen. Gott, Heimat und Familie, 2016.
György Dragomán: Der Scheiterhaufen, 2015.
Krisztina Tóth: Aquarium, 2015.
Gergely Péterfy: Der ausgestopfte Barbar, 2016.
Noémi Kiss: Dürre Engel, 2018.
Zsófia Bán: Der Sommer unsres Missvergnügens, 2019.
Irgendeine schwere Frucht. Neue ungarische Lyrik. Schwerpunkt der Schweizer Literaturzeitschrift »Orte«, 2018, zusammengestellt von Anne-Marie Kenesseys.

Großes Kino

Ungarische Filmgeschichte — zu Beginn des 20. Jh. gründeten ausgewanderte Ungarn die einflussreichen Filmstudios in Hollywood. Doch auch die heimische Filmindustrie bringt große Namen hervor. Für seinen »Mephisto« mit Klaus Maria Brandauer erhielt Regisseur István Szabó ebenso einen Oscar wie László Nemes für seinen »Sohn von Saul«.

Die ungarische Filmgeschichte war zunächst eine Erfolgsstory auf der anderen Seite des Atlantiks: Amerikas Traumfabrik Hollywood stand in den 1930er-Jahren ganz im Zeichen emigrierter Ungarn. 20th Century Fox, Metro-Goldwyn-Mayer und Paramount Pictures wurden von Ungarn gegründet. Das zog so viele hoffnungsvolle Landsleute auf der Suche nach Filmjobs an, dass schon bald an der Wand eines der Studios der markante Hinweis hing: »Es reicht nicht, ein Ungar zu sein«.

Ebenfalls ungarischer Herkunft waren berühmte Regisseure: Michael Curtiz (Mihály Kertész) wurde für seinen Klassiker »Casablanca« berühmt, Alexander Korda (Sándor László Kellner) drehte u. a. »Der Dritte Mann« mit Orson Welles.

István Szabó

Doch auch in Ungarn gab und gibt es große Namen. An erster Stelle ist hier der 1938 in Budapest geborene Regisseur István Szabó zu nennen, der als Kind den Holocaust überlebte. 1981 drehte er mit Klaus Maria Brandauer in der Hauptrolle seinen bekanntesten Film, »Mephisto«. Nach der Romanvorlage von Klaus Mann widmete er sich der Frage, warum und wie weit sich Einzelne mit autoritären Regimen arrangieren. Szabó selbst war von der ungarischen Stasi an der Uni angeworben worden. Für den »Mephisto« erhielt er einen Oscar.

Seine erfolgreiche Zusammenarbeit mit Brandauer setzte Szabó 1985 bei »Oberst Redl« fort. Für das Familienepos »Sunshine. Ein Hauch von Sonnenschein« brachte Szabó 1999 Ralph Fiennes vor die Kamera und erhielt dafür den Europäischen Filmpreis. Behandelt wird ein Budapester Thema: die wechselvolle Geschichte einer jüdischen Familie vom 19. Jh. bis in die heutige Zeit. Auch »Der Fall Furtwängler« und »Being Julia« entstanden unter Szabós Regie. Sein langjähriger Kameramann, Lajos Koltai, verfilmte 2004 den »Roman eines Schicksallosen« von Imre Kertész unter dem Titel »Fateless«. 2012 drehte István Szabó mit Martina Gedeck und Helen Mirren den Film »Hinter der Tür«, der in Deutschland allerdings nur kurzzeitig lief.

Heimische Filmerfolge

Ein Großteil der ungarischen Produktionen ist im Ausland leider kaum bekannt, in Budapest jahrelang gefeierte Darsteller wie Sándor Csányi, Kata Dobó, Judit Schell, András Kern oder Róbert Koltai sind jenseits der Landesgrenzen nur den wenigsten Kinofans ein Begriff. Dabei ist die heimische Filmindustrie sehr produktiv. Miklós Jancsó (1921–2014) machte sich schon in den 1960er-Jahren mit Streifen wie »Die Hoffnungslosen« einen Namen. Mehr als zehn Jahre war hingegen der Kultfilm »Der Zeuge« (A Tanú, 1969) von Péter Bacsó komplett verboten. Der Regisseur rechnete auf humorvolle Art mit der Zeit des Stalinismus ab – ein Sakrileg.

Nach einer Durststrecke machte der ungarische Film zuletzt wieder durch hochkarätige Produktionen international auf sich aufmerksam. 2016 gewann der sehr bedrückende Auschwitz-Film »Sohn von Saul« des Budapester Regisseurs László Nemes (geb. 1977) den Oscar als bester fremdsprachiger Film. 2019 kam Nemes' neuer Film »Sunset« in die Kinos.

2017 gewann Ildikó Enyedi (geb. 1955) mit ihrem sehr ungewöhnlichen Liebesfilm »Körper und Seele« den Goldenen Bären in Berlin und setzte damit ebenfalls ein Ausrufezeichen. Der Film wurde auch für einen Oscar nominiert. Im Mittelpunkt stehen zwei Angestellte eines Budapester Schlachthofs, die von Alexandra Borbély und Géza Morcsányi sehr intensiv und einfühlsam dargestellt werden. 2023 sorgte der Film »Erklärung für alles« (Magyarázat mindenre / Explanation for Everything) von Gábor Reisz für Aufmerksamkeit. Er zeigt eindringlich anhand eines Schülers das aufgeheizte gesellschaftliche Klima der Orbán-Zeit.

In Deutschland bekannt sind derzeit ungarische Schauspielerinnen wie Andrea Osvárt (»Der Nanny«) und Dorka Gryllus (u. a. »Soul Kitchen«, Tatort »Sturm« und »Honigfrauen«).

Einem älteren Publikum sind auch Marika Rökk und Tony Curtis bekannt. Beide hatten eine ungarische Abstammung, feierten ihre Erfolge aber wie so oft in Ungarn nur im Ausland.

»Trauriger Sonntag«

1999 zeigte der deutsch-ungarische Film »Trauriger Sonntag« sehr bewegend die Geschichte des Komponisten Rezső Seress und seines »Lied vom traurigen Sonntag« vor dem Hintergrund des Holocausts in Budapest. Die Hauptrollen spielten Joachim Król, Ben Becker und Erika Marozsán, in einer Nebenrolle trat auch Dorka Gryllus auf.

Internationale Blockbuster

Sehr beliebt ist Budapest als preisgünstiger Drehort für internationale Blockbuster. Schon Madonna, Angelina Jolie, Bruce Willis und Robert Pattinson drehten hier. Allerdings ist in vielen dieser Filme Budapest gar nicht offiziell als Stadt zu sehen. So trat Madonna in »Evita« im Film eigentlich in Buenos Aires in Argentinien auf.

Ähnlich ging es auch 2018 bei den Dreharbeiten für »Colette« mit Keira Knightley zu. Der Film dreht sich um die gleichnamige französische Schriftstellerin und ist offiziell natürlich vor allem in Paris angesiedelt. Dennoch steckt viel Budapest in dem Film. Die Umgebung der Andrássy út sehe authentischer nach dem Paris der vorletzten Jahrhundertwende aus als Paris selbst, befand Regisseur Wash Westmoreland. Budapest scheint internationale Produktionen geradezu anzulocken.

Unterstützt werden diese Produktionen durch zwei Filmstudios rund um Budapest, die Origo-Studios sowie den Korda-Filmpark in der Nähe des Weinortes Etyek (s. S. 307) westlich von Budapest. ■

Anspruchsvolles Kino: Der Film »Sunset« (2018) von László Nemes Jeles mit Juli Jakab spielt in der Zeit vor dem Ersten Weltkrieg (oben). Für »Mephisto« von István Szabó mit Klaus-Maria Brandauer gab es 1982 den Oscar für den besten ausländischen Film (unten).

Mit nationalem Pathos

Viktor Orbáns ›neues‹ Ungarn — kein ungarischer Politiker der letzten Jahrzehnte ist im Ausland so bekannt und umstritten wie der langjährige Ministerpräsident.

Viktor Orbáns enormer Aufstieg war ihm bei seiner Geburt 1963 nicht in die Wiege gelegt, denn er wuchs zunächst in einfachen Verhältnissen in einem Dorf westlich von Budapest auf. Doch Orbán konnte nach der Schule in Székesfehérvár erfolgreich zum Jurastudium in die Hauptstadt wechseln. Dort begann Ende der 1980er-Jahre sein kometenhafter Aufstieg zusammen mit einem engen Kreis von Freunden, die heute ebenfalls hohe politische Ämter bekleiden und das Rückgrat der Regierung bilden.

Landesweit schlagartig bekannt wurde Orbán im Juni 1989, als er auf der öffentlichen Neubeisetzung für Imre Nagy, den kommunistischen Ministerpräsidenten der Revolution 1956, vor laufender Kamera den damals noch tabuisierten Abzug der sowjetischen Soldaten forderte.

Aufstieg zur Macht

Schon 1990 zog der von Orbáns Gruppe gegründete Bund der jungen Demokraten (Fidesz) als linksliberale Partei ins Parlament ein, die Orbán jedoch bald nach rechts führte. 1998 wurde er mit 35 Jahren erstmals Ministerpräsident. Schon damals fiel er durch nationalistische Gesten auf. So holte er 2000 ausgerechnet die royale Stephanskrone als Symbol von Großungarn ins republikanische Parlament. Doch seine überraschende Abwahl 2002 versetzte dem ehrgeizigen Politiker einen schweren Schlag, den er nur schlecht verwand. Durch einen systematischen Ausbau z. B. eines eigenen Mediennetzwerkes festigte er fortan die eigene Machtbasis. Nach einer weiteren schmerzhaften Niederlage 2006 konnte Orbáns Fidesz dann 2010 im Parlament sogar eine verfassungsändernde Zweidrittelmehrheit erringen – der Weg zur nahezu uneingeschränkten Macht stand offen.

Ein Land wird umgestaltet

Orbáns erklärtes Ziel war es, für mindestens 15 bis 20 Jahre an der Macht zu bleiben. Dieses Ziel hat er schon fast erreicht. Ausgestattet mit der verfassungsändernden Mehrheit im Parlament gestalteten Orbán und seine Partei die Verfassung, die Justiz, die Medien, die Hochschulen und viele andere Bereiche des öffentlichen Lebens nach ihrem Gusto und mit viel nationalem Pathos um – ungeachtet aller Proteste aus dem In- und Ausland. Wenn Viktor Orbán etwas durchsetzen möchte, findet sich dafür auch schnell die notwendige parlamentarische Mehrheit.

Der Preis der radikalen Politik für das Land jedoch ist hoch, denn Schätzungen zufolge hat seit 2010 rund eine halbe Million Menschen Ungarn u. a. deshalb verlassen. Auch ist die Meinungsvielfalt heute ein umkämpftes Gut, wie 2016 die plötzliche Schließung der größten unabhängigen Tageszeitung Népszabadság oder auch zuvor schon Entlassungen im Staatsfunk deutlich machten.

Ein tiefer Einschnitt war auch der Bau des Grenzzauns zu Serbien, nachdem

Ungarn 1989 noch den Eisernen Vorhang zu Fall gebracht hatte. 1956 hatten 200 000 Ungarn selbst als Flüchtlinge Aufnahme im Ausland gefunden, heute werden die eigenen Grenzen verschlossen.

Ein Leben mit Feindbildern

Zum System Orbán gehört die Schaffung von Feindbildern – ein Lieblingsfeind ist die EU, die für so ziemlich jeden Missstand verantwortlich gemacht wird. Dabei werden viele Prestigeprojekte des Ministerpräsidenten auch aus EU-Töpfen finanziert. Das Geld nimmt die Regierung in Budapest anstandslos, sogar das direkte Umfeld des Ministerpräsidenten. 2018 wurde so bekannt, dass der Schwiegersohn Orbáns, István Tiborcz, mit EU-Geldern für neue Straßenlampen ein lukratives Geschäft machen wollte. Tiborcz zählt inzwischen zu den 100 reichsten Ungarn und ist in der Immobilienbranche tätig (s. S. 80). Auch andere Orbán-Freunde gelangten zu großem Reichtum.

Ein weiteres Feindbild ist der in Budapest geborene Holocaust-Überlebende und durchaus umstrittene US-Milliardär George Soros, der in Budapest u. a. die renommierte Central European University ins Leben rief. Zur Wendezeit akzeptierte auch Viktor Orbán selbst ein Stipendium von der Soros-Stiftung. Doch die heutigen, oft antisemitisch und antieuropäisch geprägten Plakatkampagnen gegen Soros, seinen Sohn Alexander sowie gegen führende EU-Politiker zeichnen Vater und Sohn sowie die EU-Kommission als die Anführer einer internationalen Verschwörung und die größten Gegner Ungarns.. Die Botschaft lautet: »Wir Ungarn gegen die da draußen«. Nach einer Suspendierung verließ Fidesz 2021 auch die Europäische Volkspartei im EU-Parlament.

Dauerhafter Spagat

Erstaunlich ist zudem, dass Orbán und seine Partei oft radikale Kurswechsel vollziehen: So ließ er sich 2010 als glühender Antikommunist wählen und sogar den Moskauer Platz in Budapest umbenennen, um dann zum besten Freund von Wladimir Putin in der EU zu werden. Damit sorgt Orbán z. B. in der Ukraine-Frage regelmäßig für Konflikte in Brüssel.

Die nationalen Töne werden lauter: Viktor Orbán bei einer Rede.

Neben der zweischneidigen Haltung zur EU ist auch die Einstellung gegenüber der jüdischen Bevölkerung sehr zwiespältig: Ehrungen für den Literatur-Nobelpreisträger und Holocaust-Überlebenden Imre Kertész sowie ein freundschaftlicher Kurs gegenüber der israelischen Regierung sollen das internationale Ansehen aufpolieren, doch die Plakatkampagnen gegen Vater und Sohn Soros sprechen eine ganz andere Sprache.

Eines zieht sich aber konstant durch alle Bereiche von Viktor Orbáns Handeln: Von der Demokratie westlicher Prägung hält er nicht viel, sein Biograf Paul Lendvai spricht gar von »Orbánisierung« des Landes und »Führerdemokratie«. Orbáns bisherige Stärke speist sich trotz zahlreicher Skandale und regelmäßiger Massenproteste in Budapest aus der tiefen Spaltung der Opposition, aber auch aus der Unentschlossenheit der EU im Umgang mit der ungarischen Regierung. Viktor Orbán sitzt anscheinend fest im Sattel. ■

Das zählt

Zahlen sind schnell überlesen — aber sie können die Augen öffnen. Lesen Sie, was in Budapest zählt.

0

Büro-Hochhaustürme gibt es in der Pester Innenstadt. Deshalb sieht die Skyline der Innenstadt erstaunlicherweise weitgehend so aus wie vor 100 Jahren. Das ist ein Grund, warum das Donauufer und weite Teile der Innenstadt zum Weltkulturerbe bzw. zur ebenfalls geschützten ›Pufferzone‹ zählen.

375

Meter ist die 1849 gebaute Kettenbrücke lang. Sie ist der Hingucker unter den Donaubrücken und zugleich die älteste. Mit dem Bau der Kettenbrücke verwirklichte sich auch der Traum, die beiden Städte Pest und Buda miteinander zur ungarischen Hauptstadt vereinigen zu können.

525

Quadratkilometer groß ist Budapest, davon entfallen 352 Quadratkilometer auf die Pester Donauseite und 173 auf die Budaer. Pest ist flach, Buda ziemlich hügelig.

3

Prozent der Budapester sind offiziell arbeitslos (2023) – fast Vollbeschäftigung. Um Engpässe zu beheben, sollen gesetzlich bis zu 400 Überstunden im Jahr möglich sein. Das führte zu Protesten.

40

Millionen Ziegel wurden Ende des 19. Jh. beim Bau des größten Parlamentspalasts der Welt verbaut, ebenso 500 000 Steinblöcke und 40 Kilogramm Gold.

32

Kilometer lang ist das Pálvölgyi-Szépvölgyi-Höhlensystem, das längste in ganz Ungarn. Unter den Budaer Bergen erstrecken sich zahlreiche Höhlen, von denen viele tatsächlich miteinander verbunden sind. Und so entdecken Höhlenforscher immer neue Verzweigungen.

123

Thermalquellen sorgen in ›Bad Budapest‹ für warmes und heilendes Badevergnügen. Das Karstgestein der Budaer Berge ist ideal, damit das heiße Thermalwasser an die Oberfläche gelangt. Schon die Römer und die Osmanen wussten das Geschenk der Natur zu nutzen.

48

Grad ist der Steigungswinkel der Standseilbahn Sikló, die seit dem Jahr 1870 vom Clark Ádám tér an der Kettenbrücke zum Szent György tér im Burgviertel hinaufgleitet. Die eigentliche Fahrstrecke ist jedoch nur knapp 100 Meter lang.

23

Bezirke mit je einem eigenen Bürgermeister hat Budapest – und einen direkt gewählten Oberbürgermeister. Seit 2019 ist dies Gergely Karácsony von der grün-liberalen Párbeszéd. 2024 werden der Oberbürgermeister und die Bezirksversammlungen neu gewählt.

3,2

Millionen ausländische Gäste besuchten 2022 die ungarische Hauptstadt. Das war nach Corona wieder ein deutliches Plus.

1.647

Kilometer fließt die Donau von der Kettenbrücke bis zur Mündung ins Schwarze Meer. In Budapest hat die Donau nicht einmal die Hälfte der Strecke von den Quellen im Schwarzwald bis zum offenen Meer zurückgelegt.

1,78

Millionen Einwohner hat Budapest. Damit ist die ungarische Hauptstadt in den letzten Jahren deutlich hinter Wien zurückgefallen. Die Bevölkerung wächst aber wieder langsam.

380

Forint bekommen Sie etwa für einen Euro. Auch in den letzten Jahren schwankte der Wechselkurs, mit einer Tendenz zu einer langfristigen Abschwächung des Forint. Die Einführung des Euro ist nicht geplant.

500

Kaffeehäuser gab es zu Beginn des 20. Jh. in Budapest, manche Literaten ließen sich auch gleich ihre Post in die Kaffeehäuser liefern oder schrieben hier neue Werke.

527

Meter hoch ist der höchste Punkt der Stadt, der János-hegy (Johannes-Berg) in den Budaer Bergen. Das macht immerhin einen Höhenunterschied von mehr als 400 Metern gegenüber dem tiefsten Punkt der Stadt an der Donau.

11

Donaubrücken hat Budapest, davon neun Straßen- und zwei Eisenbahnbrücken. Die älteste Brücke ist die 1849 eröffnete Kettenbrücke. Die jüngsten Brücken sind die beiden Autobahnbrücken ganz im Norden und Süden der Stadt.

Zum Beispiel ›gyógyszertár‹

Sprachinsel Ungarn — Jede ungarische Inschrift sei ein Geheimnis, beschwerte sich Hans Magnus Enzensberger. Die Ungar*innen leben in der Mitte Europas wie auf einer Sprachinsel, doch auch Besucher können einige Worte lernen.

Eine ›exotische‹ Sprache
Ungarisch gehört zur finno-ugrischen Sprachfamilie und unterscheidet sich damit von den meisten europäischen Sprachen, die indogermanischen Ursprungs sind. Die Ungar*innen fühlen sich deshalb oft – im wahrsten Sinne des Wortes – unverstanden. Andererseits verleiht ihnen die einzigartige Landessprache einen Hauch von Exotik, was sie durchaus genießen. Selbst mit den entfernt sprachverwandten Finn*innen ist eine Verständigung nicht möglich. Der Philosoph Johann Gottfried Herder hatte Ende des 18. Jh. noch das Aussterben der ungarischen Sprache vorhergesagt.

So fremd wie auf dem Mars? Angesichts der ungarischen Sprache kommt man/frau sich wie auf einem fernen Planeten vor.

Doch im Zeitalter des Nationalismus erlebte sie eine Renaissance und ersetzte zunehmend Latein und Deutsch als Bildungssprache.

Die Marsianer Europas?

Die Forschung nach möglichen weiteren Sprachverwandten ist noch nicht abgeschlossen – es gibt immer wieder neue Theorien. Als ›Verwandte‹ kamen schon u. a. Türkisch, Persisch und Hebräisch in Frage. Nach dem jetzigen Stand der Sprachwissenschaft sind jedoch nur einige in Russland lebende Nomadenvölker sprachlich derselben Familie zuzuordnen. Umso mehr wird dem nationalen Ego z. B. durch Behauptungen geschmeichelt, dass die Ungar*innen vom Mars kommen müssen. Diese originelle und nicht ganz ernst gemeinte Hypothese stammte aus den USA und basierte auf der Feststellung, dass es kein anderes Volk gebe, das so viele intelligente Menschen hervorgebracht habe (an dieser Stelle werden immer wieder die zahlreichen Nobelpreisträger ungarischer Abstammung genannt) und dessen Sprache sonst niemand verstehe. Die Ungar*innen selber lachen nur über solche Statements. Ungarisch ist ja so leicht. In Ungarn könnten es sogar ganz kleine Kinder …

Ungarisch lernen

Schon eine ganz gewöhnliche Apotheke heißt *gyógyszertár*. Doch nicht alle ungarischen Wörter sind schwer zu lernen: *Jó napot!* (Guten Tag!) und *köszönöm* (Danke) kommen schnell über die Zunge. Schwierig wird es jedoch schon bei *egészségedre* (Auf dein Wohl!), denn man muss die Betonung nur ein wenig verändern und *egészseggedre* sagen. Für deutsche Ohren ist kaum ein Unterschied zu vernehmen, aber für ungarische umso mehr: Man hat statt »Auf dein Wohl!« »Auf deinen ganzen Po« gesagt … Man kann aber auch Glück haben. Wie eine Freundin, die in Budapest einmal ›für kleine Mädchen‹ musste. Sie wurde von ihrer ungarischen Begleitung höflich gefragt, ob sie wüsste, hinter welcher Bezeichnung sich die Damentoilette befindet. »Nö«, sagte sie schön westfälisch und wunderte sich, dass ihre Begleitung zufrieden nickte. »Dann weißt du es ja schon«, denn *nő* bedeutet auf Ungarisch ›Frau‹. Bei einem Ungarnbesuch lässt man sich am besten von den Geheimnissen der ungarischen Sprache nicht abschrecken und versucht es wenigstens mit ein paar Brocken – die Ungar*innen werden Sie dafür lieben. Ein Sprachlexikon findet sich am Ende des Reiseteils (s. S. 258). ■

Andrea Óhidy

PROMINENTE

Wahlungar **Franz** (ungar. Ferenc) **Liszt** bemühte sich ohne nachhaltigen Erfolg, die Sprache zu lernen. Angeblich soll er bei dem Wort *eltántoríthatatlanság* (Unerschütterlichkeit) kapituliert haben. Das hielt ihn jedoch nicht davon ab, für sein »wildes und fernes Vaterland« immer wieder begeisterte Hymnen zu komponieren (s. S. 281). Selbst der berühmte Reformgraf **István Széchenyi** (1791–1860), bekannt als »der größte Ungar«, konnte zunächst nicht richtig Ungarisch. Denn bis Mitte des 19. Jh. war Deutsch die wichtigste Gesellschaftssprache in den großen Städten wie Pest. Kaiserin und Königin **Sisi** soll dagegen das Erlernen der Sprache sehr gelungen sein: Böse Zungen behaupten allerdings, dass dies vor allem an ihrer Liebe zum feschen ungarischen Außenminister Graf Gyula Andrássy lag …

Die ungarische Musik

Das Klischee von der ungarischen Musik als Zigeunerweise stammt noch aus der Zeit von Franz Liszt, es hat sich lange gehalten.

Die Suche nach den Wurzeln — Lange galten die berühmten Ungarischen Rhapsodien von Franz ›Ferenc‹ Liszt als Inbegriff ungarischer Musik. Doch Anfang des 20. Jh. begaben sich Béla Bartók und Zoltán Kodály in den ländlichen Gegenden des damaligen Ungarns auf die Suche nach ›authentischer‹ Volksmusik.

Ohne Franz Liszt (1811–86) wäre der Aufschwung der ungarischen Musik in der zweiten Hälfte des 19. Jh. nur schwer denkbar. Liszt, im damals noch ungarischen Ort Raiding bei Sopron geboren, entdeckte erst im Erwachsenenalter seine Liebe zu Ungarn und sprach von seinem »wilden und fernen Vaterland«. Eine Konzertreise durch Ungarn wurde 1839 für ihn zum Triumphzug.

Der Komponist konnte zwar kein Ungarisch und lebte nur zeitweise an der Donau, das hielt ihn jedoch nicht davon ab, zum bekennenden Wahlungar zu werden. Von romantischen Gefühlen für sein Geburtsland geprägt sind Liszts »Ungarische Nationalmelodien«. Sie dienten als Grundlage für seine 19 »Ungarischen Rhapsodien«, die ab 1851 erschienen. In ihnen griff Liszt vor allem Themen und Formen der Zigeunermusik auf, die er zur typisch ungarischen Volksmusik erklärte. In seinem 1859 veröffentlichten Buch »Über die Musik der Zigeuner in Ungarn« heißt es: »Wer vermag heute zu entscheiden, ob die Zigeuner ihre Melodien von den Ungarn gelernt haben, um sie ihnen aufzuspielen, oder ob das magyarische

Volk sich nach den Zigeunermelodien gerichtet hat?« Das ungarische Publikum jedenfalls war von den romantisch verklärenden Rhapsodien begeistert und feierte den Komponisten.

In der Folge schrieb Liszt immer wieder große Werke für wichtige Feierlichkeiten in Ungarn. Beispielsweise wurde 1856 die Basilika in Esztergom zu den Klängen seiner »Graner Festmesse« eingeweiht. Elf Jahre später komponierte er für die Königskrönung von Franz Joseph I. und seiner Frau Elisabeth (›Sisi‹) die Krönungsmesse.

Gründung der Musikakademie

Damit nicht genug: Zusammen mit dem Opernkomponisten Ferenc Erkel (1810–93) stieß Liszt 1875 die Gründung der Musikakademie in Budapest an. Erkel hatte u. a. 1844 die Nationalhymne komponiert und mit seinem patriotischen Werk »Hunyadi László« die erste ungarische Oper geschaffen. Auch die Gründung der Staatsoper ist mit seinem Namen verbunden. Der Aufbau der Musikakademie war für die Ausbildung der nächsten Generationen ungarischer Musiker von entscheidender Bedeutung.

K

AUF DEN SPUREN DER KOMPONISTEN

In Budapest gibt es viele Möglichkeiten, mehr über die drei großen Komponisten zu erfahren. So sind die ehemaligen **Wohnungen** von Liszt (s. S. 181), Bartók (s. S. 55) und Kodály (s. S. 172) zu besichtigen. Eindrucksvoll ist das Gebäude der **Musikakademie** am Szeneplatz Liszt Ferenc tér (s. S. 173), wo auch eine Skulptur von Liszt zu bewundern ist. Im Burgviertel ist das **Musikhistorische Museum** (s. S. 167) eine gute Adresse.

1907 erhielt die Akademie einen wunderbaren Jugendstil-Palast als feste Bleibe, später wurde sie nach Liszt benannt.

Traditionssuche auf dem Land

Zu Beginn des 20. Jh. studierten so unterschiedliche Künstler wie der Operettenkönig Imre Kálmán (1882–1953) sowie Béla Bartók (1881–1945) und Zoltán Kodály (1882–1967) an der Musikakademie. 50 Jahre waren seit den ersten Liszt'schen Rhapsodien vergangen und die nationale Identitätssuche hatte sowohl in der Architektur wie auch in der Musik wieder Hochkonjunktur.

In dieser Zeit schlugen die jungen Musiker Béla Bartók und Zoltán Kodály völlig neue Wege ein: Sie begannen 1905 in den Dörfern der Provinz die traditionellen Lieder der Bauern auf phonographischen Walzen aufzuzeichnen. Ihr Ziel war es, die ›wahren Wurzeln‹ der ungarischen Musik zu erforschen. Das war auch Liszts Anliegen gewesen, doch für dessen Rhapsodien hatte der junge Bartók kein gutes Wort übrig, da er sie für zu profan hielt: »Anfangs bestricken, später indes ermüden sie.« Bartók hatte genug von der »romantischen Überschwänglichkeit« der »trivialen Volkslieder«, die von »Schwulst und Pathos« geprägt seien.

Auf dem Land entdeckten Bartók und Kodály nun eine ganz andere Klangwelt: Die Bauernmusik hatte teils noch archaischen Charakter und erschien ihnen als rein und unverdorben. Mit diesem positiven Bild des Landlebens standen die beiden nicht allein da. Auch zahlreiche Maler gründeten zu jener Zeit ländliche Künstlerkolonien, um der Natur und dem ›unverfälschten‹ Leben der Dorfbewohner näher zu sein. In Ungarn war dabei die Künstlerkolonie von Nagybánya führend.

Zunächst bereisten Bartók und Kodály die ungarischen Siedlungsgebiete. 1906 veröffentlichten sie die Sammlung »Ungarische Volkslieder« (Magyar Népdalok). Die Sensation war perfekt und

Béla Bartók erkundet in den Dörfern der Provinz die ungarische Volksmusik und löst eine ganze Bewegung damit aus.

der Forscherdrang geweckt – weitere Reisen folgten. Später zeichnete Bartók auch rumänische, slowakische, serbische und sogar türkische Volkslieder auf. Damit verließ er den Rahmen einer national geprägten Forschung und geriet in Konflikt mit dem politischen Mainstream, der die nichtmagyarischen Völker im damaligen Ungarn nicht als gleichberechtigt anerkennen wollte.

Neue Töne

Bartók und Kodály stehen exemplarisch für eine neue Generation ungarischer Musiker. Beide studierten in Budapest, beide wurden bereits 1907 zu Professoren an der Musikakademie ernannt. Zusammen gründeten sie 1911 die Neue Ungarische Musikgesellschaft.

Bartóks weitere Wege führten ihn auf experimentelle Pfade. Bekannt wurden die Oper »Herzog Blaubarts Burg« (1911) und das Ballettstück »Der wunderbare Mandarin« (1918/19). Beide konnten erst mit großer Verzögerung uraufgeführt werden (1918 bzw. 1926) – und selbst dann gab es keine positiven Reaktionen. Die Uraufführung des »Mandarins« fand in Köln statt – und niemand anderes als der damalige Oberbürgermeister Konrad Adenauer ließ weitere Aufführungen verbieten, weil das Publikum durch die Darstellung von erotischen Themen schockiert war. In Budapest wurde das Stück sogar erst 1946 gespielt – nach Bartóks Tod.

Angewidert von dem sich immer weiter ausbreitenden Nationalsozialismus und der offenen Parteinahme des reaktionären Reichsverwesers Horthy für Hitler, war Bartók 1940 ins amerikanische Exil gegangen, wo er 1945 starb. 1988 wurden seine sterblichen Überreste auf den Farkasréti-Friedhof in den Budaer Bergen überführt.

Bartóks Kollege Kodály hingegen blieb in Ungarn und machte sich vor allem durch sein ehrgeiziges Projekt »Singendes Ungarn« einen Namen sowie durch die sogenannte Kodály-Methode. Mit ihr verankerte er Musik als wesentliches Element in der Erziehung und revolutionierte so die Musikpädagogik. Bis ins ferne China und Japan reicht sein Ruf. 1923 schuf Kodály sogar ein echtes ›Budapester‹ Werk: Zum 50. Jahrestag der Hauptstadtgründung komponierte er den »Psalmus Hungaricus«, eines seiner bekanntesten Werke. ■

Das »Petit Journal« von 1894 illustriert die Beerdigung vom ungarischen Politiker Lajos Kossuth, dem heute ein Platz gewidmet ist.

Reise durch Zeit & Raum

Geschichte live erleben — das Burgschloss, das Parlament und der Heldenplatz sind drei gute Startpunkte für eine historische Erkundungstour. Doch es gibt noch mehr zu entdecken.

Von den Urmenschen bis Rom

50 000 v. Chr. – ca. 850 n. Chr.

Auch wenn die ältesten menschlichen Funde unter dem Corvin tér in Buda schon 50 000 Jahre alt sind, ist das heutige Stadtgebiet erst seit gut 4000 v. Chr. dauerhaft besiedelt. Im abgerissenen Viertel Tabán fanden sich neolithische Funde, auf dem Gellértberg siedelten sich in der Eisenzeit keltische Erawisker an. Auf sie geht auch der Name für Aquincum zurück, denn *ak ink* bedeutete für die Kelten ›wasserreich‹. Die vorrückenden Römer machten die Donau zur neuen Reichsgrenze. 89 n. Chr. entstand im heutigen Stadtteil Óbuda das Militärlager Aquincum, 106 wurde die Siedlung zur Hauptstadt der neuen Provinz Unterpannonien. Der erste Statthalter war der spätere Kaiser Hadrian. Ende des 3. Jh. entstand auf der Pester Seite der Außenposten Contra Aquincum, die Keimzelle der heutigen Innenstadt von Pest. Nach dem Abzug Roms im 5. Jh. verfiel Aquincum rasch und in den folgenden Jahrhunderten kamen Hunnen, Gepiden, Awaren und Franken an die Donau. Sie hinterließen jedoch keine dauerhaften Spuren.

Zum Anschauen: Ungarisches Nationalmuseum, S. 125; Burgmuseum/ Budapester Historisches Museum, S. 61; Aquincum-Museum, S. 224

Die Magyaren kommen

Um 896

Ab Mitte des 9. Jh. gelangte das Karpatenbecken zunehmend unter den Einfluss der magyarischen Stämme. Die für das Millennium der sogenannten Landnahme 1896 festgelegte Zahl 896 ist allerdings eine Fiktion – man wollte ein Datum für die Feierlichkeiten haben. Die sagenumwobenen sieben Reiterstämme aus dem Osten unter Führung von Fürst Árpád unterwarfen das Karpatenbecken aber schließlich vollkommen und waren auch in Westeuropa durch ihre Raubzüge gefürchtet.

Zum Anschauen: Millenniumsdenkmal (Heldenplatz), S. 174

Aus Vajk wird Stephan

1000

Nach einem Jahrhundert voller Raubzüge, aber auch getrieben durch militärische Niederlagen (z. B. 955 auf dem Lechfeld), wenden sich die magyarischen Herrscher dem christlichen Westen zu. Fürst Vajk (reg. 997–1038) lässt sich schließlich taufen und nimmt den Namen Stephan (ungar. István) an. Er heiratet die bayrische Herzogstochter Gisela und lässt sich in Esztergom zum ersten ungarischen König krönen. Mit seiner Frau und dem Missionar Gellért christianisiert er das Land. Stephan gilt bis heute als Gründervater des ungarischen Nationalstaats.

Zum Anschauen: Parlament (Stephanskrone), S. 153; St.-Stephans-Basilika (Hl. Rechte), S. 147; Gellértberg, S. 82; Ungarische Nationalgalerie (»Taufe des Vajk«), S. 57

Tatarensturm und Neuaufbau

13./14. Jh.

Einen großen Einschnitt bedeutete 1241/42 der erfolgreiche Angriff der Mongolen, der das Land völlig verwüstet zurückließ. Der Neuaufbau unter König Béla IV. führte zum Bau der Budaer Burg und zum Entstehen der Bürgerstadt im heutigen Budaer Burgviertel rund um die heutige Matthiaskirche. Auf Pester Donauseite entwickelte sich Pest rund um die Innerstädtische Pfarrkirche zur Kaufmannsstadt. Viele deutsche, italienische und jüdische Siedler kamen an die Donau. In der Folge verlagerte sich auch der Königssitz langsam nach Buda. Ein zweiter wichtiger Residenzsitz wurde Visegrád im Donauknie.

Zum Anschauen: Burgmuseum/Budapester Historisches Museum, S. 61; Matthiaskirche, S. 48; Innerstädtische Pfarrkirche, S. 100; Visegrád, S. 236

Macht und Pracht unter König Matthias

1456–1490

Die zweite Hälfte des 15. Jh. ist die Glanzzeit des ungarischen Königreichs: 1456 hatte Reichsverweser János Hunyadi die vorrückenden Osmanen bei Belgrad geschlagen, sein Sohn König Matthias Corvinus (reg. 1458–90) bringt die Frührenaissance nach Ungarn und dehnt die Macht des Reiches aus. 1485 erobert er sogar Wien. Matthias macht Buda zum Regierungssitz, seine Bibliotheca Corviniana ist ein Zentrum des Wissens. Doch nach seinem Tod gehen die Eroberungen wieder verloren, das Königreich beginnt zu schwächeln.

Zum Anschauen: Matthiaskirche, S. 48; Visegrád, S. 236

Unter der Fahne des Sultans

16.–18. Jh.

Die neue Schwäche Ungarns nutzt Sultan Süleiman, der Prächtige, bald aus: 1526 zerschlägt er das ungarische Heer bei Mohács, 15 Jahre später nimmt er Buda ein. Für die nächsten 145 Jahre wird hier ein osmanischer Pascha residieren. Das Land wird geteilt: Die westliche Landeshälfte fällt an Habsburg, die östliche an die relativ autonomen Fürsten von Siebenbürgen, die zum protestantischen Glauben übertreten. Erst 1686 kann ein Heer der Habsburger in Buda einrücken, das dabei völlig zerstört wird. Das folgende 18. Jh. wird deshalb zu einem Jahrhundert des langsamen Wiederaufbaus, nunmehr unter der Herrschaft der Habsburger.

Zum Anschauen: Rudas-Heilbad, S. 88; Király-Heilbad, S. 73; Gül-Baba-Türbe, S. 76; Ungarische Nationalgalerie (»Die Wiedereroberung der Budaer Burg«), S. 57; Budaer Burgviertel, S. 38; Innerstädtische Pfarrkirche, S. 100

Der türkische Sultan Süleiman der Prächtige übernimmt im 16. Jh. die Herrschaft über Ungarn.

Revolutionäre Umbrüche

1848/1849

Erst Mitte des 19. Jh. drängen die ungarische Ober- und Mittelschicht wieder energisch auf mehr politische Selbstständigkeit. Angefeuert durch das Reformzeitalter, eine Renaissance der ungarischen Sprache sowie patriotische Literatur, u. a. von Sándor Petőfi, kommt es im europäischen Revolutionsjahr 1848 auch in Pest und Buda zum Aufstand gegen die Habsburger und dann auch Russland. Mehr als ein Jahr kämpfen die Ungarn für ihre Unabhängigkeit – vergeblich. Ministerpräsident Batthyány wird hingerichtet, Revolutionsführer Kossuth muss ins Exil. Die Habsburger bauen die Zitadelle auf dem Gellértberg, um eine Wiederholung zu verhindern.

Zum Anschauen: Ungarisches Nationalmuseum, S. 125; Zitadelle (Gellértberg), S. 83; Mausoleen Kerepesi-Friedhof, S. 200

Das Goldene Zeitalter

1867–1914

Doch die Zeiten ändern sich: Das Habsburgerreich ist nach militärischen Niederlagen gegen Preußen und Italien geschwächt und sucht nun den Ausgleich mit den Magyaren: 1867 wird das Kaiserpaar Franz Joseph und Sisi in der Matthiaskirche als König und Königin von Ungarn gekrönt, Ungarn erhält weitgehende Autonomie. Pest, Buda und Óbuda werden 1873 zur Hauptstadt Budapest vereinigt. In der Folge nimmt die städtische und kulturelle Entwicklung einen ungeahnten Aufschwung. Neue Stadtviertel und Prachtboulevards entstehen, Ödön Lechner bringt den Jugendstil an die Donau, Literaten und Künstler verwandeln Budapest in eine Kulturmetropole, die Industrialisierung macht große Fortschritte, 1896 wird die erste U-Bahn des europäischen Kontinents eröffnet – Budapest schafft den Anschluss an die europäischen Metropolen und boomt selbstbewusst. Der Erste Weltkrieg bedeutet ein abruptes Ende des Goldenen Zeitalters.

Zum Anschauen: Parlament, S. 153; U-Bahn M 1 (Földalatti), S. 167; Andrássy út, S. 291; Heldenplatz, S. 174; Jugend-Stilbauten, S. 296

Der Weg ins Unheil

1914–1945

Das Ende des Ersten Weltkriegs bringt Ungarn zwar die nationale Selbstständigkeit, doch auch große Gebietsverluste. Aus dem Vielvölkerstaat wird ein Nationalstaat unter dem rechtsautoritären Reichsverweser Miklós Horthy. Dieser erlässt früh antisemitische Gesetze und führt Ungarn immer stärker an die Seite von Adolf Hitler, um Gebietsansprüche gegen die Nachbarn durchsetzen zu können. In der Folge kämpft Ungarn an der Seite der Nazis im Zweiten Weltkrieg. Im März 1944 marschieren dennoch deutsche Truppen ein. Mehrere Hunderttausend Juden werden unter tatkräftiger Mithilfe ungarischer Behörden innerhalb weniger Wochen nach Auschwitz deportiert und ermordet. Nur in Budapest ist ein Überleben möglich. Am 15. Oktober scheitert der Versuch Horthys, in letzter Sekunde die Seiten zu wechseln. Die ungarischen Faschisten, die Pfeilkreuzler, errichten ein Terrorregime. Nach schweren Kämpfen erobert die Rote Armee bis Februar 1945 die stark zerstörte Stadt.

Zum Anschauen: Burgmuseum/Budapester Historisches Museum, S. 61; Große Synagoge/Jüdisches Museum, S. 130; Holocaust-Gedenkzentrum, S. 191; Denkmäler auf dem Szabadság tér, S. 157

Der Weg in den Stalinismus

1945–1949

Zunächst bilden sich demokratische Strukturen mit einer Mehrparteienregierung. Ungarn wird erneut zur Republik. Ab 1947 übernimmt jedoch die stalintreue kommunistische Partei mit der

›Salamitaktik‹ Stück für Stück die alleinige Macht und ruft 1949 die Volksrepublik Ungarn aus. Parteichef Mátyás Rákosi regiert durch offenen Terror.

Zum Anschauen: Memento Park, S. 91; Ungarisches Nationalmuseum, S. 125; Freiheitsstatuel (Gellértberg), S. 84; Haus des Terrors, S. 172

Der Traum von Freiheit

1956

Nach Stalins Tod 1953 kommt es auch in Ungarn zu einem politischen Tauwetter. Imre Nagy wird Ministerpräsident, wird aber 1955 wieder abgesetzt. Doch die Entstalinisierung führt zu offenen Diskussionen und Protest. So rufen am 23. Oktober 1956 Studenten zu einer Großdemo auf. Diese entwickelt sich zum offenen Aufstand gegen die Regierung und die sowjetische Besatzung. Imre Nagy wird erneut Ministerpräsident, bringt das Mehrparteiensystem zurück und erklärt schließlich den Austritt Ungarns aus dem Warschauer Pakt. Sowjetische Truppen schlagen die Revolution im November jedoch blutig nieder. János Kádár übernimmt die Macht. Es folgt eine Zeit starker Unterdrückung mit rund 400 Hinrichtungen (darunter Imre Nagy) und vielen Haftstrafen. 200 000 Menschen verlassen das Land.

Zum Anschauen: Ungarisches Nationalmuseum, S. 125; Imre-Nagy-Denkmal, S. 73; Kossuth-Lajos-Platz, S. 152; Kerepesi-Friedhof, S. 200; Nagy Imre tér, S. 73

Der Eiserne Vorhang fällt

1987–1990

In den 1960er- und 70er-Jahren liberalisiert sich Ungarn langsam und wird zur »lustigsten Baracke im Ostblock«. In der Hauptstadt Budapest entstehen neue Wohnviertel, die neue Elisabethbrücke sowie neue Metrolinien. 1987 wird das atemberaubende Donaupanorama zum UNESCO-Welterbe erklärt. Angestoßen durch die Gorbatschow'sche Perestroika und Glasnost sucht auch Ungarn neue Wege: Es entstehen wieder demokratische Parteien und es gibt einen Runden Tisch zwischen Regierung und Opposition. Im Mai 1989 wird der Grenzzaun zu Österreich abmontiert, Imre Nagy erhält im Juni ein feierliches Staatsbegräbnis. Im Sommer kommen Tausende Flüchtlinge aus der DDR nach Budapest und verlangen die Ausreise in den Westen. In den Budaer Bergen entstehen Flüchtlingslager. Am 11. September öffnet Ungarn schließlich seine Grenzen nach Westen. Am 23. Oktober wird das Land wieder zur Republik. Die ersten freien Parlamentswahlen führen 1990 zu einer konservativ-liberalen Koalition unter Ministerpräsident József Antall vom Ungarischen Demokratischen Forum (MDF). Gabór Demszky vom Bund Freier Demokraten (SZDSZ) wird zum Oberbürgermeister in Budapest.

Zum Anschauen: Ungarisches Nationalmuseum, S. 125; 1989-Gedenkpark, S. 59

Ins demokratische Europa

1998–2007

Die folgenden Jahre sind von einem demokratischen Konsolidierungskurs und wirtschaftlichen Krisen geprägt, die zu regelmäßigen Regierungswechseln führen und vom Aufstieg bzw. Verschwinden zahlreicher Parteien geprägt sind. Das trifft auch den heutigen Ministerpräsidenten Orbán, der 2002 nach seiner ersten Amtszeit wieder abgewählt wird. Einig sind sich alle Parteien, dass sich Ungarn in die politischen Strukturen Westeuropas integriert. So tritt Ungarn 1999 der NATO bei und 2004 der EU, 2007 folgt der Beitritt zum Schengen-Raum, der Grenzkontrollen nach Österreich überflüssig macht. Innenpolitisch gibt es nach 2002 heftige Kontroversen zwischen Orbáns Bund Junger Demokraten (Fidesz) und der sozialistischen Regierungspartei unter Ferenc Gyurcsány. In der Stadt wird

2002 die Andrássy út ebenfalls zum UNESCO-Welterbe erklärt, im angrenzenden Jüdischen Viertel beginnt der Strukturwandel.

Zum Anschauen: Parlament, S. 153

Viktor Orbáns neues Ungarn
2010–2023

Seit 2010 werden Ungarn und Budapest von der Fidesz-Partei regiert unter Viktor Orbán als Ministerpräsidenten und István Tarlós als Oberbürgermeister. Im Parlament ermöglicht eine Zweidrittelmehrheit der Mandate weitreichende Verfassungs- und Gesetzesänderungen, die trotz größerer innen- wie außenpolitischer Proteste durchgesetzt werden. Dadurch kommt es zu einer umfassenden Umgestaltung der ungarischen Politik, Justiz, Wirtschaft, Wissenschaft, Kultur und Medien. Viele Menschen verlassen das Land. 2015 lässt Orbán neue Grenzzäune bauen, in der EU wird er zum nationalistischen Hardliner. 2018 bezieht er nach seiner erneuten Wiederwahl einen neuen Regierungssitz im Burgviertel. In der Stadt gibt es einen staatlich geförderten Bauboom zur Umgestaltung zentraler Flächen, z. B. des Kossuth-Platzes. 2019 gibt es jedoch einen Dämpfer, als der grün-liberale Kommunalpolitiker Gergely Karácsony zum Oberbürgermeister von Budapest gewählt wird. In der Folge beschneidet die Regierung die rechtlichen Kompetenzen der Stadtverwaltung.

Zum Anschauen: Kossuth Lajos tér, S. 152; ehem. Karmeliterkloster (Burgviertel), S. 47

Ungarn, quo vadis?
2024–2026

Die nächsten Budapester Kommunalwahlen 2024 sind ein aktueller Stimmungstest, wie beliebt die Fidesz-Regierung derzeit ist. In den kommenden Jahren stehen in der Stadt wichtige Entscheidungen an: Wie geht es mit den Mega-Bauvorhaben im Stadtwäldchen und im Burgviertel weiter? Kann der Nahverkehr stärker ausgebaut werden? Kommt es zu einem Konflikt mit der UNESCO um die Zukunft des Weltkulturerbes? Droht weiteren zentralen Bezirken von Pest eine umfassende Gentrifizierung? Wie können das ökonomische Ungleichgewicht und die sozialen Probleme in der Stadt überwunden werden?

Gelingt es der zerstrittenen demokratischen Opposition, sich im Vorfeld der nächsten Parlamentswahlen 2026 neu aufzustellen? Wird Budapest seine Brückenfunktion zwischen West und Ost bewahren können oder orientiert die Orbán-Regierung das Land noch stärker Richtung Russland und Asien? Auch die nächsten Jahre werden in der Donaumetropole sehr spannend werden.

Flüchtlinge an der serbisch-ungarischen Grenze waren der Grund dafür, dass die Regierung 2015 wieder Grenzzäune errichten ließ.

Rettung vor dem Holocaust

Die Rolle der Diplomaten — 1944 lebten in Budapest noch 200 000 jüdische Ungarn. Während die jüdischen Gemeinden im restlichen Land nach Auschwitz in den Tod deportiert wurden, gelang es in Budapest, Zehntausende Juden zu retten.

Es ist der 19. März 1944: Deutsche Truppen besetzen Ungarn, damit Hitlers ›letzter Verbündeter‹, Reichsverweser Miklós Horthy, nicht aus dem verlustreichen Krieg aussteigen kann. Unter Anleitung des berüchtigten Adolf Eichmann und unter tatkräftiger Mithilfe der ungarischen Behörden werden binnen weniger Wochen mehr als 430 000 jüdische Ungarn in einer beispiellosen Verfolgungsaktion zunächst systematisch in Ghettos interniert und dann nach Auschwitz in den Tod verschleppt.

Verzweifeltes Ringen

Anfang Juli 1944: Auch in den Budapester Vorstädten werden erste Todestransporte zusammengestellt. In dieser Situation ergreifen u. a. der Schweizer Vize-Konsul Carl Lutz, der auch die US-amerikanische Regierung vertritt, und der päpstliche Nuntius Angelo Rotta Partei für die Verfolgten. Sie intervenieren bei Staatschef Horthy und können am 6. Juli einen vorläufigen Stopp der Deportationen erwirken. Angesichts der sich verschlechternden militärischen Lage will es sich der hitlertreue Reichsverweser nicht ganz mit den neutralen Ländern verscherzen. Außerdem befürchtet er, Budapest könne das Ziel alliierter Luftangriffe werden.

Schutzpässe und Schutzhäuser

Wenige Tage später trifft der 32-jährige schwedische Diplomat Raoul Wallenberg in Budapest ein. Sein Ziel ist es, auf Wunsch der eigenen sowie der amerikanischen Regierung so viele jüdische Ungarn wie möglich vor der Mordmaschinerie der SS zu retten. Wallenberg, Lutz, Rotta und weitere Mitstreiter organisieren in den Folgemonaten eine groß angelegte Rettungsaktion. Wallenberg richtet sein Hauptquartier oberhalb des Gellért-Hotels ein, Lutz in der US-Botschaft und im ›Glashaus‹ in Pest. Unter dem Schutz der eidgenössischen und schwedischen Botschaft bauen sie große Hilfsorganisationen mit mehreren Hundert Mitarbeitern auf. Für die bedrohten Menschen stellen die Diplomaten ›Schutzpässe‹ aus, welche die Besitzer unter den direkten Schutz der jeweiligen Regierung stellen, und mieten fieberhaft ›Schutzhäuser‹ an, insgesamt rund 100.

Mitte Oktober spitzt sich die Lage erneut zu. Nach dem gescheiterten Absetzversuch Horthys putschen sich die ungarischen Pfeilkreuzler von Hitlers Gnaden an die Macht. Sie nehmen die Judenverfolgung in Budapest wieder auf. Ab Ende November werden die Menschen in zwei Ghettos gepfercht, Erwachsene werden zu Todesmärschen gezwungen oder am Donauufer erschossen – Tausende sterben so. Doch Wallenberg und Lutz geben nicht auf. Zusammen mit ihren Mitarbeitern versuchen sie im Winter 44/45 zu helfen, wo sie können – retten Menschen sogar noch aus den Marschkolonnen und vor der Erschießung am Donauufer.

Gerechte unter den Völkern

Ende Dezember wird Budapest von der Roten Armee eingekesselt, die Pester Ghettos werden am 18. Januar 1945 endgültig befreit. Rund 100 000 jüdische Budapester überleben den Holocaust dank des unermüdlichen Einsatzes von Wallenberg, Lutz und anderen. Gedankt hat es ihnen von offizieller Seite zunächst niemand: Wallenberg gerät im Januar 1945 unter nie geklärten Umständen sogar in sowjetische Gefangenschaft, wo er vermutlich 1947 stirbt. Lutz wird noch 1949 von der Schweizer Regierung für seine großherzige Vergabe der Schutzpässe gerügt. Doch nach und nach wurde deutlich, wie viel die beiden Diplomaten bewirkt haben, sodass es heute eine Reihe von Gedenkstätten für sie gibt. In Israel werden Wallenberg und Lutz als »Gerechte unter den Völkern« geehrt.

Renaissance jüdischen Lebens

Budapest ist es durch die wagemutigen und entschlossenen Rettungsaktionen für die jüdische Bevölkerung gelungen, jüdisches Leben und jüdische Kultur zu bewahren. Das ist die Grundlage dafür, dass in den letzten Jahrzehnten eine Renaissance jüdischen Lebens eingesetzt hat. Synagogen, Schulen, ein Rabbinerseminar, die Klezmer-Musik, koschere Geschäfte und Restaurants – es gibt viele sichtbare Zeichen des Überlebens und der Neugestaltung. ■

GEDENKORTE FÜR DIE RETTER

G

Raoul Wallenberg wird u. a. an der Großen Synagoge in der Dohány utca (s. S. 131), im Szent-István-Park (s. S. 206) und an der Österreichischen Botschaft in der Benczúr utca geehrt (s. S. 253), Carl Lutz durch Denkmäler an der US-Botschaft (s. S. 158) und in der Dob utca (s. S. 132). Im Glashaus (Vadász utca) wurde eine Gedenkstätte eingerichtet (s. S. 158). An Angelo Rotta erinnert eine Gedenktafel am Dísz tér im Burgviertel (s. S. 47).
An die Opfer erinnern u. a. die »Schuhe am Donauufer« (s. S. 150), das Ghetto-Denkmal in der Dohány utca (s. S. 129) sowie das Holocaust-Gedenkzentrum (s. S. 191) und der Jüdische Friedhof am Stadtrand (s. S. 202).
Die Überlebenden Imre Kertész und György Konrád haben mit ihren Büchern »Roman eines Schicksallosen« sowie »Glück« beeindruckende literarische Werke veröffentlicht, welche die Erinnerung an die ungeheure Grausamkeit des Holocaust wachhalten. Kertész erhielt dafür 2002 den Literatur-Nobelpreis (s. S. 268).

Kulturszene im Umbruch

Hauptstadt im Mittelpunkt — ob hochkarätige Theater und Museen, freie Kulturschaffende oder erstklassige Festivals: In Budapest ist immer was los. Aber auch im Kulturbereich macht sich der Einfluss der Orbán-Regierung bemerkbar.

Budapest ist für seine enorme künstlerische Vielseitigkeit bekannt. Besucher haben hier oft die Qual die Wahl. Zu der breiten Angebotspalette tragen mehrere anspruchsvolle Häuser bei, die in den letzten Jahrzehnten entstanden. So öffnete 2002 das neue Nationaltheater am Pester Donauufer, direkt daneben entstand 2005 der Palast der Künste. 2019 zog das Nationale Tanztheater in eine ehemalige Werkshalle auf dem Gelände des Millenáris Parks in Buda. Auch die Architekturperlen Pesti und Budai Vigadó sowie der Várkert Bazár und die Franz-Liszt-Musikakademie bieten zeitgemäße, rundum sanierte Bühnen und Ausstellungsmöglichkeiten. Bis 2022 wurde auch das Opernhaus grundsaniert, hinzukam das großartige Eiffel-Kulturstudio als weitere Spielstätte– die vielen Großprojekte zeigen, welch hohen Stellenwert die Kultur in Budapest einnimmt. In die Bühneninfrastruktur wird investiert, ohne sich durch ein wolkiges Megaprojekt zu überfordern. Diese kulturellen Flaggschiffe sind wichtige Impulsgeber für das kulturelle Leben der Stadt. Bei der Besetzung der Intendanzen gibt es jedoch immer wieder Schlagzeilen, wenn eher liberale und kritische Persönlichkeiten gehen müssen, wie z. B. Róbert Alföldi 2013 am Nationaltheater.

Donauklänge

In der Stadt von Liszt, Bartók und Kálmán spielt die Musikszene auch heute noch eine sehr wichtige Rolle. Typisch für Budapest sind die hervorragenden Jazzclubs. Deutlich erweitert wurde die musikalische Bandbreite durch die Renaissance der jüdischen Klezmer-Musik (s. S. 142). Und natürlich bietet die Franz-Liszt-Musikakademie hervorragende Ausbildungsmöglichkeiten. Aufstrebende Bands treten im Sommer z. B. open-air im Budapest Park auf, viele Kneipen und Bars bieten ebenfalls kleine Bühnen, die Ruinenkneipen haben sehr zu einer Erweiterung des kulturellen Angebots abseits der staatlich gesponserten Szene beigetragen.

Musikalisch sorgen auch die vielen hochkarätigen Festivals der Stadt für ungebremste Dynamik. Das Sziget-Festival ist ein jugendliches Open-Air-Spektakel, das heimische Bands mit internationalen Top-Acts auf der Óbudaer Insel auf die Bühne bringt. Ein eher gesetzteres Publikum sprechen die sommerlichen Konzerte an stimmungsvollen Orten wie der Freilichtbühne auf der Margareteninsel an. Ein besonderes Highlight ist das international besetzte Frühlingsfestival (s. S. 247).

Freie Szene

Wie in vielen Städten muss sich auch die freie Kulturszene in Budapest immer wieder gegen die Kürzung von Zuschüssen zur Wehr setzen. Umso wichtiger ist es, Räume für experimentelle Kunst und Bühnendarbietungen zu haben.

Ein solcher Raum ist das Fonó in Buda, ein weiterer das Trafó in Pest. Das Trafó als Haus für Zeitgenössische Kunst ist zwar ein kommunales Theater, ging aber aus einer selbstorganisierten Aktion zu Beginn der 1990er-Jahre hervor, bevor es 1998 einen geregelten Status bekam. Als einziges Theater in Budapest verfügt es über kein eigenes Ensemble, sondern arbeitet mit freien Gruppen zusammen. Zu Beginn gab es dafür durchaus Geld, doch György Szabó, der künstlerische Leiter des Trafó, beklagte schon 2019 in einem Interview mit der Budapester Zeitung, dass die freie Szene mittlerweile einen Großteil ihrer öffentlichen Finanzierung verloren habe. Während der Corona-Pandemie wurde es für den freien Kulturbereich noch schwieriger und viele Häuser mussten zeitweise schließen. Das Trafó konnte hingegen den Anbau eines Cafés durchziehen, was eine bessere Wirtschaftlichkeit ermöglicht.

Mit avantgardistischen Tanzproduktionen, dem Cirque Nouveau und intensiver internationaler Zusammenarbeit hält das Trafó ungeachtet aller Schwierigkeiten den Zugang zu neuen künstlerischen Ausdrucksformen offen. Man darf gespannt sein, wie sich die Lage weiter entwickelt. ■

Experimentell und avantgardistisch: Die Tänzerinnen der Budapest Tanciskola auf der Bühne des Trafo sind wie die anderen Ensembles keine staatlich bezahlten Künstler, sondern arbeiten frei.

Begegnungsschule

Mitten in Europa — mehrere Bildungsinstitutionen versuchen, die deutsche Sprache in Ungarn lebendig zu halten. Eine davon ist die Deutsche Schule Budapest.

Die deutsche Sprache hat in Ungarn durch mehrere Einwanderungswellen eine jahrhundertelange Tradition. Noch heute gibt es zahlreiche deutsche Familiennamen. Die Familie des deutschen Ex-Außenministers Joschka Fischer stammte aus der Umgebung von Budapest.

Schule im Grünen

Die etwas abgeschiedene Lage in den Budaer Bergen könnte ein Hinweis auf die zunehmende Randstellung der deutschen Sprache in Budapest sein. Doch die Deutsche Schule Budapest (DSB) ist ein Vorzeigeprojekt für eine länder-, sprach- und kulturübergreifende Schulbildung in Ungarn. Als »Begegnungsschule« sind sich die Schulleitung sowie die 70 ungarischen und deutschen Lehrer*innen ihrer vermittelnden Brückenfunktion sehr bewusst.

Ortstermin: Die DSB liegt sehr schön am Hang auf einem 35 ha großen bewaldeten Grundstück eines ehemaligen Jagdschlösschens. Seit der Neugründung 1990 wurde hier viel gebaut und so findet der Unterricht für die mittlerweile 570 Schülerinnen und Schüler in größtenteils sehr modernen Gebäuden statt. Bei Redaktionsschluss war z. B. ein neues Vorschulhaus in Entstehung.

Beim Rundgang mit Schulleiterin Carolin Schmidt fällt sofort die freundliche Atmosphäre auf: Ständig grüßen Schülerinnen und Schüler die seit 2021 amtierende Schulleiterin, andernorts holen Eltern ihre Kinder ab, während in der Bibliothek reger Lesebetrieb herrscht. Begegnung ist hier oft wörtlich zu nehmen, durch persönlichen Austausch, durch zweisprachige Gottesdienste oder wenn bekannte Literaten und Kabarettisten aus beiden Ländern zu Gast sind, wie z. B. Dieter Nuhr oder der mittlerweile leider verstorbene Péter Esterházy.

Vielseitige Aufgaben

Getragen wird die DSB von einem Stiftungsrat, in dem u. a. die Regierungen Deutschlands und Ungarns, die bayrische und baden-württembergische Landesregierung sowie Vertreter der deutschen Minderheit und der deutschen Wirtschaft sowie drei Elternvertreter sitzen. Auch durch dieses Konstrukt ist die länderübergreifende Ausrichtung gesichert.

Die Schule bietet eine Ausbildung von der Grundschule bis zum Abitur an. Das Gymnasium ist nach Thomas Mann benannt, der selbst mehrfach in Budapest war und mit ungarischen Schriftstellern gut befreundet war. Es gibt jeweils einen deutschen und einen ungarischen Zweig, die zum Erwerb des deutschen und des ungarischen Abiturs bzw. eines doppelten Abiturs führen. Aber auch Haupt- und Realschulabschlüsse werden angeboten. Als Auslandsschule muss das Angebot breit gefächert sein.

Auf der Schule sind übrigens vor allem ungarische Kinder angemeldet. Denn auch wenn Englisch seit 1990 Deutsch (und Russisch) als erste Fremdsprache rasch verdrängt hat, ist der Wunsch nach einer deutschsprachigen Ausbildung für ihre Kinder bei vielen ungarischen Eltern sehr groß. Allerdings ist der Besuch der DSB für ungarische Einkommensverhältnisse durchaus teuer, trotz staatlicher Förderung.

Internationale Ausrichtung

Wie erfolgreich die Sprach- und Kulturvermittlung läuft, zeigt sich schon daran, dass nach Abschluss des Abiturs zwei Drittel der ungarischen SchülerInnen im Ausland studieren, die Hälfte davon in Deutschland oder Österreich. Auch die Lehrerschaft besteht nicht primär aus deutschen Kolleg/innen, sondern zu zwei Dritteln aus ungarischen Lehrkräften. Viele davon waren zuvor zum Studium selbst im deutschsprachigen Ausland gewesen, wie András Kulcsár betont, seit 2012 an der DSB und Leiter des ungarischen Zweigs. Kulcsár selbst unterrichtet Geschichte und hat in Augsburg studiert. ■

WEITERE SCHULEN

S

Ebenfalls in den Budaer Bergen befindet sich die Österreichische Schule Budapest. Es gibt auch einige staatliche Schulen mit zweisprachigen Ausbildungszweigen.
Im universitären Bereich ist die 2001 gegründete private **Andrássy-Universität** im Palastviertel eine deutschsprachige Uni, die gemeinsam von Ungarn, Deutschland und Österreich ins Leben gerufen wurde (s. S. 127). Die englischsprachige **Central European University** musste hingegen einen Großteil ihres Betriebs nach Wien verlegen (s. S. 149).

Ödön Lechner und der Jugendstil

Kunstvolle Architektur — in Budapest erhielt der Jugendstil seine ganz eigene Ausprägung. Im Zentrum stand dabei der Architekt Ödön Lechner (1845–1914), der einige der größten Bauwerke schuf, hier beispielsweise das großartige Dach des Kunstgewerbemuseums. Andere Lechner-Meisterwerke sind die ehemalige Postsparkasse und das Geologische Institut.

Auch innenarchitektonisch fand der Jugendstil sehr elegante Lösungen. Die Passage des Gresham-Palastes an der Kettenbrücke wurde zu einem wahren Augenschmaus umgestaltet. Heute ist hier die Rezeption des luxuriösen Four Seasons Hotel untergebracht.

Ödön Lechner wurde vor dem Kunstgewerbemuseum eine große Skulptur gewidmet (oben).
Die Eosin-Vasen stammen aus der südungarischen Porzellan- und Keramikfirma Zsolnay, die die grünen Dachziegel für das Museum entwarf (unten).

Oft muss man bei den Jugendstil-Bauten sehr hoch hinaufschauen, um ihre Eleganz und manch ungewöhnliches Detail zu entdecken. Das gilt nicht nur für die ehemalige Postsparkasse, sondern auch für die Dachspitze des Geologischen Instituts an der Stefánia út (unten).

Selbst im Zoo finden sich Meisterwerke des Jugendstils.

Sanierung oder Abriss?

Ein historisches Viertel in Gefahr — 2002 erklärte die UNESCO die Andrássy út zum Welterbe. Doch ausgerechnet das alte Jüdische Viertel, unweit der Andrássy-Straße, befindet sich in einem rasanten Wandlungsprozess.

In Budapest ist man zu Recht stolz auf den zweiten Welterbetitel. 1987 war bereits der Burgberg auf die renommierte Liste gesetzt worden, 2002 dann die Andrássy út. Über das eigentliche Kerngebiet hinaus legte die UNESCO zudem eine größere ›Pufferzone‹ in der Pester Innenstadt fest, die man ebenfalls als besonders schützenswert erachtete. Zu dieser Schutzzone gehört das alte Jüdische Viertel in der Elisabethstadt (Erzsébetváros). Schmale Gassen, prächtige Synagogen und eine lebendige Kulturszene prägen den Stadtteil in direkter Nachbarschaft zur herrschaftlichen Andrássy út. 1944/45 gelang es Zehntausenden Menschen, im Ghetto trotz unvorstellbarer Leiden den Holocaust zu überleben. Damit ist das Stadtviertel in Mitteleuropa einzigartig.

Nach der demokratischen Wende 1989/90 regenerierte sich das jüdische Leben spürbar, auch manches Wohnhaus wurde schön renoviert. Doch die Entwicklung zeigte bald auch Schattenseiten: Jahrelang wurden alte Häuser einfach abgerissen und durch gesichtslose Bürobauten oder Apartmenthäuser ersetzt. Erschreckende Beispiele sind z. B. die Passage zwischen der Király utca 8–10 und der Paulay Ede utca 3 oder die neuen Häuser in der Holló utca. Der Charakter der Gassen ändert sich damit unwiderruflich, für die alten Bewohner bleibt kein Platz. Das Deutschlandradio sprach von einem »Tummelplatz für Spekulanten«, 2009 wurde sogar ein Bezirksbürgermeister wegen Betrugsverdachts festgenommen.

Ziviler Protest

Gegen den massiven Strukturwandel regte sich schnell Protest. Der Schriftsteller György Konrád warnte vor den Folgen und 2004 wurde die Bürgerinitiative ÓVÁS! (Einspruch!) gegründet. Einer der Mitbegründer war der Filmemacher István Jávor. »Wir hatten 1990 gehofft, mit der Dezentralisierung der Machtbefugnisse die Entscheidungen näher an die betroffenen Menschen zu bringen. Darin haben wir uns getäuscht«, stellte er schon 2008 mit Blick auf die kommunale Baupolitik fest. »Fragen des Weltkulturerbes übersteigen die Kompetenz einzelner Stadtbezirke.«

In den Stadtbezirken mangelt es an Geld, um die sanierungsbedürftigen Wohnviertel wieder herzurichten. Da lockt der Immobilienhandel als Einnahmequelle. Die renommierte internationale Denkmalschutzorganisation ICOMOS wandte sich in einem Brief an den damaligen Budapester Oberbürgermeister Demszky: »Dieses große historische Gebäudeensemble wird in wenigen Jahren vor unseren Augen zerstört sein – wenn nichts passiert, um den Abriss zu verhindern.«

In der Elisabethstadt konnte ÓVÁS! immerhin erreichen, dass zunächst mehr als 50 Häuser unter Denkmalschutz gestellt wurden.

Neuanfang – aber wohin?

Nach 2010 waren neue Entwicklungen zu beobachten: Gastronomiebetriebe kaufen Häuser auf und renovieren sie liebevoll, sodass wenigstens die Bausubstanz erhalten bleibt. Die EU förderte die Umwandlung der Kazinczy utca in eine ›Kulturstraße‹ mit renovierter Synagoge, vielen Cafés und der Ruinenkneipe Szimpla Kert. Doch eine Gentrifizierung scheint bei alledem ein unvermeidliches Nebenprodukt, wie die Wiederbelebung der einst schummrigen Gozsdu-Höfe deutlich zeigt. Und natürlich ändert auch die Umwandlung des Jüdischen Viertels in ein international bekannte Nightlife-Location den Charakter des Viertels. Das geht teilweise so schnell, dass sich kaum Schritt halten lässt. ÓVÁS! zählte 2021 allein mehr als 25 Häuser, die seit 2002 in dem Viertel abgerissen wurden sowie eine ähnlich große Zahl, die akut gefährdet ist oder völlig umgestaltet wurde. In einem weiteren Brief an die UNESCO verwies ÓVÁS! Ende 2021 auf das Schicksal der heruntergekommenen Häuser in der Király utca 25–29, das auch bei Redaktionsschluss noch ungeklärt war. Dazu kommt die Umnutzung von ehemals privaten Wohnungen in Ferienwohnungen, die auch im Jüdischen Viertel inzwischen weit verbreitet sind.

Das Verhältnis der Landesregierung und der oppositionellen Stadtregierung ist zudem sehr angespannt. Es wird viel gebaut, aber auch mit der UNESCO gesprochen.

Was sagt die UNESCO?

Denn seit Jahren sind die UNESCO und ICOMOS mit dem rapiden Wandel im ehemaligen Jüdischen Viertel beschäftigt. 2017 beklagte das UNESCO-Welterbekomitee u. a. die bewusste Zerstörung von Häusern sowie die mangelnde Bewahrung von privatem Wohnraum. So kam Anfang 2018 eine Delegation von ICOMOS zur Bestandsaufnahme nach Budapest. Doch die mögliche Aufnahme auf die Liste des bedrohten Welterbes blieb zunächst aus. Die UNESCO erwägt nun 2024 wieder diese Ablehnung.

Die Frage ist allerdings, ob die UNESCO angesichts des rasanten Bautempos im ehemaligen Jüdischen Viertel und in Budapest insgesamt (s. Kasten) überhaupt mithalten kann? Wenn zwischen erster Beratung und der Beschlussfassung Jahre vergehen, ohne dass es zu einem Moratorium für Planungen und Baumaßnahmen kommt, dann sind vor Ort natürlich schon viele Dinge einfach unwiderruflich umgesetzt worden. Kritiker werfen der UNESCO deshalb vor, zu langsam und zu nachsichtig gegenüber der ungarischen Regierung zu sein.

So bleibt die Grundfrage bestehen: Soll das Stadtbild des europaweit einmaligen Viertels und die gewachsene Bevölkerungsstruktur erhalten bleiben oder droht dem Stadtteil weiterhin der Abriss oder die Luxussanierung? Die Zukunft ist weiter ungewiss. ■

G

WEITERE GROSSPROJEKTE

Die Elisabethstadt ist kein Einzelfall von großen, stadtverändernden Bauprojekten innerhalb und außerhalb der Welterbezone. Innerhalb sind vor allem die vielen Umbauten im Burgviertel für den anvisierten teilweisen Regierungsumzug sowie das neue Museumsviertel im Stadtwäldchen sehr umstritten. Außerhalb wurden z. B. in der Josephstadt jenseits des Großen Rings hinter dem Corvin-Kino ganze Straßenzüge entlang des ›Flughafen-Korridors‹ abgerissen und neu bebaut. Auch die Franzensstadt hat sich stark gewandelt. Kontrovers war auch der Bau des MOL Campus in Újbuda.

Schachmatt oder gibt es noch eine Chance? Im Széchenyi-Heilbad geht es weniger ums Schwimmen als ums Gewinnen.

Baden wie ein Pascha

Der natürliche Schatz der Hauptstadt — nicht weniger als 123 Thermalquellen sprudeln in Budapest, seit 1934 ein staatlich anerkanntes Heilbad. Das Angebot reicht von türkischen Thermalbädern bis zu Jugendstil-Tempeln.

Schon die Kelten wussten um die Quellen entlang der Donau. Die Römer perfektionierten als Erste die Badekultur. Die Reste des großen Bades am Flórián tér in Óbuda sind ein Zeugnis römischer Wellnessaktivitäten (s. S. 221). Erst im späten Mittelalter belebte sich das Badegeschäft wieder. Im 15. Jh. war Renaissance-König Matthias ein ausgewiesener Badefreund. Damals spielte das Rác-Bad eine besondere Rolle. Es heißt, der König habe einen unterirdischen Geheimgang von der Burg ins Bad besessen.

8 Uhr morgens, Széchenyi-Heilbad: Draußen ist es eisig kalt, erst langsam wird es hell, doch bei knapp 37 °C Wassertemperatur lässt sich in den Außenbecken wunderbar entspannen. Die ersten Schachspieler nehmen bereits ihre nachdenkliche Haltung am Spielbrett ein – sie können oft für Stunden völlig versunken sein in die Planung ihrer nächsten Züge. Das wunderbare Széchenyi (s. S. 176) im Stadtwäldchen wirkt wie ein dekadent anmutender Palast, der sein Thermalwasser aus ca. 1250 m Tiefe bezieht. Durch die Thermalbecken im Freien ist das Bad auch wintergängig und natürlich hilft eine gute Massage gegen die Verspannungen eines anstrengenden City-Sightseeing-Programms.

Das Széchenyi ist ein Paradebeispiel für die Wiederbelebung und Weiterentwicklung der Badekultur zu Beginn des 20. Jh. – hier präsentiert sich Budapest auf dem Höhepunkt des Goldenen Zeitalters.

11 Uhr morgens, Rudas-Heilbad: Dichte Nebelschwaden tauchen den zentralen Baderaum unter der 450 Jahre alten osmanischen Kuppel in ein sehr schumm-

WELLNESS PUR

Im Széchenyi und im Gellért gehören Massagen zum Standardangebot. Im Vergleich zu postmodernen Wellnessbädern geht es allerdings recht rustikal zu, denn die Thermalbäder sind fester Bestandteil der Alltagskultur in der ungarischen Hauptstadt. Massagen sollten bereits zu Beginn des Besuchs gebucht werden, damit sich noch ein freier Termin finden lässt. Allerdings sind die Preise für die Bäder und Massagen in den letzten Jahren spürbar gestiegen.

riges Licht. Das Ganze wirkt fast wie eine Krypta. Die Stimmen aus dem zentralen Becken sind nur sehr gedämpft wahrzunehmen. Unter der Woche sind die Badetage im Rudas-Heilbad (s. S. 79, Lieblingsort S. 88) strikt nach Männern und Frauen getrennt, am Wochenende ist gemischtes Baden angesagt. Morgens genießen hier viele Badegäste ihr Rentnerleben, andere das einmalige Erlebnis osmanischer Badekultur, alles geht gemächlich vonstatten, das Wasser plätschert sanft, auf den Liegen wird sich ausgeruht, die Hektik wird am Eingang abgegeben – wenn das Wetter ungemütlich ist, entfliehe ich hier gerne dem Alltag der Großstadt und schalte im Rudas einfach mal ab.

Die Türken brachten die Badekultur im 16. und 17. Jh. zur Hochblüte. Schon bald nach ihrer Besetzung Budas 1541 gingen sie daran, herrliche Thermalbäder zu errichten, von denen neben dem Rudas noch das Király-Heilbad erhalten ist. Letzteres soll in den kommenden Jahren renoviert werden. Den Bau des Rudas hatte Pascha Mustafa Sokollu veranlasst.

B

BADEORDNUNG

Da manche Bäder in ihrer Thermalabteilung getrennte Badetage für Frauen und Männer haben, sollte man unbedingt zuerst einen Blick in den Kalender werfen. Inzwischen hat man jedoch in allen Bädern auch gemischtgeschlechtliche Badetage eingeführt. An diesen Tagen gilt grundsätzlich Bekleidungszwang. In manchen der alten Thermalbäder bekommt mann an den getrennten Tagen einen archaischen Lendenschurz gereicht, während frau eine längere Schürze erhält. In einigen Bädern gibt es unter der Woche vormittags oder nachmittags verbilligte Eintrittskarten. Die meisten Bäder weisen die Kleiderschränke heute mit Magnet-Armbändern zu. Kinder und Jugendliche unter 14 Jahren sind vom Thermalvergnügen aus medizinischen Gründen ausgeschlossen.

14 Uhr, Gellért-Heilbad:
Kein Besuch der Budapester Bäder wäre komplett ohne einen Blick in das vielleicht berühmteste Bad, das Gellért-Heilbad (s. S. 291). Hier muss man sich entscheiden, ob man sich an der prächtigen Badehalle oder an den Thermalbereichen ergötzen will, Letztere sind nach Geschlechtern getrennt. Schon im Mittelalter gab es an dieser Stelle Badeanlagen, doch der heutige Jugendstil-Bau ist in seiner luftigen Grandiosität nicht zu übertreffen. Das Bad stellt einen Triumph des Jugendstils in Budapest dar. Die Zeiten, wo der Besuch umgerechnet nur 2 DM kostete, sind aber lange vorbei.

17 Uhr, Palatinus-Freibad:
An einem heißen Sommertag sind Thermalbäder vielleicht nicht der richtige Aufenthaltsort. Dann bietet das Palatinus auf der Margareteninsel willkommene Abkühlung. Wenn die Sonne langsam sinkt, spenden die Bäume auf den Liegewiesen reichlich Schatten. 2017 wurde zudem der Thermalbereich ausgebaut.

1 Uhr nachts, Rudas-Heilbad:
Nachts ins Thermalbad? Das osmanische Rudas ist freitags und samstags von 22 bis 3 Uhr geöffnet – gemischtgeschlechtlich und nur in Badekleidung. Wo vormittags noch die Generation 50+ das Bild bestimmt hat, ist der Altersdurchschnitt nun stark gesunken. Wer nach einem ungewöhnlichen Ausgehtipp sucht, ist hier richtig. Einziger Wermutstropfen: Die Anzahl der Badegäste ist strikt nach der Anzahl der noch freien Umkleidekabinen begrenzt, sodass man entweder rechtzeitig schon um 22 Uhr kommt oder vielleicht etwas Geduld mitbringen sollte. ■

Gute Tropfen

Renaissance ungarischer Qualitätsweine — in Vinotheken und Restaurants kann man die erlesenen Tropfen der Spitzenwinzer probieren, sogar Ausflüge zu den Weingütern westlich von Budapest werden angeboten.

Erlauer Stierblut und Tokajer

Ungarn ist ein Weinland. Durch die exzellenten klimatischen Bedingungen ist fast im gesamten Land Weinbau möglich. Insgesamt gibt es 22 historische Weinanbaugebiete. Diese reichen vom sonnigen Süden bei Villány bis in den Nordosten bei Éger und Tokaj. Auch der Balaton und im Süden Szekszárd sind sehr populäre Weinregionen. Bis in die zweite Hälfte des 19. Jh. gediehen sogar in Buda Weintrauben, doch eine verheerende Reblausseuche und das rapide Wachstum der Stadt bereiteten den hauptstädtischen Weingärten ein Ende.

Schon die Römer hatten Weinbau betrieben. Zu Zeiten der Türkenkriege wurde der rote Rebensaft sogar mythisch verklärt. Als die Osmanen 1552 das nordungarische Eger angriffen, tranken

W

WEINLOKALE

Borbíróság: s. S. 135.
DiVino: s. S. 160, 307.
Dobló: s. S. 140, 306.

die Verteidiger in ihrer Not angeblich die letzten Weinvorräte aus. Die Türken dachten jedoch, es handele sich um Stierblut, das die Verteidiger unbesiegbar mache, und zogen schließlich mutlos ab. So wurde das berühmte Erlauer Stierblut *(Egri bikavér)* geboren, das als Cuvée aus mindestens drei Rotweinsorten hergestellt wird.

Manchen Weinen wurde sogar eine medizinische Wirkung nachgesagt. Der Genuss einer ordentlichen Menge Schomlauer Hochzeitswein in der Hochzeitsnacht sollte männlichen Nachwuchs garantieren. Ganz allgemein hieß es: *Vinum somlainum omni sanum* – »Schomlauer Wein heilt einfach alles.«

Im 18. Jh. wusste man an den europäischen Fürstenhöfen ein gutes Fässchen Tokajer sehr zu schätzen. Der französische König Ludwig XIV. adelte den Spätlesewein aus Nordungarn als »König der Weine, Wein der Könige«. Das ›flüssige Gold‹ wird in der ungarischen Nationalhymne sogar als »Gottes Geschenk« gepriesen.

Ungarn verfügt über eine Reihe eigener Weinsorten, die eine ganz spezielle Note haben. Dazu zählen der *kéknyelű* (Blaustengler) vom Balaton, der *juhfark* (Lämmerschwanz), der *Egri leányka* (Erlauer Mädchentraube) sowie der *ezerjó* (Tausendgut). Traditionelle Sorten sind zudem der rote *kékfrankos* (Blaufränkischer), der *kadarka* sowie der *kékoportó* (Blauer Portugieser). Unter den Weißweinen sind der *szürkebarát* (Grauer Mönch), der *olaszrizling* (Welschriesling), der *cirfandli* (Zierfandler) und der *hárslevelű* (Lindenblättriger) sehr populär.

Die neuen Winzer

Zu kommunistischen Genossenschaftszeiten war billige Massenproduktion angesagt. Mit dem Zerfall der Genossenschaften machten sich in vielen Regionen engagierte Winzer daran, private Weingüter aufzubauen. Wer Qualität erzeugen wollte, setzte auf drastische Mengenreduzierung und traditionelle Produktionsmethoden.

Ein Zentrum der Entwicklung war frühzeitig der südungarische Ort Villány. Schon 1991 wurde der dort ansässige Ede Tiffán zum ersten ungarischen Winzer des Jahres gekürt. Er war Mitbegründer der Ungarischen Weinakademie und ein Vordenker der neuen Winzergeneration. Auch seine Kollegen József Bock und Attila Gere wurden für ihre Bemühungen zum Winzer des Jahres gekürt. Gemeinsam etablierten sie Villány als führenden Ort für erlesene Spitzenweine. József Bock sowie der Sohn von Ede Tiffán waren jahrelang sogar mit gastronomischen Angeboten in der Hauptstadt präsent. Diese haben die Corona-Zeit jedoch leider nicht überstanden.

Während in Villány sowie rund um Szekszárd, Eger und am Balaton der Erfolg eher ›hausgemacht‹ war, investierten rund um Tokaj auch französische und spanische Firmen in den Ausbau der Weingüter.

In der Umgebung von Budapest ist die kleine Weinregion Etyek mit ihren Weißweinen sehr populär (s. Kasten S. 307). Längst ist in den Weinregionen die nächstjüngere Winzergeneration aktiv, die den Standard der Weine weiter hebt.

2023 stand dabei Villány mit gleich zwei Ehrungen im Fokus: Nachdem Mihály Figula vom Balaton 2022 ungarischer Winzer des Jahres geworden war, ging die Auszeichnung ein Jahr später an Tamás Günzer aus Villány. Seine dortige Kollegin Zsófia Kövesdi wurde vom deutschen Online-Weinportal »Selection-Online« sogar zur Internationalen Winzerin des Jahres gekürt. Dieser Titel war bislang noch niemals nach Ungarn gegangen. Ungarische Weine haben also zweifelsohne Klasse.

Stilvoll und minimalistisch serviert das DiVino seine edlen Tropfen.

Budapester Weinlokale

Die Renaissance der ungarischen Weine ist natürlich auch in der Hauptstadt deutlich zu spüren. Ob in Restaurants, Bistros oder Kneipen: Eine ungarische Weinkarte gehört zum Standard, sodass sich reichlich Gelegenheit zum Probieren ergibt. Wer in Budapest im Restaurant Wein bestellt, bekommt zumeist heimische Rebtropfen eingeschenkt.

Der Trend ist eindeutig: Die Hauptstädter wollen in angenehmer Umgebung und bei gutem Essen heimische Weine genießen.

Topmodern in minimalistischem Schick kommt das Weinlokal DiVino daher. Hier treffen sich die Weinfreunde gerne an lauen Sommerabenden, denn an den Tischen draußen genießen die Gäste bei einem entspannten Gläschen das fantastische Ambiente der angestrahlten Stephans-Basilika. Angesagt ist auch der quirlige DiVino-Ableger im Gozsdu-Hof.

Sehr stilvoll und vielleicht die netteste Adresse ist das Dobló gleich um die Ecke im ehemaligen Jüdischen Viertel. Man fühlt sich fast wie in einem Weinkeller und abends gibt es oft begleitende Livemusik. Zu den ausgewählten Weinen werden Käse, Fleisch, Wurst und Schinken gereicht. Weil die Bar so einladend und gemütlich ist, sollte man am Wochenende besser einen Tisch reservieren. ■

E

ETYEKER WEINPICKNICK

Viermal im Jahr lädt die sehr kleine Weinregion Etyek ca. 30 km westlich von Budapest zum sogenannten Etyeki Piknik. Dann öffnen das ganze Wochenende in dem urigen Dorf entlang der sehr ländlichen Újhegyi utca an die zwei Dutzend örtliche Winzer sowie einige Gastwinzer ihre Pforten. So können die Gäste in lockerer Atmosphäre von 10 bis18 Uhr die hiesigen Weine und sogar Sekt probieren. Dazu gibt es Käse, Strudel und Deftiges sowie Musik und Entertainment. Das ist ein sehr stimmiges Konzept, das gute Unterhaltung verspricht.
Die Anreise erfolgt direkt per Linienbus vom Bahnhof Kelenföld (oft mit Warteschlange) in Buda. Gezahlt wird am Eingang der Újhegyi utca für ein Weinglas, das quasi als Eintrittskarte fungiert, und später dann je nach Konsum bei den einzelnen Winzern. Aktuelle Termine und Infos: https://etyekipiknik.hu.

Abbildungsnachweis
Adrienn Hód, Budapest (HU): S. 117 (Hamarits Zsolt) **Akvárium Klub,** Budapest (HU): S. 113 (Hegyi Júlia Lily); 24 (Koncz Márton) **Art & Pepper Kft., Judit Andorka,** Budapest (HU): S. 143 (Gergely Höltzl) **Auguszt**

Matthias Eickhoff schätzt und liebt die Vielseitigkeit der ungarischen Hauptstadt. Sein Enthusiasmus für Budapest ist ungebrochen: »Wenn ich abends an der Donau stehe, bin ich von dem Anblick immer noch so überwältigt wie beim ersten Mal – und dann noch die kulturelle Vielfalt!« Der freie Autor und Übersetzer ist mit den Entwicklungen der Stadt bestens vertraut – auch privat, denn seine Frau stammt aus Budapest.

Cukrászda, Budapest (HU): S. 19 re. **Balint Hirling,** Budapest (HU): S. 54, 87, 100, 93 M., 107, 121, 151, 173, 197 **Corinthia Hotel Budapest,** Budapest (HU): S. 28, 29 **Danubius Hotels Group,** Budapest (HU): S.30 **Deutsche Schule Budapest,** Budapest (HU): S. 294 **DiVino Borbár,** Budapest (HU): S. 307 (Socially) **Doblo Wine & Bar,** Budapest (HU): S. 25, 141 (David Popovits) **Getty Images,** München: S. 23, 191 (AFP/ATTILA KISBENEDEK); 273 u. (Archive Photos/Pictorial Parade); 284 (Art Media/Print Collector); 78 (Atlantide Phototravel); 265 (Bloomberg/Akos Stiller); 283 (Gabriel Hackett); 298 (Heritage Images/Alan John Ainsworth); 2/3 (Jason Hawkes); 189 re. o., 216/217 (Maximilian Müller); 268 (Paris Match/Jean-Claude Deutsch); 266 u. (Sean Gallup); 77 (Turkish Presidency/Murat Cetinmuhurdar/Handout/Anadolu Agency); Umschlagklappe vorn (Zsolt Hlinka) **Huber-Images,** Garmisch Partenkirchen: S. 8 (Luigi Vaccarella); 88, 124 (Richard Taylor); 69 (TC) **Intermezzo Roof Terrace,** Budapest (HU): S. 145 M., 161 (Gazdik Csilla) **iStock.com,** Calgary (CA): S. 144 li. (Givaga); 34 re. (Martin-dm); 228 (milangonda); 255 (UygarGeographic) **laif,** Köln: S. 90, 119 re. o., 215 (Cathrine Stukhard); 49 (Chris Keulen); Titelbild (Dagmar Schwelle); 266 o. (Daniel Rosenthal); 27, 194, 289 (eyevine/Attila Volgy i Xinhua); 275 (eyevine/Szilard Voros Xinhua); 95, 269 (Gregor Lengler); 104 (hemis.fr/Rene Mattes); 171, 305 (Joerg Modrow); 62 (Max Galli); 188 re., 203 (Naftali Hilger); 22, 165 M., 180 (Paul Hahn); 79 (Peter Rigaud); 175, 218 li., 225, 233 (Polaris/Attila Volgyi); 15, 156 (Redux/NYT/AKOS STILLER); 53 (Redux/VWPics/Monica Goslin); 98 (robertharding/Neil Farrin); 65 (Zenit/Jan-Peter Boening) **Lookphoto,** München: S. 236 (age fotostock); 118 re., 134 (Ingolf Pompe) **Martin Fejér,** Berlin: S. 187 **Matthias Eickhoff,** Münster: S. 311 **Mauritius Images,** Mittenwald: S. 147 (Alamy/Patrick Batchelder); 35 M. (age fotostock/Jean-Luc Bohin); 72 (age fotostock/Jerónimo Alba); 209 (Alamy/Acceptphoto); 184 (Alamy/Attila Kleb); 112 (Alamy/Brenda Kean); 221 (Alamy/Daniel Kerek); 128 (Alamy/Dov makabaw); 296/297 (Alamy/Ferdinando Piezzi); 293 (Alamy/Ferenc Szelepcsenyi); 42 (Alamy/Funky Stock - Paul Williams); 164 re., 177 (Alamy/Funkyfood London - Paul Williams); 183, 226 (Alamy/Horizon Images/Motion); 145 re. o., 163, 145 re. o., 163 (Alamy/Jeff Gilbert); 6 re., 37 (Alamy/JOHN KELLERMAN); 205 (Alamy/Maciej Figiel); 46 (Alamy/Milan Gonda); 138 (Alamy/Morfon Media); 188 li. (Alamy/Peter Forsberg/Shopping); 201 (Alamy/Peterforsberg); 85 (Alamy/PjrWindows); 299 li. u. (Alamy/Simon Curtis); 20, 119 M. (Alamy/Tim E White); 137 (Alamy/Viennaslide); 35 re. o., 56, 158 (Alamy/Volkerpreusser); 219 re. o., 242 (Alamy/Yury Kirillov); 10, 262/263 (Alamy/Zoltán Csipke); 212 (imagebroker); 299 re. (Rene Truffy); 278 (Top Photo Corporation RF); 7 re. (Travel Collection/Darshana Borges); 65 re. o., 91, 167 (Travel Collection/Gerald Hänel) **MFA, Filmdistribution e.K,** Regensburg: S. 273 o. (SUNSET © Laokoon Filmgroup - Playtime Production 2018) **MONO art & design,** Budapest (HU): S. 111 (Milan Gaspar) **Napfényes Étterem Kft.,** Budapest (HU): S. 16 u., 19 M. **picture-alliance,** Frankfurt a. M.: S. 286 (akg-images); 280/281 (akg-images/Paul Almasy); 299 li.o. (dpa – Report/Alexander Kmeth); 219 M., 240 (dpa/Bernd Thissen); 152 (ullstein bild) **Shutterstock.com,** Amsterdam (NL): S. 32/33 (A great shot of); 93 re. u. (Africa Studio); 67 re. u. (Alex Tihonovs); 246 (Angus Gormley); 145 re. u. (Anton_Ivanov); 219 re.u. (BlackSTAR-FOTOGRAFiE); 16 o. (c12); 118 li. (Calin Stan); 249 (Camilla Acconcia); 66 re. (DanielCz); 165 re. u. (Fat Jackey); 26 (Ferenc Szelepcsenyi); 21 M. (Foxys Forest Manufacture); 218 re. (Ikonya); 34 li. (Irina Papoyan); 189 M. (J. Filirovska); 144 re. (JRP Studio); 67 M. (Karel Gallas); 189 re. u. (Kuznetcov_Konstantin); 93 re. o., 115 (Morfon Media); 92 li., 164 li. (posztos); 165 re. o. (RadKha); 7 li. (robertonencini); 35 re. u. (Romas_Photo); 66 li. (S-F); 119 re. u. (s4svisuals); 76 (Tupungato); 6 li. (Usoltceva Anastasiia); 14 (Yong Boon); 133 (Zoltan Tarlacz); 244 (Zyankarlo) **Simon Koy,** München: S. 302 **Spoon The Boat,** Budapest (HU): S. 18 **Stock.adobe.com,** Dublin (IRE): S. 256 (Alen Ajan); 254 (ArTo); 92 re. (Artur Bogacki); 243 (Tams) **The Garden Studio,** Budapest (HU): S. 21 re. **WAMP**, Budapest (HU): S. 109 (Zsuzsa Gámán)

Umschlagfotos
Titelbild: Blick von der Fischerbastei,
Umschlagklappe vorn: Freiheitsbrücke am Abend

Kartografie
© KOMPASS-Karten GmbH, A-6020 Innsbruck; DuMont Reiseverlag, D-73751 Ostfildern

Autor: Matthias Eickhoff **Redaktion/Lektorat:** Sabine Zitzmann-Starz, Britta Rath **Bildredaktion:** Sima Ebrahimi, Titelbild: Carmen Brunner **Grafisches Konzept und Umschlaggestaltung:** zmyk, Oliver Griep und Jan Spading, Hamburg

Hinweis: Autor und Verlag haben alle Informationen mit größtmöglicher Sorgfalt geprüft. Gleichwohl erfolgen alle Angaben ohne Gewähr. Bitte schreiben Sie uns! Über Ihre Rückmeldung und Ihre Verbesserungsvorschläge freuen wir uns: DuMont Reiseverlag, Postfach 3151, 73751 Ostfildern, info@dumontreise.de, www.dumontreise.de

2., aktualisierte Auflage 2024

Printed in Poland

Offene Fragen*

Welches Thermalbad ist das schönste?
Seite 303

Fuhr in Budapest wirklich die erste U-Bahn des europäischen Kontinents?
Seite 167

Welcher ungarische Film wird den nächsten Oscar gewinnen?
Seite 271

Zieht Viktor Orbán eines Tages ins Burgschloss?
Seite 274

Wann wird in Budapest die erste Frau zur Oberbürgermeisterin gewählt?
Seite 277

Wie sage ich auf Ungarisch »Guten Tag« und »danke«?
Seite 278

Süß oder süß? Palatschinken, Baumstriezel oder Cremeschnitten?
Seite 102

Wie hieß der Erfinder des Zauberwürfels?
Seite 129

Bleibt das alte Jüdische Viertel trotz aller Baumaßnahmen als Welterbe erhalten?
Seite 300

Kennt man in Budapest eigentlich Piroschka?
Seite 271

Wie lange braucht ein Donauschiff von der Kettenbrücke bis zum Schwarzen Meer?
Seite 114

** Fragen über Fragen – aber Ihre ist nicht dabei? Dann schreiben Sie an info@dumontreise.de. Über Anregungen für die nächste Ausgabe freuen wir uns.*